法律实务教程

Legal Practice Course

方仲炳◎编著

中国政法大学出版社
2021·北京

声　明　　1. 版权所有，侵权必究。

　　　　　2. 如有缺页、倒装问题，由出版社负责退换。

图书在版编目（CIP）数据

法律实务教程/方仲炳编著. —北京：中国政法大学出版社，2021.1（2024.12重印）
ISBN 978-7-5620-9822-5

Ⅰ.①法… Ⅱ.①方… Ⅲ.①法律—中国—教材 Ⅳ.①D92

中国版本图书馆CIP数据核字(2021)第009865号

出 版 者	中国政法大学出版社
地　　址	北京市海淀区西土城路25号
邮寄地址	北京 100088 信箱 8034 分箱　邮编 100088
网　　址	http://www.cuplpress.com（网络实名：中国政法大学出版社）
电　　话	010-58908289(编辑部) 58908334(邮购部)
承　　印	固安华明印业有限公司
开　　本	720mm×960mm　1/16
印　　张	21.5
字　　数	350千字
版　　次	2021年1月第1版
印　　次	2024年12月第2次印刷
定　　价	85.00元

前 言

改革开放以来,我国高等法学教育取得了巨大的成就。据不完全统计,截至 2018 年,全国有 617 所从事本科专科教育的大专院校和科研院所开设了法学专业,本科招生人数达 8 万余人。在探索法学专业教育的过程中,国家教育行政主管部门一直发挥着重要作用。早在 1998 年,教育部印发的《普通高等学校本科专业目录》确定了法理学等 14 门核心课程及教学指导纲要。2012 年修订以后,环境资源法、劳动与社会保障法列入核心课程,形成了 16 门法学专业核心课程。这 16 门核心课程都是基础理论课程和部门法,没有一门课程是实践环节的课程。教育部、中央政法委指出:"但我国高等法学教育还不能完全适应社会主义法治国家建设的需要,社会主义法治理念教育还不够深入,培养模式相对单一,学生实践能力不强,应用型、复合型法律职业人才培养不足。提高法律人才培养质量成为我国高等法学教育改革发展最核心最紧迫的任务。"[1]在法学专业成为就业最困难的专业之一的压力下,各高校法学专业不得不适应时代变化而改变培养方案。"实用型""复合型""创新型""高素质"是各高校法学培养方案中出现频率最高的字眼。2001 年北京大学将人才培养目标定位为"为国家和民族培养具有国际视野、在各行各业起引领作用、具有创新精神和实践能力的高素质人才";中国政法大学将人才培养目标定位为"厚基础、宽口径、高素质、强能力的复合型、应用型、创新型"人才。2014 年 10 月,党的十八届四中全会通过了《中共中央关于全面推进依法治国若干重大问题的决定》,对"加强法治工作队伍建设"进行了专门部署。2015 年 12 月中共中央办公厅、国务院办公厅联合印发《关于完善国家统一法律职业资格制度的意见》,推动国家法治工作队伍迈上正规化、

---

[1] 教育部、中央政法委《关于实施卓越法律人才教育培养计划的若干意见》(教高〔2011〕10 号)。

专业化和职业化的新台阶。主观题考试彻底改变了部分考生期望凭借死记硬背的方式通过法律职业资格考试的想法。2018年4月，教育部制定了《法学本科专业教学质量国家标准》，在该标准中，法学本科培养目标为培养德才兼备，具有扎实的专业理论基础和熟练的职业技能、合理的知识结构，具备依法执政、科学立法、依法行政、公正司法、高效高质量法律服务能力与创新创业能力，熟悉和坚持中国特色社会主义法治体系的复合型、应用型、创新型法治人才及后备力量。现在，在开设法律本科教育的数百所高校中，无一例外地将"复合型""应用性"和"创新型"作为培养方案的必备内容。

要满足培养"复合型、应用型、创新型法治人才"的要求，各个高校除了突出重点课程以外，纷纷采取了修改培养方案、增加实务课程、增加法学实习环节、设立校外实践基地、聘请社会导师进课堂等多个举措。"法学教学综合实训中心""法学创新俱乐部""模拟审判（仲裁）庭""案例研究室"等硬件日益改善。但从整体情况来看，制约法学专业发展的核心问题没有得到根本解决，教学方法和培养措施依然不能满足社会对法学毕业生的实践能力要求。其主要表现在三个方面：一是硬件场所不足的问题。大多数学校只有一个模拟法庭，还兼具模拟仲裁庭、辩论室、学术讲座、教职工活动室、会议室等多种功能，只能保证几个桌椅板凳，语音系统、证据展示系统、卷宗资料室都是奢望。去法院旁听面临着选择机会少、手续复杂、耽误时间长等障碍。二是缺乏合适的师资力量。现在大学的法学教师，除了极个别以前是高级法官、检察官以外，绝大部分教师都是硕士、博士、博士后，甚至本科毕业后直接去高校任教。除少部分人做兼职律师以外，大部分教师只去过课堂、研究室、研讨会等场所。最吸引大学老师的除了上课就是做课题、发论文、出版专著，没有去过法庭，如何给学生介绍审判？三是缺少教材。教育部规划教材、21世纪法学系列教材等几乎都不是与法律实务相关的教材。目前仅有的一些法学实务类教材，内容体系差异较大，权威性不足，基本上都属于起步阶段。产生这些表象问题的本质还是在于认识上的不足和缺少经费支持。

本书为作者承担华北电力大学"双一流"研究生优质课程建设的智力成果，具有如下特点：一是适应法学专业毕业生走向社会的编排体系。本书不是按照传统的公检法司监等行业实务进行分章，而是按照法律人共同面临的

前 言

职业技能去设置章节。在每章内容之前增加"课前导读",在具体内容之前简要总结本章内容。在法律职业道德和法律谈判未独立开课的前提下,将二者并入法律实务课程内容。二是具有个人经验总结的内容创新。本书虽然是一本教材,但内容上总结了作者亲身感受到的司法现实中的问题,并提出了解决方案和措施。本书大部分内容都是作者近三十年从事法律实务工作的总结和感受。编写内容反映了时代要求,总结了当下法律实务的业务要点,具有较强的指导意义。三是强调理论和实践相结合的教学互动。法律实务课程不是一门纯理论的学习课,本书的大多数内容都建立在对本科基础理论和部门法有一定了解的基础上。本书提供了授课教师的"教"与学生的"学"的互动模式。学生参与课堂讨论、课外练习的内容要占 1/4 至 1/3。说得再直接一点,本课学习的效果不仅在于老师如何教,更在于学生如何"学"。这个"学"不是死记硬背基本概念、特征和理论,而是实际操作。该宣读的起诉书要"宣读",该模拟的法律咨询必须"模拟"。最大限度地去接近司法现实,让学生感受课本之外的真实世界。教师的主要责任是演示、点评和指导。

本书的编写目的是给在校学生提供一个动脑动手做"实务法律人"的机会。本书可以作为法学本科生、研究生课程《法律实务》的教材,开设时间在本科第七或者第八学期,讲授时间以 48 课时为宜;本书也可以作为"法学研究方法与当代社会法律热点问题""法律职业道德""法律谈判"等实践环节的参考书目;本书还可以为刚进入工作岗位的法律人提供借鉴。希望本书陪伴法学学生顺利走完从法律象牙塔到司法浮世绘的路。

作者在写作过程中参考了国内法学院校的同类型教材,在此不再一一列举。书中引用了网上收集的部分司法实践中的文本和案例,未与作者核实和取得同意,在此表示歉意。希望诸位的努力成为师弟师妹学习的榜样。在不到 2 年的业余时间内完成写作,内容难免挂一漏万,作者的工作阅历多限于高校、律师和国企法务,观点有失偏颇在所难免。望各位同行不吝赐教。

方仲炳
2020 年 7 月于北京

目 录 CONTENTS

前　言 / 001

第一章　法律实务概述 / 001
　　第一节　法律实务概述 / 002
　　第二节　高校法律专业的法律实务课程建设 / 005
　　第三节　法律实务的基础和学好《法律实务》的方法 / 011
　　第四节　法律职业资格考试 / 014

第二章　法律人的职业道德 / 018
　　第一节　法律职业道德概述 / 018
　　第二节　法官及其职业道德 / 028
　　第三节　检察官及其职业道德 / 043
　　第四节　人民警察及其职业道德 / 050
　　第五节　律师、仲裁员、监察员、公证员及行政执法人员的职业道德 / 053
　　第六节　我国法律职业道德的缺陷和红线 / 065

第三章　法律咨询 / 088
　　第一节　法律咨询的种类和作用 / 088
　　第二节　法律咨询的步骤和方法 / 091
　　第三节　法律意见书 / 099

第四章　法律文书写作 / 106
　　第一节　法律文书概述 / 107
　　第二节　几种常见法律文书的制作技巧 / 116

第五章　法律谈判 / 150
　　第一节　法律谈判概述 / 151
　　第二节　法律谈判的步骤 / 156
　　第三节　法律谈判中应该注意的问题 / 164

第六章　合同法律实务 / 177
　　第一节　合同法律应用中的几个问题 / 178
　　第二节　合同起草和合同审查 / 184
　　第三节　合同效力及合同纠纷处理 / 226
　　第四节　合同管理 / 247

第七章　法律顾问实务 / 262
　　第一节　法律顾问工作概述 / 263
　　第二节　法律顾问的主要工作内容 / 267

第八章　律师代理诉讼及仲裁案件 / 291
　　第一节　律师代理诉讼及仲裁案件的基础工作 / 291
　　第二节　律师代理诉讼及仲裁案件中应该注意的问题 / 308

第九章　法学研究方法与撰写法学论文 / 315
　　第一节　法学研究方法 / 315
　　第二节　撰写法学论文 / 321

后　记 / 333

第一章
法律实务概述

【课前导读】

本章主要介绍什么是法律实务？法律专业学生为什么必须学习法律实务？学习法律实务应该具备哪些条件？如何才能真正参与到法律实务之中？法律是一门应用非常广泛的专业，所以各个学校的法学专业，无论是本科生还是研究生的培养方案，都把"实用性""应用型"作为目标。即使是"五院四系"[1]等老牌法律强校，也不能否认这个现实。尽管在过去的几年中，法学就业率不高、法学专业受到一些微词，但无论是从最终的就业实际情况，还是毕业生的薪金收入来看，法律专业在文科专业中始终仍是热门专业。进入公检法等单位工作，还是很多法律人的梦想。党的十八届四中全会以后，"全面推进依法治国"战略预示着各行各业都对法律专业人才有强烈的需求。学生在学校时比得是考试成绩；在毕业求职时，法学学生比得是学校的名气和获奖；走出校门以后，无论你是谁，来自哪里，大家比得还是法律实务水平。

本章建议讲授时长2学时。

---

[1] "五院四系"，是新中国建立的五所政法院校以及四所大学的法律系的简称，"五院"是指北京政法学院（中国政法大学前身）、西南政法学院（西南政法大学前身）、华东政法学院（华东政法大学前身）、中南政法学院（中南财经政法大学前身）、西北政法学院（西北政法大学前身）；"四系"分别是北京大学法律系、中国人民大学法律系、武汉大学法律系、吉林大学法律系，现在均已改为法学院。"五院四系"在很大程度上代表中国法学研究和法学教育的最高水平，堪称法学类院校中的泰山北斗。中国法学教育界曾有这样一种说法：只有从"五院四系"走出来的人，才算是真正意义上的法律科班生。这九所高校的法律科学在中国法学教育界具有举足轻重的地位，当今中国司法机关的骨干人员中，大多有"五院四系"的培养学习背景。当然，各校对应用型的理解和要求也不完全一致，请参见各院校法律专业的培养方案。

第一节 法律实务概述

一、法律实务的概念和特征

关于什么是法律实务,目前无统一的答案,实践中有"法律事务"的表述。本书选择用"法律实务"而不是"法律事务",主要在于:"法律实务"是运用法律知识和法律方法解决和处理现实中法律问题的过程,突出的是过程;"法律事务"是运用法律知识和方法解决问题的对象属性,突出的是事务的性质。也可以说,"法律实务"是处理和解决"法律事务"的过程和环节。由于研究的需要,本书中的"法律实务"具有以下几个特征:

首先,法律实务的主体是受过专业法律教育、取得法律职业资格证书、从事专门法律事务的人员,即主体特殊性,虽然实践中有一批非法律专业毕业生从事法律事务。改革开放后,一大批非法律专业人才通过自学,最终通过考试或者竞聘走上了法律职业道路。在未来相当长的一段时间内我们也不可能要求处理法律事务的人都具有法律职业资格,但从社会发展方向和专业发展的角度,我们应该提倡"专业的人做专业的事"。所以,取得法律职业资格是相关法律人从事法律职业的必要条件。

其次,法律实务是用法律的标准和方法去解决法律问题的过程,即方法特殊性。我们经常说"以事实为基础,以法律为准绳",这就是法律实务的方法特殊性所在。厨师做饭采用的是烹调技术,软件编程使用的是计算机语言。法律是全社会的契约,法律教育和培训的过程就是普及法律知识、推广法律思维方法的过程。当事人为何要聘用律师参与诉讼,主要原因是法律知识的欠缺和法律方法的生疏。女性起诉离婚的诉状洋洋洒洒数万言,丈夫好吃懒做、不讲卫生、家庭暴力、没有责任感、感情不专一,一个个镜头情景再现,唾沫四溅数个小时后,法官只要一句话,就会让其偃旗息鼓。[1]法律的标准和方法,是法学专业学习数年的主要内容,也是法律实务工作中需要熟练掌

---

[1] "你丈夫这不好那不好为何你还跟他相处这么多年?"类似的话是法官或者不愿意离婚的对方经常向原告提出的问题。生活中的吵架拌嘴不一定就是"夫妻感情彻底破裂"的证明,居家过日子,哪有锅勺不碰锅沿的?

握和研究的内容。

最后,法律实务需要解决的问题是法律问题,即法律实务对象的特殊性。现实中的问题很多,马克思主义的矛盾普遍性原理预示着问题无处不在,不同的问题需要用不同的方法去解决。本质上说,法律问题是因为法律这样或者那样的规定而产生的问题,法律问题具有普遍性。产生法律问题的根源很多,有自然的原因,有人为的原因,也可能有意外,而无论什么原因引起的法律问题,最终只能通过法律规定的途径运用法律手段来解决。解决法律问题的过程和方法就是本书重点介绍的内容。

二、法律实务的分类

对法律实务进行分类的主要目的是通过分类比较去探究不同法律实务的特点。根据《教育部关于印发〈普通高等学校高职高专教育指导性专业目录(试行)〉的通知》(已失效)[1],法律大类包括法律实务类、法律执行类、司法技术类专业,其中法律实务类包括司法助理、法律文秘、司法警务、法律事务、书记官专业;法律执行类包括刑事执行、民事执行、行政执行专业;司法技术类包括刑事侦查技术、司法鉴定技术、安全防范技术、司法信息技术、司法信息安全专业。这种分类主要是指导各法律职业学院进行专业设置,并不代表法律实务的真实分类。

传统意义上的法律实务主要指公检法司的具体工作,即公安法律实务、检察法律实务、法院法律实务和律师法律实务。经过改革开放四十余年的发展,我国法律实务也延伸发展到多个领域和环节,出现了细分现象。法律实务对其他行业、专业的影响日益扩大。在城市管理过程中,率先出现的是市政监察、城管执法等机构。行政执法体制改革以后,行政处罚执法人员对法律的需求越来越强烈,老百姓不再在"野蛮执法""钓鱼执法"面前束手就范。随着老百姓对法律服务需求的扩大,公证业务也与老百姓的关系更加密切。单位和个人的法律服务逐步进入日常生活。企业法律顾问的出现与普及,让法律人得以在企业这一舞台展示才华,个人法律顾问、家庭法律顾问将日

---

[1] 见《教育部关于印发〈普通高等学校高职高专教育指导性专业目录(试行)〉的通知》(教高〔2004〕3号),该目录将公安大类68与法律大类69并列。

益普及。多元化解决纠纷普及以后，仲裁并不停留在涉外或者单位之间。诉前调解员、民间调解员也将发挥重要作用。2018年《中华人民共和国宪法》修改以后，国家机构新增了监察委员会，国家颁布了《中华人民共和国监察法》（以下简称《监察法》），监察法律实务也成为法律实务中的新领域。可以预见，随着全面依法治国的深入，法律实务与老百姓的生活、工作的联系将越来越多。

为了理解方便，我们按照不同标准对法律实务进行不同分类。

按照法律实务内容的规范性和强制性，分为诉讼仲裁实务与非诉讼仲裁实务。前者包括公安、监察、检察、审判人员、律师，依照《中华人民共和国民事诉讼法》（以下简称《民事诉讼法》）、《中华人民共和国刑事诉讼法》（以下简称《刑事诉讼法》）、《中华人民共和国行政诉讼法》（以下简称《行政诉讼法》）、《中华人民共和国仲裁法》（以下简称《仲裁法》）以及《监察法》等相关法律规定，诉讼仲裁实务是解决当事人具体法律争议的活动。诉讼仲裁的特点就是程序的规范性，从立案到开庭，裁决过程要求规范严格，时间、地点、环节，一个都不能省略。非诉讼法律实务是指诉讼仲裁以外的其他法律实务，包括担任法律顾问、办理外商投资、协助证券发行上市、民事调解、反倾销、知识产权保护、公证见证、普法宣传等，这些工作看似与法律没有多深的联系，承办人也不需要穿制服，但所解决问题的方法和处理问题的标准与前者无异。从预防纠纷和化解矛盾的角度出发，非诉法律实务有其不可替代的作用，并成为未来法律业务发展的一个方向。

在诉讼法律实务中，我们可以根据案件性质分为民事诉讼法律实务、刑事诉讼法律实务、行政诉讼法律实务；可以按照诉讼中的角色地位分为公安法律实务、检察法律实务、法院法律实务、律师法律实务。法院内部，根据岗位不同，有民事审判、刑事审判、行政审判，还有立案、执行和政策研究等；中级以上人民法院中，有些法庭审理一审案件，有些法庭审理二审和再审案件。检察院内部，根据不同庭室职能设计和安排，细分为侦查实务、批准逮捕实务、审查起诉实务、驻所监督实务、审判监督实务等。

相对而言，律师实务比公检法业务要宽泛很多。有的律师主攻诉讼，被称为诉讼律师。有的律师很少办理案件，主要工作是项目顾问、反倾销调查、知识产权保护战略等非诉讼事务，这类律师我们经常称之为事务律师。相对而言，诉讼律师入职门槛低，工作比较辛苦，收入较低，执业风险大，刑事辩护律师尤其如此。但无论如何，法律人都应该有一定的诉讼经验，特别是在刚入职的时候，精力旺盛，体力充沛，多跑跑法院和看守所，接触形形色色的当事人，了解中国司法的真实状况，对以后的成长和发展都是有好处的。事务律师入职门槛高，工作环境好，收入稳定，被誉为职业金领。大多数事务律师都是国外博士毕业，且有在国际大公司、世界知名律师事务所的实践、工作经历。

第二节　高校法律专业的法律实务课程建设

法律的实用性要求任何一所高校都必须开设法律实务课程，但从实务课程的设置和安排上来看，不同学校、不同专业的培养方案突出的重点不一样。从强调书本和法律条文的死记硬背到突出对法律条文的理解和实际操作，法律实务课程有一个循序渐进的过程。案例教学法、模拟法庭和司法实习是法律实务课程中的三个主要形式。

一、案例教学法

案例教学法是与传统教学法相对而言的。在旧中国，启蒙教育是从背诵《三字经》《百家姓》《增广贤文》等开始的，死记硬背是传统教育的主要表现。现代教育兴起以后，教育学成为一门科学，人们对教育方式进行了广泛的探讨。一般认为，案例教学法起源于 20 世纪 30 年代，由美国哈佛商学院所倡导，选取商业管理的真实情境或事件，让学生结合理论进行分析，最终归纳出基本结论。通过此种方式，有助于培养和发展学生主动参与课堂讨论的积极性，效果非常好。1986 年美国卡内基小组（Carnegie Task Force）提出《准备就绪的国家：21 世纪的教师》（*A Nation Prepared: Teachers for the 21st Century*）的报告书中特别推荐案例教学法在师资培育课程中的价值，并将其视为一种相当有效的教学模式。此后，案例教学法逐步在高等教育中被广泛接受。

案例教学法的案例来源于真实的生活，每个案例都可能发生在学生身边，容易激发学生的兴趣，提高学生参与讨论和交流的积极性；教师与学生交叉提问和发表意见，密切了师生关系，保证了教学效果。除了理论法学，如《法学导论》《法学基础理论》《法制史》等课程以外，案例教学法在其他部门法学课程教学中被广泛使用，如在 2018 年以后，每个讲授刑法的老师，在介

法律实务教程

绍正当防卫与防卫过当的区别时，大多举山东的于欢案[1]与昆山龙哥案[2]的

---

[1] 该案是2016年4月14日发生在山东省聊城市冠县的刑事案件。2016年4月13日，吴学占在苏银霞已抵押的房子里，指使手下将苏银霞按进马桶里，要求其还钱。当日下午，苏银霞四次拨打110和市长热线，但并没有得到帮助。苏银霞的儿子于欢目睹其母受辱，从工厂接待室的桌子上摸到一把水果刀乱捅，致使杜志浩等四名催债人员被捅伤。其中，杜志浩因未及时就医导致失血性休克死亡，另外两人重伤、一人轻伤。2017年2月17日，山东省聊城市中级人民法院一审以故意伤害罪判处于欢无期徒刑。聊城市中级人民法院认为，被告人于欢面对众多讨债人的长时间纠缠，不能正确处理冲突，持尖刀捅刺多人，致一名被害人死亡、二名被害人重伤、一名被害人轻伤，其行为构成故意伤害罪，公诉机关指控被告人于欢故意伤害罪成立。被告人于欢所犯故意伤害罪后果严重，应当承担与犯罪结果相当的法律责任，鉴于本案系在被害人一方纠集多人，采取影响企业正常经营秩序、限制他人人身自由、侮辱谩骂他人的不当方式讨债引发，被害人具有过错，且被告人于欢归案后能如实供述自己的罪行，可以从轻处罚。本案经媒体公布后，引起社会舆论广泛关注。特别是一审法院没有认定被告人于欢的防卫性质、出警警察失职渎职导致本案发生。最高人民检察院对于欢故意伤害案高度重视，派员赴山东阅卷并听取山东省检察机关汇报，对案件事实、证据进行全面审查。最高人民检察院调查认为，山东省聊城市人民检察院的起诉书和聊城市中级人民法院的一审判决书认定事实、情节不全面，对于案件起因、双方矛盾激化过程和讨债人员的具体侵害行为，一审认定有遗漏；于欢的行为具有防卫性质，起诉书和一审判决书对此均未予认定，适用法律确有错误。2017年6月23日，于欢案二审宣判，山东省高级人民法院认定于欢属防卫过当，构成故意伤害罪，判处于欢有期徒刑5年。

[2] 2018年8月27日晚，在江苏省昆山市震川路西行至顺帆路路口，龙哥（真实姓名刘海龙）因行车问题，与他人产生口角引发冲突，提刀追砍自行车车主于某某，却被反砍身亡，引起社会广泛关注。当时交通路口摄像头从不同角度记录了案件发生过程。刘海龙驾驶机动车违章与其他行人（于某某）发生争执，经他人劝说基本平息。司机刘海龙突然从车内抽出数尺长的钢刀追砍于某某。在行凶过程中，因凶器脱手掉地被于某某捡起，案件出现反转，最终刘海龙多处受伤当场死亡。警察到达现场后，将于某某采取刑事强制措施，并开展侦查工作。由于视频的广泛传播，引起网民对于某某的同情。特别是刘海龙自2001年以后多次因盗窃罪、敲诈勒索罪、故意伤害罪、寻衅滋事罪等罪名被刑罚处罚的前科劣迹被起底以后，网民更加相信于某某在当时条件下的反抗是不得已的行为。最后司法认定的事实如下：案发当晚，刘海龙醉酒驾驶皖×××57宝马轿车（经检测，血液酒精含量87mg/100ml），载刘某某、刘某、唐某某沿昆山市震川路西行至顺帆路路口时，向右强行闯入非机动车道，与正常骑自行车的于某某险些碰擦，双方遂发生争执。刘某某先下车与于某某发生争执，经同行人员劝解返回车辆时，刘海龙突然下车，上前推搡、踢打于某某。虽经劝架，刘海龙仍持续追打，后返回宝马轿车取出一把砍刀（经鉴定，该刀为尖角双面开刃，全长59厘米，其中刀身长43厘米、宽5厘米，系管制刀具），连续用刀击打于某某颈部、腰部、腿部。击打中砍刀甩脱，于某某抢到砍刀，并在争夺中捅刺刘海龙腹部、臀部，砍击右胸、左肩、左肘，刺砍过程持续7秒。刘海龙受伤后跑向宝马轿车，于某某继续追砍2刀均未砍中，其中1刀砍中汽车（经勘查，汽车左后窗下沿有7厘米长刀痕）。刘海龙跑向宝马轿车东北侧，于某某返回宝马轿车，将车内刘海龙手机取出放入自己口袋。民警到达现场后，于某某将手机和砍刀主动交给出警民警（于某某称，拿走刘海龙手机是为了防止对方打电话召集人员报复）。刘海龙逃离后，倒在距宝马轿车东北侧30余米处的绿化带内，后经送医抢救无效于当日死亡。经法医鉴定并结合视频监控认定，在7秒时间内，刘海龙连续被刺砍5刀，其中，第1刀为左腹部刺戳伤，致腹部大静脉、肠管、肠系膜破裂；其余4刀依次造成左臀部、右胸部并右上臂、左肩部、左肘部共5处开放性创口及3处骨折，死因为失血性休克。于某某经人身检查，见左颈部条形挫伤1处，左胸季肋部条形挫伤1处。公安机关听取检察机关的意见和建议，得出结论：于某某的行为属于正当防卫，不负刑事责任，公安机关依法撤销于某某案件。主要理由如下：①刘海龙的行为属于刑法意义上的"行凶"。根据《中华人民共和国刑法》第20条第3款规定，判断"行凶"的核心在于是否严重危及人身安全。司法实践中，考量是否属于"行凶"，不能苛求防卫人在应急反应情况下作出理性判断，更不能以防卫人遭受实际伤害为前提，而要根据现场具体情景及社会一般人的认知水平进行判断。本案中，刘海龙先是徒手攻击，继而持刀连续击打，其行

例子作比较。如果条件允许，可以通过视频等方式把案件起因、过程讲透，把司法文书和专家意见陈列其间。通过比较，学生会对正当防卫的概念和构成条件、正当防卫与防卫过当的标准有形象生动的理解和记忆。在其他部门法学习中，都能找到案例教学法的影子。在法学考试中，案例分析几乎是每次必考的题型。

由于案例教学法需要更多的时间去准备，加之教学案例选择的局限性和现实空间、条件发生变化，我们并不能把案例教学法作为主要的教学方式。以《刑法总论》《刑法分论》为例，每章节理论学习需要占据3/4以上的学时，甚至更多。一门48学时的课程，最终能进行案例分析的时间只有4~6学时。几十个制度，几百个罪名，老师必须把主要时间用在介绍法律规定上。外行看热闹，内行看门道，案例教学法不是告诉我们案例多么生动有趣，而是要思考现实中随便一个案例涉及哪些法律问题，法律是如何规定的，法律为什么要这样规定，法律后果是什么。所以，案例教学法的最终目的不是让学生记住案例，而是理解、掌握法律理论和法律规定。

二、社会调查、法律辩论、法律诊所、卓越法律人才、审判观摩与模拟法庭

大学教育是学生完成从家庭走向社会的过渡期。高中阶段及以前，大多数学生都是"衣来伸手，饭来张口"，处于被照顾和哺育的角色。等到大学四年毕业，独立的人生观、世界观已经形成。所以，各个高校都鼓励学生在力所能及的条件下积极接触社会、了解社会。"社会调查"就是学生走出象牙塔，接触社会和了解社会的主要形式。"社会调查"一般在寒假、暑假期间进行，学生在探亲访友、旅游访学等过程中，将所学知识与周围的真实社会相

为已经严重危及于某某人身安全，其不法侵害应认定为"行凶"。②刘海龙的不法侵害是一个持续的过程。纵观本案，在同车人员与于某某争执基本平息的情况下，刘海龙醉酒滋事，先是下车对于某某拳打脚踢，后又返回车内取出砍刀，对于某某连续数次击打，不法侵害不断升级。刘海龙砍刀甩落在地后，又上前抢刀。刘海龙被砍伤后，仍没有放弃侵害的迹象，于某某的人身安全一直处在刘海龙的暴力威胁之中。③于某某的行为出于防卫目的。本案中，于某某夺刀后，7秒内捅刺、砍中刘海龙的5刀，与追赶时甩击、砍击的2刀（未击中），尽管时间上有间隔、空间上有距离，但这是一个连续行为。另外，于某某停止追击，返回宝马轿车搜寻刘海龙手机的目的是防止对方纠集人员报复、保护自己的人身安全，符合正当防卫的意图。

对比，既用课本知识认识社会，也用社会实践反思课堂。"社会调查"结束后，一般要求学生就调查社会的过程和感受进行书面总结。

自20世纪90年代开始，各种"辩论大赛"充斥在中央和各地方电视台，"法律辩论"也就应运而生。辩论赛的好处诸多，如可以让选手的思路更加清晰、系统，思维更加敏捷，反应更加迅速；可以锻炼选手系统全面考虑问题的能力，使他们眼界更加开阔，考虑问题更加全面；还可以锻炼选手的口头表达能力和人际交往能力，培养团队协作精神。正是由于辩论赛的内涵与未来法律职业高度契合，法律专业的辩论赛如雨后春笋般出现，如由北京市教育委员会主办的北京市大学生模拟法庭竞赛至今已有十余届，参赛单位从北京开设法律本科专业的三十几所高校扩展到河北、天津等地的高校。在模拟法庭竞赛过程中，合议庭和评委老师来自法院、检察院和高校教学一线，通过比赛，选手学会了撰写法律文书、证据的取舍和举证质证，以及如何在法庭上唇枪舌剑，驳斥对方。类似的比赛还有"龙图杯"全国高校法庭辩论赛，国际刑事法院中文模拟法庭比赛（ICC），海峡两岸暨香港、澳门大学生企业并购模拟竞赛等赛事。各个学校内部，企业、律师事务所赞助的比赛更多。可以说，对于法科学生而言，如果四年都没有参与模拟法庭辩论赛，那不失为大学生活的一种遗憾。

法律诊所也叫诊所式的法律教育（Clinical Legal Education）或者"临床法律教育"，它起源于20世纪70年代初期的美国，已通过实践证明是一种法学院学生获得法律经验、培养实务能力的有效方法和途径。它突出的实践性特色是单纯课堂教育无可比拟的优势，可用于培养大量的法律实务人才，并加强对理论性研究的理解和实践配套经验的积累。法律诊所是指仿效医学院学生在医疗诊所临床实习的做法，原则上是在有律师执业资格的教师指导之下，将法学专业学生置于"法律诊所"中，为处于生活困境而又迫切需要法律援助的人提供法律咨询，"诊断"法律问题，开出"处方"，以此促进学生对法律理论的深入理解。其优点在于培养法学学生的职业技能和职业道德意识。法律诊所在中国起步较晚，北京大学、中国人民大学等7所大学的法学院到2000年才率先引进该课程，并将课程定名为"法律诊所"。目前开设"法律诊所"的学校已有近百余所，几乎覆盖了国内著名大学的法学院和政法院校，并成为法学教育改革的一项措施和内容。中国政法大学出版社2010年出版了孙淑云、冀茂奇主编的《诊所式法律教程》（全国高等院校法学专业基础教材），中国人民大学出版社 2014 年出版了许身健主编、袁钢副主编的《法律诊所》（21 世纪中国高校法学系列教材）。

　　当前，提高法律人才培养质量成为中国高等法学教育改革发展最核心、最紧迫的任务。在法律硕士发展过程中，复合型和应用型的法律人才培养目标对实践基地建设提出了更高的要求。为了全面落实依法治国基本方略，深化高等法学教育教学改革，提高法律人才培养质量，中央政法委、教育部决定联合实施卓越法律人才教育培养计划。"卓越法律人才教育培养计划"围绕提升人才培养质量的核心任务，针对法学高等教育面临的问题与挑战，将目标定位在：以提升法律人才的培养质量为核心，以提高法律人才的实践能力为重点，加大应用型、复合型法律人才的培养力度，培养、造就一批适应社会主义法治国家建设需要的卓越法律职业人才。《国家中长期教育改革和发展规划纲要（2010—2020 年）》颁布之后，在高等教育人才培养工作方面实施了两个项目：一个是"基础学科拔尖学生培养试验计划"（珠峰计划）；另一个是在工程教育领域，教育部推出了"卓越工程师教育培养计划"（卓越计划）。"卓越法律人才教育培养计划"是教育规划纲要颁布实施后我国高校人文社会科学领域第一个重大的人才培养计划，也是从国家层面上系统地推进高等法学教育领域综合改革的一项重要战略举措。"卓越法律人才教育培养计划"旨在培养适应中国特色社会主义法治国家建设需要的高素质法律人才。主要特点有：创新高校与实务部门联合培养机制；实施法律人才分类培养模式创新；加强师资队伍建设；优化课程体系、强化实践教学环节、推进教学方法改革。在培养机制方面，该卓越计划的一个重点任务是创新"高校与实务部门联合培养机制"。在这一工作机制的基础上，还将积极推进"双师型"教师队伍的建设工作。另一个重点任务是探索"国内—海外联合培养机制"。

　　2012 年 5 月 26 日，由中央政法委、教育部联合举办的"卓越法律人才教育培养计划"工作会议在北京召开，来自法院系统、检察院系统和高等学校的代表共商法学人才培养规划和方案。会上，正式成立了由公检法司等多部门和高等学校负责同志组成的"卓越法律人才教育培养计划"指导委员会、专家委员会，并将正式启动北京大学、中国政法大学等 20 多所高校与各级法院、检察院、律师事务所、企事业单位等部门共建的一大批法学教育实践基地和 100 多个卓越法律人才教育培养基地，此举标志着我国在法学人才培养领域开启了教育与用人部门共同培养人才的新局面。

审判观摩和模拟法庭是培养法科学生动手能力的必经环节。审判观摩就是亲临审判现场，观看真实司法审判过程，口语上简称为"旁听"。随着各级法院管理越来越规范，旁听案件更加方便，只要提前看看法院的开庭公告，带上身份证件，一般没有太大的障碍。现在有些法院开通云审判、庭审直播，让我们可以坐在教室或者实验室观看，旁听案件更加方便。当然，现场旁听和网络旁听还是有不同的效果，同学们要多争取去法院审判现场感受一下审判的气氛。模拟法庭就是我们自己担任诉讼中的不同角色，模拟一个审判过程，好的模拟法庭能给四年大学生活留下鲜活的记忆。审判观摩和模拟法庭过程中有几个需要注意的问题：首先，我们不一定非要找个有特殊性的案件去观摩和模拟。现实生活中大多案件都很普通，我们旁听和模拟的目的是熟悉审判过程，感受角色内心，用所学知识去看看别人怎样做。其次，要最大限度接近现实。尽管是模拟，但一定要像坐在审判台上的法官那样，从表情到言辞都要把自己当成真正的法官。即使是被告，也不是无所作为，要运用法律赋予的权利，合理合法为自己辩护。每个角色需要进入自己应该有的状态。最后，旁听和模拟结束之后应该有总结和反思。每个人承担的角色是有限的，自己将来走入社会承担什么角色也是未知数。所以，不仅要感受自己的角色，还要看看别人的角色。只有总结和反思，才知道哪里对了，哪里还可以做得更好。

三、毕业实习

各高校鼓励大学生利用寒暑假去相关单位实习，接触和认识社会。法学专业的毕业实习，虽然不及医学专业的临床锻炼，但也是各高校提高法科毕业生动手能力、适应司法实践的必经环节，一般安排在大四第二学期，时间为 2~3 个月左右。实习单位为公、检、法、司、律师事务所、仲裁委员会、监察委员会等单位，设有法律事务部的企业或者事业单位也可以。这里强调的是必须处理法律相关事务，学校带队老师要督促学生落实实习单位，制订实习计划，实习单位需要为实习生配备指导老师，实习生必须遵守实习单位规章制度。实习结束，实习单位还需要给实习生出具实习鉴定意见。指导教师根据学生的实习日志、实习总结、实习鉴定评定成绩,实习成绩不合格的,不得毕业。

作为法律专业的毕业实习,最终目的是让学生对真实的工作有基本的了解,为即将毕业、走上工作岗位做铺垫,不至于去单位后手足无措。所以,毕业实习需要注意两个重点问题:

第一,要有毕业实习的计划。各个学校都有毕业实习,但在如何安排上有较大的灵活性,一般都采取集中加分散相结合的方式进行。所谓集中是学校统一安排实习单位、指导教师和实习内容,集中实习比较有利于保证实习质量和实习期间的安全。分散实习是许可同学利用自己的资源联系实习单位去实习。每个同学的家庭背景和个人未来去向不一样,分散实习的单位和实习内容可能相差比较大。分散实习管理起来难度大,要保证实习效果,主要取决于实习准备和实习计划。无论哪种方式,实习计划都应该包括:实习时间、实习单位和工作岗位、实习指导教师、实习注意事项、实习跟踪和考察、实习鉴定等内容。个别学生找关系开了虚假的实习鉴定,编造一些实习内容,浪费了实习机会,非常可惜。

第二,实习注意事项。要保证实习效果,参加实习的学生首先必须端正实习态度,把自己当成实习单位的新员工,千万不能有"我是来实习的""混几天就走"的思想。实习中必须严格遵守实习单位的各项规章制度,比如考勤制度、着装要求、保密要求、办公场所会客规定、办公设备使用规定等。实习学生的表现和素质代表了你的学校和你的团队,特别是集中实习的同学,要为自己的行为负责,还要为你的学弟学妹负责,如果你在一个单位留下了不好的名声,不良后果可能会殃及你们学校和专业。

第三节　法律实务的基础和学好《法律实务》的方法

一、法律实务的基础

很多法科学生在入学之前,怀揣法律梦想,憧憬美好未来,如侦破各类稀奇古怪的案件、与穷凶极恶的罪犯斗智斗勇、处理错综复杂的案件等。进入大学以后,随着理论学习的逐步深入,枯燥的概念、近似的法条、似是而非的后果，都让人略感失望和崩溃。这种专业落差，在很多法科学生身上都有反应。有些学生急于走出校门，融入丰富多彩的现实生活，殊不知，这种忽视理论知识学习的做法违背了教育规律。书读得越多，路就走得越远，大学生的首要任务是学习，特别是理论学习。所以，从开设法律实务的时间进度来看，真正意义上的法律实务必须是在学习相关法律之后，也就是说，先进行理论学习和课堂学习，才有法律实务。即使是法律实务本身，也要循序渐进，先观摩、辩论，然后才有模拟和实习。

做好法律实务，必须打好如下几个方面的基础：

第一，熟练掌握相关法律知识。有些学生对老师要求的熟背基础概念、特征不理解，找各种理由为低分辩解，还有学生经常问何时准备研究生考试合适等问题，唯一的答案是学好每一门专业课。学好的标准是什么，有几个指标供同学们参考：一是结课考试最好在90分以上。低分的学生会严重不认可这个观点，借口于老师没划重点、考题有偏好、阅卷不公平，等等。但同学们也要明白，命题老师的试卷需要接受同行的检验和外来的检查，如教学评估中，我们会看考试题与教学大纲的覆盖率，主观试题和客观试题的比例是否合适，考题的难易度等。有些学校要求任课教师在考试后完成试卷分析，从答题、得分、阅卷情况反思教学中老师和学生方面存在的问题，便于后续改进。一个连基础概念都理解不全、法言法语错误百出的人永远不会让人看出专业功底。二是能够灵活自如地使用厚薄法。厚薄法，相传是著名数学家华罗庚的读书方法，是指当你初读一本书时，因为不熟悉其内容，显得非常厚；等你掌握了相关知识后，看看标题就知道其内容，简单数语概括其内容，这就是薄。有些学生上课不专心听讲，对课本知识蜻蜓点水，翻开书好像什么都会，合上书又都不会。考试前不知道重点，考试后无法预知分数，这就是没有学透。微信上有个马冬梅的段子，大概就是对这种人最好的讥讽。成绩好的同学，在考试前看看教材目录就知道哪些是重点、知道各章节前后的逻辑关系，重点内容如数家珍。三是定位法。所谓定位法就是面对任何一个法律概念，我们都能准确判断出它来自哪一个部门法，其基本概念、特征是什么？这个法律概念在该法律中处于何种地位？有何法律意义？定位法要求我们从基础法律概念入手去学习法律。任何一个部门法中，能成为法律专用概念的都不会太多，正是由于这个法律概念是法律知识的基础，我们才有法律词典。从基本概念入手，往前可以考察其产生背景，往后可以考察其构成要件和特征。有了定位法，翻书也好，查资料也好，都非常省时省力。大家在复习考试前可以二人一组，相互出题，运用定位法来检验知识的牢靠程度。如果某个法律概念完全陌生，没有听说过，甚至望文生义，那就该反思自己法律知识的缺项了。

第二，个人基本素质。经过近四年的大学生活，大学生的身心均得到发展，无论是着装打扮还是待人接物，都趋于成熟。在学习法律实务时，除了常规礼仪、素质之外，我们需要在如下技能上进行储备：一是语言能力。法律职业与人打交道的情况比较多，无论是哪个行业，都会遇到形形色色的人，所以，语言表达能力就需要特别强调。口头语言上，不仅普通话要标准，更要根据自己的地位去拿捏表达的语气语态。在模拟法庭时，学生们很难理解和把握宣读起诉书、发表公诉意见书、法庭询问、法庭讯问的语气，要么咄咄逼人，要么嘤嘤自语，要么高声喊叫，要么自说自话，书面语言更是如此。从某种程度上说，我们受教育的过程就是学会表达的过程。小学的应用文、说明文，再到中学的记叙文、议论文，大学及研究生以后则偏重于长篇大论，论点是什么，论据有哪些，论证过程如何进行。从大学的毕业论文到司法实践中的起诉书、判决书、代理词、辩护词，哪个都需要围绕中心议题去展开。所以，不管毕业后干什么，学好写论文是必需的。二是逻辑思维能力。法学专业的课程一般都包括形式逻辑、法律逻辑等课程，目的就是要锻炼逻辑思维能力。只有较强的逻辑思维能力，才能让头脑清晰、说理透彻。当然，清晰的逻辑思维能力是要以扎实的法律知识为基础，也要通过较强的语言表达能力来实现。三是成熟的心智。只有心理成熟才是真正的成熟。有些同学不愿意接受社会现实，对未来充满恐惧，特别是喜好网络、沉迷游戏的人，不自觉地把自己封闭起来，不愿意接触社会。成熟的心智就是要有积极对待人生的态度，具备待人接物和控制自己情绪的能力，还要有观察社会、洞察人生的能力。

二、学好《法律实务》的方法

作为一门课程，《法律实务》形式上还是书本教材的形式，主要讲授也是在课堂进行。学好《法律实务》课程，需要注意几个问题：

第一，学习中注意对部门法学知识进行回顾和总结。相关法律知识不牢靠的同学，需要自己复习和重温其他课程知识，特别是相关法律条文，容不得半点虚假和错误。必要的时候，多翻翻过去的教材和笔记，法律汇编更应该常备案头。任何法律实务都是建立在相关法律条文之上，我们的一言一行都应该有法律根据。近几年，我国的立法进程明显加快。无论是法律条文还是司法解释，都可能出现不同的版本。在司法实践中，用错版本、引错法条是大忌。只有对我国法治建设密切关注，保持法律知识的及时更新，才不至于出现低级错误。

第二，注重实务操作。在本课程中，没有太多的概念需要我们去死记硬背，但熟练掌握相关法律实务技能也需要反复练习和亲身实践。比如讲到法律咨询环节，我们在掌握了法律咨询的基本方法和要点之后，可以自己给自己提问题，也可以相互提问题，还可以形成一个题库，练习者可以模拟作答；讲到合同实务环节，我们可以起草一份生活中常见的合同，也可以找一个合同文本来分析评价。对于课程内的内容，一定要亲力亲为，多演习、多模拟，才可能掌握实践操作，就像学习汽车驾驶技术，书本看得再好也必须开车上路。只看课本或者做好笔记，对于《法律实务》课程来说是远远不够的，要跟随任课教师教学进度，积极投身到实践和演练之中，培养动手能力和实际处置能力。

第四节　法律职业资格考试

新中国成立后，从事司法工作并未有资质资格的入门规定，司法系统中的大多数人来源于部队退役。中国的司法职业考试是从律师行业开始的，1986年，司法部组织全国律师资格证书考试，各省、自治区、直辖市司法行政机关负责实施。全国律师资格考试贯彻公开、公平、公正的方针，即在报名条件与程序、考试方式、考试内容、评分与录取标准面前人人平等，考试实行统一命题、统一考试、统一评卷、统一录取，考试合格的人员由司法部授予律师资格证书。随着我国法学教育的普及和人们对司法水平的高期望，2002年3月，律师资格考试取消，律师、法官、检察官和公证员的职业证书考试合并为国家司法考试，到2017年，司法部共组织实施了16次司法考试。党的十八届四中全会通过的《中共中央关于全面推进依法治国若干重大问题的决定》着眼于推进法治工作队伍正规化、专业化、职业化，提出"完善法律职业准入制度，健全国家统一法律职业资格考试制度，建立法律职业人员统一职前培训制度"。2017年9月1日，第十二届全国人大常委会第29次会议通过关于修改《中华人民共和国法官法》（以下简称《法官法》）等8部法律的决定，将"通过国家统一法律职业资格考试取得法律职业资格"作为初任法官、检察官、律师、公证员等法律职业从业者的必备条件。2018年4月25日，司法部通过《国家统一法律职业资格考试实施办法》，该办法明确了法律职业资格考试的报名条件、组织实施、违纪处理、资格授予管理等内容，对于规范法律职业资格考试的组织实施等工作具有重要作用。

一、法律职业资格的性质

国家统一法律职业资格考试是国家统一组织的选拔合格法律职业人才的国家考试。初任法官、初任检察官，申请律师执业、公证员执业和初次担任法律类仲裁员，以及行政机关中初次从事行政处罚决定审核、行政复议、行政裁决、法律顾问的公务员，应当通过国家统一法律职业资格考试，取得法律职业资格。从这个角度来讲，法律职业资格考试是选择将法律作为人生职业的入门考试和必备考试。

二、报名条件和禁止条件

符合以下条件的人员，可以报名参加国家统一法律职业资格考试：①具有中华人民共和国国籍。②拥护中华人民共和国宪法，享有选举权和被选举权。③具有良好的政治、业务素质和道德品行。④具有完全民事行为能力。⑤具备全日制普通高等学校法学类本科学历并获得学士及以上学位；全日制普通高等学校非法学类本科及以上学历，并获得法律硕士、法学硕士及以上学位；全日制普通高等学校非法学类本科及以上学历并获得相应学位且从事法律工作满3年。

有下列情形之一的人员，不得报名参加国家统一法律职业资格考试：①因故意犯罪受过刑事处罚的；②曾被开除公职或者曾被吊销律师执业证书、公证员执业证书的；③被吊销法律职业资格证书的；④被给予2年内不得报名参加国家统一法律职业资格考试（国家司法考试）处理期限未满或者被给予终身不得报名参加国家统一法律职业资格考试（国家司法考试）处理的；⑤因严重失信行为被国家有关单位确定为失信联合惩戒对象并纳入国家信用信息共享平台的；⑥因其他情形被给予终身禁止从事法律职业处理的。有前款规定情形之一的人员，已经办理报名手续的，报名无效；已经参加考试的，考试成绩无效。

三、考试内容和方式

国家统一法律职业资格考试的具体考试时间和相关安排在举行考试3个月前向社会公布，司法部官网（http://www.moj.gov.cn）也有相关信息。国家统一法律职业资格考试实行全国统一命题，国家统一法律职业资格考试的内容和命题范围以司法部当年公布的《国家统一法律职业资格考试大纲》为准。国家统一法律职业资格考试每年举行一次，分为客观题考试和主观题考试两部分，综合考查应试人员从事法律职业应当具有的政治素养、业务能力和职业伦理。应试人员客观题考试成绩合格的方可参加主观题考试，客观题考试合格成绩在本年度和下一个考试年度内有效。

2019年国家统一法律职业资格考试客观题考试共两卷，分为试卷一和试卷二，每份试卷100道试题，分值为150分，其中单项选择题50题，每题1分；多项选择题和不定项选择题共50题，每题2分，两份试卷总分为300分。具体考查科目为：

试卷一：中国特色社会主义法治理论、法理学、宪法、中国法律史、国际法、司法制度和法律职业道德、刑法、刑事诉讼法、行政法与行政诉讼法。

试卷二：民法、知识产权法、商法、经济法、环境资源法、劳动与社会保障法、国际私法、国际经济法、民事诉讼法（含仲裁制度）。

主观题考试为一卷，包括案例分析题、法律文书题、论述题等题型，分值为180分。具体考查科目为：中国特色社会主义法治理论、法理学、宪法、刑法、刑事诉讼法、民法、商法、民事诉讼法（含仲裁制度）、行政法与行政诉讼法、司法制度和法律职业道德。

2018年全国共有60.4万人报考，有47.3万人参加第一阶段的考试，其中19.2万人获得通过。在19.2万人当中，有18万人参加了第二阶段考试，其中有12万人通过考试。2019年报名参考人数达到60.6万人。全年授予资格的有近 11 万。有人预测，未来 3~5 年的法律职业资格考试不会有太大的变化，是考证的机遇期。等到实务人员基本解决持证上岗问题之后，法律资格考试有可能增加难度和提高运用法律条文的能力，通过率可能会下降。

课后思考题

结合个人职业规划，谈谈希望从《法律实务》课程中收获的知识和提高的技能。

第二章　法律人的职业道德

【课前导读】

本章主要介绍法律职业道德的主要内容，并在反思法律职业道德建设的基础上，总结分析法律职业道德建设的底线和红线。本书将法律职业道德作为第二章，主要基于如下事实：一是法律职业道德为法律职业资格考试试卷一"综合知识"的必备内容，所占分值和难度相匹配，值得为之努力；二是当今诸多高校并未开设《法律职业道德》相关课程，学生参加法律职业资格考试，只能自学该部分内容；三是法律职业道德建设与实际情况脱节，部分法律专业人士最终演变为罪犯，从中央政法委原书记周永康到最高人民法院原副院长黄松有、奚晓明，再到各省、市等公检法的领导，在近十几年的反腐败过程中，栽倒在法律之下成为囚徒的法律高官不在个别。这些人大多受过高等教育，法律知识雄厚；经过多年的司法实践，办案经验丰富；长期为官，善于察言观色，老于世道。这些人为何走上犯罪道路，原因值得深思。英国诗人雪莱曾经说过，"一个人如果不是真正有道德，就不可能真正有智慧"。我们再看看青史留名的大家，哪个不是道德的楷模，世人的典范？

本章建议课堂讲授6学时，课堂讨论2学时，必要时可以提交课外心得体会。

第一节　法律职业道德概述

一、法律职业道德的概念和特征

当我们进入大学开始学习法学第一门专业课时，《法学基础理论》或者《法学导论》等课程就讲了法律与道德的相互关系。像法律一样，道德也是一种行为规范，它是人们在社会生活实践中形成的，以善恶、对错、美丑、是非、好坏等为评价标准，从而形成内心确信并指导自己行为的准则。道德是依靠社会舆论、传统习俗和内心信念来调节人际关系的心理意识、原则规范、行为活动的总和。道德意识、道德规范和道德实践（道德活动）构成道德的三个部分。我国在依法治国过程中，也强调以德治国的作用，就是突出道德建设，发挥社会主义精神文明建设在现代化建设中的作用。2001年9月20日，中共中央印发《公民道德建设实施纲要》，在全民族牢固树立建设有中国特色社会主义的共同理想和正确的世界观、人生观、价值观，在全社会大力倡导"爱国守法、明礼诚信、团结友善、勤俭自强、敬业奉献"的基本道德规范，努力提高公民道德素质，促进人的全面发展，培养一代又一代有理想、有道德、有文化、有纪律的社会主义公民。社会主义道德建设要坚持以为人民服务为核心，以集体主义为原则，以爱祖国、爱人民、爱劳动、爱科学、爱社会主义为基本要求，以社会公德、职业道德、家庭美德为着力点。

党的十八大提出，倡导富强、民主、文明、和谐，倡导自由、平等、公正、法治，倡导爱国、敬业、诚信、友善，积极培育和践行社会主义核心价值观。富强、民主、文明、和谐是国家层面的价值目标，自由、平等、公正、法治是社会层面的价值取向，爱国、敬业、诚信、友善是公民个人层面的价值准则，这24个字是社会主义核心价值观的基本内容。

自此以后，中央高度重视培育和践行社会主义核心价值观，习近平总书记多次作出重要论述、提出明确要求，中央政治局围绕培育和弘扬社会主义核心价值观、弘扬中华传统美德进行集体学习，中共中央办公厅下发《关于培育和践行社会主义核心价值观的意见》。党中央的高度重视和有力部署，为加强社会主义核心价值观教育实践指明了努力方向，提供了遵循依据。2017年10月18日，习近平同志在十九大报告中指出，要培育和践行社会主义核心价值观，要以培养担当民族复兴大任的时代新人为着眼点，强化教育引导、实践养成、制度保障，发挥社会主义核心价值观对国民教育、精神文明创建、精神文化产品创作生产传播的引领作用，把社会主义核心价值观融入社会发展各方面，转化为人们的情感认同和行为习惯。2018年3月11日，第十三届全国人民代表大会第一次会议通过《中华人民共和国宪法修正案》，将"国家提倡爱祖国、爱人民、爱劳动、爱科学、爱社会主义的公德"修改为"国家倡导社会主义核心价值观，提倡爱祖国、爱人民、爱劳动、爱科学、爱社会主义的公德"。

随着职业的分工、发展和成熟，职业道德逐渐形成。职业道德是行业规范内的特殊要求。职业道德是指与人们的职业活动紧密联系并具有自身职业特殊性的道德准则和道德规范的总和。恩格斯说："实际上，每一个阶级，甚至每一个行业，都各有各的道德。"[1]当一个职业分工日渐成熟，形成了该职业的社会共同认知，这就形成了该职业的职业道德。职业道德是社会道德在特定职业行为中的反映，是社会分工和生产发展的产物；职业道德是人们在职业生活实践中形成的规范，体现职业活动的客观要求；职业道德既是本行业人员在职业活动中的行为规范，也是行业对社会所承担的道德责任和义务。我国职业道德建设的主要内容为："要大力倡导以爱岗敬业、诚实守信、办事公道、服务群众、奉献社会为主要内容的职业道德，鼓励人们在工作中做一个好建设者。"[2]

法律职业道德是指法官、检察官、律师、公证员等以执行和适用法律为职业主要内容的法律职业人员在进行法律职业活动中所应遵循的符合法律职业道德要求的心理意识、行为准则和行为规范的总和[3]。由于法律职业的特殊性，我们应该从以下几个方面去理解法律职业道德的特征：

第一，法律职业性。法律职业道德与法律职业实践活动紧密相连，反映着法律职业活动对从业人员的道德要求。法律职业是社会众多职业的一种，它是一个拥有共同的法律知识结构，独特的法律思维方式，具有强烈的社会正义感与公共信仰的整体[4]。党的十八届四中全会提出全面推进依法治国总目标以后，国家采取了一系列推进法治专门队伍正规化、专业化、职业化的具体措施。如健全国家统一法律职业资格考试制度；建立法律职业人员统一职前培训制度；探索建立法律职业从业者之间良性互动和开放的人才吸纳机制，从符合条件的律师、法学专家中招录立法工作者、法官、检察官；畅通

---

[1] 参见《马克思恩格斯全集》（第4卷），人民出版社1958年版，第236页。
[2] 参见《公民道德建设实施纲要》第16项。
[3] 类似观点参见黄文艺、卢学英：《法律职业的特征解析》，载《法制与社会发展》2003年第3期；李本森主编：《法律职业道德》，中国政法大学出版社2004年版，第6页；高其才编著：《司法制度与法律职业道德》，清华大学出版社2014年版，第26页。
[4] 参见王利明：《法律职业专业化与司法改革》，载苏泽林主编：《法官职业化建设指导与研究》（第1辑），人民法院出版社2003年版，第25页。

立法、执法、司法部门干部和人才之间的交流渠道；加快建立符合职业特点的法治工作人员管理制度等。2016年6月中共中央办公厅下发《从律师和法学专家中公开选拔立法工作者、法官、检察官办法》。此后"法律职业共同体"概念从学者和书本里走出来，进入新闻和社会公众视野。"法律职业共同体"概念的产生源于美国科学史家和科学哲学家托马斯·库恩（Thomas Samuel Kuhn）关于"科学共同体"定义的提出。德国著名学者马克斯·韦伯（Max Weber）将法律职业从业者认为是一个"法律职业共同体"。根据他的这一学说，法律职业共同体是基于职业的特定内涵和特定要求而逐步形成的。法律职业共同体的特征具有同质性，职业道德的传承是其重要特征。在我国，学者们对法律职业共同体有着不同释义。多数人认为：法律职业共同体是指以法官、检察官、律师、法学家为核心的法律职业人员所组成的特殊的社会群体。它必须经过专门法律教育和职业训练，是具有统一的法律知识背景、模式化思维方式、共同法律语言的知识共同体；它以从事法律事务为本，是有着共同的职业利益和范围，并努力维护职业共同利益的利益共同体；其成员间通过长期对法治事业的参与和投入，达成了职业伦理共识，是精神上高度统一的信仰共同体。当然，也有人认为我国不存在"法律职业共同体"。2018年5月，在很多人的微信朋友圈流传一个段子"法律人鄙视链"，公检法司各法律职业之间协调与冲突并存，也反映了现实生活中的部分窘境。

2018年4月25日司法部通过的《国家统一法律职业资格考试实施办法》。该办法第2条第2款规定："初任法官、初任检察官，申请律师执业、公证员执业和初次担任法律类仲裁员，以及行政机关中初次从事行政处罚决定审核、行政复议、行政裁决、法律顾问的公务员，应当通过国家统一法律职业资格考试，取得法律职业资格。"这就意味着，法律职业者除了传统的公安（人民警察）、法官、检察官、律师以外，也包括公证员、部分仲裁员、行政处罚的执法人员、法律顾问等人员。

第二，内容规范性。内容规范性是指法律职业道德的内容相对规范、具体、固定，无更多的理解和想象空间。从存在形式上来说，道德主要存在于社会大众共同生活的准则和习惯之中，虽然有共性和主流，但不同社会个体的理解和认识总有细小的差别和距离。比如，"五讲四美三热爱"是公认的社会道德，但什么是美，不同的人，可能有不同的看法。大多数人认为，女孩子长发飘飘才是美,男孩子留短发才阳光,也不排除有些新潮的人,反其道而行之。在这种情况下,多元化就是最好的解释或者托词。法律职业道德内容的规范性主要是因为法律职业道德来源于法律、法规和部门规章的明文规定,而不是来源于生活和工作习惯,白纸黑字准确地写在各类规范性文件上,职业道德规范的内容具体确定,很少会发生是和非的争议,如法官职业道德的主要来源文件有《中华人民共和国法官职业道德基本准则》(以下简称《法官职业道德基本准则》)、《法官行为规范》、《法官法》等。

第三,效力强制性。道德的约束力主要来自于内心的约束和社会舆论的监督。众口铄金、积毁销骨。道德就是通过街坊、邻里、同事、亲属、大众的眼神、议论和其他肢体语言来发挥作用。某个小孩子不懂事、不讲理,其他家长就会告诫自己的孩子远离这种人。生活上的孤立、眼神上的唾弃、语言中的蔑视,都能让不守道德的人受歧视和蔑视(就是我们日常说的遭人白眼)。不遵守法律职业道德,直接后果就是轻则挨批评、诫勉谈话,重则受到处分、丢失工作。法律职业道德的强制性来源于法律、法规和部门规章的约束力。正因为这一点,违反法律职业道德的行为直接属于违规违纪,甚至是违法行为。在公检法内部,都有调查、认定和处罚违反职业道德的专门职能机构,律师也有惩戒委员会。从受到处分、失去工作等角度来看,法律职业道德不再是单纯的道德,行为人不仅需要内心高度认同,还需要在外在行为上严格遵守。

第四,内容严格性。作为执法者,法律人享有运用法律处分社会财富、解决社会冲突、维护社会秩序、实现社会正义的职责。无论是在内容要求还是遵守程度上,国家和社会对法律人有比其他职业更高的要求,如着装打扮中规中矩,行为举止文明内敛。无论是外观打扮还是个性特色,国家及社会对法律人的要求远比其他普通社会公众要严格得多,这是社会对法律人的职业期望。法律职业道德是建立在社会主义基本道德规范基础之上的职业道德规范。正如"救死扶伤""仁者善心"是医务行业的基本道德规范,"铁肩担道义""除暴安良""刚正不阿""不偏不倚"等都是专门用来形容法律职业的专有成语。现实生活中,遇到暴徒凶伤害,很少有人去指责普通老百姓的躲避和逃跑,但《中华人民共和国刑法》(以下简称《刑法》)第 21 条规定,关于避免本人危险的规定,不适用于职务上、业务上负有特定责任的人。

这就意味着我们的司法人员要迎难而上,采取各种措施来制止罪犯。如果贪生怕死,轻则受到舆论谴责,重则受到党纪政纪处分;情节严重的,还可能构成渎职罪等相关犯罪。虽然我们已经摈弃了"知法犯法罪加一等"的原始朴素观念,但在任何违法违纪案件中,法律人的身份永远是从重处罚的理由。

二、法律职业道德的功能

一般理论认为,法律是消极规范,道德是积极规范。法律职业道德的作用和功能,通过法律职业人的职业行为表现出来。

首先是规范功能,规范功能也叫约束功能。约束我们行为的,国家层面有法律,单位有制度,行业有规章,内心有道德。法律职业道德的规范功能是道德规范功能在法律职业中的具体体现,通过法律职业道德建设,明确哪些是法律人的基本行为规范,哪些能做、哪些不能做,什么是对的,什么是错的,让法律人的内心思想趋于统一,从而调整外部行为一致。最直接最简单的例子就是着装相关规定,《公安机关人民警察着装管理规定》《人民检察院服装管理规定(试行)》《人民法院审判制服着装管理办法》《律师出庭服装使用管理办法》等相关规定,尽管内容各有不同,但中心思想是一样的,即法律人的衣着得大方得体,不许不修边幅,工作期间宜着正装,不得穿背心短裤拖鞋,特定场合(如开庭或者执行职务)需着制服,制服的着装必须按照要求进行,不能随心所欲。法律职业道德的这种规范功能,给法律职业一个外在标签,时刻提醒法律职业人自己的身份地位职业,谨言慎行。

其次是提升功能。提升功能是指通过道德评价去督促社会个体不断提升、完善自身修养和道德进化,提升个人品位和社会评价。同理,法律职业道德具有提升法律职业人整体素质、提升其道德水平的作用。社会在发展,行业也必须进步。全面依法治国以来,原有的司法和法律服务水平已经不能满足社会对法治建设的需求,法律职业也必须跟上社会进步。法律职业通过法律职业道德建设,增强从业人员的职业意识、职业观念,树立职业理想信念,强化其职业责任感和使命感,促进其提升职业能力。职业意识的增长、职业能力的提高,有利于发挥法律职业在社会管理中的作用。法律职业道德提升功能发挥得越好,司法公信力就越强,人民群众对司法的信赖程度反过来也会促进法律职业发展。

三、我国法律职业道德的精髓

(一) 法律职业理想是实现社会公平正义[1]

许慎《说文解字》中记载，法的文字来源是平之如水，从水；触不直者去之，从去。公平正义是人类文明的重要标志，是衡量一个国家或社会文明发展的标准。古今中外，各个国家无不把天平图案作为法律的象征，就是预示着法律的公平正义。选择了法律作为大学的专业或者人生的职业，就一定要对法律顶礼膜拜。从天平图案的选型设计，到"灋"字来源，公平、公正观念就植入我们的灵魂。无论是举起拳头光荣宣誓，还是穿上法律制服的神圣过程，面对国徽，手拿法律条文，我们每个法律人就是法律的化身，就是公平正义的代表。全社会为何要遵守法律，服从法律？法律为何至高无上？根本原因也在于法律的公平正义属性。

公平正义是法律所追求的基本价值之一。实现公平正义是历代法律人始终如一的理想，也是社会对法律职业的终极期盼。在理解公平正义的基本含义时，法律人应该有以下几点值得重视和反思。

第一，公平正义是客观外在事实与内心主观感受的高度结合。表面上看，公平意味着机会均等或者平均分配。从行为人内心角度看，必须高度认可这个结果。如果行为人主观上心存芥蒂，愤愤不平，即使是均分，也不会被认为是公平。所以，公平、正义既是客观的，也是主观的。营造一个公平公正的法律环境，让人民群众相信法律、信任法律，我们的司法工作才有基础。如果司法腐败，让人民群众丧失了对法律的基本信任，再公正的判决也不会被接受。法律就是公平正义的化身，法律人就是将法律与实际案例结合的用法人。在课本中、在课堂上，我们知道了公平和正义的内容，几乎每个学习法律的人都要参与讨论实体正义与程序正义的辩证统一。"正义也许会迟到，但绝不会缺席"的名言都熟记于心。我们能否把法律的公平正义贯彻到每个司法案例，让每个社会成员感受到法律的公平正义是法律人一个永恒的主题和目标。2013 年 2 月 23 日，习近平同志在十八届中央政治局第四次集体学习

---

[1] 有关法与公平正义的关系，请参见孙国华、周元：《公平正义：社会主义法治的核心价值》，中国人民大学出版社 2014 年版。

时的讲话中就一针见血地指出,要努力让人民群众在每一个司法案件中都感受到公平正义,所有司法机关都要紧紧围绕这个目标来改进工作,重点解决影响司法公正和制约司法能力的深层次问题。

第二,公平正义的主观判断,既有法律人的职业背景,也离不开社会大众的朴素感受。早在2006年发生的"广州许霆盗窃案件"就是例证。该案前后处理过程和结果,就值得所有法律人回味。2006年4月21日,广州青年许霆利用ATM机故障漏洞取款,先后共取出17.5万元。事发后,许霆潜逃1年落网。2007年12月一审,许霆被广州市中级人民法院判处无期徒刑,主要理由是"盗窃国家金融机构"及"盗窃数额特别巨大"。该案公开后,社会舆论一片哗然,更多的网民为许霆叫屈。许霆是实名制取款,是ATM程序故障才导致许霆见财起意等。一审判决未能考虑这些特殊情况,2008年3月31日,案件发回广州市中级人民法院重审改判5年有期徒刑,网上舆论才基本平息。是什么导致受过专业训练、有丰富办案经验的法官在普通老百姓面前输掉了颜面?原因之一是法官判案过于机械化,缺乏对社会公平正义的基本判断。2018年发生在陕西汉中的张扣扣"为母报仇"杀人案却是另外一个结果。2018年2月,在各家都在准备庆祝新春佳节的时刻,张扣扣将邻居一家父子三人当众杀害,烧毁汽车一辆,然后自首。本案前后经过1年多的司法程序,张扣扣最终被判处死刑。在张扣扣案件中,杀人原因是社会讨论的热点。22年前,即1996年,只有13岁的张扣扣,目睹自己的母亲死于邻居的棍棒底下,当时他便对天发誓一定要为母报仇!但是,社会发展到21世纪,同态复仇、血性复仇等私力复仇一律被禁止,任何违反法律的复仇,就不再打上"正义"的标签。在一审、二审都判处张扣扣死刑时,网民还是理智地接受了这个现实。更多的网民在反思,是什么蒙蔽了张扣扣的双眼,最终在仇恨的心态下毁了几个家庭。

如何做到公平和正义,这是每个法律人应该思考的问题,这也许要花费我们一辈子的时间,也许需要以牺牲个人前途和生命为代价。法律人在奔向公平正义的道路上需要在以下几个方面更加努力:首先,要在司法公开上下功夫。一个案件的结果来源于案件事实和证据。客观上的事实和证据是很难伪造的。我们经常说,人民群众的眼睛是雪亮的,现实确实如此。案件不公开,证据不公开,审判不公开,决策和评议程序不公开,司法腐败就会产生。

任何经得起历史检验的案件，都是经受最大可能社会监督的案件。现在有些司法人员对公开有畏惧心理，在侦查阶段就封锁案件信息，特别是一些涉及较高层次官员的腐败案件，更是街头一个版本，卷宗一个版本。缺少正常了解司法案例的必要渠道，谣言满天飞。其次，要注重程序。重实体轻程序的观念根深蒂固，课堂上我们熟知正义包括实体正义和程序正义，办理实际案件时就把程序抛到了脑后，为了节约时间提高办案效率，该省的不该省的程序都可能省略了。用不了几年时间，学校文弱书生就变成让犯罪分子闻风丧胆的"黑脸包公"。刑讯逼供为何屡禁不止？律师会见难为何难有改善？本质上都是忽视程序的结果。让当事人说话，天塌不下来，法律赋予当事人的权利，必须落到实处。最后，要带头成为严格遵守法律的表率。法律人本应该是遵纪守法的表率，但有些法律人只看到了特权，法律是用来管当事人的，不是用来管自身。司法人员腐败犯罪案件，几乎都是"知法犯法"。纵观我国三部诉讼法，虽然都有司法人员的责任和义务，但由于缺乏法律责任，导致当事人和诉讼参与人违法了承担不利后果，司法人员违法了却告状无门。如果我们能够坦然面对这些问题，对过程和结果都问心无愧，离基本的公平正义就不远了。

（二）法律职业责任是惩恶扬善

我国北宋时期有位著名的司法人物被后人敬仰和传唱，那就是包拯。在诸多文学作品中，包拯不畏权贵、公证断案、惩恶扬善的故事流传千古。包拯廉洁公正、立朝刚毅、不附权贵、铁面无私且英明决断，敢于替百姓申不平，故有"包青天"及"包公"之名，后世将他奉为神明崇拜。完美的包拯是否真实存在不是我们讨论的重点，刚直不阿、不畏强权、追求事实真相、惩恶扬善是每一个法律人职业责任的共识。司法人员除暴安良，让一方百姓安居乐业。法律职业责任的惩恶扬善，"就是要对'恶'的行为进行惩治、追究、责罚，对'善'的行为予以褒奖、扶助。"[1]惩恶扬善的这个恶，既可能来源于地痞流氓、泼皮无赖、车匪路霸，也可能来自于心术不正的领导和权贵。每个对法律有无上向往的人，都需要做好不惧邪恶势力打击报复的心理准备，刚直不阿、一身正气、迎难而上、探求事实真相，这种准备就是牺牲精神。具备惩恶扬善的优秀品质，我们的法律人就会知难而上、临危不惧、

---

[1] 王新清主编：《法律职业道德》，法律出版社2007年版，第37页。

挺身而出，让违法犯罪分子闻风丧胆。

从"法制"转向"法治"的过程中，人们开始关注"良法"和"恶法"。"恶法"的恶，在于改变了社会大众朴素的公平正义观，在于成为阻碍生产力发展的因素。这个"恶"可能是法律的某一个条文，也可能是政府的一个红头文件或者决定。曾经的"嘉禾拆迁案"，"谁影响嘉禾发展一阵子，我影响他发展一辈子"；在"四包""两停"高压态势下，公民个人利益被碾压，公检法等司法机关成为政府的附庸。在"当权派"掌门人强势作恶的情况下，谁能站出来"铁肩担道义"？唯有法律人的责任感和职业良心。对付这种"恶"，需要更高的政治站位，需要更理智更全面的分析，还需要更加不畏强权、坚持真理的决心。

(三) 法律职业态度是谨慎勤勉

如果说惩恶扬善是指胆大，谨慎勤勉就是指法律人应该"心细"。在刑事案件中，我们需要与犯罪分子斗智斗勇。现场勘查，不放过一丝蛛丝马迹，一个指纹、一个烟头，都可能让犯罪分子无法遁形。其他纠纷，也可能"公说公有理，婆说婆有理"，在既无现场、又无直接证据的前提下，如何练就火眼金睛，识破各种阴谋诡计，靠的是执业谨慎勤勉。本质上说，做好任何一项工作都应该爱岗敬业、谨慎勤勉。如我们在《中华人民共和国公司法》（以下简称《公司法》）中讲授公司董事、监事和其他高级管理人员职责义务时就概括为谨慎勤勉，但从处理事务的严重性及其程度来看，法律人的谨慎勤勉尤其为甚。民事案件的胜负，不单是财产增加或者减少的影响，更是突出一个"理"字，有了"理"，社会才公平。刑事案件影响的是一个家庭的幸福甚至个人生命，唯有谨慎勤勉，才不辜负社会对法律职业的最基本要求。所谓谨慎，是指一种严肃、细致、认真对待生活的态度和倾向，谨言慎行是法律人共有的品德。遇事多思考，不信口开河，不轻易表态。勤勉是指做事勤奋，努力不懈。公安人员破案，除了现代化技术以外，更少不了的是腿勤嘴快，多跑路多打听，勤奋是取得成绩的不二法门。当下有句法官自嘲的名句，"要么在开庭，要么在去开庭的路上"；"要么在写判决，要么在思考如何写判决"。案多人少，法官的工作压力可想而知。其实，哪个职业会"干活轻松拿钱痛快"呢？检察职业不辛苦吗？几乎要全天待命的公安不辛苦吗？完全自收自支的律师生存压力更大。无论工作任务多么繁重，谨慎、细致、耐心是法律人员始终不能忘记的职业态度。

(四) 法律职业信誉是清廉正直

法律人在执业中经常会遇到各种诱惑，甚至赤裸裸的金钱收买，任何私心都将影响判决结果的公正性，清廉正直对于公正执法尤为重要。清廉是指清白廉洁，没有污点。东汉著名学者王逸在《楚辞·章句》中注释说："不受曰廉，不污曰洁"。也就是说，不接受他人馈赠的钱财礼物，不让自己清白的人品受到玷污，就是廉洁。正直就是要不畏强势、不凌弱势、敢做敢当，要能够坚持正道；公正、正派、正道、正气也是正直的当然之意。清廉正直意思是清白廉洁，为人刚正不阿。清廉正直是保证法律人公正执业的前提，也是其获得社会信任和尊重的前提。由于廉洁正直的要求，法律人的共性是：一是不会发大财。因为法官、检察官、警察等都是公职人员，工资不会很高，同时不允许在社会上兼职取酬。除了执业活动中的合法收入，法律人不得收受他人的任何礼物、馈赠、恩惠或者特别待遇。公证员和律师等能收取报酬的职业，国家对收费有标准约束，同时强调社会效益第一。虽然社会上很多人对创收优异的律师高看一眼，但实际上再优秀的律师，其收入也无法与商人和技术人员相提并论。二是不会盲从。人们否定政治家的主要理由就是屁股决定脑袋，只有立场没有对错。法律是有对错的，案件处理结果更是有对错的。法律人不因权势和地位曲意奉承，不因个人私情改变观点，一切取决于案件事实和法律规定，这就是法律人的独立人格。法律人的正直是职业生涯中最宝贵的财富和品质。

第二节 法官及其职业道德

一、法官及其职业道德渊源

(一) 法官

1995年2月28日第八届全国人民代表大会常务委员会第十二次会议通过《法官法》，此后经过3次修改。《法官法》第2条规定："法官是依法行使国家审判权的审判人员，包括最高人民法院、地方各级人民法院和军事法院等专门人民法院的院长、副院长、审判委员会委员、庭长、副庭长和审判员。"

根据上述定义，我们有必要理清法官、审判员、审判长、法官助理、书记员、人民陪审员等概念。《法官法》与诉讼法在称谓上的不一致，让老百姓一头雾水。在老百姓的思维观念中，在法院工作的人员都是法官。也有人从狭义上理解，能够独立审理案件的人员叫法官，在诉讼法中称之为审判员。其实，法官并不是一种当官的官，法官只是一种职业。法官与审判员的区别只是表述方式的不同，所有的审判员都是法官，不具备独立审理案件能力的人就不是法官。承担具体审判任务的法官，因为角色的不同才有审判长和审判员的区别，审判长、审判员都是审理具体案件中的承办人，承担具体案件的审理任务、组建审判组织时才有审判长、审判员职位。无论是审判长还是审判员，都必须由法官担任。社会人员可以临时参与法院的审判组织，称之为人民陪审员。人民陪审员是临时的法官，除了不能担任审判长、不能审理二审案件之外，在合议庭中的职责权限与审判员无异。法院还有司法警察、书记员等不属于法官的人员，司法改革以后，法院也出现了很多非法官的辅助人员，他们承担立案引导、物业管理、后勤服务等工作，与法官没有关系，更不能左右案件的审理。

《法官法》第12条规定："担任法官必须具备下列条件：①具有中华人民共和国国籍；②拥护中华人民共和国宪法，拥护中国共产党领导和社会主义制度；③具有良好的政治、业务素质和道德品行；④具有正常履行职责的身体条件；⑤具备普通高等学校法学类本科学历并获得学士及以上学位；或者普通高等学校非法学类本科及以上学历并获得法律硕士、法学硕士及以上学位；或者普通高等学校非法学类本科及以上学历，获得其他相应学位，并具有法律专业知识；⑥从事法律工作满5年。其中获得法律硕士、法学硕士学位，或者获得法学博士学位的，从事法律工作的年限可以分别放宽至4年、3年；⑦初任法官应当通过国家统一法律职业资格考试取得法律职业资格。适用前款第5项规定的学历条件确有困难的地方，经最高人民法院审核确定，在一定期限内，可以将担任法官的学历条件放宽为高等学校本科毕业。"第13条规定了法官的禁止条件，"下列人员不得担任法官：①因犯罪受过刑事处罚的；②被开除公职的；③被吊销律师、公证员执业证书或者被仲裁委员会除名的；④有法律规定的其他情形的。"

法官的主要职责见《法官法》第8条，"法官的职责：①依法参加合议庭审判或者独任审判刑事、民事、行政诉讼以及国家赔偿等案件；②依法办理引渡、司法协助等案件；③法律规定的其他职责。法官在职权范围内对所办理的案件负责。"第11条规定："法官享有下列权利：①履行法官职责应当具有的职权和工作条件；②非因法定事由、非经法定程序，不被调离、免职、降职、辞退或者处分；③履行法官职责应当享有的职业保障和福利待遇；④人身、财产和住所安全受法律保护；⑤提出申诉或者控告；⑥法律规定的其他权利。"

（二）法官职业道德渊源

《法官法》细化了《中华人民共和国公务员法》（以下简称《公务员法》）在职业道德上的要求，成为法官职业道德的主要法律渊源。《法官法》第3条规定："法官必须忠实执行宪法和法律，维护社会公平正义，全心全意为人民服务。"第10条规定："法官应当履行下列义务：①严格遵守宪法和法律；②秉公办案，不得徇私枉法；③依法保障当事人和其他诉讼参与人的诉讼权利；④维护国家利益、社会公共利益，维护个人和组织的合法权益；⑤保守国家秘密和审判工作秘密，对履行职责中知悉的商业秘密和个人隐私予以保密；⑥依法接受法律监督和人民群众监督；⑦通过依法办理案件以案释法，增强全民法治观念，推进法治社会建设；⑧法律规定的其他义务。"

为规范和完善法官职业道德标准，提高法官职业道德素质，维护法官和人民法院的良好形象，2001年10月18日最高人民法院发布《法官职业道德基本准则》，2010年12月6日修订。《法官职业道德基本准则》从"忠诚司法事业""保证司法公正""确保司法廉洁""坚持司法为民""维护司法形象"五个方面对法官职业行为进行了更加明确和细化的规定。2005年11月4日最高人民法院发布《法官行为规范（试行）》，2010年12月6日修订。修订后的《法官行为规范》共包括10个部分96条，对立案、庭审、诉讼调解、文书制作、执行、涉诉信访处理、业外活动等各个环节的法官行为进行了全面、具体的规定。

针对影响司法公正和司法廉洁最为突出的问题，2009年1月8日最高人民法院向社会公布《关于"五个严禁"的规定》。"①严禁接受案件当事人及相关人员的请客送礼；②严禁违反规定与律师进行不正当交往；③严禁插手过问他人办理的案件；④严禁在委托评估、拍卖等活动中徇私舞弊；⑤严禁泄露审判工作秘密。""人民法院工作人员凡违反上述规定，依纪依法追究纪律责任直至刑事责任。从事审判、执行工作的，一律调离审判、执行岗位"。2009年1月8日，最高人民法院发布《关于违反"五个严禁"规定的处理办法》，对"五个严禁"进行了细化解释。2012年2月，最高人民法院印发《关于人民法院落实廉政准则防止利益冲突的若干规定》，要求人民法院工作人员不得接受可能影响公正执行公务的礼金、礼品、宴请以及旅游、健身、娱乐等活动安排；不得为他人的经济活动提供担保；不得从事所列营利性活动；不得利用职权和职务上的影响，买卖股票或者认股权证；不得利用在办案工作中获取的内幕信息，直接或者间接买卖股票和证券投资基金，或者向他人提出买卖股票和证券投资基金的建议；不得违反规定在律师事务所、中介机构及其他经济实体、社会团体中兼职，不得违反规定从事为案件当事人或者其他市场主体提供信息、介绍业务、开展咨询等有偿中介活动；不得利用职权和职务上的影响，指使他人提拔本人的配偶、子女及其配偶以及其他特定关系人；不得利用职权和职务上的影响，为本人的配偶、子女及其配偶以及其他特定关系人支付、报销学习、培训、旅游等费用；不得利用职权和职务上的影响妨碍有关机关对涉及本人的配偶、子女及其配偶以及其他特定关系人案件的调查处理；不得违反规定干预和插手市场经济活动，从中收受财物或者为本人的配偶、子女及其配偶以及其他特定关系人谋取利益，等等。

二、法官的职业道德

依照《法官职业道德基本准则》的规定，法官的职业道德主要表现在如下五个方面：

（一）忠诚司法事业

忠诚的主要表现为：①牢固树立社会主义法治理念，忠于党、忠于国家、忠于人民、忠于法律，做中国特色社会主义事业的建设者和捍卫者；②坚持和维护中国特色社会主义司法制度，认真贯彻落实依法治国基本方略，尊崇和信仰法律，模范遵守法律，严格执行法律，自觉维护法律的权威和尊严；③热爱司法事业，珍惜法官荣誉，坚持职业操守，恪守法官良知，牢固树立司法核心价值观，以维护社会公平正义为己任，认真履行法官职责；④维护国家利益，遵守政治纪律，保守国家秘密和审判工作秘密，不从事或参与有损国家利益和司法权威的活动，不发表有损国家利益和司法权威的言论。

（二）保证司法公正

具体措施有：①坚持和维护人民法院依法独立行使审判权的原则，客观公正审理案件，在审判活动中独立思考、自主判断，敢于坚持原则，不受任何行政机关、社会团体和个人的干涉，不受权势、人情等因素的影响；②坚持以事实为根据，以法律为准绳，努力查明案件事实，准确把握法律精神，正确适用法律，合理行使裁量权，避免主观臆断、超越职权、滥用职权，确保案件裁判结果公平公正；③牢固树立程序意识，坚持实体公正与程序公正并重，严格按照法定程序执法办案，充分保障当事人和其他诉讼参与人的诉讼权利，避免执法办案中的随意行为；④严格遵守法定办案时限，提高审判执行效率，及时化解纠纷，注重节约司法资源，杜绝玩忽职守、拖延办案等行为；⑤认真贯彻司法公开原则，尊重人民群众的知情权，自觉接受法律监督和社会监督，同时避免司法审判受到外界的不当影响；⑥自觉遵守司法回避制度，审理案件保持中立公正的立场，平等对待当事人和其他诉讼参与人，不偏袒或歧视任何一方当事人，不私自单独会见当事人及其代理人、辩护人；⑦尊重其他法官对审判职权的依法行使，除履行工作职责或者通过正当程序外，不过问、不干预、不评论其他法官正在审理的案件。

（三）确保司法廉洁

具体包括：①树立正确的权力观、地位观、利益观，坚持自重、自省、自警、自励，坚守廉洁底线，依法正确行使审判权、执行权，杜绝以权谋私、贪赃枉法行为；②严格遵守廉洁司法规定，不接受案件当事人及相关人员的请客送礼，不利用职务便利或者法官身份谋取不正当利益，不违反规定与当事人或者其他诉讼参与人进行不正当交往，不在执法办案中徇私舞弊；③不从事或者参与营利性的经营活动，不在企业及其他营利性组织中兼任法律顾问等职务，不就未决案件或者再审案件给当事人及其他诉讼参与人提供咨询意见；④妥善处理个人和家庭事务，不利用法官身份寻求特殊利益，按规定如实报告个人有关事项，教育督促家庭成员不利用法官的职权、地位谋取不正当利益。

（四）坚持司法为民

具体包括：①牢固树立以人为本、司法为民的理念，强化群众观念，重视群众诉求，关注群众感受，自觉维护人民群众的合法权益；②注重发挥司法的能动作用，积极寻求有利于案结事了的纠纷解决办法，努力实现法律效果与社会效果的统一；③认真执行司法便民规定，努力为当事人和其他诉讼参与人提供必要的诉讼便利，尽可能降低其诉讼成本；④尊重当事人和其他诉讼参与人的人格尊严，避免盛气凌人、"冷硬横推"等不良作风；尊重律师，依法保障律师参与诉讼活动的权利。

（五）维护司法形象

具体包括：①坚持学习，精研业务，忠于职守，秉公办案，惩恶扬善，弘扬正义，保持昂扬的精神状态和良好的职业操守；②坚持文明司法，遵守司法礼仪，在履行职责过程中行为规范、着装得体、语言文明、态度平和，保持良好的职业修养和司法作风；③加强自身修养，培育高尚道德操守和健康生活情趣，杜绝与法官职业形象不相称、与法官职业道德相违背的不良嗜好和行为，遵守社会公德和家庭美德，维护良好的个人声誉；④法官退休后应当遵守国家相关规定，不利用自己的原有身份和便利条件过问、干预执法办案，避免因个人不当言行对法官职业形象造成不良影响。

三、法官行为规范

为大力弘扬"公正、廉洁、为民"的司法核心价值观，规范法官基本行为，树立良好的司法职业形象，根据《法官法》和《公务员法》等法律，制定《法官行为规范》。

（一）关于法官行为规范的一般规定有八项

一是忠诚坚定。坚持党的事业至上、人民利益至上、宪法法律至上，在思想上和行动上与党中央保持一致，不得有违背党和国家基本政策以及社会主义司法制度的言行。

二是公正司法。坚持以事实为根据、以法律为准绳，平等对待各方当事人，确保实体公正、程序公正和形象公正，努力实现办案法律效果和社会效果的有机统一，不得滥用职权、枉法裁判。

三是高效办案。树立效率意识，科学合理安排工作，在法定期限内及时履行职责，努力提高办案效率，不得无故拖延、贻误工作、浪费司法资源。

四是清正廉洁。遵守各项廉政规定，不得利用法官职务和身份谋取不正当利益，不得为当事人介绍代理人、辩护人以及中介机构，不得为律师、其他人员介绍案源或者给予其他不当协助。

五是一心为民。落实司法为民的各项规定和要求,做到听民声、察民情、知民意,坚持能动司法,树立服务意识,做好诉讼指导、风险提示、法律释明等便民服务,避免"冷硬横推"等不良作风。

六是严守纪律。遵守各项纪律规定,不得泄露在审判工作中获取的国家秘密、商业秘密、个人隐私等,不得过问、干预和影响他人正在审理的案件,不得随意发表有损生效裁判严肃性和权威性的言论。

七是敬业奉献。热爱人民司法事业,增强职业使命感和荣誉感,加强业务学习,提高司法能力,恪尽职守,任劳任怨,无私奉献,不得麻痹懈怠、玩忽职守。

八是加强修养。坚持学习,不断提高自身素质;遵守司法礼仪,执行着装规定,言语文明,举止得体,不得浓妆艳抹,不得佩带与法官身份不相称的饰物,不得参加有损司法职业形象的活动。

(二) 立案

对立案的基本要求:①保障当事人依法行使诉权,特别关注妇女、儿童、老年人、残疾人等群体的诉讼需求;②便利人民群众诉讼,减少当事人讼累;③确保立案质量,提高立案效率。

当事人来法院起诉,要加强诉讼引导,提供诉讼指导材料;符合起诉条件的,在法定时间内及时立案;不符合起诉条件的,不予受理并告知理由,当事人坚持起诉的,裁定不予受理;已经立案的,不得强迫当事人撤诉;当事人自愿放弃起诉的,除法律另有规定外,应当准许。

对于当事人口头起诉的,要告知应当递交书面诉状;当事人不能书写诉状且委托他人代写有困难的,要求其明确诉讼请求、如实提供案件情况和联络方式,记入笔录并向其宣读,确认无误后交其签名或者捺印。当事人因肢体残疾行动不便或者身患重病卧床不起等原因,确实无法到法院起诉且没有能力委托代理人的,可以根据实际情况上门接收起诉材料;当事人所在地离受案法院距离远且案件事实清楚、法律关系明确、争议不大的,可以通过网络或者邮寄的方式接收起诉材料;对不符合上述条件的当事人,应当告知其到法院起诉。

人民法庭有权受理的,应当接受起诉材料,不得要求当事人到所在基层人民法院立案庭起诉。案件不属于法院主管或者本院管辖的,告知当事人不属于法院主管或者本院没有管辖权的理由;根据案件实际情况,指明主管机关或者有管辖权的法院;当事人坚持起诉的,裁定不予受理,不得违反管辖规定受理案件。

对于依法应当公诉的案件提起自诉,应当在接受后移送主管机关处理,并且通知当事人;情况紧急的,应当先采取紧急措施,然后移送主管机关并告知当事人。

如果诉状内容和形式不符合规定,要告知按照有关规定进行更正,做到一次讲清要求;不得因法定起诉要件以外的瑕疵拒绝立案。原则上不能以支持诉讼请求的证据不充分为由拒绝立案。遇到疑难复杂情况,不能当场决定是否立案,应当收下材料并出具收据,告知等待审查结果,及时审查并在法定期限内将结果通知当事人。发现涉及群体的、矛盾易激化的纠纷,及时向领导汇报并和有关部门联系,积极做好疏导工作,防止矛盾激化。

当事人在立案后询问证据是否有效、能否胜诉等实体问题,法官不得向其提供倾向性意见;告知此类问题只有经过审理才能确定,要相信法院会公正裁判。当当事人在立案后询问案件处理流程或时间,法官应当告知案件处理流程和法定期限,不得以与立案工作无关为由拒绝回答。

严格按规定确定当事人预交诉讼费数额,不得额外收取或者随意降低;需要到指定银行交费的,及时告知账号及地点;确需人民法庭自行收取的,应当按规定出具收据。当事人未及时交纳诉讼费时,符合司法救助条件的,告知可以申请缓交或者减免诉讼费;不符合司法救助条件的,可以书面形式通知其在规定期限内交费,并告知无正当理由逾期不交诉讼费的,将按撤诉处理。

当事人申请诉前财产保全、证据保全等措施时,承办人要严格审查申请的条件和理由,及时依法作出裁定;裁定采取保全等措施的,及时依法执行;不符合申请条件的,耐心解释原因;不得滥用诉前财产保全、证据保全等措施。

当事人自行委托或者申请法院委托司法鉴定时,如果当事人协商一致自行委托的,承办法官应当认真审查鉴定情况,对程序合法、结论公正的鉴定意见应当采信;对不符合要求的鉴定意见可以要求重新鉴定,并说明理由;

当事人申请法院委托的，承办法官应当及时做出是否准许的决定，并答复当事人；准许进行司法鉴定的，应当按照规定委托鉴定机构及时进行鉴定。

（三）庭审

对法官的基本要求：规范庭审言行，树立良好形象；增强庭审驾驭能力，确保审判质量；严格遵循庭审程序，平等保护当事人诉讼权利；维护庭审秩序，保障审判活动顺利进行。

开庭前，法官要做好如下准备工作：①在法定期限内及时通知诉讼各方开庭时间和地点；②公开审理的，应当在法定期限内及时公告；③当事人申请不公开审理的，应当及时审查，符合法定条件的，应当准许；不符合法定条件的，应当公开审理并解释理由；④需要进行庭前证据交换的，应当及时提醒，并主动告知举证时限；⑤当事人申请法院调取证据的，如确属当事人无法收集的证据，应当及时调查收集，不得拖延；证据调取不到的，应当主动告知原因；如属于当事人可以自行收集的证据，应当告知其自行收集；⑥自觉遵守关于回避的法律规定和相关制度，对当事人提出的申请回避请求不予同意的，应当向当事人说明理由；⑦审理当事人情绪激烈、矛盾容易激化的案件，应当在庭前做好工作预案，防止发生恶性事件。

在开庭时间送达给各方当事人、诉讼参与人或者公告之后，法官不得无故更改开庭时间；因特殊情况确需延期的，应当立即通知当事人及其他诉讼参加人；无法通知的，应当安排人员在原定庭审时间和地点向当事人及其他诉讼参加人解释。

法官要准时出庭，不迟到、不早退、不缺席；在进入法庭前必须更换好法官服或者法袍，并保持整洁和庄重，严禁着便装出庭；合议庭成员出庭的着装应当保持统一；设立法官通道的，应当走法官通道；一般在当事人、代理人、辩护人、公诉人等入庭后进入法庭，但前述人员迟到、拒不到庭的除外；不得与诉讼各方随意打招呼，不得与一方有特别亲密的言行；严禁酒后出庭。在庭审过程中，法官坐姿端正，杜绝各种不雅动作；集中精力，专注庭审，不做与庭审活动无关的事；不得在审判席上吸烟、闲聊或者打瞌睡，不得接打电话，不得随意离开审判席；平等对待与庭审活动有关的人员，不与诉讼中的任何一方有亲近的表示；礼貌示意当事人及其他诉讼参加人发言；不得用带有倾向性的语言进行提问，不得与当事人及其他诉讼参加人争吵；

严格按照规定使用法槌，敲击法槌的轻重应当以旁听区能够听见为宜。

在对诉讼各方陈述、辩论时间的分配与控制上，法官要根据案情和审理需要，公平、合理地分配诉讼各方在庭审中的陈述及辩论时间；不得随意打断当事人、代理人、辩护人等的陈述；当事人、代理人、辩护人发表意见重复或与案件无关的，要适当提醒制止，不得以生硬言辞进行指责；诉讼一方只能讲方言的，应当准许，他方表示不通晓的，可以由懂方言的人用普通话进行复述，复述应当准确无误；使用少数民族语言陈述，他方表示不通晓的，应当为其配备翻译；如果当事人情绪激动，在法庭上喊冤或者鸣不平，法官要重申当事人必须遵守法庭纪律，法庭将会依法给其陈述时间，当事人不听劝阻的，应当及时制止，制止无效的，依照有关规定作出适当处置；如果诉讼各方发生争执或者进行人身攻击，法官要及时制止，并对各方进行批评教育，不得偏袒一方；告诫各方必须围绕案件依序陈述；对不听劝阻的，依照有关规定作出适当处置。

庭审结束后，法官应当告知当事人庭审笔录的法律效力，将庭审笔录交其阅读，无阅读能力的，应当向其宣读，确认无误后再签字、捺印；当事人指出记录有遗漏或者差错的，经核实后要当场补正并要求当事人在补正处签字、捺印，无遗漏或者差错不应当补正的，应当将其申请记录在案；未经当事人阅读核对，不得要求其签字、捺印；当事人放弃阅读核对的，应当要求其签字、捺印；当事人不阅读又不签字、捺印的，应当将情况记录在案。

在宣判时法官需要注意：宣告判决，一律公开进行；宣判时，合议庭成员或者独任法官应当起立，宣读裁判文书声音要洪亮、清晰、准确无误；当庭宣判的，应当宣告裁判事项，简要说明裁判理由并告知裁判文书送达的法定期限；定期宣判的，应当在宣判后立即送达裁判文书；宣判后，对诉讼各方不能赞赏或者指责，对诉讼各方提出的质疑，应当耐心做好解释工作。

对于不能在审限内结案、需要延长审限的案件，承办人应该按照规定履行审批手续；承办人应当在审限届满或者转换程序前的合理时间内，及时将不能审结的原因告知当事人及其他诉讼参加人。

对于人民检察院提起抗诉的案件，人民法院要依法立案并按照有关规定进行审理；同时应当为检察人员和辩护人、诉讼代理人查阅案卷、复印卷宗材料等提供必要的条件和方便。

（四）诉讼调解

法官要树立调解理念，增强调解意识，坚持"调解优先、调判结合"，充分发挥调解在解决纠纷中的作用；切实遵循合法、自愿原则，防止不当调解、片面追求调解率；讲究方式方法，提高调解能力，努力实现案结事了。在调解过程中应当征询各方当事人的调解意愿；根据案件的具体情况，可以分别与各方当事人做调解工作；在与一方当事人接触时，应当保持公平，避免他方当事人对法官的中立性产生合理怀疑。对于只有当事人的代理人参加的调解，法官要认真审查代理人是否有特别授权，有特别授权的，可以由其直接参加调解；未经特别授权的，可以参与调解，达成调解协议的，应当由当事人签字或者盖章，也可以由当事人补办特别授权追认手续，必要时，可以要求当事人亲自参加调解。对于有调解可能的案件，法官应当采用多种方式，积极引导调解，如果一方当事人坚持不愿调解的，不得强迫调解。

如果调解协议损害他人利益，法官要告知参与调解的当事人应当对涉及他人权利、义务的约定进行修正；发现调解协议有损他人利益的，法官不得确认该调解协议内容的效力。如果调解过程中当事人要求对责任问题表态，法官应当根据案件事实、法律规定以及调解的实际需要进行表态，注意方式方法，努力促成当事人达成调解协议。当事人对调解方案有分歧，法官要继续做好协调工作，尽量缩小当事人之间的分歧，以便当事人重新选择，争取调解结案；如果当事人分歧较大且确实难以调解的，应当及时依法裁判。

（五）文书制作

案件承办人要严格遵守格式和规范，提高裁判文书制作能力，确保裁判文书质量，维护裁判文书的严肃性和权威性；普通程序案件的裁判文书应当内容全面、说理透彻、逻辑严密、用语规范、文字精练；简易程序案件的裁判文书应当简练、准确、规范；组成合议庭审理的案件的裁判文书要反映多数人的意见。案件承办法官或者独任法官对裁判文书质量负主要责任，其他合议庭成员对裁判文书负次要责任；对裁判文书负责审核、签发的法官，应当做到严格审查、认真把关。在裁判文书中，要准确叙述当事人的名称、案由、立案时间、开庭审理时间、诉讼参加人到庭等情况；简易程序转为普通程序的，应当写明转换程序的时间和理由；追加、变更当事人的，应当写明追加、变更的时间、理由等情况；应当如实叙述审理管辖异议、委托司法鉴定、评估、审计、延期审理等环节的流程等一些重要事项。裁判文书还要简要、准确归纳诉讼各方的诉、辩主张；应当公平、合理分配篇幅。裁判文书要简述开庭前证据交换和庭审质证阶段各方当事人质证过程；准确概括各方当事人争议的焦点，案件事实、法律关系较复杂的，应当在准确归纳争议焦点的基础上分段、分节叙述。

普通程序案件的裁判文书对事实认定部分的叙述必须表述客观、逻辑严密、用词准确，避免使用明显的褒贬词汇；准确分析说明各方当事人提交证据采信与否的理由以及被采信的证据能够证明的事实；对证明责任、证据的证明力以及证明标准等问题应当进行合理解释。对普通程序案件定性及审理结果的分析论证，应当进行准确、客观、简练的说理，对答辩意见、辩护意见、代理意见等是否采纳要阐述理由；审理刑事案件，应当根据法律、司法解释的有关规定并结合案件具体事实作出有罪或者无罪的判决，确定有罪的，对法定、酌定的从重、从轻、减轻、免除处罚情节等进行分析认定；审理民事案件，应当根据法律、法规、司法解释的有关规定，结合个案具体情况，理清案件法律关系，对当事人之间的权利义务关系、责任承担及责任大小等进行详细的归纳评判；审理行政案件，应当根据法律、法规、司法解释的有关规定，结合案件事实，就行政机关及其工作人员所作的具体行政行为是否合法、原告的合法权益是否被侵害、与被诉具体行政行为之间是否存在因果关系等进行分析论证。在法律条文的引用上，在裁判理由部分应当引用法律条款原文，必须引用到法律的条、款、项；说理中涉及多个争议问题的，应当一论一引；在判决主文理由部分最终援引法律依据时，只引用法律条款序号。

如果裁判文书宣告或者送达后发现有文字差错，对一般文字差错或者病句，应当及时向当事人说明情况并收回裁判文书，以校对章补正或者重新制作裁判文书；对重要文字差错或者病句，能立即收回的，当场及时收回并重新制作，无法立即收回的，应当制作裁定予以补正。

（六）执行

人民法院应该依法及时有效执行，确保生效法律文书的严肃性和权威性，维护当事人的合法权益；执行人员坚持文明执行，严格依法采取执行措施，坚决避免不作为和乱作为；讲求方式方法，注重执行的法律效果和社会效果。对于被执行人以特别授权为由要求执行人员找其代理人协商执行事宜，执行人员应当从有利于执行角度考虑，决定是否与被执行人的代理人联系；确有必要与被执行人本人联系的，应当告知被执行人有义务配合法院执行工作，不得推托。对于申请执行人来电或者来访查询案件执行情况的，执行人员认真做好记录，及时说明执行进展情况；申请执行人要求查阅有关案卷材料的，应当准许，但法律规定应予保密的除外。有关当事人要求退还材料原件时，执行人员应当在核对当事人提交的副本后将原件退还，并由该当事人签字或者盖章后归档备查。

在执行过程中，申请执行人向法院提供被执行财产线索的，法院执行应当及时进行调查，依法采取相应的执行措施，并将有关情况告知申请执行人；执行人员应当积极依职权查找被执行人财产，并及时依法采取相应执行措施。如果执行当事人请求和解，执行人员要及时将和解请求向对方当事人转达，并以适当方式客观说明执行的难度和风险，促成执行当事人达成和解，当事人拒绝和解的，应当继续依法执行，申请执行人和被执行人达成和解的，应当制作书面和解协议并归档，或者将口头达成的和解协议内容记入笔录，并由双方当事人签字或者盖章。

执行人员要严格依照法定条件和程序采取暂缓、中止、终结执行措施；如果需要作出暂缓、中止、终结执行措施，执行人员应该告知申请执行人暂缓、中止、终结执行所依据的事实和相关法律规定，并耐心做好解释工作；告知申请执行人暂缓、中止执行后恢复执行的条件和程序；如果暂缓、中止、终结执行确有错误的，人民法院应当及时依法纠正。

对于被执行人对受委托法院执行管辖提出的异议，执行人员要审查案件是否符合委托执行条件，不符合条件的，及时向领导汇报，采取适当方式纠正；符合委托执行条件的，告知被执行人受委托法院受理执行的依据并依法执行。

对于案外人对执行提出的异议，执行人员应该要求案外人提供有关异议的证据材料，并及时进行审查；根据具体情况，可以对执行财产采取限制性措施，暂不处分；如果异议成立的，采取适当方式纠正；异议不成立的，依法予以驳回。

执行中如果需要对被执行人财产采取查封、扣押、冻结、拍卖、变卖等措施，执行人员应该严格依照规定办理手续，不得超标的、超金额查封、扣押、冻结被执行人财产；对采取措施的财产要认真制作清单，记录好种类、数量，并由当事人签字或者盖章予以确认；严格按照拍卖、变卖的有关规定，依法委托评估、拍卖机构，不得损害当事人合法利益。

执行款应当直接划入执行款专用账户；被执行人即时交付现金或者票据的，应当会同被执行人将现金或者票据交法院财务部门，并及时向被执行人出具收据；异地执行、搜查扣押、小额标的执行或者因情况紧急确需执行人员直接代收现金或者票据的，应当即时向交款人出具收据，并及时移交法院财务部门；严禁违规向申请执行人和被执行人收取费用。

执行人员应当在规定期限内办理执行费用和执行款的结算手续，并及时通知申请执行人办理取款手续；需要延期划付的，应当在期限届满前书面说明原因，并报有关领导审查批准；申请执行人委托或者指定他人代为收款的，应当审查其委托手续是否齐全、有效，并要求收款人出具合法有效的收款凭证。

被执行人以生效法律文书在实体或者程序上存在错误而不履行时，如果生效法律文书确有错误的，告知当事人可以依法按照审判监督程序申请再审或者申请有关法院补正，并及时向领导报告；如果生效法律文书没有错误的，执行人员要及时做好解释工作并继续执行。

执行中遇到有关部门和人员不协助执行时，执行人员应当告知其相关法律规定，做好说服教育工作；对于仍拒不协助的，依法采取有关强制措施。

(七) 涉诉信访处理

人民法院要高度重视并认真做好涉诉信访工作，切实保护信访人合法权益；及时处理信访事项，努力做到来访有接待、来信有着落、申诉有回复；依法文明接待，维护人民法院的良好形象。

对采取来信的信访，法院及时审阅并按规定登记，不得私自扣押或者拖延不办；需要回复和退回有关材料的，应当及时回复、退回；需要向有关部门和下级法院转办的，应当及时转办。对来访的信访，人民法院要及时接待，耐心听取来访人的意见并做好记录；能当场解答的，应当立即给予答复，不能当场解答的，收取材料并告知按约定期限等待处理结果。对来访人系老弱病残孕者要优先接待；来访人申请救助的，可以根据情况帮助联系社会救助站；在接待来访人时出现意外情况的，应当立即采取适当救护措施。

如果遇到集体来访，法院信访接待人员要向领导报告，及时安排接待并联系有关部门共同处理；视情况告知选派1~5名代表说明来访目的和理由；稳定来访人情绪，并做好劝导工作。

如果信访事项不属于法院职权范围，接待人员要告知法院无权处理并解释原因，根据信访事项内容指明有权处理机关。信访事项涉及国家秘密、商业秘密或者个人隐私的，接待人员应该妥善保管涉及秘密和个人隐私的材料；自觉遵守有关规定，不披露、不使用在信访工作中获得的国家秘密、商业秘密或者个人隐私。

信访人反映辖区法院裁判不公、执行不力、审判作风等问题，接待人员要认真记录信访人所反映的情况；对法院裁判不服的，告知其可以依法上诉、申诉或者申请再审；信访人反映其他问题的，及时将材料转交法院有关部门处理。信访人反复来信来访催促办理结果的，要告知规定的办理期限，劝其耐心等待处理结果；情况紧急的，及时告知承办人或者承办部门；超过办理期限的，应当告知超期的理由。信访人对处理结果不满，要求重新处理，如果处理确实不当的，接待人员要及时报告领导，按规定进行纠正；如果处理结果正确的，应当做好相关解释工作，详细说明处理程序和依据。遇到来访人表示不解决问题就要滞留法院或者采取其他极端方式的，接待人员要及时进行规劝和教育，避免使用不当言行刺激来访人，同时立即向领导报告，积极采取适当措施，防止意外发生。

(八) 业外活动

法官要遵守社会公德，遵纪守法；加强修养，严格自律；约束业外言行，杜绝与法官形象不相称的、可能影响公正履行职责的不良嗜好和行为，自觉维护法官形象。受邀请参加座谈、研讨活动时，对与案件有利害关系的机关、企事业单位、律师事务所、中介机构等的邀请应当谢绝；对与案件无利害关系的党、政、军机关、学术团体、群众组织的邀请，经向单位请示获准后方可参加。受邀请参加各类社团组织或者联谊活动时，如果确需参加在各级民政部门登记注册的社团组织的，及时报告并由所在法院按照法官管理权限审批；不参加营利性社团组织；不接受有违清正廉洁要求的吃请、礼品和礼金。在不影响审判工作的前提下，法官可以利用业余时间从事写作、授课等活动；在写作、授课过程中，应当避免对具体案件和有关当事人进行评论，不披露或者使用在工作中获得的国家秘密、商业秘密、个人隐私及其他非公开信息；对于参加司法职务外活动获得的合法报酬，应当依法纳税。

法官接受新闻媒体采访必须经组织安排或者批准；在接受采访时，不发表有损司法公正的言论，不对正在审理中的案件和有关当事人进行评论，不披露在工作中获得的国家秘密、商业秘密、个人隐私及其他非公开信息。

如果法官本人或者亲友与他人发生矛盾，法官应该保持冷静、克制，通过正当、合法途径解决；不得利用法官身份寻求特殊照顾，不得妨碍有关部门对问题的解决。法官本人及家庭成员遇到纠纷需通过诉讼方式解决时，法官对本人的案件或者以直系亲属代理人身份参加的案件，应当依照有关法律规定，平等地参与诉讼；在诉讼过程中不以法官身份获取特殊照顾，不利用职权收集所需证据；对非直系亲属的其他家庭成员的诉讼案件，一般应当让其自行委托诉讼代理人，法官本人不宜作为诉讼代理人参与诉讼。

法官参加社交活动要自觉维护法官形象，严禁乘警车、穿制服出入营业性娱乐场所。法官不得参加邪教组织或者参与封建迷信活动；要积极向家人和朋友宣传科学，引导他们相信科学、反对封建迷信；如果家人或者朋友有利用封建迷信活动违法犯罪的，法官应当立即向有关组织和公安部门反映。

法官因私出国（境）探亲、旅游，要如实向组织申报所去的国家、地区及返回的时间，经组织同意后方可出行；准时返回工作岗位；遵守当地法律，尊重当地民风民俗和宗教习惯；注意个人形象，维护国家尊严。

第三节　检察官及其职业道德

一、检察官

我国《宪法》第134条对检察机关的性质作了明确的界定，即"中华人民共和国人民检察院是国家的法律监督机关"。2018年修订的《中华人民共和国人民检察院组织法》第2条第2款规定："人民检察院通过行使检察权，追诉犯罪，维护国家安全和社会秩序，维护个人和组织的合法权益，维护国家利益和社会公共利益，保障法律正确实施，维护社会公平正义，维护国家法制统一、尊严和权威，保障中国特色社会主义建设的顺利进行。"第20条规定：" 人民检察院行使下列职权：①依照法律规定对有关刑事案件行使侦查权；②对刑事案件进行审查，批准或者决定是否逮捕犯罪嫌疑人；③对刑事案件进行审查，决定是否提起公诉，对决定提起公诉的案件支持公诉；④依照法律规定提起公益诉讼；⑤对诉讼活动实行法律监督；⑥对判决、裁定等生效法律文书的执行工作实行法律监督；⑦对监狱、看守所的执法活动实行法律监督；⑧法律规定的其他职权。" 第 28 条规定："人民检察院办理案件，根据案件情况可以由一名检察官独任办理，也可以由两名以上检察官组成办案组办理。由检察官办案组办理的，检察长应当指定一名检察官担任主办检察官，组织、指挥办案组办理案件。" 第 41 条第 1 款规定："检察官实行员额制。检察官员额根据案件数量、经济社会发展情况、人口数量和人民检察院层级等因素确定。" 第 42 条第 1、2 款规定："检察官从取得法律职业资格并且具备法律规定的其他条件的人员中选任。初任检察官应当由检察官遴选委员会进行专业能力审核。上级人民检察院的检察官一般从下级人民检察院的检察官中择优遴选。检察长应当具有法学专业知识和法律职业经历。副检察长、检察委员会委员应当从检察官、法官或者其他具备检察官、法官条件的人员中产生。"

2019 年 4 月修订的《中华人民共和国检察官法》（以下简称《检察官法》）第 2 条规定："检察官是依法行使国家检察权的检察人员，包括最高人民检察院、地方各级人民检察院和军事检察院等专门人民检察院的检察长、副检察长、检察委员会委员和检察员。" 检察官的职责主要有：①对法律规定由人民检察院直接受理的刑事案件进行侦查；②对刑事案件进行审查逮捕、审查起诉，代表国家进行公诉；③开展公益诉讼工作；④开展对刑事、民事、行政诉讼活动的监督工作；⑤法律规定的其他职责。检察官应当履行下列义务：①严格遵守宪法和法律；②秉公办案，不得徇私枉法；③依法保障当事人和其他诉讼参与人的诉讼权利；④维护国家利益、社会公共利益，维护个人和组织的合法权益；⑤保守国家秘密和检察工作秘密，对履行职责中知悉的商业秘密和个人隐私予以保密；⑥依法接受法律监督和人民群众监督；⑦通过依法办理案件以案释法，增强全民法治观念，推进法治社会建设；⑧法律规定的其他义务。检察官享有下列权利：①履行检察官职责应当具有的职权和工作条件；②非因法定事由、非经法定程序，不被调离、免职、降职、辞退或者处分；③履行检察官职责应当享有的职业保障和福利待遇；④人身、财产和住所安全受法律保护；⑤提出申诉或者控告；⑥法律规定的其他权利。

担任检察官必须具备下列条件：①具有中华人民共和国国籍；②拥护中华人民共和国宪法，拥护中国共产党领导和社会主义制度；③具有良好的政治、业务素质和道德品行；④具有正常履行职责的身体条件；⑤具备普通高等学校法学类本科学历并获得学士及以上学位，或者普通高等学校非法学类本科及以上学历并获得法律硕士、法学硕士及以上学位，或者普通高等学校非法学类本科及以上学历，获得其他相应学位，并具有法律专业知识；⑥从事法律工作满5年。其中获得法律硕士、法学硕士学位，或者获得法学博士学位的，从事法律工作的年限可以分别放宽至4年、3年；⑦初任检察官应当通过国家统一法律职业资格考试取得法律职业资格。适用前款第5项规定的学历条件确有困难的地方，经最高人民检察院审核确定，在一定期限内，可以将担任检察官的学历条件放宽为高等学校本科毕业。下列人员不得担任检察官：①因犯罪受过刑事处罚的；②被开除公职的；③被吊销律师、公证员执业证书或者被仲裁委员会除名的；④有法律规定的其他情形的。

二、检察官职业道德的主要内容

1996年，最高人民检察院根据《中共中央关于加强社会主义精神文明建设若干重要问题的决议》下发了《最高人民检察院关于加强检察机关社会主义精神文明建设的意见》，明确检察职业道德建设的总体要求是：忠实于事实、忠实于法律、忠实于国家、忠实于社会主义事业，全心全意为人民服务。检察职业道德的基本内容是：爱检敬业、恪尽职守、严格执法、文明办案、遵纪守法、清正廉明、刚直不阿、护法为民，核心是清正廉明，护法为民。该意见还要求要坚定检察职业信念，加强系统的多种形式的检察职业道德教育。2002年2月，为了认真贯彻《中共中央关于印发〈公民道德建设实施纲要〉的通知》要求，全面提高检察队伍的职业道德素养，最高人民检察院制定了《检察官职业道德规范》（已失效），该规范针对检察官的职业特点，在总结吸收检察官职业道德建设成果的基础上，提出了"忠诚、公正、清廉、严明"的基本道德规范。主要内容为：

第一，忠诚。忠于党、忠于国家、忠于人民，忠于事实和法律，忠于人民检察事业，恪尽职守，乐于奉献。

第二，公正。崇尚法治，客观求实，依法独立行使检察权，坚持法律面前人人平等，自觉维护程序公正和实体公正。

第三，清廉。模范遵守法纪，保持清正廉洁，淡泊名利，不徇私情，自尊自重，接受监督。

第四，严明。严格执法，文明办案，刚正不阿，敢于监督，勇于纠错，捍卫宪法和法律尊严。特别强调检察官职业道德是检察官在职业活动中应该遵循的基本行为准则。

2009年9月29日，最高人民检察院、第十一届检察委员会第十八次会议发布《中华人民共和国检察官职业道德基本准则（试行）》（已失效）。该基本准则第2条规定："检察官职业道德的基本要求是忠诚、公正、清廉、文明"。2016年底，最高人民检察院第十二届检察委员会第五十七次会议通过《中华人民共和国检察官职业道德基本准则》，替代了2009年的试行文本。《中华人民共和国检察官职业道德基本准则》共有5条，第1条规定坚持忠诚品格，永葆政治本色；第2条规定坚持为民宗旨，保障人民权益；第3条规定坚持担当精神，强化法律监督；第4条规定坚持公正理念，维护法制统一；第5条规定坚持廉洁操守，自觉接受监督。

2004年6月1日最高人民检察院第十届第十三次检察长办公会讨论通过《检察人员纪律处分条例（试行）》，2007年3月、2016年10月两次修改。在《检察人员纪律处分条例》分则中，除了违反政治纪律、违反组织纪律以外，违反办案纪律的行为主要有：①故意伪造、隐匿、损毁举报、控告、申诉材料，包庇被举报人、被控告人，或者对举报人、控告人、申诉人、批评人打击报复；②泄露案件秘密，或者为案件当事人及其近亲属、辩护人、诉讼代理人、利害关系人等打探案情、通风报信；③擅自处置案件线索、随意初查或者在初查中对被调查对象采取限制人身自由强制性措施；④违反有关规定搜查他人身体、住宅，或者侵入他人住宅；⑤违反有关规定采取、变更、解除、撤销强制措施；⑥违反有关规定限制、剥夺诉讼参与人人身自由、诉讼权利；⑦违反职务犯罪侦查全程同步录音录像有关规定；⑧殴打、体罚虐待、侮辱犯罪嫌疑人、被告人及其他人员；⑨采用刑讯逼供等非法方法收集犯罪嫌疑人、被告人供述，或者采用暴力、威胁等非法方法收集证人证言、被害人陈述；⑩故意违背案件事实作出勘验、检查、鉴定意见；⑪在立案之前查封、扣押、冻结涉案财物，超范围查封、扣押、冻结涉案财物，不返还、不退还扣押、冻结涉案财物的，侵吞、挪用、私分、私存、调换、外借、压价收购涉案财物，擅自处理扣押、冻结的涉案财物及其孳息，故意损毁、丢失涉案财物；⑫违反有关规定阻碍律师依法行使会见权、阅卷权、申请收集调取证据等执业权利；⑬违反有关规定应当回避而故意不回避，或者拒不服从回避决定，或者对符合回避条件的申请故意不作出回避决定；⑭私自会见案件当事人及其近亲属、辩护人、诉讼代理人、利害关系人、中介组织，或者接受上述人员提供的礼品、礼金、消费卡等财物，以及宴请、娱乐、健身、旅游等活动；⑮有重大过失，不履行或者不正确履行司法办案职责，造成认定事实、适用法律出现重大错误，或者案件被错误处理；遗漏重要犯罪嫌疑人或者重大罪行；错误羁押或者超期羁押犯罪嫌疑人、被告人；犯罪嫌疑人、被告人串供毁证逃跑；涉案人员自杀、自伤、行凶或者有其他严重后果及恶劣影响的；⑯负有监督管理职责的检察人员因故意或者重大过失，不履行或者不正确履行监督管理职责，导致司法办案工作出现错误，故意伪造、隐匿、损毁证据材料、诉讼文书，丢失案卷、案件材料、档案；⑰体罚虐待被监管人员，私自带人会见被监管人员，给被监管人员特殊待遇或者照顾，让被监管人员为自己提供劳务；⑱违反有关规定对司法机关、行政机关违法行使职权或者不行使职权的行为不履行法律监督职责，造成严重后果或者恶劣影响，违反有关规定干预司法办案活动，在初查、立案、侦查、审查逮捕、审查起诉、审判、执行等环节为案件当事人请托说情，邀请或者要求办案人员私下会见案件当事人或者其辩护人、诉讼代理人、近亲属以及其他与案件有利害关系的人，私自为案件当事人及其近亲属、辩护人、诉讼代理人传递涉案材料，领导干部授意、纵容身边工作人员或者近亲属为案件当事人请托说情，领导干部为了地方利益或者部门利益，以听取汇报、开协调会、发文件等形式，超越职权对案件处理提出倾向性意见或者具体要求，对领导干部违规干预司法办案活动、司法机关内部人员过问案件，两次以上不记录或者不如实记录或者授意不记录、打击报复如实记录的检察人员；⑲利用检察权或者借办案之机，借用、占用案件当事人、辩护人、诉讼代理人、利害关系人或者发案单位、证人等的住房、交通工具或者其他财物，或者谋取其他个人利益，利用职权或者职务上的影响，借用、占用企事业单位、社会团体或者个人的住房、交通工具或者其他财物。

违反廉洁纪律的行为有：①利用职权或者职务上的影响为他人谋取利益，本人的配偶、子女及其配偶等亲属和其他特定关系人收受对方财物；相互利用职权或者职务上的影响为对方及其配偶、子女及其配偶等亲属、身边工作人员和其他特定关系人谋取利益搞权权交易；纵容、默许配偶、子女及其配偶等亲属和身边工作人员利用本人职权或者职务上的影响谋取私利；收受可能影响公正执行公务的礼品、礼金、消费卡等，收受其他明显超出正常礼尚往来的礼品、礼金、消费卡等；向从事公务的人员及其配偶、子女及其配偶等亲属和其他特定关系人赠送明显超出正常礼尚往来的礼品、礼金、消费卡等。②利用职权或者职务上的影响操办婚丧喜庆事宜，在社会上造成不良影响，或者在操办婚丧喜庆事宜中，借机敛财或者有其他侵犯国家、集体和人民利益的行为。③接受可能影响公正执行公务的宴请或者旅游、健身、娱乐等活动安排；违反有关规定取得、持有、实际使用运动健身卡、会所和俱乐部会员卡、高尔夫球卡等各种消费卡，或者违反有关规定出入私人会所、夜总会。④违反有关规定从事经商办企业、拥有非上市公司（企业）的股份或者证券、买卖股票或者进行其他证券投资、兼任律师、法律顾问、仲裁员等职务，以及从事其他有偿中介活动、在国（境）外注册公司或者投资入股以及其他从事营利的活动；利用职权或者职务上的影响，为本人配偶、子女及其配偶等亲属和其他特定关系人的经营活动谋取利益。⑤违反有关规定在经济实体、社会团体等单位中兼职，或者经批准兼职但获取薪酬、奖金、津贴等额外利益；领导干部的配偶、子女及其配偶，违反有关规定在该领导干部管辖的区域或者业务范围内从事可能影响其公正执行公务的经营活动，或者在该领导干部管辖的区域或者业务范围内的外商独资企业、中外合资企业中担任由外方委派、聘任的高级职务的，该领导干部拒不纠正；领导干部或者在司法办案岗位工作的检察人员的配偶、子女及其配偶在其本人任职的检察机关管辖区域内从事案件代理、辩护业务。⑥领导干部违反工作、生活保障制度，在交通、医疗等方面为本人、配偶、子女及其配偶等亲属和其他特定关系人谋求特殊待遇；在分配、购买住房中侵犯国家、集体利益；利用职权或者职务上的影响，侵占非本人经管的公私财物，或者以象征性地支付钱款等方式侵占公私财物，或者无偿、象征性地支付报酬接受服务、使用劳务；利用职权或者职务上的影响，将本人、配偶、子女及其配偶等亲属应当由个人支付的费用，由下属单位、其他单位或者他人支付、报销；违反有关规定组织、参加用公款支付的宴请、高消费娱乐、健身活动，或者用公款购买赠送、发放礼品。⑦违反有关规定滥发津贴、补贴、奖金。⑧用公款旅游、借公务差旅之机旅游或者以公务差旅为名变相旅游；以考察、学习、培训、研讨、参展等名义变相用公款出国（境）旅游；违反公务接待管理规定，超标准、超范围接待或者借机大吃大喝。⑨违反有关规定配备、购买、更换、装饰、使用公务用车或者有其他违反公务用车管理规定的行为；到禁止召开会议的风景名胜区开会；违规决定或者批准举办各类节会、庆典活动；决定或者批准兴建、装修办公楼、培训中心等楼堂馆所，超标准配备、使用办公用房或者用公款包租、占用客房或者其他场所供个人使用；搞权色交易或者给予财物搞钱色交易。

  违反群众纪律的行为有：①在检察工作中违反有关规定向群众收取、摊派费用；②在从事涉及群众事务的工作中，刁难群众、吃拿卡要；③对群众合法诉求消极应付、推诿扯皮，损害检察机关形象；④对待群众态度恶劣、简单粗暴，造成不良影响；⑤遇到国家财产和人民群众生命财产受到严重威胁时，能救而不救；⑥不按照规定公开检察事务，侵犯群众知情权。

  违反工作纪律的行为有：①不传达贯彻、不检查督促落实党和国家，以及最高人民检察院的方针政策和决策部署，或者作出违背党和国家，以及最高人民检察院的方针政策和决策部署的错误决策。②干预和插手建设工程项目承发包、土地使用权出让、政府采购、房地产开发与经营、矿产资源开发利用、中介机构服务等活动；干预和插手国有企业重组改制、兼并、破产、产权交易、清产核资、资产评估、资产转让、重大项目投资以及其他重大经营活动等事项；干预和插手经济纠纷；干预和插手集体资金、资产和资源的使用、分配、承包、租赁等事项。③违反有关规定干预和插手执纪执法活动，向有关地方或者部门打招呼、说情，或者以其他方式对执纪执法活动施加影响。④违反有关规定干预和插手公共财政资金分配、项目立项评审、奖励表彰等活动；在考试、录取工作中，有泄露试题、考场舞弊、涂改考卷、违规录取等违反有关规定的行为。⑤临时出国（境）团（组）或者人员中的检察人员，擅自延长在国（境）外期限，或者擅自变更路线；临时出国（境）团（组）中的检察人员，触犯所在国家、地区的法律、法令或者不尊重所在国家、地区的宗教习俗。⑥违反枪支、弹药管理规定，擅自携带枪支、弹药进入公共场所；将枪支、弹药借给他人使用的；枪支、弹药丢失、被盗、被骗的；示枪恫吓他人或者随意鸣枪的；因管理使用不当，造成枪支走火；违反有关规定使用、管理警械、警具、警车。⑦违反有关规定，工作时间或者工作日中午饮酒，经批评教育仍不改正，或者承担司法办案任务时饮酒、携带枪支、弹药、档案、案卷、案件材料、秘密文件或者其他涉密载体饮酒、佩戴检察标识或者着司法警察制服在公共场所饮酒。⑧违反有关规定对正在办理的案件公开发表个人意见或者进行评论，造成不良影响。

违反生活纪律的行为有：①生活奢靡、贪图享乐、追求低级趣味，造成不良影响；②与他人发生不正当性关系，造成不良影响；③违背社会公序良俗，在公共场所有不当行为，造成不良影响；④实施、参与或者支持卖淫、嫖娼、色情淫乱活动及吸食、注射毒品；⑤参与赌博或者为赌博活动提供场所或者其他方便条件；⑥其他严重违反职业道德、社会公德、家庭美德的行为。

第四节 人民警察及其职业道德

一、人民警察及其职业道德渊源

在我国，人民群众通常把人民警察叫作公安人员，个中主要原因应该是其单位名称为公安部及公安局。从外延上分析，警察的范围应该比公安人员要大，除了公安部下辖的公安人员以外，国家安全人员，监狱、劳动教养管理机关的人民警察和人民法院、人民检察院的司法警察，都属于警察之列。从工作内容上分类，公安系统的警察有户籍警、治安警、刑警、巡警、交警、经济警等多种[1]；从工作性质上来说，负有缉私义务的海关警察和出入境管理的武装警察，也属于警察范畴。依据《刑事诉讼法》相关规定，负有侦查职责的监狱警察和军队保卫部门的工作人员，也应该享有警察的相关权利，

---

[1] 辅警、协警事实上都是公安机关聘请的临时工，都不是警察，不具备警察的相关职权。

承担相关义务。

依据《中华人民共和国人民警察法》（以下简称《人民警察法》）第6条的规定，公安机关的人民警察按照职责分工，依法履行下列职责：①预防、制止和侦查违法犯罪活动；②维护社会治安秩序，制止危害社会治安秩序的行为；③维护交通安全和交通秩序，处理交通事故；④组织、实施消防工作，实行消防监督；⑤管理枪支弹药、管制刀具和易燃易爆、剧毒、放射性等危险物品；⑥对法律、法规规定的特种行业进行管理；⑦警卫国家规定的特定人员，守卫重要的场所和设施；⑧管理集会、游行、示威活动；⑨管理户政、国籍、入境出境事务和外国人在中国境内居留、旅行的有关事务；⑩维护国（边）境地区的治安秩序；⑪对被判处拘役、剥夺政治权利的罪犯执行刑罚；⑫监督管理计算机信息系统的安全保护工作；⑬指导和监督国家机关、社会团体、企业事业组织和重点建设工程的治安保卫工作，指导治安保卫委员会等群众性组织的治安防范工作；⑭法律、法规规定的其他职责。

担任人民警察应当具备下列条件：①年满18岁的人民；②拥护中华人民共和国宪法；③有良好的政治、业务素质和良好的品行；④身体健康；⑤具有高中毕业以上文化程度；⑥自愿从事人民警察工作。

有下列情形之一的，不得担任人民警察：①曾因犯罪受过刑事处罚的；②曾被开除公职的。录用人民警察，必须按照国家规定，公开考试，严格考核，择优选用。

早在1957年6月25日，全国人民代表大会常务委员会通过了《中华人民共和国人民警察条例》（已失效），这是我国有关司法人员专门立法的先锋；1994年1月，公安部正式印发了《公安机关人民警察职业道德规范》；1995年2月28日第八届全国人民代表大会常务委员会第十二次会议通过《人民警察法》；2012年10月26日第十一届全国人民代表大会常务委员会第二十九次会议修正；2014年以来，公安部将修改《人民警察法》作为全面深化公安改革的重点项目，着力推动修法工作。经国务院批准，2010年4月21日《公安机关人民警察纪律条令》发布。

二、人民警察职业道德的主要内容

无论是在1995年我国第一部《人民警察法》中，还是在2012年修正后的法律中,有关人民警察的义务和纪律等内容没有多大的变化。《人民警察法》第 20 条规定:"人民警察必须做到:①秉公执法,办事公道;②模范遵守社会公德;③礼貌待人,文明执勤;④尊重人民群众的风俗习惯。"第 21 条规定:"人民警察遇到公民人身、财产安全受到侵犯或者处于其他危难情形,应当立即救助;对公民提出解决纠纷的要求,应当给予帮助;对公民的报警案件,应当及时查处。人民警察应当积极参加抢险救灾和社会公益工作。"第 22 条规定:"人民警察不得有下列行为:①散布有损国家声誉的言论,参加非法组织,参加旨在反对国家的集会、游行、示威等活动,参加罢工;②泄露国家秘密、警务工作秘密;③弄虚作假,隐瞒案情,包庇、纵容违法犯罪活动;④刑讯逼供或者体罚、虐待人犯;⑤非法剥夺、限制他人人身自由,非法搜查他人的身体、物品、住所或者场所;⑥敲诈勒索或者索取、收受贿赂;⑦殴打他人或者唆使他人打人;⑧违法实施处罚或者收取费用;⑨接受当事人及其代理人的请客送礼;⑩从事营利性的经营活动或者受雇于任何个人或者组织;⑪玩忽职守,不履行法定义务;⑫其他违法乱纪的行为。"在 2016 年《中华人民共和国人民警察法(修订草案稿)》中,第 59 条明确规定人民警察职业道德。该条规定,人民警察应当恪守忠诚可靠、竭诚为民,秉公执法、清正廉洁,勇于担当、甘于奉献,不畏艰险、团结协作的职业道德。第 62 条继续规定了人民警察的职业纪律及不得从事的行为。

2011 年 9 月,公安部重新修订印发了《公安机关人民警察职业道德规范》,主要内容为:①忠诚可靠:听党指挥,热爱人民,忠于法律;②秉公执法:事实为据,秉持公正,惩恶扬善;③英勇善战:坚韧不拔,机智果敢,崇尚荣誉;④热诚服务:情系民生,服务社会,热情周到;⑤文明理性:理性平和,文明礼貌,诚信友善;⑥严守纪律:遵章守纪,保守秘密,令行禁止;⑦爱岗敬业:恪尽职守,勤学善思,精益求精;⑧甘于奉献:任劳任怨,顾全大局,献身使命;⑨清正廉洁:艰苦朴素,情趣健康,克己奉公;⑩团结协作:精诚合作,勇于担当,积极向上。

此外,中央政法委及公安部也多次通过红头文件、部门规章等方式丰富人民警察职业道德建设的内容。1994 年 12 月 21 日,中央政法委发布"四条禁令",具体内容是:①绝对禁止政法干警接受案件当事人请吃喝、送钱物;②绝对禁止对告诉求助群众采取冷漠、生硬、蛮横、推诿等官老爷态度;③绝对禁止政法干警打人、骂人、刑讯逼供等违法乱纪行为；④绝对禁止政法干警参与经营娱乐场所或为非法经营活动提供保护。2003年1月22日，公安部发布"五条禁令"，具体内容是：①严禁违反枪支管理使用规定，违者予以纪律处分，造成严重后果的，予以辞退或者开除；②严禁携带枪支饮酒，违者予以辞退；造成严重后果的，予以开除；③严禁酒后驾驶机动车，违者予以辞退；造成严重后果的，予以开除；④严禁在工作时间饮酒，违者予以纪律处分；造成严重后果的，予以辞退或者开除；⑤严禁参与赌博，违者予以辞退；情节严重的，予以开除。民警违反上述禁令的，对所在单位直接领导、主要领导予以纪律处分。民警违反规定使用枪支致人死亡，或者持枪犯罪的，对所在单位直接领导、主要领导予以撤职；情节恶劣、后果严重的，上一级单位分管领导、主要领导引咎辞职或者予以撤职。对违反上述禁令的行为，隐瞒不报、压案不查、包庇袒护的，一经发现，从严追究有关领导责任。

第五节　律师、仲裁员、监察员、公证员及行政执法人员的职业道德

一、律师的职业道德

律师是指依法取得律师执业证书，接受委托或者指定，为当事人提供法律服务的执业人员。在改革开放之初，律师被称为法律顾问人员，他们工作的机构为法律顾问处。改革开放以后，律师逐步进入我们的生活。《中华人民共和国律师法》（以下简称《律师法》）第5条规定："申请律师执业，应当具备下列条件：①拥护中华人民共和国宪法；②通过国家统一法律职业资格考试取得法律职业资格；③在律师事务所实习满1年；④品行良好。实行国家统一法律职业资格考试前取得的国家统一司法考试合格证书、律师资格凭证，与国家统一法律职业资格证书具有同等效力。"由此可见，通过相关资格考试，取得相关资格还不是真正的律师，由于律师实行年检制度，未通过年检的律师不得从事相关律师业务。所以，是否持有合法有效的律师执业证是判断真假律师的唯一标准。

《律师法》第7条规定："申请人有下列情形之一的，不予颁发律师执业

证书：①无民事行为能力或者限制民事行为能力的；②受过刑事处罚的，但过失犯罪的除外；③被开除公职或者被吊销律师、公证员执业证书的。"

律师可以从事下列业务：①接受自然人、法人或者其他组织的委托，担任法律顾问；②接受民事案件、行政案件当事人的委托，担任代理人，参加诉讼；③接受刑事案件犯罪嫌疑人、被告人的委托或者依法接受法律援助机构的指派，担任辩护人，接受自诉案件自诉人、公诉案件被害人或者其近亲属的委托，担任代理人，参加诉讼；④接受委托，代理各类诉讼案件的申诉；⑤接受委托，参加调解、仲裁活动；⑥接受委托，提供非诉讼法律服务；⑦解答有关法律的询问、代写诉讼文书和有关法律事务的其他文书。

律师的权利义务主要有：①依法开展业务的权利。律师接受委托后，无正当理由的，不得拒绝辩护或者代理。但是，委托事项违法、委托人利用律师提供的服务从事违法活动或者委托人故意隐瞒与案件有关的重要事实的，律师有权拒绝辩护或者代理。②会见权。律师担任辩护人的，有权持律师执业证书、律师事务所证明和委托书或者法律援助公函，依照《刑事诉讼法》的规定会见在押或者被监视居住的犯罪嫌疑人、被告人。辩护律师会见犯罪嫌疑人、被告人时不被监听。③阅卷权。律师担任辩护人的，自人民检察院对案件审查起诉之日起，有权查阅、摘抄、复制本案的案卷材料。④调查取证权。受委托的律师根据案情的需要，可以申请人民检察院、人民法院收集、调取证据或者申请人民法院通知证人出庭作证。律师自行调查取证的，凭律师执业证书和律师事务所证明，可以向有关单位或者个人调查与承办法律事务有关的情况。⑤保密义务。律师对在执业活动中知悉的委托人和其他人不愿泄露的有关情况和信息，应当予以保密。⑥禁止代理义务冲突事务。律师不得在同一案件中为双方当事人担任代理人，不得代理与本人或者其近亲属有利益冲突的法律事务。

实践中，经常根据律师业务的主要种类将律师分为诉讼律师和事务律师。依靠代理诉讼为主要业务形式的律师，是诉讼律师。诉讼律师入职门槛低，经常代理当事人调查取证和开庭，业务比较繁忙，风吹日晒，比较辛苦。事务律师是指从事某方面特定业务的律师，如公司股权改制、证券上市、公司知识产权保护、反倾销等，这类律师起点比较高。随着律师行业的发展，律师细分现象不可避免，越来越多的律师将在各自专业领域发挥重要作用。

关于律师职业道德和行为规范，我国《律师法》第3条第1至3款规定："律师执业必须遵守宪法和法律，恪守律师职业道德和执业纪律。律师执业必须以事实为根据，以法律为准绳。律师执业应当接受国家、社会和当事人的监督。"第40条规定："律师在执业活动中不得有下列行为：①私自接受委托、收取费用，接受委托人的财物或者其他利益；②利用提供法律服务的便利牟取当事人争议的权益；③接受对方当事人的财物或者其他利益，与对方当事人或者第三人恶意串通，侵害委托人的权益；④违反规定会见法官、检察官、仲裁员以及其他有关工作人员；⑤向法官、检察官、仲裁员以及其他有关工作人员行贿，介绍贿赂或者指使、诱导当事人行贿，或者以其他不正当方式影响法官、检察官、仲裁员以及其他有关工作人员依法办理案件；⑥故意提供虚假证据或者威胁、利诱他人提供虚假证据，妨碍对方当事人合法取得证据；⑦煽动、教唆当事人采取扰乱公共秩序、危害公共安全等非法手段解决争议；⑧扰乱法庭、仲裁庭秩序，干扰诉讼、仲裁活动的正常进行。"

2004年3月20日第五届中华全国律师协会第九次常务理事会审议通过《律师执业行为规范（试行）》，经过2009年和2017年的两次修改，该规范成为律师规范执业行为的指引，是评判律师执业行为的行业标准，是律师自我约束的行为准则。该规范第3条规定："律师应当把拥护中国共产党领导、拥护社会主义法治作为从业的基本要求。"该规范主要内容包括律师执业基本行为规范、律师业务推广行为规范、律师与委托人或当事人的关系规范、律师参与诉讼或仲裁规范、律师与其他律师的关系规范、律师与所任职的律师事务所关系规范、律师与律师协会关系规范等。为了保证该规范的实施，中华全国律师协会出台《律师协会会员违规行为处分规则（试行）》，该处分规则结合《律师法》等法律法规，将严重违反《律师执业行为规范》的行为列明了处分后果。由此我们可以看到律师职业道德中最核心的内容如下：

（一）利益冲突行为

《律师法》第39条规定："律师不得在同一案件中为双方当事人担任代理人，不得代理与本人或者其近亲属有利益冲突的法律事务。"如果有利益冲突，就会影响代理行为的公正性。如何判断利益冲突，《律师协会会员违规行为处分规则（试行）》给出了答案，利益冲突行为包括：①律师在同一案件中为双方当事人担任代理人，或代理与本人或者其近亲属有利益冲突的法律事务的；②律师办理诉讼或者非诉讼业务，其近亲属是对方当事人的法定代表人或者代理人的；③曾经亲自处理或者审理过某一事项或者案件的行政机关工作人员、审判人员、检察人员、仲裁员，成为律师后又办理该事项或者案件的；④同一律师事务所的不同律师同时担任同一刑事案件的被害人的代理人和犯罪嫌疑人、被告人的辩护人，但在该县区域内只有一家律师事务所且事先征得当事人同意的除外；⑤在民事诉讼、行政诉讼、仲裁案件中，同一律师事务所的不同律师同时担任争议双方当事人的代理人，或者本所或其工作人员为一方当事人，本所其他律师担任对方当事人的代理人的；⑥在非诉讼业务中，除各方当事人共同委托外，同一律师事务所的律师同时担任彼此有利害关系的各方当事人的代理人的；⑦在委托关系终止后，同一律师事务所或同一律师在同一案件后续审理或者处理中又接受对方当事人委托的；⑧担任法律顾问期间，为顾问单位的对方当事人或者有利益冲突的当事人代理、辩护的；⑨曾经担任法官、检察官的律师从人民法院、人民检察院离任后，2年内以律师身份担任诉讼代理人或者辩护人；⑩担任所在律师事务所其他律师任仲裁员的仲裁案件代理人的；⑪其他依据律师执业经验和行业常识能够判断为应当主动回避且不得办理的利益冲突情形。

（二）代理不尽责行为

《律师法》第2条第2款要求：" 律师应当维护当事人合法权益，维护法律正确实施，维护社会公平和正义。"第30条规定：" 律师担任诉讼法律事务代理人或者非诉讼法律事务代理人的，应当在受委托的权限内，维护委托人的合法权益。"下列代理判定为不尽责行为：①超越委托权限，从事代理活动的；②接受委托后，无正当理由，不向委托人提供约定的法律服务的，拒绝辩护或者代理的，包括不及时调查了解案情，不及时收集、申请保全证据材料，或者无故延误参与诉讼、申请执行，逾期行使撤销权、异议权等权利，或者逾期申请办理批准、登记、变更、披露、备案、公告等手续，给委托人造成损失的；③无正当理由拒绝接受律师事务所或者法律援助机构指派的法律援助案件的，或者接受指派后，拖延、懈怠履行或者擅自停止履行法律援助职责的，或者接受指派后，未经律师事务所或者法律援助机构同意，擅自将法律援助案件转交其他人员办理的；④因过错导致出具的法律意见书存在重大遗漏或者错误，给当事人或者第三人造成重大损失的，或者对社会公共利益造成危害的；⑤利用提供法律服务的便利牟取当事人利益；接受委托后，故意损害委托人利益的；接受对方当事人的财物及其他利益，与对方当事人、第三人恶意串通，向对方当事人、第三人提供不利于委托人的信息、证据材料，侵害委托人的权益，为阻挠当事人解除委托关系，威胁、恐吓当事人或者扣留当事人提供的材料的。这些行为也损害了委托人的利益，与律师"维护当事人合法权益"的规定相悖。

（三）泄露秘密或者隐私的行为

我国《律师法》第38条规定："律师应当保守在执业活动中知悉的国家秘密、商业秘密，不得泄露当事人的隐私。律师对在执业活动中知悉的委托人和其他人不愿泄露的有关情况和信息，应当予以保密。但是，委托人或者其他人准备或者正在实施危害国家安全、公共安全以及严重危害他人人身安全的犯罪事实和信息除外。"常见的泄露秘密或者隐私的行为包括：①泄露当事人的商业秘密或者个人隐私的；②违反规定披露、散布不公开审理案件的信息、材料，或者本人、其他律师在办案过程中获悉的有关案件重要信息、证据材料的；③泄漏国家秘密。常见的泄密方式包括公开卷宗资料；在报纸、电视、网络或者其他自媒体公布当事人姓名、案件细节、主要证据等内容。

（四）违规收案、收费的行为

违规收案、收费的行为包括：①不按规定与委托人签订书面委托合同的；②不按规定统一接受委托、签订书面委托合同和收费合同，统一收取委托人支付的各项费用的，或者不按规定统一保管、使用律师服务专用文书、财务票据、业务档案的；③私自接受委托，私自向委托人收取费用，或者收取规定、约定之外的费用或者财物的，违反律师服务收费管理规定或者收费协议约定，擅自提高收费的；④执业期间以非律师身份从事有偿法律服务的；⑤不向委托人开具律师服务收费合法票据，或者不向委托人提交办案费用开支有效凭证的；⑥在实行政府指导价的业务领域违反规定标准收取费用，或者违反风险代理管理规定收取费用。假借法官、检察官、仲裁员以及其他工作人员的名义或者以联络、酬谢法官、检察官、仲裁员以及其他工作人员为由，向当事人索取财物或者其他利益的，性质上属于敲诈或者索贿。

（五）不正当竞争行为

下列行为属于以不正当手段争揽业务的行为：①为争揽业务，向委托人作虚假承诺的；②向当事人明示或者暗示与办案机关、政府部门及其工作人员有特殊关系的；③利用媒体、广告或者其他方式进行不真实或者不适当宣传的；④以支付介绍费等不正当手段争揽业务的；⑤在事前和事后为承办案件的法官、检察官、仲裁员牟取物质的或非物质的利益，为了争揽案件事前和事后给予有关人员物质的或非物质利益的；⑥在司法机关、监管场所周边违规设立办公场所、散发广告、举牌等不正当手段争揽业务的；⑦捏造、散布虚假事实，损害、诋毁其他律师、律师事务所声誉的；⑧哄骗、唆使当事人提起诉讼，制造、扩大矛盾，影响社会稳定的；⑨利用与司法机关、行政机关或其他具有社会管理职能组织的关系，进行不正当竞争的。

（六）妨碍司法公正的行为

以下行为属于妨碍司法公正的行为：①承办案件期间，为了不正当目的，在非工作期间、非工作场所，会见承办法官、检察官、仲裁员或者其他有关工作人员，或者违反规定单方面会见法官、检察官、仲裁员；②利用与法官、检察官、仲裁员以及其他有关工作人员的特殊关系，打探办案机关内部对案件的办理意见，承办其介绍的案件，影响依法办理案件的；③向法官、检察官、仲裁员及其他有关工作人员行贿，许诺提供利益、介绍贿赂或者指使、诱导当事人行贿的。

（七）以不正当方式影响依法办理案件的行为

以不正当方式影响依法办理案件的行为包括：①未经当事人委托或者法律援助机构指派，以律师名义为当事人提供法律服务、介入案件，干扰依法办理案件的。②对本人或者其他律师正在办理的案件进行歪曲、有误导性的宣传和评论，恶意炒作案件的。③以串联组团、联署签名、发表公开信、组织网上聚集、声援等方式或者借个案研讨之名，制造舆论压力，攻击、诋毁司法机关和司法制度的。④煽动、教唆和组织当事人或者其他人员到司法机关或者其他国家机关静坐、举牌、打横幅、喊口号、声援、围观等扰乱公共秩序、危害公共安全的非法手段，聚众滋事，制造影响，向有关机关施加压力的。⑤发表、散布否定宪法确立的根本政治制度、基本原则和危害国家安全的言论，利用网络、媒体挑动对党和政府的不满，发起、参与危害国家安全的组织或者支持、参与、实施危害国家安全的活动的。⑥以歪曲事实真相、明显违背社会公序良俗等方式，发表恶意诽谤他人的言论，或者发表严重扰乱法庭秩序的言论的。⑦会见在押犯罪嫌疑人、被告人时，违反有关规定，携带犯罪嫌疑人、被告人的近亲属或者其他利害关系人会见，将通讯工具提供给在押犯罪嫌疑人、被告人使用，或者传递物品、文件；无正当理由，拒不按照人民法院通知出庭参与诉讼，或者违反法庭规则，擅自退庭；聚众哄闹、冲击法庭，侮辱、诽谤、威胁、殴打司法工作人员或者诉讼参与人，否定国家认定的邪教组织的性质，或者有其他严重扰乱法庭秩序的行为。⑧故意向司法机关、仲裁机构或者行政机关提供虚假证据或者威胁、利诱他人提供虚假证据，妨碍对方当事人合法取得证据的。

（八）违反司法行政管理或者行业管理的行为

违反司法行政管理或者行业管理的行为包括：①同时在两个律师事务所以上执业的或同时在律师事务所和其他法律服务机构执业的；②向司法行政机关或者律师协会提供虚假材料、隐瞒重要事实或者有其他弄虚作假行为的；③在受到停止执业处罚期间，或者在律师事务所被停业整顿、注销后继续执业的；④因违纪行为受到行业处分后在规定的期限内拒不改正的。

二、仲裁员的职业道德

仲裁是指当事人将民事争议提交给民间仲裁机构由仲裁员进行是非曲直评判并接受其裁决的纠纷解决方式。仲裁不仅提倡当事人意思自治和平等协商，还能减轻国家司法机关的工作压力。在建设和谐社会的今天，国家更加重视利用民间力量解决矛盾，仲裁就是多元化解决纠纷的方式之一。为保证仲裁事业的健康发展，1994年8月31日，第八届全国人民代表大会常务委员会第九次会议通过《仲裁法》，该法在2009年和2017年进行了两次修正。值得注意的是，我国《仲裁法》并不像《法官法》《检察官法》《律师法》那样明确将仲裁员列为专章，也没有明确规定仲裁员的权利义务及惩戒[1]。只在第13条第1、2款中规定："仲裁委员会应当从公道正派的人员中聘任仲裁员。仲裁员应当符合下列条件之一：①通过国家统一法律职业资格考试取得法

---

[1]《法官法》第10、11、46条等；《检察官法》第10、11、47条。

律职业资格,从事仲裁工作满 8 年的;②从事律师工作满 8 年的;③曾任法官满 8 年的;④从事法律研究、教学工作并具有高级职称的;⑤具有法律知识、从事经济贸易等专业工作并具有高级职称或者具有同等专业水平的。"

"公道正派"四个字高度概括了仲裁员的职业道德。从仲裁员的来源渠道来看,大多是资深法官、律师、大学教授、法律研究员以及其他长期从事法律实务具有高级职称的人,这些行业本身都有职业道德要求。只有在严格遵守本行业职业道德规范的前提下,才有可能继续在仲裁领域发挥余热。所以,仲裁员的职业道德是建立在其他法律行业的职业道德基础上的更高要求。

由于"或裁或审"和"一裁终局"的制度设计,仲裁员"一言九鼎",执掌着解决当事人各方争议的"生杀大权"。"有什么样的仲裁员就有什么样的仲裁","仲裁的优劣全在仲裁员的好坏",各仲裁机构都把仲裁员的选择和管理作为永葆仲裁生命力的途径。世界上各老牌的仲裁机构都有《仲裁员道德规范》等规定,如英国皇家御准仲裁员协会就有《仲裁员道德行为规范》,美国仲裁协会与美国律师协会制定的《商事争议中仲裁员的行为道德规范》,国际律师协会制定的《国际仲裁员行为准则》。我国的仲裁机构也采取这种立法例,由仲裁机构制定自己的《仲裁员守则》。分析这些仲裁员守则,内容大同小异。这里选取北京仲裁委员会 2006 年 9 月 1 日实施的《仲裁员守则》[1]作为了解仲裁员职业道德的样本。

第一,仲裁员的基本要求。仲裁员应当公正、公平、勤勉、高效地为当事人解决争议。仲裁员应诚实信用,只有确信自己具备下列条件,方可接受当事人的选定或北京仲裁委员会(以下简称"本会")主任的指定(以下简称"接受选定或指定"):能够毫不偏袒地履行职责;具有解决案件所需的知识、经验和能力;能够付出相应的时间、精力,并按照《仲裁规则》与《北京仲裁委员会关于提高仲裁效率的若干规定》(以下简称《若干规定》)要求的期限审理案件;参与审理且尚未审结的案件不满 10 件。

第二,仲裁员的职业披露。仲裁员为谋求选定而与当事人接触的,属于不符合仲裁员道德规范的行为。仲裁员接受选定或指定时,有义务书面披露

---

[1] 北京仲裁委员会官网:http://www.bjac.org.cn/page/zc/zcygf.html,最后访问日期:2019 年 4 月 14 日。

可能引起当事人对其公正性或独立性产生合理怀疑的任何事由,包括但不限于:①是本案的当事人、代理人或当事人、代理人的近亲属的;②与本案结果有利害关系的;③对于本案事先提供过咨询的;④私自与当事人、代理人讨论案件情况,或者接受当事人、代理人请客、馈赠或提供的其他利益的;⑤在本案为当事人推荐、介绍代理人的;⑥担任过本案或与本案有关联的案件的证人、鉴定人、勘验人、辩护人、代理人的;⑦与当事人或代理人有同事、代理、雇佣、顾问关系的;⑧与当事人或代理人为共同权利人、共同义务人或有其他共同利益的;⑨与当事人或代理人在同时期审理的其他仲裁案件中同为仲裁庭的组成人员,或者首席仲裁员2年内曾在其他仲裁案件中被一方当事人指定为仲裁员的;⑩与当事人或代理人有较为密切的交谊或嫌怨关系的;⑪其他可能影响公正仲裁的情形。在仲裁过程中,如果发生可能引起此类怀疑的新情况,仲裁员应继续履行披露义务;未履行披露义务,将视为该仲裁员违反本守则,即使未予披露的事由本身并不构成不宜担任仲裁员的情形。

　　第三,仲裁过程中平等对待当事人。仲裁员在仲裁过程中应平等、公允地对待双方当事人,避免有使人产生不公或偏袒印象的言行。仲裁员对当事人、代理人、证人、鉴定人等其他仲裁参与人应当耐心有礼,言行得体。仲裁员不得以任何直接或间接方式接受当事人或其代理人的请客、馈赠或提供的其他利益。仲裁员在仲裁期间不得私自会见一方当事人、代理人,接受其提供的证据材料;不得以任何直接或间接方式(包括但不限于谈话、电话、信件、传真、电传、电子邮件等方式)单独同一方当事人、代理人谈论有关仲裁案件的情况。在调解过程中,仲裁庭应慎重决定由一名仲裁员单独会见一方当事人或代理人;如果仲裁庭决定委派一名仲裁员单独会见一方当事人或其代理人,应当有秘书在场,并告知对方当事人。仲裁员不得在本会的仲裁案件(包括申请撤销或不予执行本会仲裁裁决的案件)中担任代理人,亦不得代人打听案件情况或代人向仲裁庭成员、秘书实施请客送礼或其他提供好处和利益。

　　第四,仲裁独立。仲裁员应认真勤勉地履行自己的全部职责,在规定的期限内尽可能迅速审结案件。仲裁员应当独立地审理案件,不因任何私利、外界压力而影响裁决的公正性。

第五，保守秘密。仲裁员应忠实履行保密义务，不得向当事人或外界透露本人的看法和仲裁庭合议的情况，对涉及仲裁程序、仲裁裁决、当事人的商业秘密等所有相关问题均应保守秘密。

三、监察员的职业道德

2018年3月11日第十三届全国人民代表大会第一次会议通过的《中华人民共和国宪法修正案》，标志着一个新的国家机构的诞生。2018年3月20日第十三届全国人民代表大会第一次会议通过的《监察法》是监察人员职业道德的主要来源。《监察法》要求监察人员有回避和保密义务，第56条规定："监察人员必须模范遵守宪法和法律，忠于职守、秉公执法、清正廉洁、保守秘密；必须具有良好的政治素质，熟悉监察业务，具备运用法律、法规、政策和调查取证等能力，自觉接受监督。"第65条规定："监察机关及其工作人员有下列行为之一的，对负有责任的领导人员和直接责任人员依法给予处理：①未经批准、授权处置问题线索，发现重大案情隐瞒不报，或者私自留存、处理涉案材料的；②利用职权或者职务上的影响干预调查工作、以案谋私的；③违法窃取、泄露调查工作信息，或者泄露举报事项、举报受理情况以及举报人信息的；④对被调查人或者涉案人员逼供、诱供，或者侮辱、打骂、虐待、体罚或者变相体罚的；⑤违反规定处置查封、扣押、冻结的财物的；⑥违反规定发生办案安全事故，或者发生安全事故后隐瞒不报、报告失实、处置不当的；⑦违反规定采取留置措施的；⑧违反规定限制他人出境，或者不按规定解除出境限制的；⑨其他滥用职权、玩忽职守、徇私舞弊的行为。"

四、公证员的职业道德

在我国，公证是公证机构根据自然人、法人或者其他组织的申请，依照法定程序对民事法律行为、有法律意义的事实和文书的真实性、合法性予以证明的活动。公证虽然不是诉讼活动，公证权的性质也存在争议，但公证员属于法律共同体，公证员需要受过法律专业训练、持证上岗是不争的事实。公证行为在预防纠纷、防范风险上发挥着重要作用。为防止"公证不公""公证不信"现象发生，早在2002年我国公证法尚未出台的时候，司法部、中国公证员协会先后制定了《公证员职业道德基本准则》《公证行业自律公约》

《公证员惩戒规则》等部门规章和行业自律规范。2005年8月28日第十届全国人民代表大会常务委员会第十七次会议通过《中华人民共和国公证法》(以下简称《公证法》)。经过2015年、2017年两次修正，现行《公证法》第22条第1款规定："公证员应当遵纪守法，恪守职业道德，依法履行公证职责，保守执业秘密。"第23条规定："公证员不得有下列行为：①同时在2个以上公证机构执业；②从事有报酬的其他职业；③为本人及近亲属办理公证或者办理与本人及近亲属有利害关系的公证；④私自出具公证书；⑤为不真实、不合法的事项出具公证书；⑥侵占、挪用公证费或者侵占、盗窃公证专用物品；⑦毁损、篡改公证文书或者公证档案；⑧泄露在执业活动中知悉的国家秘密、商业秘密或者个人隐私；⑨法律、法规、国务院司法行政部门规定禁止的其他行为。"经过2011年修订，《公证员职业道德基本准则》也将公证员的职业道德明文规定为：

第一，忠于法律，尽职履责。公证员应当忠于宪法和法律，自觉践行社会主义法治理念。公证员应当政治坚定、业务精通、维护公正、恪守诚信，坚定不移地做中国特色社会主义事业的建设者、捍卫者。公证员应当依法办理公证事项，恪守客观、公正的原则，做到以事实为依据、法律为准绳。公证员应当自觉遵守法定回避制度，不得为本人及近亲属办理公证或者办理与本人及近亲属有利害关系的公证。公证员应当自觉履行执业保密义务，不得泄露在执业中知悉的国家秘密、商业秘密或个人隐私，更不得利用知悉的秘密为自己或他人谋取利益。公证员在履行职责时，对发现的违法、违规或违反社会公德的行为，应当按照法律规定的权限，积极采取措施予以纠正、制止。

第二，爱岗敬业，规范服务。公证员应当珍惜职业荣誉，强化服务意识，勤勉敬业、恪尽职守，为当事人提供优质高效的公证法律服务。公证员在履行职责时，应当告知当事人、代理人和参与人的权利和义务，并就权利和义务的真实意思和可能产生的法律后果做出明确解释，避免形式上的简单告知。公证员在执行职务时，应当平等、热情地对待当事人、代理人和参与人，要注重其民族、种族、国籍、宗教信仰、性别、年龄、健康状况、职业的差别，避免言行不慎使对方产生歧义。公证员应当严格按照规定的程序和期限办理公证事项，注重提高办证质量和效率，杜绝疏忽大意、敷衍塞责和延误办证的行为。公证员应当注重礼仪,做到着装规范、举止文明,维护职业形象。现场宣读公证词时,应当语言规范、吐字清晰,避免使用可能引起他人反感的语言表达方式。公证员如果发现已生效的公证文书存在问题或其他公证员有违法、违规行为,应当及时向有关部门反映。公证员不得利用媒体或采用其他方式,对正在办理或已办结的公证事项发表不当评论,更不得发表有损公证严肃性和权威性的言论。

第三,加强修养,提高素质。公证员应当牢固树立社会主义荣辱观,遵守社会公德,倡导良好社会风尚。公证员应当道德高尚、诚实信用、谦虚谨慎,具有良好的个人修养和品行。公证员应当忠于职守、不徇私情、弘扬正义,自觉维护社会公平和公众利益。公证员应当热爱集体,团结协作,相互支持、相互配合、相互监督,共同营造健康、有序、和谐的工作环境。公证员应当不断提高自身的业务能力和职业素养,保证自己的执业品质和专业技能满足正确履行职责的需要。公证员应当树立终身学习理念,勤勉进取,努力钻研,不断提高职业素质和执业水平。

第四,廉洁自律,尊重同行。公证员应当树立廉洁自律意识,遵守职业道德和执业纪律,不得从事有报酬的其他职业和与公证员职务、身份不相符的活动。公证员应当妥善处理个人事务,不得利用公证员的身份和职务为自己、亲属或他人谋取利益。公证员不得索取或接受当事人及其代理人、利害关系人的答谢款待、馈赠财物或其他利益。公证员应当相互尊重,与同行保持良好的合作关系,公平竞争,同业互助,共谋发展。公证员不得以不正当方式或途径对其他公证员正在办理的公证事项进行干预或施加影响。公证员不得从事以下不正当竞争行为:①利用媒体或其他手段炫耀自己,贬损他人,排斥同行,为自己招揽业务;②以支付介绍费、给予回扣、许诺提供利益等方式承揽业务;③利用与行政机关、社会团体的特殊关系进行业务垄断;④其他不正当的竞争行为。

五、行政机关中从事行政处罚决定审核、行政复议、行政裁决等相关岗位人员的职业道德

这类人员属于公务员,目前主要适用的法律规范是《公务员法》。该法第14条规定:"公务员应当履行下列义务:①忠于宪法,模范遵守、自觉维护宪法和法律，自觉接受中国共产党领导；②忠于国家，维护国家的安全、荣誉和利益；③忠于人民，全心全意为人民服务，接受人民监督；④忠于职守，勤勉尽责，服从和执行上级依法作出的决定和命令，按照规定的权限和程序履行职责，努力提高工作质量和效率；⑤保守国家秘密和工作秘密；⑥带头践行社会主义核心价值观，坚守法治，遵守纪律，恪守职业道德，模范遵守社会公德、家庭美德；⑦清正廉洁，公道正派；⑧法律规定的其他义务。"随着行政体制改革，这类人员的职业道德要求将更加明细和具体。

第六节 我国法律职业道德的缺陷和红线

一、我国法律职业道德建设中存在的问题

结合我国法律职业道德建设现状，我们可以发现存在如下问题：

（一）法律职业道德建设主体条块分割，内容各有所长

目前我国法律职业道德建设的主体主要是最高人民法院、最高人民检察院、公安部、司法部以及全国律师协会等。这种条块分割的好处是，法律职业道德更具有针对性和实用性。但也有不利的一面，法律人共有的职业道德内容不足。作为党管司法的执行机构，中央政法委虽然有一些作为，但在整个法律职业道德建设上可以发挥作用的空间还非常大。从内容上来看，法官职业道德建设的内容最具体细致，从如何接待当事人、如何与社会交往到审案判案、文书制作，内容洋洋洒洒。法官行为指引，告诉新任法官应该怎么做，本质上与法官道德不完全等同。律师职业规范内容更多的是突出哪些不能做，哪些能做有待实践探索。仲裁员的职业道德要求很高，对违反披露或者其他行为规范的缺乏制约机制，"忠于法律""维护公平正义""廉洁自律"，大话套话多。

（二）法律职业道德内容上多重复，职业特色不明显

纵观我国法律职业道德建设，除了"忠于法律""严格执法"等内容外，体现法律职业的特点并不明显。规范性文件比比皆是，但真正能体现法律职业道德的内容不多。检察官的"忠诚、公正、清廉、严明"的基本道德规范适用于法院和公安人员也似乎可以，适用于其他法律职业也很难说错误。如

何对待当事人（特别是犯罪嫌疑人和被告人），应该是侦查人员着重需要解决的问题。为当事人提供法律服务的律师几乎不会发生"门难进、脸难看、话难听"的情况。我国法律职业道德建设研究重点应该是如何突出法律的职业性和特殊性，而不是强调与其他公务员区别不大的共性。

（三）规范文件层级低，约束力有限

从法律属性上分析，虽然《公务员法》《法官法》《检察官法》《人民警察法》《律师法》等国家法律中都涉及相关法律职业的职业道德建设，但真正起作用的大多是部门规章或者内部规定。现实中，真正发挥作用的都是"禁令""办法"等红头文件，这种文件的实用性和效率非常高，但固有的症结就是运动式开展职业道德建设，由于缺少社会参与，最终都是偃旗息鼓，如"禁酒令"一声令下，司法人员谈酒色变，但过不了多久，等禁酒的风声一过，喝酒之风就又死灰复燃。

（四）内容上宣传说教的多，约束手段单一，缺乏配套措施

道德的约束力应该来自于行为人内心的自我评价和强大的社会评价，通过社会舆论和自我反省来修正自己的行为，不需要通过处罚或者更加严厉的法律责任来强迫行为人改变思想观念和行为习惯，这才是道德与法律在强制力上的根本区别。事实上，当下的法律职业道德建设与内部政策法规约束雷同，只有受到处罚或者更加严厉法律后果的行为才可能被认为是不道德。道德与法规纪律混同的后果就是道德变成空洞的说教，变成虚无的口号。"忠于党、忠于人民、忠于法律"，说起来很美，做起来很难。只有行为人腐败犯罪事实被发现了，我们才能说他不"忠于党、忠于人民、忠于法律"，可是这个时候不需要道德约束和谴责，而需要法律责任的规制。正是由于法律人的道德不统一，不细化，导致法律人内部观念、做法多元。如同样是基于"忠于党、忠于人民、忠于法律"，法官要维护生效判决的权威，代理律师为了"平反"冤假错案，就会采取自以为有效的方法去扩大影响，"死磕律师"[1]的

---

〔1〕 所谓"死磕律师"，是指对司法机关或者某个司法工作人员的某个不规范行为或者没有法律根据的行为揪住不放，通过举报、信访、网上曝光等方法强烈要求其改变不规范行为并追究相关人员法律责任的律师。如某律师去看守所办理会见被告人手续，看守所基于某些不便公之于众的原因未能配合，该律师就通过找领导反馈、找检察院监督、找律协维权、在网络上刊发各种造势的文章等各种方式来反映。"死磕律师"有贬低律师人格之嫌。

存在就是法律道德内部裂变的结果。

二、法律职业道德中的红线

(一) 贪污及贿赂犯罪

贪污贿赂犯罪一直是腐败犯罪的主要表现形式。在贪污罪方面，我国《刑法》第382条规定："国家工作人员利用职务上的便利，侵吞、窃取、骗取或者以其他手段非法占有公共财物的，是贪污罪。受国家机关、国有公司、企业、事业单位、人民团体委托管理、经营国有财产的人员，利用职务上的便利，侵吞、窃取、骗取或者以其他手段非法占有国有财物的，以贪污论。与前两款所列人员勾结，伙同贪污的，以共犯论处。"第383条规定："对犯贪污罪的，根据情节轻重，分别依照下列规定处罚：①贪污数额较大或者有其他较重情节的，处3年以下有期徒刑或者拘役，并处罚金。②贪污数额巨大或者有其他严重情节的，处3年以上10年以下有期徒刑，并处罚金或者没收财产。③贪污数额特别巨大或者有其他特别严重情节的，处10年以上有期徒刑或者无期徒刑，并处罚金或者没收财产；数额特别巨大，并使国家和人民利益遭受特别重大损失的，处无期徒刑或者死刑，并处没收财产。对多次贪污未经处理的，按照累计贪污数额处罚。犯第1款罪，在提起公诉前如实供述自己罪行、真诚悔罪、积极退赃，避免、减少损害结果的发生，有第1项规定情形的，可以从轻、减轻或者免除处罚；有第2项、第3项规定情形的，可以从轻处罚。犯第1款罪，有第3项规定情形被判处死刑缓期执行的，人民法院根据犯罪情节等情况可以同时决定在其死刑缓期执行二年期满依法减为无期徒刑后，终身监禁，不得减刑、假释。"第394条继续规定，国家工作人员在国内公务活动或者对外交往中接受礼物，依照国家规定应当交公而不交公，数额较大的，依照贪污罪相关规定定罪量刑。

关于贿赂犯罪，现行刑法将原来的行贿罪、受贿罪和介绍贿赂罪三个罪名拓展为国家工作人员和非国有公司企业、事业单位人员以及与国家工作人员有特殊关系的人员、个人和单位犯罪等共计十多个罪名。对于司法人员而言，涉及最多的还是受贿罪。关于受贿罪，我国《刑法》第385条规定："国家工作人员利用职务上的便利，索取他人财物的，或者非法收受他人财物，为他人谋取利益的，是受贿罪。国家工作人员在经济往来中，违反国家规定，收受各种名义的回扣、手续费，归个人所有的，以受贿论处。"第 386 条规定："对犯受贿罪的，根据受贿所得数额及情节，依照本法第 383 条的规定处罚。索贿的从重处罚。"第 388 条第 1 款规定："国家工作人员利用本人职权或者地位形成的便利条件，通过其他国家工作人员职务上的行为，为请托人谋取不正当利益，索取请托人财物或者收受请托人财物的，以受贿论处。"

2016 年 4 月，最高人民法院、最高人民检察院联合发布《最高人民法院、最高人民检察院关于办理贪污贿赂刑事案件适用法律若干问题的解释》。主要内容有：

贪污或者受贿数额在 3 万元以上不满 20 万元的，应当认定为《刑法》第 383 条第 1 款规定的"数额较大"，依法判处 3 年以下有期徒刑或者拘役，并处罚金。贪污数额在 1 万元以上不满 3 万元，具有下列情形之一的，应当认定为《刑法》第 383 条第 1 款规定的"其他较重情节"，依法判处 3 年以下有期徒刑或者拘役，并处罚金：①贪污救灾、抢险、防汛、优抚、扶贫、移民、救济、防疫、社会捐助等特定款物的；②曾因贪污、受贿、挪用公款受过党纪、行政处分的；③曾因故意犯罪受过刑事追究的；④赃款赃物用于非法活动的；⑤拒不交待赃款赃物去向或者拒不配合追缴工作，致使无法追缴的；⑥造成恶劣影响或者其他严重后果的。

受贿数额在 1 万元以上不满 3 万元，具有前款第 2 项至第 6 项规定的情形之一，或者具有下列情形之一的，应当认定为《刑法》第 383 条第 1 款规定的"其他较重情节"，依法判处 3 年以下有期徒刑或者拘役，并处罚金：①多次索贿的；②为他人谋取不正当利益，致使公共财产、国家和人民利益遭受损失的；③为他人谋取职务提拔、调整的。

贪污或者受贿数额在 20 万元以上不满 300 万元的，应当认定为《刑法》第 383 条第 1 款规定的"数额巨大"，依法判处 3 年以上 10 年以下有期徒刑，并处罚金或者没收财产。贪污或者受贿数额在 300 万元以上的，应当认定为《刑法》第 383 条第 1 款规定的"数额特别巨大"，依法判处 10 年以上有期徒刑、无期徒刑或者死刑，并处罚金或者没收财产。贪污、受贿数额特别巨大，犯罪情节特别严重、社会影响特别恶劣、给国家和人民利益造成特别重大损失的，可以判处死刑。贿赂犯罪中的"财物"，包括货币、物品和财产性利益。财产性利益包括可以折算为货币的物质利益如房屋装修、债务免除等，以及需要支付货币的其他利益如会员服务、旅游等。后者的犯罪数额，以实际支付或者应当支付的数额计算。国家工作人员出于贪污、受贿的故意，非法占有公共财物、收受他人财物之后，将赃款赃物用于单位公务支出或者社会捐赠的，不影响贪污罪、受贿罪的认定，但量刑时可以酌情考虑。特定关系人索取、收受他人财物，国家工作人员知道后未退还或者上交的，应当认定国家工作人员具有受贿故意。

改革开放之后，贪污贿赂犯罪是主要的职务犯罪和经济犯罪。我国刑事立法也在不断地变化，如1988年1月21日第六届全国人民代表大会常务委员会第24次会议通过《全国人民代表大会常务委员会关于惩治贪污罪贿赂罪的补充规定》（已失效），该规定扩大了贪污贿赂罪的犯罪主体，明确了量刑区间[1]。1997年修订《刑法》时，将贪污贿赂犯罪独立为刑法分则的第八大类犯罪之后，犯罪主体又回到了国家工作人员这种狭义上的范围。到21世纪初，在已经公开的腐败案例中，贪污罪发案初步下降，但受贿罪几乎是腐败分子的原罪，特别是在司法人员犯罪中，贪污罪不太多见，但并不是完全绝迹。从相关案例来看，以下几种情况可能涉嫌贪污罪：一是违反相关制度，弄虚作假，通过虚假票证占有单位财产。如曾获得过法官职业生涯巅峰荣誉"全国模范法官"的河南省周口市项城市人民法院院长李和鹏，因贪污受贿等犯罪合并执行有期徒刑17年。判决书显示，"2007年9月17日，李和鹏以到北京协调事情为由，从项城市人民法院主管会计杨某处拿走现金10万元，后安排办公室主任马某找票据在单位冲账。李和鹏前后类似共报账80.4万元，所报账款被其个人占为己有。"[2] 2017年3月，"前锦州市古塔区副区长、市公安局古塔分局局长王俊仁授意梁某某和王某甲在单位账户上借款65万元用于兑换10万美元。王俊仁得款后授意梁某某、王某甲虚列其他明目冲抵平账，将其中64万元据为己有。2011年10月至2014年11月间，张某甲为王

---

[1] 将犯罪主体扩大到集体经济组织工作人员以及其他经手、管理公共财物的人员。个人贪污数额在5万元以上的，处10年以上有期徒刑或者无期徒刑，可以并处没收财产；情节特别严重的，处死刑，并处没收财产。个人贪污数额在1万元以上不满5万元的，处5年以上有期徒刑，可以并处没收财产；情节特别严重的，处无期徒刑，并处没收财产。在1997年《刑法》修订时，将犯罪主体和量刑幅度再做调整。

[2] 中国新闻网：《"原全国模范法官"涉受贿获刑17年坚称自己无罪》，载http://www.chinanews.com/fz/2014/06-24/6313033.shtml? t=fnrg0，最后访问日期：2020年2月28日。

俊仁在北京、沈阳等地购买杰尼亚牌衣物5次，王俊仁将张某甲为其购买的衣物款10万余元在分局账上核销"等行为被法院认定为贪污。二是司法人员侵占、私分罚没、扣押犯罪嫌疑人、被告人的财物，私分强制执行的财物。如2016年12月27日北京晚报刊登了一篇题目为《老法官为何被控贪污执行款》的文章，介绍一名老法官因当事人举报，被检方指控涉嫌贪污执行款19.5万元。在强制执行某案件中，身为执行法官，王某未将执行款打入法院执行专项账户，而是向中级人民法院申请将这27.5万元拍卖款转入他在当地信用联社营业部的个人账户上，并于2008年5月23日将此款取出。王某在让当事人李某出具收到执行款27.5万元的收据后，推托不能当日向其支付，随即将该笔现金中的27万元存入自己建设银行的个人账户内。后经李某多次催要，王某陆续支付李某8万元，剩余19.5万元被王某据为己有。

　　从公布的案例来看，司法人员容易成为行贿对象不是没有道理的，司法人员手中握有司法大权，虽然我们在体制内的法官检察官都感觉不到自己的权力有多大，但从当事人角度来看，不仅是公检法的院长局长庭长，即使一个普通的案件承办人，对案件的走向和结果都有一定的话语权，从何时开庭到合议庭对事实和证据的态度，以及对处理结果的影响，当事人都是通过司法人员去认识、了解、感知司法机关的。"在当事人面前，承办人就是法律。"所以，大多数当事人都不会放弃能够左右或者影响案件承办人的机会。

　　实践中的受贿罪，受贿人从行贿者那里得到的必须是财物或者物质利益，不能用经济价值计算的好处不构成受贿罪的内容。早在改革开放之初物质匮乏的时代，行贿受贿的大多是烟酒糕点等生活物资；到了20世纪90年代之后，开始演变为彩电冰箱等家用电器；进入21世纪之后，行贿受贿的主要内容发展为购物卡、名贵手表提包等奢侈品、货币、股权以及无偿、低价购买和使用他人住房汽车等；目前则更多表现为货币。

　　（二）严重失职渎职犯罪

　　这一类罪名看似非常多，如故意泄露国家秘密罪；过失泄露国家秘密罪；泄露不应公开的案件信息罪；徇私枉法罪；民事、行政枉法裁判罪；执行判决、裁定失职罪；执行判决、裁定滥用职权罪；枉法仲裁罪；私放在押人员罪；失职致使在押人员脱逃罪；徇私舞弊减刑、假释、暂予监外执行罪。其实每个罪名是针对不同的岗位和职责而规定的。

  首先是故意泄露国家秘密罪和过失泄露国家秘密罪。对于司法人员而言，学习并严格执行《中华人民共和国保守国家秘密法》（以下简称《保密法》）是法律从业的前提。在接触司法卷宗以前，《保密法》培训和保密纪律教育都要突出强调，对于案件承办人而言、卷宗丢失或者泄密是从业大忌。对于泄密案件，轻则处分、调离队伍；后果严重的，有可能承担刑事责任。2018年底，原最高人民法院民一庭助理审判员王林清举报的所谓"凯奇莱案卷宗丢失"事件，经过中央政法委牵头，中央纪委国家监委、最高人民检察院、公安部参加的联合调查组一个多月的调查，得出结论：因工作中对单位产生不满，2016年11月25日，王林清将临时装订的"凯奇莱案"副卷拆散，把全部正卷和拆散的部分副卷材料带回家中。联合调查组已经将调查中发现的王林清涉嫌非法获取、故意泄露国家秘密犯罪线索移交公安机关立案侦查。[1]我国《刑法》第398条第1款规定："国家机关工作人员违反保守国家秘密法的规定，故意或者过失泄露国家秘密，情节严重的，处3年以下有期徒刑或者拘役；情节特别严重的，处3年以上7年以下有期徒刑。"

  泄露不应公开的案件信息罪是《中华人民共和国刑法修正案（九）》中增加的一个罪名。司法卷宗是案件证据事实和办理过程的载体，也是保证司法公正的凭证。加强对不应公开的案件信息的保密工作是减少维稳成本、维护社会稳定的措施之一，故我国在2015年修正《刑法》时增加了本罪名。依据我国《刑法》第308条之一的规定，司法工作人员、辩护人、诉讼代理人或者其他诉讼参与人，泄露依法不公开审理的案件中不应当公开的信息，造成信息公开传播或者其他严重后果的，构成泄露不应公开的案件信息罪，处3年以下有期徒刑、拘役或者管制，并处或者单处罚金。

  徇私枉法罪是指司法工作人员徇私枉法、徇情枉法，对明知是无罪的人而使他受追诉、对明知是有罪的人而故意包庇使他不受追诉，或者在刑事审判活动中故意违背事实和法律作枉法裁判的行为。从犯罪主体来看，必须是

---

[1] 2019年2月22日中央电视台相关新闻也报道了相关情况。根据2019年5月10日新华社消息，依据《中华人民共和国监察法》等相关法律规定，北京市公安机关已将王林清涉嫌职务违法问题线索移送相关监察机关，载https://news.qq.com/a/20190222/010905.htm?foxhandler=Rs，最后访问日期：2020年2月28日。

办理刑事案件或者对刑事案件有直接影响的司法工作人员，如侦查人员、审查起诉人员、审判人员，当然还包括能够左右案件去向或者轻重的其他司法工作人员。主观上是故意，故意违背职业道德和公正精神，出入人罪。犯徇私枉法罪，处5年以下有期徒刑或者拘役；情节严重的，处5年以上10年以下有期徒刑；情节特别严重的，处10年以上有期徒刑。[1]

民事、行政枉法裁判罪是指在民事、行政审判活动中故意违背事实和法律作枉法裁判，情节严重的行为。本罪主体还是司法人员，主要包括人民法院负责民商事案件立案和审理的民事法官，实际上还包括参与审判委员会的其他非民事法官及法院政策研究人员以及院领导。民事、行政枉法裁判罪的法定刑是处5年以下有期徒刑或者拘役；情节特别严重的，处5年以上10年以下有期徒刑。

执行判决、裁定失职罪是指在执行判决、裁定活动中，严重不负责任或者滥用职权，不依法采取诉讼保全措施、不履行法定执行职责，或者违法采取诉讼保全措施、强制执行措施，致使当事人或者其他人的利益遭受重大损失的行为。本罪的核心是要保证生效的司法文书得到完整执行。根据审执分开原则，负有执行职责的司法人员需要特别关注本罪。构成执行判决、裁定失职罪，处5年以下有期徒刑或者拘役；致使当事人或者其他人的利益遭受特别重大损失的，处5年以上10年以下有期徒刑。

枉法仲裁罪是指依法承担仲裁职责的人员，在仲裁活动中故意违背事实和法律作枉法裁决，情节严重的行为。本罪中的仲裁，仅限于依据《仲裁法》的仲裁，不包括《中华人民共和国劳动争议调解仲裁法》的仲裁。前者是利用民间力量解决民事纠纷，具有一裁终局特点；后者是行政管理部门对劳动争议的认定。对仲裁裁决不服的，可以向人民法院提起诉讼。构成枉法仲裁罪，处3年以下有期徒刑或者拘役；情节特别严重的，处3年以上7年以下有期徒刑。

---

[1] 如果是证人故意作伪证，构成伪证罪。我国《刑法》第305条规定："在刑事诉讼中，证人、鉴定人、记录人、翻译人对与案件有重要关系的情节，故意作虚假证明、鉴定、记录、翻译，意图陷害他人或者隐匿罪证的，处3年以下有期徒刑或者拘役；情节严重的，处3年以上7年以下有期徒刑。"如果是辩护律师，则构成辩护人、诉讼代理人毁灭证据、伪造证据、妨害作证罪。我国《刑法》第306条第1款规定："在刑事诉讼中，辩护人、诉讼代理人毁灭、伪造证据，帮助当事人毁灭、伪造证据，威胁、引诱证人违背事实改变证言或者作伪证的，处3年以下有期徒刑或者拘役；情节严重的，处3年以上7年以下有期徒刑。"

司法工作人员私放在押的犯罪嫌疑人、被告人或者罪犯的，构成私放在押人员罪，处5年以下有期徒刑或者拘役；情节严重的，处5年以上10年以下有期徒刑；情节特别严重的，处10年以上有期徒刑。司法工作人员由于严重不负责任，致使在押的犯罪嫌疑人、被告人或者罪犯脱逃，造成严重后果的，构成失职致使在押人员脱逃罪，处3年以下有期徒刑或者拘役；造成特别严重后果的，处3年以上10年以下有期徒刑。

司法工作人员徇私舞弊，对不符合减刑、假释、暂予监外执行条件的罪犯，予以减刑、假释或者暂予监外执行的，构成徇私舞弊减刑、假释、暂予监外执行罪，处3年以下有期徒刑或者拘役；情节严重的，处3年以上7年以下有期徒刑。

(三) 虚假诉讼罪

我国《刑法》第307条之一规定，以捏造的事实提起民事诉讼，妨害司法秩序或者严重侵害他人合法权益的，构成虚假诉讼罪，处3年以下有期徒刑、拘役或者管制，并处或者单处罚金；情节严重的，处3年以上7年以下有期徒刑，并处罚金。单位犯前款罪的，对单位判处罚金，并对其直接负责的主管人员和其他直接责任人员，依照前款的规定处罚。有第1款行为，非法占有他人财产或者逃避合法债务，又构成其他犯罪的，依照处罚较重的规定定罪从重处罚。司法工作人员利用职权，与他人共同实施前三款行为的，从重处罚；同时构成其他犯罪的，依照处罚较重的规定定罪从重处罚。

2018年9月，为依法惩治虚假诉讼犯罪活动，维护司法秩序，保护公民、法人和其他组织的合法权益，根据《刑法》《刑事诉讼法》《民事诉讼法》等法律规定，最高人民法院、最高人民检察院联合发布《最高人民法院、最高人民检察院关于办理虚假诉讼刑事案件适用法律若干问题的解释》。该司法解释主要内容如下：采取伪造证据、虚假陈述等手段，实施下列行为之一，捏造民事法律关系，虚构民事纠纷，向人民法院提起民事诉讼的，应当认定为《刑法》第307条之一第1款规定的"以捏造的事实提起民事诉讼"：①与夫妻一方恶意串通，捏造夫妻共同债务的；②与他人恶意串通，捏造债权债务关系和以物抵债协议的；③与公司、企业的法定代表人、董事、监事、经理或者其他管理人员恶意串通，捏造公司、企业债务或者担保义务的；④捏造知识产权侵权关系或者不正当竞争关系的；⑤在破产案件审理过程中申报捏造的债权的；⑥与被执行人恶意串通，捏造债权或者对查封、扣押、冻结财产的优先权、担保物权的；⑦单方或者与他人恶意串通，捏造身份、合同、侵权、继承等民事法律关系的其他行为。隐瞒债务已经全部清偿的事实，向人民法院提起民事诉讼，要求他人履行债务的，以"以捏造的事实提起民事诉讼"论。向人民法院申请执行基于捏造的事实作出的仲裁裁决、公证债权文书，或者在民事执行过程中以捏造的事实对执行标的提出异议、申请参与执行财产分配的，属于《刑法》第 307 条之一第 1 款规定的"以捏造的事实提起民事诉讼"。

以捏造的事实提起民事诉讼，有下列情形之一的，应当认定为《刑法》第 307 条之一第 1 款规定的"妨害司法秩序或者严重侵害他人合法权益"：①致使人民法院基于捏造的事实采取财产保全或者行为保全措施的；②致使人民法院开庭审理，干扰正常司法活动的；③致使人民法院基于捏造的事实作出裁判文书、制作财产分配方案，或者立案执行基于捏造的事实作出的仲裁裁决、公证债权文书的；④多次以捏造的事实提起民事诉讼的；⑤曾因以捏造的事实提起民事诉讼被采取民事诉讼强制措施或者受过刑事追究的；⑥其他妨害司法秩序或者严重侵害他人合法权益的情形。

在构成犯罪的情节上，司法解释规定，以捏造的事实提起民事诉讼，有下列情形之一的，应当认定为《刑法》第 307 条之一第 1 款规定的"情节严重"：①有本解释第 2 条第 1 项情形，造成他人经济损失 100 万元以上的；②有本解释第 2 条第 2 项至第 4 项情形之一，严重干扰正常司法活动或者严重损害司法公信力的；③致使义务人自动履行生效裁判文书确定的财产给付义务或者人民法院强制执行财产权益，数额达到 100 万元以上的；④致使他人债权无法实现，数额达到 100 万元以上的；⑤非法占有他人财产，数额达到 10 万元以上的；⑥致使他人因为不执行人民法院基于捏造的事实作出的判决、裁定，被采取刑事拘留、逮捕措施或者受到刑事追究的；⑦其他情节严重的情形。

第二章 法律人的职业道德

> 课后思考题

请阅读下列案例并作答：

【案例1】 湖南2019年文烈宏黑社会案件[1]

文烈宏，1969年12月出生于湖南省长沙市望城区桥驿镇民福村。因其在兄弟姐妹中排行老三，人们便呼之为"文三伢子"，也是后来混入黑道后得名"文三爷"的由来。2002年，文烈宏大肆向省内一些企业主发放高利贷，并在长沙市内各大宾馆开设赌场、组织赌局、提供赌资结算，吸引、招揽众多企业主参与赌博活动，从中抽头渔利。2009年，文烈宏招募被告人佘彬、龚浩等人采用非法拘禁等暴力手段追讨高利贷债务和赌债。2010年2月，在被告人姚跃的建议和帮助下，文烈宏注册成立湖南宏大典当有限公司，以公司化模式高利放贷、暴力讨债、开设赌场，逐步建立以被告人文烈宏为组织者、领导者，被告人舒开、佘彬、龚浩为骨干成员，被告人刘初平、王峰、姚跃、易辉跃、文雅为积极参加者，被告人陈致富、胡高生、张祥伟、黄泽孟等16人为其他参加者的较稳定的黑社会性质组织。

2019年1月15日，常德市中级人民法院对文烈宏等黑社会性质组织犯罪案一审公开宣判。一审法院认为，被告人文烈宏作为黑社会性质组织的组织者、领导者，不仅应当对其直接参与实施的犯罪行为承担刑事责任，依法还应当按照其组织、领导的黑社会性质组织所犯的全部犯罪行为承担刑事责任。文烈宏直接参与或组织、策划、指使组织成员实施的违法犯罪活动超过35起。文烈宏犯组织、领导黑社会性质组织罪、诈骗罪、行贿罪、敲诈勒索罪、寻衅滋事罪、强迫交易罪、开设赌场罪、聚众斗殴罪、非法拘禁罪、赌博罪、脱逃罪、故意伤害罪、破坏生产经营罪、非法占用农用地罪、妨害作证罪15项罪名，数罪并罚，被判处无期徒刑，剥夺政治权利终身，并处没收个人全部财产。其他同案犯被判处1年~25年不等的有期徒刑。2019年6月19日，湖南省高级人民法院依

---

[1] 本案例来源于2018年12月10日搜狐新闻：《天网恢恢！文烈宏涉黑犯罪团伙覆灭记》。2019年8月12日中国新闻网标题：《"黑老大"文烈宏案侦破纪实：历时一年半 涉资近13亿元》。2019年8月16日中央电视台央视新闻：《触犯罪名15项、非法敛财12亿、多名公职人员充当保护伞……文烈宏等人黑社会性质组织覆灭始末》。

法对文烈宏等25人黑社会性质组织犯罪案进行二审宣判，全案驳回上诉，维持原判。据了解，该案系湖南省高级人民法院2019年宣判的首例黑社会性质组织犯罪案。

文烈宏黑社会案件的保护伞。2019年6月19日，北京青年报报道，"黑老大"文烈宏的两个"保护伞"同一天双双领刑！当天，湖南日报、新华社、中央纪委官网等都有相关消息。6月19日上午，长沙市公安局原常务副局长单大勇因受贿罪，包庇、纵容黑社会性质组织罪获刑17年。中央纪委曾披露，单大勇曾向文烈宏通风报信，为文烈宏涉黑犯罪团伙充当"保护伞"并收受巨额财物。同一天，文烈宏的另一个"保护伞"周符波（湖南省公安厅原常务副厅长）获刑19年。

法院审理查明，2012年2月至2017年1月，单大勇身为国家机关工作人员，利用先后担任长沙市公安局副局长、常务副局长职务之便，在案件办理、户籍变更迁移、工程业务承接等事项上为文烈宏、李某某、杨某某等人或所在单位谋取利益，单独收受或伙同其妻子李华、亲属谢雷涛（均另案处理）收受上述人员或单位所送人民币2655万余元、港币20万元、美金2万元，折合人民币共计2686万余元。单大勇身为国家机关工作人员，在以文烈宏为首的黑社会性质组织涉嫌犯罪被公安机关立案侦查后，利用职权以违规签批同意撤案、通风报信等方式包庇、纵容文烈宏及其犯罪组织。公开资料显示，单大勇从基层民警做起，长期在长沙警界任职，被查时已经从警39年。1978年12月起，单大勇先后任长沙市坡子街派出所民警，坡子街派出所所长，长沙市西区刑侦队队长，西区（岳麓）分局副局长、正科级侦察员等职。2001年起，单大勇先后任长沙市公安局党委委员、副局长，长沙市公安局党委副书记、副局长（正县）。2015年7月，单大勇任长沙市公安局党委副书记、常务副局长。长沙晚报曾刊发的《单大勇从警38年10余项创新举措记入长沙公安史册》文章中介绍，位于长沙火车站附近的某超市在2006年曾发生一起震惊全国的劫持人质案，犯罪嫌疑人携带两枚军用手榴弹来到超市盗窃，被保安发现后，他拿出手榴弹，拉出引线，将两名保安劫持，单大勇曾与嫌疑人进行长达6个小时的谈判对话并最终解救人质。1985年，年仅27岁的单大勇被任命为坡子街派出所所长，创下了当时的两项纪录：长沙最年轻的和唯一30岁以下的派出所所长。

出面协调黑老大和举报人关系，单大勇并非首个受审的文烈宏"保护伞"。据中央纪委披露，2014年12月，长沙市公安局以涉嫌逃税罪、非法经营罪对涉黑犯罪团伙首要分子文烈宏等人立案侦查。为此，文烈宏多次找时任省公安厅党委副书记、常务副厅长的周符波请求关照（周符波因经常在文烈宏开设的赌场赌博而相识）。2015年上半年，周符波违规指示长沙市公安局暂缓侦查，并出面协调文烈宏与举报人的关系，后长沙市公安局作出撤案决定。周符波因受贿罪，巨额财产来源不明罪，包庇、纵容黑社会性质组织罪获刑19年。周符波，1964年7月出生，曾任邵阳县委书记、邵阳市常务副市长，湖南省公安厅常务副厅长等，2017年1月任湖南省综治办主任，2017年3月落马。经法院审理查明：2008年至2017年，被告人周符波利用担任邵阳市人民政府副市长、常务副市长和湖南省公安厅党委副书记、常务副厅长等职务便利，为他人在工程承揽、工程款支付、项目规划、土地审批、人事调整等事项上谋取利益，非法收受他人财物，共计人民币1509万余元、港币25万元；周符波有价值人民币3721万余元的财产不能说明来源。2014年底至2016年初，周符波利用担任湖南省公安厅党委副书记、常务副厅长的职务之便，包庇、纵容文烈宏黑社会性质组织的违法犯罪活动，致使公安机关侦查的相关案件被撤销或未予立案查处。

【案例2】 帮别人打"假官司"，福州一名律师自己却摊上了真官司[1]

2012年，福建市民肖某、林某夫妻二人因投资失利，欠下巨额债务，先后多次向毛某等6人借款用于偿还债务。2017年10月，肖、林二人被其他债权人陈某起诉到法院。因担心输官司后，财产会被执行给单一债权人陈某，夫妻二人动起了歪脑筋，与毛某等6名债权人串通，通过伪造借条、隐瞒实际还款等方式向法院提起民事诉讼，意图骗取法院生效判决，提高参与财产分配的比例。2018年4月，毛某等6人与肖某、林某的借贷纠纷诉讼案涉嫌虚假诉讼的线索被移送至公安机关。同年10月，该案由福清市公安局提请福清市检察院批准逮捕。福清市检察院审查后认为，肖、林二人符合批准逮捕条件。审查至此，本可就此结案，但办案检察官却发现了诸多疑点：毛某等6名债权人聘请的诉讼代理人均为同一律师事务所的两名律师，但债权人彼此并不熟悉；债权人提交法庭的民事证据材料高度一致；债权人因涉嫌虚假诉讼被侦查机关传唤后，其律师逐一催促其去法

---

〔1〕 本案例来源于2019年1月25日的澎湃新闻：《福州一律师帮人打"假官司"摊上真官司：涉虚假诉讼罪被刑拘》，报道记者王选辉，通讯员魏雅钦。

院申请撤诉。经初步分析,办案检察官认为本起虚假诉讼案件中,毛某等6人的诉讼代理人很有可能也涉嫌参与虚假诉讼,需要进一步调查核实。为彻查该案,检察监督指导中心指派诉讼监督调查与职务犯罪检察部3名检察官组成调查组,启动调查核实程序,对该案线索进行调查。最终,林某向调查人员如实陈述由其夫妻二人花钱聘请了律师林某,在律师林某的指导下由毛某等6人向法院提起虚假诉讼的事实。原来,在肖某、林某及债权人毛某等6人涉嫌虚假诉讼案中,正是律师林某参与其中,提供法律意见、伪造了借条、银行流水等虚假诉讼材料。调查组将调查结果迅速反馈至该院侦查监督部门。侦查监督部门经分析审查认为律师林某恶意串通、伪造重要证据,已涉嫌刑事犯罪,遂将该线索移送公安机关立案侦查。2018年12月,福清市公安局以涉嫌虚假诉讼罪对律师林某立案侦查,并对其采取刑事拘留强制措施。

2019年4月9日,全国扫黑办在京首次举行新闻发布会,发布最高人民法院、最高人民检察院、公安部、司法部联合印发的《关于办理"套路贷"刑事案件若干问题的意见》等四个意见。同一天,青海省首例"套路贷"恶势力犯罪案件在西宁市城中区人民法院公开开庭审理。这是一个以魏某伟、宋某舟为首的恶势力犯罪集团,因为一位律师同案被提起公诉引发全国律师广泛关注。检察院指控,自2017年5月以来,被告人魏某伟、宋某舟等人成立青海合创汇中汽车服务有限公司,非法从事汽车抵押贷款业务,采用欺骗、恐吓、威胁、滋扰纠缠、诉讼等手段多次实施诈骗、敲诈勒索、寻衅滋事、强迫交易等违法犯罪活动,涉及被害人463人,违法所得700余万元,严重扰乱了经济、社会生活秩序。对林律师的指控事实为,"其中,因被害人罗某自行拆除安装在车上的GPS,被宋某舟等人认定违约,被告人林某某作为青海合创汇中汽车服务有限公司的法律顾问,通过向法院提起诉讼的方式对罗某实施敲诈勒索。"

【案例3】朝阳警方逮捕10名公证员,以房养老"套路贷"团伙浮出水面[1]

2019年2月,北京市朝阳区人民检察院正式批捕王某、王某杰等多名公证员,其中8人来自方正公证处,2人来自国立公证处,和他们一起被逮捕的还有

---

[1] 本案例材料来源于2019年6月19日的第一财经:《朝阳警方逮捕10名公证员,以房养老"套路贷"团伙浮出水面》,作者邵芸。

放贷公司的代理律师李某杰。近年来发生了一系列"以房养老"型的套路贷案件，一些老年人抵押房产进行投资、消费时，房屋被陌生人强行贱卖，不法分子利用公证程序绕开法庭审判，游走在法律的灰色地带，只是因为在公证处签了一摞和借款相关的合同，这些老人们和他们家庭的命运就从此一落千丈。"签了这些协议，相当于签了一份卖身契。"有法律人士表示，"而公证书是证据之王，法院可以不加审查地认定公证的效力，想推翻是非常困难的。"据央视等诸多媒体报道，2014年以来，马宁（鑫义众择）案、赵海佳案、广艳彬案、新元酵素案、中安民生等与房产套路贷相关的非法集资案相继爆发。据第一财经记者不完全统计，仅这几个案件涉及的房产就多达1200套。尽管这些案件都被警方破获，理财平台的实际控制人被逮捕或判刑，但案件的"套路贷"操作环节，由于法律文件完备，对司法部门而言依然棘手。目前，一些老人作为投资者又是借款人，正面临失房的后果。有的老人不过借了20万元，就遭遇不法分子设计好的层层转贷、伪造公证文件，最终霸占房产，众多老人因此无家可归。中安民生非法集资案，其操作手法和新元公司十分类似，涉及抵押房产达到800多套。2014年至今年初，中安民生打着"民政部慈孝特困老人救助基金会以房养老专项基金"的旗号，招揽老年人投资私募股权项目，声称有国家基金托底，不用担心投资失败，和新元酵素案相似，投资中安民生也被宣称为"不需要掏一分钱"，只要把房产抵押给公司指定的金融机构，就能享受一年6%左右的收益，贷款利息由理财平台负担。

【案例4】 法官出具调解书被控玩忽职守罪[1]

原审被告人耿瑞，女，1963年3月16日出生，汉族，本科文化，新乡市红旗区人民法院劳动者权益保护审判庭庭长，户籍所在地新乡市，现住新乡县。因涉嫌玩忽职守犯罪，2017年6月16日被取保候审，2017年9月5日转逮捕，2018年4月26日被取保候审。2006年1月13日，时任河南省新乡市红旗区人民法院审判员的被告人耿瑞受理了新乡市天隆房地产有限责任公司（以下简称"天隆公司"）诉新乡市农业科学院确权一案。当日，被告人耿瑞在当事人未提交政府准予转让手续的情况下，违反《中华人民共和国城市房地产管理法》的强制性规

---

[1] 本案材料来源于耿瑞玩忽职守案，河南省新乡市中级人民法院刑事裁定书（2018）豫07刑终515号，裁判日期：2019年4月29日。

定，主持双方当事人达成调解协议，制作了调解书，将划拨土地上的在建工程科技培训中心楼（以下简称"培训楼"）所有权确认给天隆公司，后天隆公司将培训楼作为住宅房陆续售出。该调解书后经河南省新乡市红旗区人民法院再审、河南省新乡市中级人民法院二审、河南省高级人民法院提审确认违反法律的强制性规定，予以撤销。河南省新乡市牧野区人民法院认为原审被告人耿瑞身为国家审判机关工作人员在办理案件中未认真审查调解协议内容的合法性，违反法律强制性规定出具民事调解书，主观方面存在过失，但本案中公私财产所遭受的损失系多种因素造成，被告人耿瑞的失职行为与公诉机关指控的后果之间不存在刑法上的因果关系，依法宣告被告人耿瑞无罪。新乡市牧野区人民检察院抗诉称：一审判决认定事实有误，适用法律不当。首先，被告人耿瑞的渎职行为是危害后果发生的重要原因，耿瑞身为国家审判机关的工作人员，严重不负责任，违反国家强制性法律规定出具调解书，将划拨土地上的在建工程所有权确认给天隆公司，实质上变更了土地性质，将国有划拨用地违规转让，使天隆公司得以违规开发、出售商品房，致使公共财产、国家和人民利益遭受重大损失。其次，被告人耿瑞的渎职行为是危害后果发生不可或缺的原因。被告人耿瑞在天隆公司未提交政府准予转让手续的情况下，违法主持双方达成调解协议并制作调解书，其对天隆公司会对外使用法院调解书、谋求经济利益的目的应当是明知的，天隆公司将调解书作为商品房开发、出售行为合法性的证明，很多业主购买房产也是因为相信该调解书能证明所购房产的合法性，继而引发一系列纠纷。最后，被告人耿瑞的渎职行为和危害后果之间的因果关系不因其他因素阻断。本案虽系多因一果，但耿瑞的渎职行为与天隆公司的违法销售行为密不可分，是对危害后果产生具有原因力作用的必要条件，具有刑法意义上的因果关系，相关责任人根据过错情况各自承担相应的法律责任，不能阻断被告人耿瑞渎职行为与危害后果之间的因果关系。综上，被告人耿瑞的行为已构成玩忽职守罪，请求依法改判。二审法院认为，原审被告人耿瑞身为国家审判机关工作人员，在办理案件过程中未尽到审查义务，对违反法律强制性规定的调解协议予以确认并出具民事调解书，主观方面存在过失，但本案系多因一果，原审被告人耿瑞的行为与损害后果之间不存在必然的、直接的因果关系，其行为不构成玩忽职守罪。最终驳回抗诉，维持一审无罪判决。

【案例5】 云南"首恶"孙小果涉黑犯罪案[1]

孙小果，1977年10月27日出生，1992年12月至1994年10月在武警云南边防总队新训大队、昆明市支队、武警昆明边防学校服役。母亲孙鹤予，1952年出生，昆明市公安局官渡分局原民警；生父陈跃，1940年出生，1973年从部队转业到昆明市公安局任普通干警；继父李桥忠，1996年从部队转业到昆明市公安局五华分局任副局长。就是这样一个在警察氛围中成长的孙小果，没有继承人民警察的光荣传统和高贵品质，最终演变为危害一方的黑社会头目。

1994年10月16日，当时身为武警学校学生的孙小果等二人伙同4名社会无业青年驾车游荡，在昆明环城南路强行将两位女青年拉上车，驶至呈贡县境内呈贡至宜良6公里处将其轮奸。同年10月28日，孙小果被收审，1995年4月4日被批准逮捕，1995年6月则被取保候审。1995年12月20日，盘龙区人民法院判处孙小果有期徒刑2年，但未被收监执刑。

有罪之身的孙小果并未收敛和悔改，反而变本加厉危害社会。1997年4月的一天晚上，孙小果在茶苑楼宾馆908号房，强奸了16岁少女宋某。6月1日，在昆明茶苑楼宾馆906房间有其他人的情况下，孙小果不顾张某某反抗，当众强奸了张某某。6月5日，孙小果在茶苑宾馆906房间，强奸了女学生波某某。仅在8个月时间内，孙小果及其团伙就有至少8起犯罪，涉及强奸罪、故意伤害罪、强制猥亵侮辱妇女罪、寻衅滋事罪等。1998年2月18日，昆明市中级人民法院经审理，判决被告人孙小果犯强奸罪，判处死刑，剥夺政治权利终身；犯强制侮辱妇女罪，判处有期徒刑15年；犯故意伤害罪，判处有期徒刑7年；犯寻衅滋事罪，判处有期徒刑3年；数罪并罚，决定执行死刑，剥夺政治权利终身。

一个恶魔的故事本应该就此结束，但故事发展往往出人意料。2019年4月，中央扫黑除恶第20督导组进驻云南省期间，昆明市打掉了孙小果等一批涉黑涉恶犯罪团伙，死刑犯如何还在社会上继续作恶？5月24日，全国扫黑办将云南昆明孙小果涉黑案列为重点案件，实行挂牌督办，过程很快就查清。2019年11月，云南省玉溪市中级人民法院经过公开开庭审理，对孙小果等13人组织、领导、参加黑社会性质组织等犯罪一案当庭宣告一审判决，以被告人孙小果犯组织、领导

---

[1] 来源于2019年11月8日中央电视台新闻直播间：《云南孙小果涉黑犯罪一审获刑25年》。2020年2月20日搜狐新闻：《云南首恶孙小果，被执行死刑！》。

黑社会性质组织罪、开设赌场罪、寻衅滋事罪、非法拘禁罪、故意伤害罪、妨害作证罪、行贿罪，数罪并罚，决定执行有期徒刑25年，剥夺政治权利5年，并处没收个人全部财产等。2019年10月14日，云南省高级人民法院开庭再审孙小果强奸、强制猥亵妇女、故意伤害、寻衅滋事案件，12月23日宣判，孙小果因犯强奸罪被判处死刑。这一次的孙小果难逃法网。

2019年12月15日，云南省玉溪市中级人民法院、玉溪市红塔区人民法院等法院分别对19名涉孙小果案公职人员和重要关系人职务犯罪案公开宣判。对昆明市五华区城管局原局长李桥忠（孙小果继父）以徇私枉法罪、徇私舞弊减刑罪、受贿罪、行贿罪、单位行贿罪判处有期徒刑19年；对孙鹤予（孙小果母亲）以徇私枉法罪、徇私舞弊减刑罪、行贿罪、受贿罪判处有期徒刑20年；对云南省司法厅原巡视员罗正云以徇私舞弊减刑罪、受贿罪判处有期徒刑10年零6个月；对云南省高级人民法院审判委员会原专职委员梁子安以徇私枉法罪、受贿罪、利用影响力受贿罪判处有期徒刑12年，等等。另有5位副部级、正厅级公职人员受到党纪政纪处分。

请结合上述资料，逐个分析不同案件中法律职业人员走上犯罪道路的原因。谈谈作为一个法律人，如何"不忘初心"，特别是在权力、金钱、人情、美色等诱惑面前，如何能够守住底线，避免走上歧途。

【参考答案】

从报纸、广播电视、网络公布的司法人员或者其他法律人演变为罪犯的案例来看，这些法律人几乎都是靠自己勤奋学习、努力工作才取得些许成绩，受到重用。他们大多出身于普通老百姓家庭，经过个人努力和国家培养，这些人都是有知识、有经验，情商智商都很优秀的人。在大学时，也有远大的抱负；在入职前，也庄严地宣誓。为何他们最终都走上了犯罪的道路？归纳起来，主要有几点原因：

一是不能正确处理权力与法律的关系。"法官只有一个上司，那就是法律"。"法院是法律帝国的首都，法官是法律帝国的王侯"。这些格言我们都熟悉，在学习政治与法律的关系时，"执政党也要在宪法和法律框架内活动"，"把权力关进制度的笼子里"，禁止"以权压法""以言代法"。在即将走出校门找工作的时候，我们开始感受到"权力"的好处，成绩不好的学生，因为家长手中的权力早就"名花有主"。入职以后，"权力"的好处更是随处可见，小到一个工位和办公条件，大到评优提职提干。"不当将军的士兵不是好士兵"，哪个不想尽快入职入额？当庭长突然过问某个案件的时候，我们能不"揣测"一下什么原因吗？当院长明确指示应该怎样办的时候，我们还能"坚持原则"吗？慢慢地，我们的法官变成了上下级关系，我们判案要看领导的眼色。如果按照这种思维习惯，如果这种人当了院长，整个法院也改变不了"看上级领导眼色判案"的习惯。我们这里只是拿"法官"举一个例子，其他职业莫不能属。长此以往，"法律"逐渐模糊，"唯权畏权"成为工作习惯。由于丧失了"严格执法""刚直不阿"的法律人品质，就会把手中的法律当作攀爬的工具。人生中遇到一个贪赃枉法、欺上瞒下的领导，一荣俱荣，一损俱损。要避免这种"权力"给自己带来不利影响，我们应该做到：第一，不搞歪门邪道，不拉帮结派，特别是不要把自己事业成功和人生幸福寄托在某个人的赏识之上。第二，对提职晋升等目标，不要有非分之想。要相信努力付出就有回报，公正执法，老百姓认同，是金子总会发光。有些人成长的旅程过于平坦，官路平步青云，最终是德不配位。第三，对于权力的影响，有合法途径赦免我们的无辜。如法官在合议案件时据实发表意见，复杂案件交审判委员会讨论，上级意见尽量明确化和证据化。对于明显违法违纪的做法，宁可丢官卸职，也要坚持原则。

二是人生观、世界观、价值观扭曲。"三观不正"是司法腐败的主观原因。就人生观而言，"升官发财"才是成功，宁可坐在宝马车上哭，也不愿意坐在自行车上笑。"这个世界就是一个弱肉强食的动物世界，人生在世就是索取和享受。"在这些变态、扭曲的认识指导下，贪婪的本质变本加厉，他们不是看不到自己的犯罪，而是心存侥幸认为自己不会被发现。很多腐败的法院院长、公安局长，都认为自己是"最高权力"，也是"绝对权力"，只有自己处理他人的份，没有人管得了自己，不怕告状，不怕举报，因为有权力护身符，在美色、金钱、权权交易方面就毫无顾忌。只怕想不到，没有做不到。

三是作为刚刚入职的来自社会底层的人员还需要过亲情关。如果毕业后留在大城市远离个人成长的乡村，这种压力还小一点。如果在故乡有个一官半职，这种父母亲人的骄傲很可能马上演变为进退两难的尴局与窘境。长期资助你上大学的二大爷来找你，让你把别人欠他五六年的陈年旧账要回来；多年不联系的远房表舅也来找你，说他爷爷的爷爷栽种的一颗银杏树被人霸占多年，这次必须要回来。你讲党性、讲能力、讲监督、讲犯法坐牢，你讲什么都不会听，只要你办不好达不到他们的目的，就是你蜕化变质忘本了。反正只有一条，好不容易我们出了一个光宗耀祖的你，你就是亲人的骄傲，你法力无边，你无事不能。他们会动员你的哥哥姐姐父母爷爷奶奶姥姥姥爷出面来命令你乞求你激将你威胁你，你官当得越大，以你为骄傲的人会越来越多，大学同学、中学同学、小学同学，曾经的校友，从未谋面的老乡，一起打球的球友，萍水相逢的路人，对他们来说是不可翻越的高山，对你来说可能就是一个电话探囊取物。

四是"钱不是万能的，但没有钱是万万不能的"。金钱的魔力是很多人无法抗拒的，刚开始可能是一条烟、一顿饭，慢慢发展就是生日贺礼、过节费、压岁钱、营养费，再然后就是投资收益、利润分成。第一次收钱还可能忐忑不安，长此以往就是理所当然。对实权人物而言，免费住他人一套房子，无偿使用他人的汽车，这些都是拿不到台面的事。你缺房子，不等你开口就可能已经装修好给你钥匙；你孩子要出国、父母生病要住院，你的一切都有一些细心的"朋友"为你办妥。让你收钱的时候"天知地知你知我知"，纪委找上门的时候就黑白颠倒，是你强索硬要。看看一个又一个贪官的忏悔，只要被人"牵上鼻子"或者"攥住尾巴"，再想"洁身自好回到从前"就没有可能了。

五是不良嗜好也把一批意志薄弱的人变成腐败分子。缺乏高尚的道德情操，缺乏人生目标，价值观扭曲，沉迷色相两性关系混乱的，吸毒成瘾无法自拔的，赌博成性不能收手的。远华走私案的赖昌星有句名言"不怕领导讲原则，就怕没爱好"，一语道破了官员爱好与腐败之间的关系。除了上述黄赌毒淫等公认的畸形变态以外，生活中很多爱好也会变成腐蚀和蜕化的传染源，如喜爱音乐、运动、书法，喜欢收藏古董、饲养小动物等，这些爱好能提升生活品质，但核心就是不能利用爱好违法乱纪。原江西省副省长胡长清喜爱书法没有错，但"卖字"借机敛财就违反了职务的廉洁性，最终走上不归路。民间有句老话，吃人的嘴软，拿人的手短。

第二章 法律人的职业道德

课后阅读资料

法官应有的修养[1]

> 居正（1876—1951年），湖北省广济县人，曾担任国民政府司法院长（1932—1948年），期间兼任最高法院院长（1932—1935年）、司法行政部长（1934—1935年），是民国著名法学家和思想家。

各位来自各省，都很辛苦，应向各位讲的话，部长及各位讲师说的已经很多。今天本人没有好的意思贡献，只就法官应有的修养来谈一谈。法官应有的修养，可以分八点来说。

第一要守名分。各位都从事司法工作，已经有了名分，就应尽我们的责任。法官有终身做的，但亦有很多见异思迁的，此实为司法前途一大危机。以中国之大，需要法官人才当然很多，所有法官必须立定终身为司法服务之志愿，对好恶、恐惧、诱惑均须排除，首先要明白我们的名分，更要做到坚守其名分。

第二要明事理。事理很多，万事万理，在表面看起来似乎很容易，但仔细检讨一下，要想透彻了解，那就很困难了。这就是总理所说"知难行易"的道理。古时法家出于理官，有了事，即须要理，我们法官要明白是非，就是辨别事理。而理之中也有法则，所以就产生了理则。我们必须要事理融通，以理断事，同时要使事合乎理，司法官所用的是法，但是必须合乎理，然后当事人才真正折服，我们应以古人所说的理来研究事，时代虽是不断的进化，但是理亦无变化。近今之科学发明，不过是分析详尽，而其原理则一。所以我们研究学问，必须把原理研究清楚。那么对于事情就很易明白了。所以事理最为重要。古人说"在明明德"，又说"秦镜高悬"。这都是讲解"明"字的功用，大家须注意这个"明"字。

第三要体群情。法律不外乎人情，我们所用之法，是否对社会一切现象均可

---

[1] 此文原为居正1946年在司法官训练班上的讲演，选自居正等编著：《司法工作之理论与实际》（中央政治学校法官训练班法律丛书），大东书局1947年版。

— 085 —

包括无遗，乃决不可能之事。故适用法律时，必须注意人情。古人说："如得其情。则哀矜而勿喜。"现值抗战时期，社会现象尤其复杂，情态变迁甚大，如果我们不能体察情势，那么办案就难期允恰。古人有说："小大之狱，虽不能察，必以情。"此"情"非普通所谓人情之意，乃是知情之"情"，我们要使讼民折服，则必须体察其情。

第四要慎言词。所谓慎言词者，即少说话，当法官者一方而不乱说话，他方面要听当事人讲话，如法官说错了话，必被当事人攻讦，就当事人说话之情态，即可断其曲直。故古人有察言观色，以五声而断狱讼者。五声者何？一曰辞听，不直则繁，杂乱而无条理。即可知其理由之不允，由此"繁"字可以知道许多原理而应用之，如法官判决之主文简而明，是有例作依据的，否则由大家去创造，恐怕合用者甚少。二曰色听，不直则变。三曰气听，不直则喘。四曰耳听，不直则惑。五曰目听，不直则眊。此皆古人听讼折狱之良法。我们谈到法治基础，就必须要政简刑清，而政简刑清，非从下级法院着手不可。我们要为当事人了事，就必须详细考究，一了百了，切不可敷衍塞责，致当事人有二三番之讼累，故办案务要周密，不可稍事忽略。

第五要勤省察。晚近风俗浇薄，我们对此应有"吾日三省吾身"的工夫，对于被告应抱定省刑罚之宗旨。古人说："刑罚不中，则民无所措手足"，所谓"中"，就是要刑罚得其平允，要得其平允，就必须省察。此"省"字有强行的性质，关系极大，在未断案前，众好之，必察焉。所谓"察"，不仅要体察细微的地方，小处大处，皆须体察。如果明足以察秋毫之末，而不见舆薪，亦不得谓为明察。我们做法官的人，如果不能勤省察，那么断案就不能得平允了。

第六要立风规。现在法院的设备，往往极其简陋，故不能使人民起尊重之心。外国法官之建筑，往往较一般之房舍为庄严。我们在物质上既不易树立规模，所以希望各位在精神上树立一种风规。使人民起敬畏之心，如果风规不能树立，则风纪更说不上了。希望各位要造起良好的风气。

第七要重廉洁。法官本来很清苦，司法官之所谓廉，不但是清廉，而且是要棱角。就此点来说，我们法官与行政官就不相同，必须有了廉才能谈到洁。而所谓"洁"，一旦是一介不取，一介不与，并且抱临大节而不可夺之志。

第八要务平允。凡是一件事，我们必须从反正两方面看，才能得到平允。"允"就是使人们相信，故比较"平"字更难。我们当法官的人，就要把案件办得公平而又使人信服，这才是真正的平允。能够做到这样，才是好法官。

　　我今天向大家所说的，就是希望大家要去做。各位如能将此八点切实做到，那么司法前途就一定是很光明的了。

第三章 法律咨询

【课前导读】

　　法律咨询是每一个学习法律的人从学习法律的第一天起就不得不面临的问题。相传在美国，任何一个成功人士的生活工作中，必须要有三师：医师、律师和会计师。医师指导人们保健和预防、治疗疾病；律师帮助当事人预防和识别、化解法律风险，维护合法权益；会计师协助当事人做好财产的管理和投资。上述消息没有准确的来源，真假难辨，但从我们个人生活的角度来看，上述表述是人们生活经验的总结，具有极大的合理性。一个医生，不可能只在上班期间回答患者的问题；同样，一个法律人也不得不时刻需要回答相关法律问题，身边的七大姑八大姨、单位领导、朋友的朋友，基于对法律的困惑和对某人的信任，大多会提出自己的法律问题。本章主要介绍法律咨询的步骤、注意事项，特别是书面法律咨询时应该把握的原则和方法。

　　本章建议授课时间为1次课，2学时。

第一节　法律咨询的种类和作用

一、法律咨询的概念、分类和特征

　　法律咨询，从字面解释，就是回答法律问题，现实中的法律咨询包括广义和狭义两种。广义的法律咨询还包括法律专业人员就相关人员的法律问题所做的解答，如法律工作人员回答亲戚朋友提出的法律问题，司法工作人员在普法过程中回答相关法律问题，大学法律教授对学生的答疑解惑，法律专家学者对疑难法律案件做的分析和论证，这些也属于法律咨询范畴。狭义的法律咨询是指律师或者其他法律专业人员就国家机关、企事业单位、社会团体以及公民个人提出对有关法律事务的询问作出解释或者说明，或者提供法律方面的解决意见或者建议的一种专业性活动。由于法律咨询是律师法律业务内容之一，本章中的法律咨询更多的是站在律师角度进行阐述。

从法律咨询的方式分类，法律咨询可以分为现场咨询、网络咨询、文件咨询；从律师回答问题的方式分类，法律咨询可以分为口头咨询和书面咨询；以是否收取费用为标准，分为有偿咨询和无偿咨询。法律咨询具有如下特点：

（1）法律咨询具有专业性。这就是我们经常说的"专业的人做专业的事"。身体健康出了问题，我们应该去问医生，有法律方面的疑惑，就应该找法律方面的专业人士来答疑解惑。如果遇到了"兽医"或者"蒙古大夫"滥竽充数，回答问题不够专业，有可能让当事人误入歧途。正是基于专业特点，我们才要求从事法律职业的人不仅需要接受专业的高等教育，还要具备一定的分析问题解决问题的能力。通过法律职业资格考试，就是对法律咨询专业性要求的强制性表现。

（2）法律咨询具有广泛性。所谓的广泛性是指法律问题涉及的领域非常广泛，现实中的法律问题并不像我们大学开设的法律课程那样有明确的教学大纲和考试范围，如果考试题超出了讲课范围及课程大纲，出题教师都会收到投诉。提出法律问题的人员来自不同行业，涉及的问题可能是个人的，可能是家庭的，还可能是单位的，包括衣食住行、生老病死、民事行政刑事、国内国际等，他们有哪些法律难题就会有哪样的法律问题。现实生活中的问题很多，法律问题与非法律问题相互交织，提出法律咨询的当事人并不一定具有判断哪个问题是法律问题、哪个问题不是法律问题的能力。所以，法律能解决的问题，法律解决不了的问题，他们都可能希望在法律中找到答案。

（3）法律咨询具有经常性。所谓经常性，也叫普遍性，是指所有的执业律师随时都可能被别人问到法律问题。随着通讯和网络发展，人们交流日益便利，这种随时接受当事人问询、回答当事人法律问题是律师的常态和日常工作。所以，本章的内容是律师的基本功，也是其他法律人员的基本功。

（4）法律咨询的意见无法律约束力。这一点是法律咨询尤其要注意的，无法律约束力是指法律人员对法律问题的解答，不能像人民法院生效法律文书那样具有强制执行效力，它只能是当事人作出法律决策的参考，这是法律咨询的价值所在。为何不具有法律约束力？主要原因有二：一是当事人介绍的事实或者提供的材料可能不完整，导致法律咨询意见可能有偏差；二是由于专业水平和能力的限制，不同的人员解答法律问题的答案可能不一样。不具有法律约束力并不意味着我们在进行法律咨询时可以信马由缰，胡诌一气。在不久的将来，专业的法律咨询意见将得到实践验证，高水平、高质量的法律意见能让当事人对咨询律师的专业性更加认可。

二、法律咨询的作用

（一）普及法律知识，增强法治观念

法律只有进入人的心里才能被人接受和遵守。改革开放至今，党和国家一直把普及法律知识作为依法治国的路径之一。我们已经开展了六个五年普法规划，第七个五年普法规划也在进行中。法律进课本，法律进课堂，法律进社区，法律进班组，法律进家庭，核心目的就是让法律知识普及每个公民和每个组织。只有全民遵纪守法，信法重法，法治社会才会实现。随着科技进步和社会发展，现在的普法形式越来越多。其中，法律咨询是永远替代不了的普法方式之一，书本上的法律比较抽象，电视、网络中的影视作品都是单向的，不可交流，课堂讲座可以交流和互动，但缺少现实紧迫性，效果也不会比法律咨询更好。现实生活中，很多人都是带着自己急需解决的法律问题去寻找答案，通过反复提问、反复交流，法律知识像春雨一样进入当事人的心里，通过几种方案的选择和亲自处理法律问题的实践，最终感受到法律在社会生活中的重要性，从而养成积极学法、主动守法、遇事先问法的良好习惯。法律咨询过程就是宣传法律、解释法律的过程，有利于提高公民的法律意识，培养正确的法治观念，通过法律条文的讲解和具体判例的引证，有利于"依法治国"观念深入人心。

（二）解决当事人的思想疑惑，为当事人提供一条合法解决问题的捷径，有利于社会和谐

由于缺少法律知识，有些当事人遇到法律问题束手无策，迷茫、焦虑、坐卧不安，甚至出现害怕的情形。还记得那位被网络电信诈骗1000多万的清华教授吗？正是由于缺乏税务法律知识，对我国司法体制又缺乏了解，在害怕和要证明自己清白的驱使下，一步一步走进犯罪分子设置的圈套。还有已经被执行死刑的药家鑫故意杀人案，本是一起没有多严重的交通肇事案件，如果药家鑫积极抢救受害人，估计连被行政拘留的可能性都不大，保险公司

赔点钱，自家承担补充赔偿责任是常规的结果，由于担心巨额赔偿，也担心坐牢，药家鑫向无辜的受害人举起了凶器，连捅8刀致被害人死亡，然后逃逸，药家鑫肯定不知道我国刑法规定构成交通肇事罪的起点标准，一个音乐学院的大三学生，来不及为社会和家庭做出贡献，反而给两家人带来了灾难。无论是哪个方面的法律咨询，都会给当事人提供一个或者多个解决法律问题的方案。现代社会，法律部门细化、法律条文越来越多，法律问题的专业性也越来越强，法律咨询的现象会更加普及。

（三）有利于督促法律人提高自身素质，不断丰富自己的专业知识

由于法律问题大多具有私密性，法律咨询也大多发生在熟人之间。即使在律师事务所进行的法律咨询，也是基于当事人对律师的信任完成的。无论是免费咨询还是有偿咨询，咨询人员应该保证咨询意见的正确性，而且这种正确性不仅需要得到法律条文和法律知识的验证，还要在实践中得到检验，所以，法律咨询一定是一门技术活。信口开河、满嘴跑火车的法律意见，不仅得不到当事人的尊重，还可能成为被告、付出代价。虽然我们强调法律咨询结论不具有强制执行的法律效力，但法律咨询能加强其他行业对法律的理解，加快其他行业的法律普及率，化解矛盾，预测后果，培养法律人回报社会的意识和能力，法律咨询是法律人服务社会、回报社会的最基础行为，也是最常见的行为，这也是法律的生命力所在。闻道有先后，术业有专攻，作为一门独立的学科，随着社会分工细化，隔行如隔山，法律人的存在价值就是运用所学法律知识和法律方法去分析问题、解决问题。在回答法律咨询过程中，还可以检验法律人的思考问题的能力和解决问题的能力，体现法律人的职业素养和职业精神。有些问题，信手拈来，不用太多的思考和准备；有的问题，可能需要反复交流、反复沟通和查证，才能回答。

第二节　法律咨询的步骤和方法

一、法律咨询的步骤

法律咨询看似是法律活动中最简单、最基础的工作，但做起来并不容易。检验法律咨询水平的标准应该有多个维度，答案的准确率和可信度是检验法

律咨询的第一标准，这是当事人最关心的，也是法律咨询中最关键的问题。高水平的法律咨询，首要标志就是答案的专业性。通过专业的法律咨询，当事人找到了解决问题的最佳途径和方法，对结果有基本的预期和把握，在正确决策下事半功倍，如果咨询答案不专业，结论不靠谱，当事人会走很多弯路甚至是危险的盲道，最终会对法律形成误解，甚至对国家法治丧失信心。第二个维度是当事人对咨询结果（答案）的接受程度。法律人有法律的思维方法，在法律咨询过程中，我们不仅要告诉当事人什么是正确的答案，还要解释为何这是最正确的答案？如何去实现最正确的答案。对于当事人咨询的法律问题，有些是难以回答的问题，有些是难以实现的问题，如欠债还钱是每个人都明白的道理，但如何实现债权，不同的情况下应采取的措施千差万别，打官司真不一定是最好的办法。大多数情况下，当事人对咨询意见不会怀疑，也不排除有些当事人对咨询结论不认可。对于不接受咨询意见的当事人，虽然我们没有义务、也没有权力强迫当事人完全认可，但作为提供意见的律师，需要思考当事人为啥不认可，必要时还应该进行深入细致的解释和说服工作。

尽管教育环境和个人习惯不同，不同的人进行法律咨询可能不完全一样，但为了保证法律咨询的效果，常规的法律咨询需要经过查、听、审、问、答、释六个步骤：

（一）查

查就是检查，在这里主要是核对当事人的身份、证件、联系方式等信息，实践中一般采取让当事人自己登记的方式来完成。客观上来说，我们不应该拒绝匿名咨询的当事人，也不能拒绝回答当事人来咨询别人的法律问题。实践中，有些当事人本来就是故事的主角，咨询时却"张冠李戴"，把咨询的事情安在别人的头上。只要对方当事人不拒绝或者特别反感，我们在进行法律咨询之前有必要知道来咨询的人是谁，特别是在需要出具书面咨询意见的场合，不建议给匿名的当事人提供法律意见。为了保证给当事人提供法律意见的准确性，我们需要知道当事人在整个事件中的位置、作用和利害关系等内容，只有知道了这些内容，才可能提供更加完整和有效的法律咨询。在接受过代理仲裁诉讼和委托辩护等案件中，根据律师"利益冲突"的要求，建议不为自己曾经代理案件的对方当事人提供法律咨询意见。

（二）听

听，就是倾听，简单的就是你说我听。律师应该认真听取来者讲述细致的问题和事实经过。只有听得清，听得准，听得全面，我们才能取得当事人的信任，掌握咨询的背景和事实，特别是有些怨气很深的当事人，他来咨询不完全是需要得到一个法律上的冰冷答案，可能是需要找个倾诉的对象或者得到道义上的支持。当事人表达欲望强烈的时候，律师只需要集中注意力静静地听就可以了。学会倾听，在听的过程中察言观色，判断当事人陈述中哪些是真的，哪些是假的？当事人法律咨询的真实目的是什么？等当事人把该说的都说了，情绪也平和了，我们可以进入第三步。

（三）审

审就是审查当事人提供的材料和主要证据。来咨询的当事人，大多都会带来很多文字资料和证据，比如欠条、保证书、合同、病历、鉴定材料、起诉书、代理词、判决书、裁定书等。有的是原件，有的是复印件；有些内容是连贯的，也有前后矛盾和不一致的。律师在进行法律咨询时，虽然不保证当事人提供材料的真实性，但要发现材料和证据之间的矛盾和不一致，判断当事人的陈述中哪些是真的哪些是假的，从而抓住案件的核心和关键。律师可以借鉴审查证据的方法来审核当事人提供的资料，如来源、原件还是复印件、内容是否完整、形式是否合法、内容是否与陈述一致，等等。通过审查材料和证据，律师可以节约咨询时间，提高咨询的准确性和效率。

（四）问

问就是向来咨询的人提问题。律师向咨询人员提出的问题主要是涉及事实和证据层面。问题的专业性代表了律师的专业性，要通过梳理当事人的陈述去寻找法律专业人员还应该知道的事实。有些当事人陈述会跳跃，不连贯；也有当事人抓不住主题，说了半天与法律不相关联的事实，这时就需要通过我们的问来解决。律师的问要重点关注与纠纷案件有重要影响的事实和证据。通过谈话，要基本摸清人物、起因、经过、后果以及主要证据存在形式、证明力等，要把握纠纷案件的本质和适用法律条文的关键事实。经验丰富的律师，一定不是任由当事人想说哪里就说哪里，而是通过问答的方式快速了解全貌，提高咨询效率。

（五）答

答就是回答当事人提出的法律问题。这是法律咨询的核心和关键，也是当事人希望从律师那里得到解决问题的方案。在回答法律咨询问题时需要注意：一是要在当事人的陈述和提供的证据是否真实、完整、充分的基础上回答法律问题，对于当事人无法对事件进行描述，或者前后矛盾，或者证据之间不能相互印证的，律师可以给出肯定或者否定的结论，也可以给出模棱两可的结论，甚至不给出结论。即使得出肯定或者否定的结论，也要强调是建立在当事人真实陈述和证据真实的基础上。二是律师回答问题不能超出法律知识和业务范围。也就是说，律师是依据法律来回答问题，而不是依据其他科学知识来回答问题。对于非法律问题，律师最好不要推测或者武断回答，更不能为了承揽业务而揣测当事人意图，向当事人提供超出法律范畴的意见。

（六）释

释就是解释。提供法律咨询的人员不仅需要向当事人提供法律意见，还需要讲解得出这个结论的原因，解释清楚有利于当事人接受咨询意见。解释主要从事实证据和法律根据两个维度进行。在事实证据层面，哪些能够认定，哪些不能认定；哪些对当事人有利，哪些对当事人不利，这些都要结合具体情况解释清楚。在法律根据层面，法律、法规、司法解释、地方政策、现实案例，都可以向当事人讲解和介绍。正是通过法律条文解读和法律适用，让当事人"知其所以然"，普法的效果才能在法律咨询中实现。

二、法律咨询时应该注意的问题

法律咨询看似简单又平凡，但如何能在简短的时间内完成各方满意的法律咨询并非易事。我们在进行法律咨询时需要注意如下问题：

（一）恪守"以事实为依据，以法律为准绳"的原则

在咨询工作中不能一味迎合甚至助长询问人的错误观点，也不能忌讳各种压力，避重就轻，敷衍了事。要做到言之有据，不能妄下结论。我们进行的查、听、审、问，都是为了弄清楚案件事实，事实不清，证据不足，不能妄下结论。凡是涉及当事人合法权益的地方，律师都要着重强调，对不利于当事人的问题，律师也不能隐瞒。对上述两种情况都要尽可能给出可行的解决方案。所以，律师的查、听、审、问、答、释并不都需要遵循严格的先后

顺序。查可以在问中进行，问也可以与审同步，经常是采取聊天的方式，一问一答，多问多答，通过交谈的方式把事情的来龙去脉搞清楚；把纠纷的起因、过程、人物、后果搞清楚；把主要证据存在形式、证明力搞清楚。总之，搞清楚事实是法律咨询的前提和关键，把纠纷的来龙去脉、前因后果都要尽可能搞清楚。

（二）咨询过程中注意方式方法

认真是律师进行咨询的第一要务。在咨询过程中，咨询人员必须保持认真态度，学会倾听。绝对不可三心二意，这边听着咨询人员讲述，另一边与他人聊天。律师任何的漫不经心，都可能引起来咨询人员的不满。如果有临时电话或者需要及时处理其他事务，需要与来咨询的人员说明，只有尊重他人，才能赢得他人的尊重，这一点对于律师来说尤其关键。"顾客就是上帝"就是律师的金科玉律。通过咨询态度和服务质量，当事人有可能委托更多的法律事务。认真的表现就是专心听他人的叙述，不清楚的地方及时询问，关键的情节和细节，需要做必要的记录。学会察言观色和待人接物是进行法律咨询的基本功。来咨询的人各种各样，有脾气暴躁、素质低下的；有不善表达、口齿不清的；还可能有性格怪异、精神障碍的，我们要具备面对形形色色各类人员的处置能力。对于情绪激动的当事人要进行安抚，对于暴力倾向明显、有可能危及他人安全的，需要有预防措施，对于有生命危险的当事人必须施以援手。一杯热水，一碗方便面，对律师可能不算什么，但对于有些当事人确实是雪中送炭。法律从业人员，无论什么时候都不能冷漠。

（三）法律咨询意见要具有实用性和实践操作指导性

律师在给出法律咨询结论的时候，既要符合事实和法律，也要建立在中国的司法实践环境之上。完全脱离司法环境、只停留在书本上的理想答案，无法让当事人信服。律师咨询意见不能激化矛盾，不能让矛盾升级，虽然我们不能向黑恶势力或者违法乱纪低头，但不能采取违法或者犯罪的方式去维权。如果认为有关部门的处理结论或者做法违背法律和政策，咨询律师要指出其合法维权的途径或者渠道。对当事人意图采取非法手段维权，咨询律师要持慎重态度，要讲明利弊，做好疏导工作和教育工作。如果当事人提供的证据或者事实不全面，律师要对多种可能性予以分析，切不可打包票，拍胸脯。对适用法律条款幅度、过错大小、情节轻重等方面，律师一般只作常规解释，不宜得出明确而精准的结论。

（四）收费的法律咨询应该明示

如果有收费的，法律咨询机构应该明确收费标准，并张贴在显眼位置。律师在开始法律咨询之前要明确告知对方收费标准和计费依据、缴纳方式等，如果当事人对收费标准和金额有异议，律师需要予以解释。如果当事人不符合减免交纳咨询费条件而又拒绝承担咨询费的，律师可以终止咨询活动。客观上很多老百姓没有养成支付律师咨询费的习惯，"我动动嘴，你也动动嘴，为何要收费？"对于这种误解，律师需要耐心地进行解释。法律咨询收费可以按照小时计费，也可以按件据实收费，咨询费收费标准不能突破政府指导价，需要与案件复杂难度和律师资质资格能力水平相关联。法律咨询完成以后的收费，应该计入律师事务所财务，并给予合法的财务凭证。承担咨询业务的律师如果把收到的咨询费纳入自己的腰包，性质上属于侵占。律师如果利用自己的业余时间或者其他人员（包括公检法人员）完成的法律咨询，是没有合法收费依据的。

（五）规范出具书面咨询意见

当事人坚持需要律师出具书面咨询意见的，律师需要写清楚当事人陈述的主要事实、主要证据、适用的主要法律依据、法律咨询结论和注意事项，最后由当事人和律师签字，做好记录，留好底档。电话咨询及网络咨询也需要做好登记。对于当时未能回答的问题，可以留好通信方式和联系人，便于日后继续沟通。

【咨询案例模拟】某律师楼接到一位记者现场咨询，讲述了最近报纸报道的两个案例，需要律师就案件结果进行预测和解释。第一个案例是：2018年12月2日晚间，湖南省益阳市沅江泗湖山镇一名男孩吴某康（男，沅江市泗湖山镇人，六年级在校学生，时年12岁）因不满母亲管教太严，被母亲打后心生怨恨，持刀将母亲（34岁）杀死。第二天案发后，吴某康被抓获。第二个案例是北大学霸弑母案：2016年2月14日，在福州一所中学教职工宿舍内发现一女子谢天琴死亡，其22岁儿子吴谢宇有重大作案嫌疑，警方悬赏万元缉捕。据悉，犯罪嫌疑人吴谢宇是北大学生，其作案后封死了住处，将尸体用塑料布层层包裹，还放入了活性炭吸臭。弑母后，丧心病狂的他还以母亲名义贷款。死者谢天琴为福州教育学院第二附属中学的历史老师。一位 2008 年毕业的学生称,高一时谢天琴曾经是班主任,她称,谢老师平时话不多,挺内向的,与人交往不多,但对人很好,很疼爱学生,"我想家,她还带我去她家吃饭,很细心","她很疼爱她的儿子,从小就以他儿子为荣。"上述学生称,谢天琴丈夫前几年因病去世,只剩母子俩相依为命。吴谢宇曾是 2012 年福州一中高考状元,同年就读北大经济学院。公开资料显示,大一大二学年,吴谢宇在北大均获得了奖学金。据福州警方消息人士透露,犯罪嫌疑人吴谢宇作案后封死了教职工宿舍,将尸体放在床上,用塑料包裹十余层,并在缝隙中放入活性炭吸臭。此外,他还在房间内安装了监控,并且连接了电脑,便于自己随时查看现场。吴谢宇被抓获以后,交代其弑母动机是帮助其解脱。

针对上述媒体报道的案件,咨询人员只能结合媒体报道的事实和证据,依照法律相关规定进行解答。由于是官方媒体的新闻报道,我们省去了核查咨询人身份、审查证据等环节,向当事人提问也不可能。仅就答和释进行展示,参考答案要点如下:第一个案例中的吴某康,在警察核实其年龄之后就会无罪释放。第二个案例中的吴谢宇构成故意杀人罪,将面临严厉的刑事处罚。同样是杀害自己的母亲,结果为何天壤之别?年龄是关键的要素。因为我国《刑法》规定,行为人承担刑事责任的最低年龄为年满 14 周岁。吴某康杀害自己母亲时只有 12 岁,不应该承担刑事责任。有些地方计算虚岁,12 周岁的人,虚岁可能会有 14 岁,在刑事责任年龄方面,我国法律采取的是周岁计算方式。周岁是从生日的第二天开始计算,即行为人年满 14 周岁意味着过了 14 周岁的生日,14 周岁生日当天都视为未满周岁。比较两个案件,有几点需要予以重点说明:第一,生命权是人身权中最核心的权利。我国刑法保护所有人的生命权。任何人自脱离母体独立呼吸就是一个独立的生命,其生命权受法律保护。新中国成立后,我国实行法律面前人人平等原则,法律禁止溺婴、禁止"亲权""族权"借口下的家法,甚至禁止所谓正义的"大义灭亲"。在法律层面,"人就不是一个东西",人是法律关系的主体,其他都是法律关系的客体,这就是人与动物的最根本区别。除了法律规定和依照法定程序之外,任何人都不得非法剥夺他人的生命。第一个案例中的吴某康就是错误地认为，杀死的是自己的妈妈，与别人无关。在中国这样一个伦理关系非常严格的国家，卑尊长幼等关系只影响量刑，不影响定罪。第二个案件中的吴谢宇杀害把自己养大的母亲，应该在故意杀人罪的基础上酌定从重处罚。

第二，还需要说明的是我国法律为何规定刑事责任年龄为 14 周岁。世界上绝大多数国家都有最低刑事责任年龄的规定，只不过不同国家的刑事责任年龄不完全一样而已。有的规定为 12 周岁，有的规定为 7 周岁。未达到刑事责任年龄的未成年人实施的危害社会的行为，不作为犯罪处理。究其原因，根本在于行为人对危害行为及其社会危害性缺乏必要的认识能力和控制能力。没有认识能力及控制能力，惩罚就缺乏了基础。随着营养改善和发育提前，犯罪有低龄化趋势，但总体来看，我国《刑法》从保护未成年人健康成长的角度，近期没有降低刑事责任年龄的计划。我国《刑法》规定，对于未达到刑事责任年龄的人不予刑事处罚的，司法机关应"责令他的家长或者监护人加以管教；在必要的时候，也可以由政府收容教养"。

【课后法律咨询训练】 请假设几种生活中常见的法律咨询情况，有人扮演求助者，有人扮演执业律师完成电话或者现场法律咨询工作。

推荐情景之一：某家暴受害人王某来律师事务所要求离婚。扮演王某的同学可以发挥自己的想象力和表演天分，向律师诉说长期受丈夫家庭暴力的过程。律师根据王某叙述的具体情况回答王某提出的法律问题，并结合王某的诉求，提出法律意见和建议。表演结束后，其他同学和指导教师予以点评。

推荐情景之二：某猪肉贩子拿着一堆收条寻求律师帮助，要回某餐饮公司拖欠的猪肉货款。双方之间没有合同，只有餐馆厨师收货的签字小票。扮演律师的同学必须根据来访者的陈述和诉求，现场解答提出的问题。

同学还可以结合自己的亲身经历和见闻，扮演农民工维权要回拖欠的工资、伪劣产品受害人维权等案件。指导教师要结合同学表现对扮演律师的法律咨询进行点评，不仅要让扮演者受益，还要通过点评，让其他旁听人员受益。

第三节 法律意见书

一、法律意见书概述

所谓法律意见书是指专业律师书面回答咨询者提出的法律问题。随着公职律师队伍建立和国有企业法治建设进程加快，公职律师、公司律师依职权出具的书面法律意见、总法律顾问履职时签署的总法律顾问意见，都属于广义上的法律意见书。为了表述方便，本节重点介绍执业律师出具的法律意见书，其他法律意见书可以参照执行。

相比较口头咨询而言，出具书面法律意见更需要慎重。主要原因如下：

首先，法律意见书讨论的问题都比较复杂。口头咨询有可能就是一个简单的法律问题，如同 1+1=2。当事人为何需要得到书面的咨询意见？关键是问题及论证过程都比较复杂。我们看到的法律意见书几乎都是一篇很长的文章。在撰写法律意见书时，律师需要把当事人提出的问题、现有的证据、适用的法律、得出的结论等内容全部展示出来。回答这些问题，不是三言两语就能解决的，法律意见书不仅需要让咨询经办人看得懂，也要让其他没有亲临现场，没有与律师进行面对面交流的人也能看得懂。所以，一份好的法律意见书，就是一篇立论清晰、论证充分的专业论文。再复杂的问题，律师必须在法律意见书中论证清楚，做到论据充分、论证有力。如果律师无力驾驭论证资料，结论无法自圆其说，就不具备出具法律意见书的条件。

其次，法律意见书的主要内容是从程序和实体两个方面来论证某个行为或者某个事件性质是否符合法律规定，经常被当事人或者其他部门作为决策的依据。从这个角度来讲，法律意见书的地位和作用不可小视。虽然作出法律意见书的律师一般都要申明"本法律意见书只作为当事人决策时参考，不对决策后果负责"，但是，当事人需要书面的法律意见书，还是有其特定的用意，如当事人委托专家出具"疑难案件论证报告"或者"某某案件法律意见书"，核心意义就是希望能够通过专家学者的学识、观点和结论去影响司法机关。很多单位在"重大决策、重要人事任免、重大项目安排和大额度资金运作"等"三重一大"决策时，需要律师的法律意见书作为支撑依据。很多政府部门的登记、备案、批准等重大行政行为作出之前，都需要申请人提交法律意见书，根本原因就是要保证其行为的合法性。所以，律师在出具法律意见书时，需要从程序和实体两个方面去论证某个行为或者某个事件的合法性。

最后，法律意见书是出具法律意见书的作者收取报酬的劳动成果，也是当事人衡量法律意见书质量的标志。口头咨询有收费的，也有免费的，律师出具法律意见书，不仅要收费，而且还不低，需要几万元或者几十万元不等。主要原因是律师在出具法律意见书之前，需要与当事人谈话交流，需要审核当事人提交的证据，可能还需要调查和收集相关证据，请教相关专业人士等，撰写工作也非一蹴而就。材料如何组织，语言如何表述更为恰当，论证过程是否严密，逻辑上是否还有遗漏，结论是否经得起推敲和检验，这些都需要执笔者深思熟虑。在提笔签上自己名字的那一刻，方知笔头的重量。

二、法律意见书的种类

为了更好地研究法律意见书，我们可以根据不同标准对法律意见书进行分类。目前分类方法主要有两种，第一种分类方法是按照出具法律意见书的人员分类，主要分为法律专家出具的意见书和律师出具的律师意见书。前者大多是在案件定性上出现争议，需要法律专家从法学理论发展过程、立法背景追根溯源等多方面对某种法律事件或者行为进行定性的意见书，这种专家必须是全国、全省范围内有重要学术影响的教授、研究员，他们一般见多识广，经验丰富，学识渊博，成为行业泰斗级人物。正是因为这种学术地位和人格魅力，专家型法律意见书才被社会和司法界所承认。这种法律意见书一般由律师或者家属委托，需要有多名法学专家署名。而且，这种法律意见书的意见能否被司法机关接受，也取决于司法机关的态度。与此相对应的是律师出具的法律意见书，律师根据自己的专业知识和经验写出的法律意见书，是实践中比较常见的法律意见书。相对而言，这种法律意见由注册律师出具，费用比专家意见书低很多。律师出具的法律意见书回答的问题相对比较简单，在依法治企、依法治市、依法治校等过程中，这种专业性的法律意见书会逐步走进我们的生活。第二种分类方法是按照法律意见书的内容和需要达到的目的分类，实践中的法律意见书主要分为以下四种：

(一) 法律性质判断型法律意见书

所谓法律性质判断型法律意见书只是一种需要对当事人提出的问题进行法律属性判断的书面意见材料，比较常见的法律性质判断有：某个行为是否合法，某种法律关系是民事法律关系还是行政法律关系，合同是否成立、合同是否有效，当事人是否构成实质性违约，犯罪嫌疑人、被告人是否构成犯罪、构成何罪、应该受到何种法律处罚等，类似的问题还有很多，如合同性质是劳动合同还是劳务合同、是特殊侵权还是一般侵权，当事人的过错表现及其程度，行为人是否构成正当防卫或者防卫过当，被告人是否构成主犯、自首等。在国有企业资产重大处置过程中，一般都需要有律师出具合法性法律意见书；在发行债权、股票上市交易或者其他重大融资过程中，相关监管机构或者审批机构需要律师参与过程管理，并出具合法性法律意见。这类法律意见书要回答的问题是法律性质的认定。所以，民事案件的代理词、刑事案件的辩护词实际上都是一份法律意见书，这种法律意见书本质上就是一篇法学论文，基本要求是论点明确、论证充分、论据可靠、逻辑严密。法科学生不要回避或者害怕写论文，要从小的论文入手，逐步养成勤动手写作的习惯，培养和提高运用相关证据和资料分析问题、解决问题的能力。

(二) 风险预测型法律意见书

风险预测型法律意见书只是律师根据自己发现或者掌握的事实预测可能产生不利于当事人的法律后果而提前向委托人提出建议的法律意见书，大多发生在律师给企业做法律顾问的场合。在办案过程中，检察建议、司法建议都可能归结为这类法律意见书。现代企业管理的核心就是风险管理。国资委主导大中型中央企业就开展了全面风险管理、法律风险防范、合规管理等多种防范风险的实践。在很多风险较高的企业中，设置了风险控制官岗位或者首席风险控制官岗位。这种意见书一般要针对当事人的管理漏洞来提出。法律意见书需要先写做法或者制度，再写存在哪些问题，可能出现哪些风险，最后还需要提出防控措施。有针对性的法律意见书对企业管理具有极大的参考价值和生命力，受到企业管理者的青睐，如检察机关根据被害单位多次发生被盗案件提出加强库房安全管理的检察建议；法院根据某单位发生多起领导醉驾受刑事处分提出的司法建议；顾问律师根据顾问单位存在事实劳动用工和非法劳动用工等现象，提出加强劳动合同管理，避免劳动纠纷的建议；

也有律师根据总承办单位存在比较普遍的以包代管现象提出了完善分包协议合理传递安全生产风险的意见；还有律师根据诉讼频发提出建立良好的客户关系避免诉讼的建议。风险预测型的法律意见书需要作者充分掌握被建议单位的管理缺陷和漏洞，提出的措施才具有可行性。作为担任企业顾问的律师而言，必须深入一线，透过现象看本质。

（三）可能性分析型法律意见书

可行性分析报告有很多种，有从技术角度论证某个做法或者技术方案是否可行的技术型可研报告；有从投资成本未来受益角度去预测的投资可行性分析报告，当然还有从法律角度去做可能性分析的法律意见书。某外资机构计划在大陆投资，他面临着中外合资、中外合作、独资等三种方式选择。即使选择中外合资，也面临着绝对控股、相对控股和一般参股的模式选择。不同选择，法律上的地位、权利义务都不一样。在娃哈哈商标权纠纷过程中，盛传新加坡达能就在诉讼过程中花重金聘请了法律专家就娃哈哈注册商标所有权归属问题进行了论证，该专家意见成为达能选择和解并确定最终接受方案的重要参考。可能性分析的法律意见书就是要根据事实、证据、法律和司法习惯，从法律角度去分析各种可能性的大小及利弊，如选择和解有哪些利弊，选择诉讼有哪些利弊？即使在诉讼过程中，合同可能被认定无效的理由和根据有哪些，认定无效有什么后果，合同被认定为有效的理由有哪些？有效会产生哪些影响。上海复旦大学林某某投毒案件进入审查起诉阶段时，如果林某某的父母咨询我的意见，我会给出林某某被判处极刑的可能性大于无期徒刑的法律意见以及作为当事人及其亲属，如何利用自己的后续行为去改变判决结果的可能性。由此可见，可能性分析的法律意见书存在的核心意义是指导下一步行动。律师在出具可能性分析型法律意见时，要大胆假设小心求证，不仅要把各种可能性描述清楚，还要把可能性大小以及改变可能性的做法告诉委托人。

（四）拟定对策型法律意见书

拟定对策型法律意见书是根据委托人提出的问题，直接阐明律师提供的法律措施和意见、实施中应该注意哪些问题的法律意见书，这类意见书就是书面的法律咨询。例如，我国《公司法》多次修改以后放宽了设立公司的门槛，取消公司的年检制度以后，对于一些大型国有企业面临着更高的市场风险的问题，可以邀请律师出具对策型法律意见书，就如何规避鱼龙混杂的公司制企业提出预防措施。原国家电力公司电费拖欠居高不下，相关法律人员就电费清欠提出了法律意见，如什么情况下可以停止供电，什么情况下可以行使优先权，什么情况下可以行使代位权、撤销权等。某企业为了开拓市场，利用支付居间费的方式利用第三方力量签署了一系列合同，如何保证居间费用的合理性、合法性，不至于演变为行贿犯罪的高压线，需要法律专业人员给出对策型答案。出具对策型法律意见书的人员不仅必须是法律专家，还得非常了解企业所提问题的表象和实质、了解行业动态和发展规律，还得熟悉国家相关政策，其措施和建议才能具有前瞻性和大局观。

三、律师在出具法律意见书时需要注意的问题

法律意见书就是将当事人的口头咨询变成文字。所以，出具法律意见书的基本程序与法律咨询的基本步骤相同，查、听、审、问、答、释每个环节都需要细心和谨慎。由于法律意见书的特殊性，决定了我们在起草法律意见书时注意的问题更多。

（1）法律意见书是法律文书的一种，需要符合法律文书的基本规范。从文章结构来讲，法律意见书分为首部、主文和尾部三个部分。首部写清是什么事件或者什么行为的法律意见书，写清楚委托人的基本情况。尾部主要是出具法律意见书的人员签字、单位、时间、法律意见书的份数等。主文常规也要分为三个部分，首先要写清楚委托人的意图、委托人的陈述、委托人提供的资料和证据、律师调查和取证情况等；其次要写清楚律师认定的事实和出具法律意见书的法律根据；最后写清楚法律意见书的结论和意见。法律意见书必须字迹清楚，语句通顺，语言简洁，表述规范。在叙述事实部分，要充分结合证据。结论部分要与认定事实和适用法律前后一致，不能矛盾。

（2）法律意见书的结论既要尊重事实和法律，又要得到当事人的认可。律师出具法律意见书需要建立在事实和证据的基础上，需要体现专业知识和独立的人格。法律意见书的结论可以是肯定的，也可以是否定的，还可以是无法确定或者排除合理怀疑，不能仅仅为了满足委托人的需要而违背法学基本原理、违反法律明文规定、违反职业道德的基本要求。委托人委托律师出具法律意见，当然希望自己的主张得到律师的赞同和支持，完全忽视委托人

的想法是非常不现实的。律师在出具法律意见书之前，应该将主要法律意见和结论与委托人沟通，如果委托人不同意（不满意）律师意见，律师可以拒绝出具法律意见书。如果一味迎合当事人意见出具法律意见书，不仅法律意见书不被采信，连同出具法律意见书的律师的人格都可能被怀疑，最终得不偿失。

（3）律师在审核相关材料和出具法律意见时应该谨慎勤勉，尽职尽责。如果失职渎职或者故意掩盖违法犯罪事实，律师可能要承担相应的法律责任。是否判断律师失职渎职，关键看律师对相关证据的审查和事实的认定。如果是当事人提供了律师无法辨别的虚假证据，由伪造证据或者提供伪造证据的一方承担责任；如果律师对证据中明显的瑕疵或者相互矛盾的证据缺乏必要认识，可能要承担退还相关费用的责任；如果律师虚构事实或者参与伪造证据，律师收取的费用应该退还或者被追缴，还可能受到行政处罚；如果律师明知他人的违法犯罪行为而为虎作伥、见利忘义，继续出具违背事实和法律的法律意见书，视其主观恶性、情节、后果等因素，可能承担吊销律师执照或者共同犯罪的刑事责任。2019年6月25日，证监会网站公布证监会对北京大成律师事务所及张某某、许某两名律师的处罚决定书，因北京大成律师事务所在担任粤传媒（002181）通过发行股份及支付现金的方式收购上海香榭丽传媒股份有限公司（以下简称"香榭丽"）项目的法律顾问时，未勤勉尽职，出具的法律意见书存在虚假陈述，证监会决定：①责令北京大成律师事务所改正，没收其业务收入30万元，并对其处以90万元罚款；②给予项目经办律师张某某、许某警告，并分别处以5万元罚款。[1]又据（2017）沪02刑终1182号刑事判决书记载，被告人曹某（执业律师）明知被害人姜某借款只有28.8万元并已经偿还2万元的基本事实，接受"套路贷"犯罪分子陈某、俞某委托提起民事诉讼，捏造被害人借款70万元的事实并向法院提起诉讼，并申请法院财产保全，直到被害人报案，公安机关对陈某、俞某采取强

---

[1] 见中国证监会行政处罚决定书（2019）第62号。处罚决定书认定的事实是：香榭丽通过伪造合同虚增利润几千万元至一个多亿元不等。大成律师事务所在《法律意见书》中声明：……本所及本所律师已履行法定职责，遵循勤勉尽责和诚实信用原则，按照律师行业公认的业务标准、道德规范和勤勉尽责精神，对本次交易的相关法律事项（以本法律意见发表意见事项为准及为限）进行了核查验证，保证本法律意见书不存在虚假记载、误导性陈述和重大遗漏。但大成律师事务所未对香榭丽重大业务合同进行审慎核查验证，大成律师事务所未发现香榭丽对外重大担保事项，亦未对该事项进行审慎查验，几项业务都存在重大失误。

制措施之后，曹某才申请撤诉及解除保全。最终法院判处曹某诈骗罪有期徒刑3年。

（4）律师要在法律意见书中注明特别提示或者保留条款来限制和免除自己的责任。因为各种主观客观原因，当事人介绍的事实可能不完整，提交的证据可能不全面。即使如此，律师的专业知识和经验也不能保证律师意见绝对正确。为了免于出具律师函带来的重大潜在威胁，律师一般应该在法律意见书中有明确的责任保留，这种保留条款主要通过以下三种方式来实现：首选方式是申明法律意见书是建立在委托人陈述事实真实、证据全面的基础之上。如果陈述有偏差、证据有虚假，律师对最终结论不承担责任。这种申明的好处是，既给委托人带来如实陈述和全面提供证据的压力，也会给他人留下否定法律意见书的空间。一旦发现有不在法律意见书中列明的材料和证据，法律意见书的可信度就受到怀疑。其次，法律意见书是基于律师的专业知识和个人经验作出。如果结论错误，律师承担退还咨询费或者有限赔偿责任，不对当事人或者其他人员基于本法律意见书做出的重大决策后果负责。因为，法律意见书只是当事人决策的依据之一，当事人为了自己的利益，应该多角度全方位收集证据，谨慎决策。决策正确的巨大收益与律师无关，决策错误的严重后果也不能由律师承担。最后，通过限定法律意见书的用途也可以避免法律意见书被恶意利用。如某单位有账龄高达13年的债权未能实现，现在内部决策需要做账销案存[1]处理。企业委托律师就账销案存出具法律意见。该律师出具的法律意见只供企业内部账销案存决策使用，不能成为单位消极主张债权或者债务人主张债务消灭的证据。

---

[1] 所谓账销案存是指对不良资产进行核销后，再建立备案台，对已核销账务再进行跟踪和追索。账销案存的最大好处是保证财务数据的真实性和准确性。由于核减相关账目实际上需要抵销企业利润，影响财政税收。所以，企业在账销案存时需要根据国家政策、法规，在对资产损失组织认真清理调查的基础上取得合法证据，具体包括：具有法律效力的相关证据、社会中介机构的法律鉴定或公证证明以待定事项的企业内部证据等。

第四章
法律文书写作

【课前导读】

　　法律文书是法律人进行沟通的书面语言。从文本属性来看，法律文书大多属于应用文，要把事情说清楚；同时它也是议论文，要把道理说透彻。写好法律文书，除了具备语言表达能力和法律基础知识以外，还有一个关键就是多锻炼多动笔。本章内容是在《法律文书写作》课程的基础上，突出结合案卷材料和证据，加强对法律文书的锻炼。

　　本章建议课内 2 学时，课外学习 2 学时。

　　在进行本章内容学习之前，我们先看一个现实中的极端案例。

　　2019 年 4 月 12 日，有媒体报道《"20 万"亩地之争湖南高院一判决书现 317 处笔误》《湖南高院一判决书现 317 处笔误背后：新证据曝光最高检受理抗诉申请》。

　　湖南省高级人民法院向记者回应说，该案系湖南省高级人民法院受理的长沙金霞开发建设有限公司（以下简称"金霞公司"）与长沙市交通运输局及第三人长沙江湾科技投资集团有限公司（以下简称"江湾公司"）、第三人湖南龙骧交通发展集团有限责任公司国有土地使用权转让合同纠纷一案。2014 年 12 月 11 日，湖南省高级人民法院作出（2013）湘高法民一初字第 4 号民事判决，金霞公司和江湾公司向最高人民法院提起上诉。在二审期间，发现该判决存在诸多文字错误，湖南省高级人民法院于 2015 年 11 月 10 日以补正裁定的方式对该判决书中的 23 处（含重复出现的）错误予以纠正，同时启动了问责程序，对承办该案件的法官进行了严肃处理，并登门向当事人道歉。

　　据相关记者调查，60 多亩土地在判决书上摇身一变成了 20 万亩，横跨四省；"38 891 407 元"判成"38 891 407 万元"，几千万元债务瞬间上升至天文数字;"建行五一路支行"代替"工行五一路支行"。这份 33 页的判决书竟然出现了 317 处笔误,平均每页出错多达 9.6 个,除了标点符号、病句等低级错误外,机构名称、涉案金额等内容也出现了错误,4 个当事人中有 3 个出现了错误,其中一审原告的委托代理人是湖南"先韵"律师事务所律师,判决书上却写作"崇民";被告长沙市交通运输局被写作长沙市交通运输管理局;第三人长沙江湾科技投资集团有限公司在判决书中的名字少了"投资"二字。江湾公司被一审判令承担部分的诉讼费用,但因为这二字之差,导致他们无法用本公司的名义交费。长沙市国土管理局被写作长沙市国土局,长沙市自然资源和规划局被写作长沙市规划局。判决书中涉及不到 20 个单位,却有 16 个名称有误。

谁也不敢想象,这是一份法院的判决。大家也可以想象,涉案当事人承担的后果可不是考试不及格,还有机会补考。这份奇葩判决首先反映出执笔者及审核者是何等粗心大意。本章不简单是法律文书课的重复,更多的是从认识角度去把握法律文书的更多属性,给同学们更多锻炼写作的机会。本章建议理论学习一次课,动手写作一次课,最好再补充一个课外练习。

第一节 法律文书概述

一、法律文书的概念和种类

关于法律文书的概念,不同的教材有其特定的内涵和外延。在陈卫东、刘计划编著的《法律文书写作》(新编 21 世纪法学系列教材第 4 版,中国人民大学出版社 2016 年版)第一章中写道:"所谓法律文书,是指在司法程序中,司法机关和公证、仲裁机构处理各类普通诉讼案件和特殊诉讼案件时使用或者制作的,以及案件当事人、律师自书或者代书的,具有法律效力或者法律意义的文书的总称。"虽然作者此后区分了法律文书、司法文书和诉讼文书三者之间的界限,但总体上限定了法律文书等同于诉讼(仲裁)文书的属性。在周萍主编的《法律文书实务教程》(应用性高级法律人才系列教材,中国人民大学出版社 2013 年版)中,将法律文书的概念表述为"实施法律的载体和工具,是法律行为主体在法律规定的条件下,为规范行为,实施权利、履行义务或行使职权而制作的具有法律效力和法律意义的文书的总称。"这个概念扩大了原有法律文书的外延。为了回避法律文书的定义，在许身健主编的《法律诊所》(21世纪中国高校法学系列教材，中国人民大学出版社2017年第2版)中，第五章章名为"法律写作"，省去了文书二字。作者认为，由于各位同学的未来就业目标有不确定性，我们尽可能地熟悉更多的法律文书的写作技巧，尽早开始撰写高水平法律文书的锻炼和实践尝试，是大有益处的。在各高校的法学本科培养方案中，几乎都开设了类似《法律文书写作》的课程。在有限的30多个课时里，只能重点讲授起诉书、判决书、上诉状、辩护词等主要诉讼文书的写法，很少有让同学们亲自动笔的机会。本书不是对本科课程《法律文书写作》的简单重复，而是在完成这门基础课程学习的基础上，就如何提高法律文书写作技能而提炼的经验总结。

　　本书中的法律文书采用最广义的说法，是指用来记载法律事实、固定法律证据、表达法律愿望和诉求、阐明法律态度和后果的书面意见和材料。

　　从制作主体来分类，法律文书分为公安法律文书、检察法律文书、法院法律文书、律师法律文书、公证法律文书、仲裁法律文书、当事人法律文书、其他国家机关的法律文书和单位的法律文书。总体而言，公检法的司法文书从内容到形式要求最高，律师公证仲裁等主体制作的法律文书发挥空间更大一些，当事人自己完成的法律文书由于受到专业知识和职业背景的影响，法律文书的差异性比较大。从法律文书形式分类，填写式法律文书的固定格式比较多，填写的内容较少。由于规范性比较强，不需要填写人发挥更大的创作空间，制作难度较小，如《立案通知书》《逮捕决定书》《开庭通知书》《开庭公告》等。创作式法律文书需要制作人根据案件事实和适用的法律去展开创作，实施描述和说理过程都很复杂。语言的规范性、论证的严密性、结论可靠性随着作者的语言表达能力不同而千差万别，如《起诉书》《代理词》《辩护词》《判决书》等。从提高技能的角度，本章更多地突出如何完成创作式法律文书的制作。

　　法律业务的多样性决定了法律文书的多样性。即便如此，为了管理和统计的需要，法律文书的格式都有国家强制规定或者行业认可的规范。如1988年，国家出台GB/T 9704-1988《国家行政机关公文格式》；1999年、2012年分别进行了换版和更新。主要内容有：公文用纸采用GB/T 148中规定的A4

型纸，其成品幅面尺寸为：210mm×297mm，公文用纸天头（上白边）为37mm±1mm，公文用纸订口（左白边）为28mm±1mm，版心尺寸为156mm×225mm，如无特殊说明，公文格式各要素一般用 3 号仿宋体字，特定情况可以作适当调整。一般每面排 22 行，每行排 28 个字，并撑满版心，特定情况下可以作适当调整。如无特殊说明，公文中文字的颜色均为黑色。公文中计量单位的用法应当符合 GB 3100、GB 3101 和 GB 3102（所有部分），标点符号的用法应当符合 GB/T 15834，数字用法应当符合 GB/T 15835。再如，为进一步规范和统一民事裁判文书写作标准，提高民事诉讼文书质量，最高人民法院于 2016 年 2 月 22 日经第 1679 次会议通过、自 2016 年 8 月 1 日起施行《人民法院民事裁判文书制作规范》。该规范对民事裁判文书制作从基本要素到标题、正文、落款都有明确规定，还对民事裁判文书中数字、标点符号的用法、对引用规范、印刷标准有统一规定。此外，我们在申请注册商标、专利时，相关主管部门对申请书、说明书也有独特的要求。因此，我们在制作相关法律文书时，不简单是一个写作课程，也不是一个法律知识的堆积，首先需要了解行业规范或者内部规定。

二、法律文书的作用和意义

法律文书的作用和意义主要表现在如下几个方面：

（1）法律文书是法律活动的记录和载体，是法律活动的基石。无论是司法机关适用法律的过程还是当事人主张权利的过程，都需要用法律文书予以记录和证实。一个行为或者动作在空中划过便不留痕迹；一个声音从发出至消失，传播速度也是稍纵即逝，除非有及时的录音录像能够"原音重现"，否则"世界很快恢复平静"。在当前科技水平条件下，只有法律文书能够记载我们的法律活动，一个动作，一段语言，都可以通过法律文书去固定和重现。离开了法律文书，所有的法律活动毫无意义。法律活动的起点、过程和终点，都离不开通过法律文书这种最基本的要素去记录。人类文明是通过先进的工具、精美的产品、复杂的机器和精准的技术等载体体现出来的，法律文书就像一颗颗璀璨的珍珠记录着法律活动进展史和法治社会发展史，法律文书是法律活动给客观世界留下的法律烙印。只有我们认识到法律文书的这种基础性，才能提高对法律文书写作重要性的认识。法律文书就是用书面文字和语言去记录我们的法律活动。只要我们去阅读法律文书，就可以感知当时的条件和过程，感受各方的观点和态度。

（2）法律文书是法律条文与具体案件结合的结晶，具有相应的法律效力，产生相应的法律后果。法律条文是对社会生活的高度概括，具有原则性和普遍性。具体案件是产生在特定时间空间的事件，具有个别性和特殊性。如何将具有普遍性的法律适用于特殊而具体的案例，这个工作过程就是产生法律文书的过程。形象地说，法律条文和具体案件是法律文书的父亲和母亲，司法就是生产孩子的过程，法律文书就是司法的孩子。法律的约束力就是通过适用法律并得以执行的法律文书去体现其价值。离开了法律文书，法律条文只能停留在书本上，不能产生社会效果。法律文书在法律条文和具体案例之间架设了一条桥梁，建立了一个连接点，正是这个桥梁和连接点，法律效力和法律后果才对具体案件产生作用。

（3）法律文书是主观和客观的结合，反映出相关人员的法律水平和工作质量。法律文书是对客观事件和行为过程的记载，这是法律语言不同于其他文学作品的根本区别。要结合案件证据来描述事实，要抓住反映事件全貌和本质的情节来描述，在关键事实和证据上，容不得杜撰和假设。但是，既是一个再简单的事实描述，记叙者的不同心态和突出重点的不同，也会得出迥异的结论。同样的时间、地点、人物、起因、过程、结果等记叙文的要素，同样的证据，经过创作者的主观加工，呈现着不同的场面。法律文书代表了制作者的思想和态度，是客观反映于主观的结晶。制作法律文书的过程也是一种创作的过程，这种创作不是科幻小说信马由缰，不是诗歌散文空洞无物，而是在尊重事实、尊重证据、尊重法律法规的基础上去描述和分析。法律文书的质量反映出制作者的法律水平，也成为我们评估和考核相关人员法律水平的依据。

三、法律文书的语言特征

法律文书都必须通过语言来表达，文字为语言表达的基本单位。法律文书的起草人应当具有较高的文学修养和文字功底，具有较强的语言组织能力和语言表达能力。但是，具备文学和语言的专门技能也不一定能完成高质量的法律文书。在旧中国，人们往往将讼师、幕僚称作"刀笔吏"，文笔犀利，用笔如刀,一句话甚至一个字,往往可能使案件乾坤陡转,柳暗花明。相传发生在曾国藩身上的"屡战屡败""屡败屡战"的文字调整,免去了龙颜大怒,还得到皇上嘉奖。故事的真假已经没有意义,关键是我们做好手上的每一份文书。

由于法律文书能够直接产生法律上的约束力,因此,专家在起草法律条文时字斟句酌,反复推敲,普通老百姓在起草合同时也应该采取同样的态度。正是由于法律文书的专业性,代书成为法律人的普通功课。具体来讲,法律文书的语言应当具有准确性、周密性、简洁性和通俗性的特点。

(一) 准确性

法律文书语言的准确性是指法律文书的语言要明确具体,不能模棱两可、含糊其辞。我国古代文论家刘勰在他的《文心雕龙》中说,"文不雕饰,而辞切事明。"这种语言要求排除夸饰、渲染的语言文字,而讲求语言的朴实恰切。这种准确性具体包括如下内容:

(1) 名词要有准确的定义。在很多法律中都有专门的条款对常见名词进行解释,如我国《刑法》就定义了"国家工作人员""国家机关工作人员""公共财产""重伤""毒品""淫秽物品"等。涉及合同法中的违约责任时,不能将"定金"写作"订金";"劳动合同"写成"劳务合同"。读了四年大学,不是每个人都能区分"法人""法定代表人""法定代理人"等概念之间的区别。在我们的专业学习中,理解、背诵和活学活用法律专有名词是法律人的基本功课,法言法语是衡量一个人专业知识的主要标志之一。对于法律法规有明确定义的,我们只需要用对名词就可以;对于法律文书有重要影响的非专有名词,需要我们界定。如在很多比较复杂的合同中,第一章就是定义,在"电力工程总承包合同"中一般要定义"工程项目""业主""开工令""初步验收""性能试验""质量保证期"等几十个名词。

(2) 人称代词或者计量单位必须合法。无论是自然人还是法人,在法律文书中表述为当事人或者参与人。人称代词能够节省语言,但同样的人称代词在不同的语句中表达不同的意思。站在买方的角度说"我方"就代表买方,站在卖方的角度说"我方"就表示卖方。"其"在语言中更是千变万化。因此,指代不明的人称代词应当尽量少用。为了避免文字上的过分重复,可以用简称的方式来表达,如北京市凯达经贸有限责任公司可以简称为凯达公司,北京市城市建设有限公司在承包合同中可以简称为"乙方"。在法律文书中，第一次出现的名词，无论多长多复杂，都必须用全称，在注明简称后后文中用简称，简称最好简单明了有代表性。正如相声中说的不能将淮徕运输公司简称为"淮运"，上海机床厂不能简称为"上床"。为了准确界定当事人，我们在写单位时一定要写全称，还要写机构代码等唯一身份信息；自然人，不仅要写姓名全称，还要写性别、年龄、职业、住址、身份证号、护照号等来限定该自然人。法律语言中的计量单位必须准确，每一门学科中都有自己的专用语言和专业词汇，法律文书内容涉及这些专业词汇时，必须符合该门学科的规定，如电压用伏表示；热量用大卡表示；表示重量的单位应当用"吨""公斤""千克"等法定单位，而不能用"钧""石""斗"；表示液体的体积应当用"立方米"或者"升"等法定单位，而不能用"杯""瓶""碗""车"等非法定单位。随着自然科学的发展，还会出现新的单位，如字节、G、T。

（3）法律文书的内容必须明确具体。任何能够引起两种以上解释的语言都属于不准确。在中文语言文字中，有许多能够增加感性认识的形容词，如形容一个人劳动非常努力，可以表达为"夜以继日""废寝忘食"。在劳动合同中我们就不能要求劳动者"夜以继日""废寝忘食"。我们可以把一个又大又高的楼房叫作摩天大楼，但任何一个建设工程承包合同中都不能将承包工程简称为"摩天大楼"，而应具体写明该大楼有几层，每一层是多高，总共有多少建筑平方米，以及相关质量要求。当某个新型网络语言尚未形成行业共识时，在法律文书中谨慎出现。

（二）周密性

法律文书语言的周密性是指文书表达的意思必须完整，符合语言规范和逻辑规范。从语言规律上说，一句话应当有主语、谓语和宾语，定语、状语、补语的使用也必须符合要求。一个名词的外延越大，它所包括的内涵就越小。文中出现的各种名词应当予以适当的修饰和限定，即把它界定在一个适当的范围内，如汽车作为标的物时，要写明该汽车是普通物还是特定物，如果是普通物，必须写明汽车的种类、品牌、型号、质量、数量、颜色等一系列内容；如果是特定物，应当指明该汽车的大架号、发动机号、汽车牌照号，以及与此相一致的行车执照和保险费、养路费单据。为了文书语句上的周密，有可能引起各种歧义的中文语言应当不用或者少用,如"大概""也许""左右""上下""可能""或许""好像"等意思表达不肯定的词汇。还有一些可能出现争议的用词,如"以上""以下""以前""以后""以外"等是否包含本数都需要明确。

　　语言逻辑上的周密性是指要从逻辑上的各种可能性出发,不遗漏、不偏废,文书应当界定各种可能性的全部内容。如在房屋租赁合同中,出租人有不交付或者迟延交付出租房屋的可能,有交付的出租物不符合合同要求的可能,还有提前要求解除合同的可能和不及时对所出租的房屋进行修缮的可能,所以在出租人的违约责任中应当包括以上各种情况下如何承担责任的内容。出租人违约,承租人也可能违约,承租人违约的可能性表现为:改变房屋的现状和结构,改变房屋的使用性质,转租、转借、抵押所租房屋,不按期交纳租金,不按期腾退房屋等。房屋租赁合同还可能受到自然灾害、国家政策、他人破坏等多种因素的影响。所以,一个合同必须在各种可能性出现以前,设想处理该种可能性的具体办法。这种逻辑上的周密性实际上就是法律公平的本质要求。

　　(三) 简洁性

　　法律语言上的简洁性是指法律语言应当做到文字简练、言简意赅,可要可不要的字词句坚决不要,以尽可能少的文字表达出最完整的意思。一切与文书内容无关的文字不要在文书中出现,如描写签订合同当时双方当事人的融洽气氛、愉悦心情、天气变化等。文意赅备是指合同中的每一个字,每一句话都是恰到好处,缺少了这些文字,文书意思就不完整。判断法律文书语言简洁性的标准就是看它能否被省略,省略后不改变原意的语言和文字就不要在文书中出现,省掉就会出现多种歧义的定语一定不能省。表面上,语言的简洁性是与周密性相矛盾。周密性是语言越详细越好,简洁性是语言越简单精练越好,这种外表的对立实际上是法律文书内部统一的表现,简洁性和周密性互为前提,互相比较。缺乏周密性的简洁必然要产生许多歧义,遗漏许多内容;缺乏简洁性的周密必然是词句臃肿,啰唆反复。在人民检察院的刑事起诉书中,往往就犯罪情节和过程、作案的残忍性等少写或者不写,但犯罪发生的时间、地点、关键人物、起因、过程、后果等因素一个都不能少。

　　所谓语言的朴实,是指文笔不追求浓艳、华丽。法律文书的语言,要求的是简明清晰，通俗易懂，不能像文艺作品那样使用很多华丽的辞藻来渲染、修饰、铺垫，也不能像做报告那样讲许多大道理，应把与案件有关的话如实地写清楚，与案件无关的话一个字也不要多写。语言应当尽量朴实、庄重，要用朴实的语言把文书的内容记叙清楚，用明确具体的文字说明处理意见。要体现一般行政公文务实的语言特色，一就是一，二就是二，是则是，非则非。记述事实，既不能扩大，也不能缩小。阐述理由，语言精要，一针见血，不迂曲，不隐晦。说明处理意见不厌其详，明确具体，避免歧义现象的出现。法律文书语言还必须庄重，以体现法律的严肃性和庄重性。由此，法律文书语言中禁止使用文学上的渲染、描绘、夸张、双关、拟人、比喻、排比等修辞手法，不能引用他人的语言（即使是领袖语录）或者典故，不能用童话、寓言来说明文题。

（四）通俗性

法律文书是用来表达意见、态度和传递想法的工具。让他人听得懂是基本要求，无须深奥的语言。语言的通俗性是指法律文书的语言文字必须大众化、普通化，要使一般能认字的人看得懂，不识字的人也听得懂。做到法律文书语言的通俗性有几点特殊要求：

第一，法律文书语言要求使用国家推广的普通话作为表达语言，禁止使用古文和文言文或者诗歌、散文作为表达方式。古文和文言文晦涩难懂，没有一定的历史知识和古文知识无法辨别其真实内容。所以，自"五四运动"以后，白话文得到普及和推广。诗歌和散文，词深意广，需要读者具有一定的文学修养和鉴赏能力，而且同样一首诗歌或散文，在不同文化环境、不同思想境界、不同心情状态下，给人不同的感受。

第二，法律文书语言要尽可能书面化，不得使用方言土语和口语。中国幅员辽阔，民族众多，方言土语较多，如广东话、客家话、上海话等。在南方的许多地区，相隔十几公里或者几十公里的地区，就有本地的通俗语言和方言。不同方言地区对同一个物品有不同的称谓，如同样是生活用房，有的叫作"家"，有的叫作"堂屋"，还有的叫作"起居室"等。对于妻子，各地有"婆姨""堂客""家里的""老婆""爱人"等不同称谓，在法律文书中直接写成妻子。

第三，法律文书的语言要使用肯定表达语态，直接对事物进行判断。尽量少用否定语气，基本上不能用疑问、反问、设问、感叹、双重否定等加重语气色彩的表达方式。在语序上只需平铺直叙，不必用倒装、插叙、祈使句等技巧语法。

四、制作法律文书时应该注意的问题

（一）必须始终保持审慎认真的态度

早在 1957 年，毛泽东主席就说出了万古不破的名言："世界上怕就怕认真二字，共产党就最讲认真。"态度不能决定一切，但很多情况下，认真确实能改变世界。从本章首页看到的极端案例虽然是个别现象，但司法实践中缺乏责任心导致的文书错误并不少见。我们在制作法律文书的时候，应该多想想入职前的宣誓和承诺，多想想身上的制服和背后的国徽。如果我们能够意识到我们起草的法律文书将会对当事人产生深刻的影响，我们一定能感受到笔头的重量。法律人员的敬业精神反映在制作法律文书上，就是应该抱着严肃、细致、认真、负责的态度，仔细核对每一份证据，认真推敲每一个关键用词，拿出一份高质量的法律文书，既是对自己的尊重，也是对当事人的尊重，更是对法律的尊重。漏洞百出，语句不通，错别字连篇，这样的法律文书只能代表着粗心大意和极端不负责任，如何赢得当事人的尊重和对法律的敬畏？我们在起草法律文书时应该像起草法律条文一样字斟句酌，反复推敲，做到用词准确，表述完整，结构合理，逻辑严密，格式规范。

（二）熟练掌握法律文书的制作方式和方法

制作法律文书是法律人必须掌握的基本功，这个基本功既需要语文、计算机等基础知识，也需要法律的专业知识和经验。具体而言，制作法律文书的方式方法需要从三个方面去加强培养：一是严格遵守相关法律文书的格式要求。由于是规范性文件，不同种类的法律文书有不同的格式要求。大体上，法律文书可以分为首部、主文和尾部三个部分。有法律强制力的法律文书，首部都有统一规范的编号，尾部都有落款，包括单位盖章或者承办人签字、日期等。二是客观准确描述事实。一个案件涉及的事实很多，但真正与本法律文书相关的事实则有限，如何从纷繁复杂、冗长枯燥的事实中总结有法律意义的事实，只有经过反复训练才能手到擒来。既要描述清楚基本事实，又要突出与法律适用密切关联的法律事实，只有在事实部分突出来了，后面的法理分析才有基础。在描述案件事实上，记叙文的时间、地点、人物、起因、经过、结果六要素一个都不能省略，与案件无关的其他因素少些或者不写。但决定案件性质或者对案件结果有这样或者那样影响的事实不能省略，特别是对案件结果有重要影响的事实必须突出，如离婚案件的起诉书，原告要求离婚，一定要介绍何时认识，何时结婚，婚后有无孩子和共同财产或债务等，这些事实可以简写。但能够证明夫妻感情破裂的事实必须重点突出，如婚前有隐瞒婚史、疾病等重大欺诈，婚后有吸毒、家暴、出轨等证据。双方性格不合，起居、饮食习惯差异大等与夫妻感情没有直接影响的事实少写或者不写。三是引用法律法规、司法解释要准确。特别是法律专门机构中从事法律职业的人员制作的法律文书，引用法律必须规范。有法律强制力的法律文书，引用的法律条文必须准确，不能笼统地表述为"依照我国法律相关规定"，切忌引用自创的所谓法律条文或者已经失效的法律条文。引用法律条文时，不能断章取义，不能引用学理解释和任意解释，引用的条款要与内容一致。四是说理要充分，逻辑推理要严密。无论是事实证据的认定还是法律条文的分析，都要与结论前后照应。也就是说，按照认定的事实和适用的法律，最终的结论是显而易见的。在法律文书中，最终结论就是论点，主要事实和法律就是论据，说理的过程就是论证，通过摆事实讲道理，结论才令人信服。

（三）严格按照审批权限和程序签发法律文书

由于法律文书会产生相应的法律后果，所以大多数单位都规定了法律文书最终生效的审批权限和程序。例如，起诉书需要原告亲笔签名，如果原告因为特殊的原因不能亲笔签名，需要有授权委托书或者其他方式代替亲笔签名，代书人或者代理人一般不得代替原告亲笔签名。公安局的刑事拘留决定书、检察院的逮捕决定书在承办人起草后都需要相关领导审查批准。起诉书、判决书以及裁定书等也都需要合议庭成员、审委会或者院长签字方能打印和下发。

第二节 几种常见法律文书的制作技巧

一、如何做好笔录

（一）笔录的种类和意义

所谓笔录就是对办案过程的记录。任何从事法律职业的人，都需要学会做笔录的基本功。作为一种最常见、最普遍的法律文书，笔录种类繁多。常见的笔录就有：

（1）谈话笔录。谈话笔录主要用于记录办案人员与相关当事人的谈话，如律师接受委托与当事人的谈话记录；公证人员在接受公证时与委托人及相关人员进行谈话的记录；在二审及再审案件进程中，法官等需要与当事人进行的谈话记录。

（2）询问笔录或者调查笔录。这两种笔录主要用于调查相关当事人进行的谈话笔录，办案人员在询问证人时都可以制作询问笔录。

（3）讯问笔录。讯问笔录是指侦查人员与犯罪嫌疑人、被告人就案件相关事实进行谈话的记录，也就是我们经常说的口供。当然，口供也可能由犯罪嫌疑人、被告人自书，不一定非要做成讯问笔录。

（4）会见笔录。会见笔录是办案人员或者律师去羁押场所会见被采取强制措施的犯罪嫌疑人、被告人时制作的笔录，主要有律师会见笔录，审查起诉时检察官的会见笔录，审判阶段法官的会见笔录。

（5）现场勘验笔录。现场勘验笔录主要是办案人员对与案件有密切联系的现场进行检查、勘察并提取相关证据后所做的记录。

（6）庭审笔录。庭审笔录是记录庭审过程的文字记录，细分有一审庭审笔录、二审庭审笔录，证据交换笔录，听证会笔录等。参加庭审的检察员、律师或者其他诉讼参与人也可能需要做自己的庭审记录。

笔录的法律意义主要有两点：首先，笔录记录办案过程。办理法律案件，除了实体公正之外，还必须程序公正。如何证明程序公正，笔录发挥重要的作用。律师接受委托以后做了哪些工作，笔录可以作为律师工作成果的证据；预审进程是否规范，是否存在刑讯逼供，犯罪嫌疑人、被告人认罪态度好坏，都可以从讯问笔录（口供）中看到端倪；诉讼进程是否公开、公正，我们可以查阅开庭笔录；证人证言能否采信，也可以从询问笔录中了解相关信息。其次，笔录具有证据的功能。犯罪嫌疑人、被告人的供述和辩解、勘验笔录、证人证言、被害人陈述都是法律规定的证据，庭审笔录虽然不是证据，但也记载和证明了各方当事人在法庭上的陈述。犯罪嫌疑人、被告人的拘留通知书也不是法律规定的证据，但能直接证明犯罪嫌疑人、被告人被剥夺人身自由的时间，从而计算判决前羁押的日期。

(二) 如何做好笔录

(1) 具备较好的文字记录能力和语言表达能力。要求字迹工整、清晰、纸面干净，不能有错别字。如果是手工记录，至少得保证字迹清楚。司法实践中有些书记员手写的笔录龙飞凤舞，字迹潦草，根本看不清楚写的是什么，只能前后文对照揣摩大意。有些讯问笔录因为字迹潦草无法当庭宣读。办公条件改善以后，基层法院的开庭笔录基本上都可以电脑记录，但预审笔录采用电脑打印的并不多。由于书记员管理和卷宗考核等多种原因，导致法律文书的形式质量和实质质量都无根本的改善。电脑记录普及以后，录入人员的记录速度必须能够跟得上他人说话的节奏，正常情况下每分钟应当记录150字。现在有一种语音录入方式，直接把当事人说的话变成文字，但由于对口语和方言的识别有限，记录错误较多，需要大量的校对时间。无论是哪种记录方式和录入方式，最终形成的书面记录必须是字迹清晰、语句通顺、记录完整的书面材料。语言表达能力也是记录人员的基本功，首先要听得懂当事人所要表达的意思，并尽可能用大多数人能够理解的语言或者书面语言记录成文字。如何既不改变原意，又尽可能缩短口头语言与书面语言的距离，成为考验书记员文字功底的必修课。

(2) 熟悉案情，把握政策。为了提高谈话效果，避免重复笔录和做无用的笔录，谈话人员应该做一些谈话的基本功课。要尽可能了解事情全貌，要掌握被谈话人在案件中的地位和作用。我们寻找的证人，都必须是知道案件真实情况的人，如果有些证人有顾虑不愿意作证，需要先做通思想工作。在做笔录时，特别是与对方第一次做笔录时，公检法司等谈话人员在记录了被谈话人基本身份之后、正式谈话之前，要告知对方谈话人的单位、身份和姓名，要告知谈话目的，要告知对方享有的权利义务，在被谈话人知悉相关权利义务之后才开始谈话。学会发问的方法，禁止使用胁迫、引诱等方式发问，对实质问题一般应该采用自述式陈述。可以采用的方法有：直接讯问法、递进询问法、对质询问法、含蓄询问法、矛盾询问法等。采用哪种方法无一定之规，但必须是既要符合法律规定，还要让对方能够接受。

(3) 重点突出，把握关键。我们不可能把现场的所有语音都转化为文字，就像大学课堂上做笔记，一定要知道什么要记、什么可以不记，什么需要详细记录，什么可以简写。要知道哪些应该重点记录，记录人员必须提前熟悉案件的基本事实和目前的主要证据，要熟悉案件可能存在问题的难点和重点。谈话前要有计划和重点，列出提纲，如对翻供的被告人可以先问今天能否如实陈述。对方陈述中涉及方言、俚语、黑话、行话等内容，需要先记载原话，然后再让其解释。律师在会见被羁押的犯罪嫌疑人、被告人之前，需要列好提纲，哪些问题需要犯罪嫌疑人、被告人予以证实或者解释，哪些信息必须转达到，会见时间稍纵即逝，遗漏重点还得再次去申请会见。

（4）注意笔录的形式要求。应使用签字笔或者蓝黑钢笔、碳素钢笔记录，禁止用红色、纯蓝钢笔或者圆珠笔、铅笔做记录。笔录内容上要记载：谈话时间（开始时间和结束时间，要到分钟）、地点、谈话人、被谈话人、记录人、在场人、翻译人等。司法人员办案，必须是侦查人员、检察人员、法院审判人员二人以上共同进行。书记员只能从事记录工作，不能做独立的谈话人。根据证人个别化原则，询问证人、被害人、犯罪嫌疑人等，都需要单独进行，除了法庭开庭审理之外，不能为了提高谈话笔录的效率而将几个证人、被害人、被告人等集中在一起谈话。谈话对象如果是聋哑盲等残疾人，需要有哑语翻译人员；如果对方是未成年人，需要有家长、老师或者其他合适成年人在场；在询问犯罪嫌疑人、被告人时，如果犯罪嫌疑人、被告人始终保持沉默、胡搅蛮缠、撒泼等，要在笔录上予以记录；对外籍人员做笔录，应该先问清楚对方的汉语水平，如果其自述汉语听说写水平都很好，不需要翻译，我们可以用中文继续进行，如果对方坚持要用自己熟悉的语言作为谈话语言，我们应该满足其要求，为其聘请翻译。

（5）笔录过程中需要满足法律的特殊要求。①办案人员不得少于二人。②对当事人的询（讯）问要按照个别化原则分开独立进行，不能将几个被询问人召集到一起开会式提问。③询（讯）问人员首先应该出示自己的身份证件，告知询问目的，对方享有的权利义务，特别告知做假证、伪证应该承担的责任。④讯问未成年人时应该通知其法定代理人到场，没有法定代理人或者法定代理人无法在场的，应该有学校、单位、居住地基层组织或者未成年人保护组织的代表到场。⑤讯问聋哑人要有熟悉哑语的翻译人员在场，并注明翻译人的单位、地址；讯问盲人参照执行；讯问不通晓当地语言的犯罪嫌疑人、被告人时，要注明翻译人员。⑥需要同步录音录像的，需要按照相关规定执行。⑦对询（讯）问过程中出现沉默、不配合谈话等情况的，记录人可以记录在案。⑧笔录应该交给被询（讯）问人检查核对是否与谈话记录一样，如果一样，需要由谈话人、记录人和被谈话人签字认可；如果不一样，更正后签字。如果被询（讯）人不识字或者是盲人等，需要由相关人员朗读一遍核对，如果被询（讯）人拒绝签字，记录人应该将拒绝签字的理由和事实记录在卷。

二、民事起诉状

民事起诉状应该是制作式法律文书中用得最多的一种。有些法院为了便利于当事人完成起诉书制作，把起诉书的基本格式打印好发给当事人。即使如此，仍有很多高中、大学毕业的当事人不会写起诉书。很多刚参加工作的法科学生，半天也只能勉强完成一份起诉书，主要原因是不知道在起诉书中该写哪些不该写哪些。下面，就实践中常见的几种民事起诉状提出参考。

（一）离婚

结婚率逐年降低、离婚率居高不下，是当今困扰政府的一个问题。离婚案件是基层人民法院主要面对的民事案件类型之一。离婚的原因各不相同，归根结底是婚期感情已经破裂无法继续共同生活。原告要求离婚，在诉讼请求中除了解除夫妻关系以外，还必须考虑如下几点：①有需要抚养的未成年子女或者无劳动能力的子女的，必须考虑与谁共同生活的问题，需要对方支付多少抚养费。父母子女关系不因父母离婚而消灭，但离婚时必须解决孩子归哪一方抚养的问题。②有夫妻共同财产或者债权债务的，必须提出分配承担方案。在城市里，房子和汽车是主要的财产，这些财产是不是共同财产，离婚后如何分配，必须在起诉书中有反映，特别是需要更改房产证姓名、变更机动车所有人的时候，必须凭人民法院生效的法律文书。有共同债务的，原告也必须提出如何偿还或者由谁来偿还。③在事实与理由方面，要按照认识、恋爱、订婚、结婚、生子、家庭生活等时间轴来叙述。婚前交往时间长短对婚后感情和结婚是否慎重都有关系。关于导致夫妻感情破裂的事实，要突出法律和司法解释中认定的夫妻感情破裂、判决离婚的事实，如对方重婚或有配偶者与他人同居的；实施家庭暴力或虐待、遗弃家庭成员的；有赌博、吸毒等恶习屡教不改的；因感情不和分居满2年的；其他导致夫妻感情破裂的情形等。至于生活中性格不合、爱好不一、生活饮食习惯差异大等家长里短的问题，少些或者不写。家庭暴力是指行为人以殴打、捆绑、残害、强行限制人身自由或者其他手段给其家庭成员的身体、精神等方面造成一定伤害后果的行为，持续性、经常性的家庭暴力，构成虐待。语言暴力或者冷暴力不属于离婚案件中的家庭暴力范畴。"有配偶者与他人同居"，是指有配偶者与婚外异性不以夫妻名义，持续、稳定地共同居住，但有确凿证据的婚外情也属于导致夫妻感情破裂的事由之一。关于夫妻共同财产，要把财产的来源、现状写清楚，特别是房屋，要列明房屋位置、结构、面积、性质，还要注明何时通过何种途径得到的。如果有债权、债务，要写明债权人、债务人是谁，如何形成的债权债务，金额是多少等，如果原告需要多分共有财产，还需要陈述事实及理由。

（二）侵权

民事中的侵权包括侵犯他人人身权利、财产权利，如伤害他人身体、诋毁他人人格名誉、损坏他人财产等。侵权诉讼的请求一般包括停止侵害、赔偿损失、赔礼道歉，其中赔偿损失是诉讼请求的主要部分。简要陈述侵权事件起因及经过之后，原告需要重点论述因被告侵权行为给原告造成的损失范围，凡是由于被告的侵权行为造成的物质损失，原则上都属赔偿的范围。尽管不同法律关于直接损失的规定不完全一致，在具体案件中不同的人对直接损失也有不同理解，但传统观点认为，直接损失就是实际上造成的财物减少、灭失或损毁，以及因此增加的支出，它是指民事主体因不法行为遭受的财产利益直接减少的损失，其中既包括侵犯行为造成的财产灭失或毁损，也包括侵犯人身权行为造成的直接财产支出或损失。前者如交通肇事案件造成一辆汽车报废、修理，恢复的费用就是直接损失；后者如伤者在医院的治疗费用。凡是能计入直接损失的都是有直接证据证明、能够用计算器计算的损失。预期利益和收益，能否作为民事诉讼的赔偿请求范围，需要具体情况具体分析。伤者因伤住院的误工费一般按直接损失对待，但因误工引起的职务职称晋升、评优评奖机会丧失、年终奖减少等损失，一般不作直接损失对待。在司法实践中，财产损害的直接损失争议不大，一般以财产受损地该财产实际价值计算。评估方法有重置成本法、现行市价法、收益现值法等多种。评估的主要依据是购入成本、使用年限及折旧、市场价值变化等。人身损失的赔偿因为受害人的年龄、收入以及家庭状况的不同，个案之间的赔偿数据差别巨大。受害人遭受人身损害，因就医治疗支出的各项费用以及因误工减少的收入，包括医疗费、误工费、护理费、交通费、住宿费、住院伙食补助费、必要的营养费，赔偿义务人应当予以赔偿。受害人因伤致残的，其因此增加的生活上所需支出的必要费用以及因丧失劳动能力导致的收入损失，包括残疾赔偿金、残疾辅助器具费、被扶养人生活费，以及因康复护理、继续治疗实际发生的必要的康复费、护理费、后续治疗费，赔偿义务人也应当予以赔偿。受害人死亡的，赔偿义务人还应当赔偿丧葬费、被扶养人生活费、死亡补偿费以及受害人亲属办理丧葬事宜支出的交通费、住宿费和误工损失等其他合理费用。

（三）合同纠纷

合同并不是企业的专利，随着市场主体门槛的不断降低，公民个人之间的合同纠纷日渐增多，借款纠纷、租赁纠纷、买卖纠纷、合资合作纠纷等纷至沓来。合同内容千差万别，合同纠纷也五花八门，处理合同纠纷有一条基本线索，就是"合同至上"。所谓"合同至上"就是原告在起诉书中必须以合同为中心来展开。在诉讼请求上，必须突出是解除合同还是继续履行合同，然后才是需要被告承担哪些民事责任。在事实经过及理由部分，原告在简要介绍合同签订的背景和缔约过程之后，还要描述实践中是如何执行的。最关键的是"合同是有效的还是无效的"，如果有效，合同关于违约责任是如何规定的，被告有哪些违约行为，应该承担哪些违约责任，合同的关键条款一定要在起诉书中列出来；如果合同无效，无效的根据是什么。《中华人民共和国合同法》（已失效，以下简称《合同法》）第52条规定："有下列情形之一的，合同无效：①一方以欺诈、胁迫的手段订立合同，损害国家利益；②恶意串通，损害国家、集体或者第三人利益；③以合法形式掩盖非法目的；④损害社会公共利益；⑤违反法律、行政法规的强制性规定。"第53条规定："合同中的下列免责条款无效：①造成对方人身伤害的；②因故意或者重大过失造成对方财产损失的。"只有符合这些规定的合同才是无效的。合同无效，对方当事人应该承担"违法责任"而不是"违约责任"。无论合同是否有效，原告都要突出被告的主观过错，特别是"恶意欺诈"和"重大过错"，原告需要详细表述，这会涉及责任的分担。

三、公诉意见书和辩护词

2018年2月15日，陕西省汉中市南郑区新集镇原三门村，被告人张扣扣持刀致王正军、王校军二人当场死亡，张扣扣随后到王自新家中，持刀朝王自新胸腹部、颈部等处捅刺数刀,致其死亡。张扣扣回家取来菜刀、汽油燃烧瓶,又将王校军的小轿车左后车窗玻璃砍碎,并用汽油燃烧瓶将车点燃,致该车严重受损。2018年2月17日,张扣扣投案自首。因为该案被害人之一是致死张扣扣母亲的凶手,"替母报仇"的张扣扣在网上引起了激烈的讨论。经过一审、二审和死刑复核,2019年7月17日,张扣扣被执行死刑。该案的诉讼进程已经告一段落,该案的法律文书研究却没有停歇。北京大学法学院教授都将其作为研究对象并撰文予以评述。[1]感谢该案的公诉人和辩护律师给我们提供了优秀的研究范本,本教材选取该案一审的公诉意见书和辩护词供同学们学习和研究。

(一) 公诉意见书

我们在研究"张扣扣故意杀人案、故意毁坏财物案的公诉意见书"之前,必须了解公诉意见书的作用和地位。公诉意见书是公诉人在法庭审理进入法庭辩论阶段结合卷宗材料和法庭开庭审理情况,就被告人的犯罪事实、罪名和社会危害性程度以及量刑等方面发表的意见。它既代表了提起公诉的人民检察院的意见,又反映出出庭支持公诉的检察员的态度。大多数情况下,公诉意见书要围绕起诉书指控的犯罪事实和证据,通过分析犯罪事实、法律条文适用等内容,使参加庭审的法官、其他诉讼参与人及旁听人员对犯罪案件有更加形象、直观的了解。发表公诉意见是人民检察员履行公诉职能的职责,也便于人民法院作出公正判决。所以,决定公诉意见书主要内容的要素有二:一个是起诉书,另一个是当庭举证质证情况及被告人的当庭认罪悔罪表现。公诉意见书一般包括三个部分:第一部分是被告人的犯罪行为事实清楚,证据确实充分。犯罪事实部分不能简单重复起诉书对犯罪事实的描述,要结合案件证据,把案件发生的时间、地点、起因、过程、后果等内容生动重现于法庭。第二部分是被告人犯罪行为的社会危害性。要结合被告人的自身条件、主观恶性、犯罪产生原因、当时的社会环境、犯罪行为的直接或者间接影响

---

[1] 见北京大学法学院教授苏力的文章《法律辩护应基于案情和事实,而非抽象的概念》,该文为《是非与曲直:个案中的法理》的序言节选。苏力教授给辩护词的结论是"完全且故意漠视本案以及与本案有关的基本事实,用所谓的名人名言趣闻轶事代替说理,以引证代替论证,以华而不实的修辞、堆砌和'中二'的多情表达,蛊惑不了解案情的公众,不谈实体法,也不谈程序法,就胡扯随意剪辑的所谓法理,捎带着打个擦边球,搞点司法政治"。当然,苏力教授的这篇文章也成为他人的研究对象。

等案件具体因素来阐述，不能照本宣科，人云亦云。社会危害性的论述决定了量刑的轻重。第三部分是被告人的法律适用及量刑，包括所犯的罪名、量刑的情节及量刑建议。量刑制度司法改革之后，出庭支持公诉的检察员要给出被告人的量刑建议，如判处被告人7年有期徒刑、判处被告人死刑等，也可以建议合议庭在5~7年范围内酌定被告人的有期徒刑。

"张扣扣故意杀人案、故意毁坏财物案的公诉意见书"符合公诉意见书的一般规范。有几点值得肯定：一是结合张扣扣案件的证据情况和庭审过程，论证了张扣扣犯有故意杀人罪、故意毁坏财物罪的犯罪事实清楚，证据确实充分；二是结合张扣扣的人生轨迹，揭露了张扣扣故意杀人、故意毁坏财物犯罪的犯罪动机，"替母报仇"只是一个借口；三是结合本案进行了法治宣传和教育，回应了网络舆情。

从专业的角度看，该公诉意见书还有几方面有探讨的余地：一是在证据运用上，可以突出被告人使用的犯罪工具尖锐锋利，杀人手段毫无节制，从而证明其滥杀无辜，致三人死亡的严重后果。在杀人后砸坏、烧毁被害人汽车，财产损失达多少万元，要通过公诉意见书让张扣扣故意杀人的社会危害性昭然天下，让每个参加庭审的人都能感受到其罪行特别严重。二是在量刑建议上，应该直接请求法庭判处被告人死刑，虽然这个结果不明说大家都能预测到，但出庭支持公诉的检察官应该就死刑适用标准予以阐释，判处死刑不是"杀人偿命"的简单因果报应，而是对这种动辄杀人致多人死亡的亡命之徒的必然选择。

（二）辩护词

辩护词是被告人委托或者人民法院指定的辩护律师为了维护被告人的合法权益，根据犯罪事实和案件事实，发表的证明被告人无罪、罪轻或者需要从轻、减轻、免除处罚的意见材料。辩护词的质量取决于辩护律师的工作质量，也反映出辩护律师的刑事办案水平。世界上有很多优秀的辩护律师最终就是以影响案件处理结果的优秀辩护词流传于世的。在发表辩护词之前，辩护律师最少要做三项工作：首先是查阅卷宗，在行业中经常简称为阅卷。无论是一审还是二审的辩护律师，在接受委托或者指定之后，就要联系承办法官阅卷。通过阅卷，了解人民检察院的指控有哪些证据；各证据的来源、存在形式和证明目的；证据之间是否完整充分，形成证据链条，如被告人有几次供述，各供述之间的内容是否一致，被告人供述、被害人陈述、证人证言的内容是否完全一致；与此同时，司法机关的办案程序是否合法，查封、扣押的手续是否完备等内容也可以从阅卷中得知。其次要会见被告。无论被告人犯有何罪，羁押何处，辩护律师都有当面会见被告人的权利。要让被告人在充分信任律师、充分自由表达的基础上完成会见。辩护律师不仅要询问被告人对起诉书的意见，还要就阅卷中发现的问题和矛盾与被告人进行当面释疑。最后是参加庭审。出庭参加庭审是对辩护律师的基本要求。通过法庭调查和举证质证，律师需要发挥自己的专业知识和职业能力，去识别、瓦解伪造的有罪证据，去排除不符合法律规定要件的证据，提出合理怀疑，收集和提交证明被告人无罪或者罪轻的证据。在庭审过程中，辩护律师也可以提请合议庭调取新的证据，申请重新鉴定，申请证人出庭等。辩护律师还可以向其他共同犯罪人、被害人进行发问，了解案件真相。对辩护律师而言，理清辩护思路、确定合理的辩护目标是关键。为了让思路更加清晰，辩护目标更加合理。一些重大复杂的疑难案件，在开庭之前，律师需要多次阅卷，反复与被告人核实和沟通，甚至还需要去实地调查、请教专业人士等。在完成上述三项基本工作之后，辩护律师才可以胸有成竹地发表辩护意见。

辩护词的首部主要介绍辩护人的身份、辩护前所从事的工作。辩护词的主文应该包括如下内容：首先对起诉书的总体回应。起诉书指控被告人犯有某个罪的指控事实是否清楚，证据是否充分，办案过程是否合法。然后表明辩护人的基本辩护意见，被告人的行为是否构成犯罪，是否构成起诉书指控的犯罪；被告人有哪些无罪、从轻、减轻处罚或者免除处罚的情节等。不同的案件，辩护策略不尽相同。无罪辩护可以从行为性质和有罪证据不足两个思路进行，前者可以从正当防卫、紧急避险或者其他合法行为角度介入；后者主要从证据角度，看证明被告人有罪的证据是否完整确凿。罪轻辩护可以选择一个比指控罪名法定刑较轻或者犯罪构成要件更严的罪名去将一个重罪辩护为一个轻罪，也可以突出被告人有哪些从轻、减轻或者免除处罚的情节，还可以突出被告人易于改造等因素唤起合议庭的同情。实践中，有些人抓住侦查、审查起诉的程序违法来辩护，也不失为一种新的思路。客观上来说，中国目前的司法环境，过分突出程序违法，除了可能影响部分案件承办人的职业晋升以外，对被告人的判决结果很难说有多大的好处。

当被告人罪行极其严重、证据确实充分，办案程序完全合法时，很多人好奇辩护律师该说什么。"张扣扣被控故意杀人、故意毁坏财物案"一审律师辩护词算是部分回答了这个问题。关于这份辩护词的评价，基本上是"墙内开花墙外香"。这份辩护词得到了网民的高分评价，但在法律职业内部，认可的人并不多。主要原因在于，辩护律师古今中外旁征博引，极力想抓住"血亲复仇的故事"吸引他人，因为复仇"仍是人类跨文化、跨地域的共同精神食粮"，在惨案发生之前，"是王家自己首先存在重大过错，自己亲手埋下了复仇的种子"，"整个社会对他的弃之不顾，没有心理疏导，没有帮扶关爱，任由一颗复仇的种子生根发芽"。"当公权力无法完成其替代职能，无法缓解受害者的正义焦渴的时候，复仇事件就有了一定的可原谅或可宽恕基础。"最终期待法院"体谅人性的软弱，拿出慈悲心和同理心，针对此案做出一个可载入史册的伟大判决"。

　　通过辩护词，我们看到了辩护律师的博学多才，看到了辩护律师的煞费苦心。无论结果如何，辩护律师的努力没有白费。但是，这种辩护词不能在大学课堂上推广，因为该辩护词有几个硬伤：一是没有结合犯罪事实去辩护。也许本案中的犯罪事实、证据和程序都无话可说，但完全脱离犯罪事实和证据去辩护有脱离主战场的嫌疑。辩护律师所陈述的事实都是与案件没有直接关系的事实或者假象的事实，这与辩护律师的职业身份不符，如没有任何证据就断定"1996年王立军伤害致死张扣扣母亲"的案件就是一起冤假错案。二是在辩护中心上找错了支点。辩护律师非常清楚故意杀死三人的后果，他把"刀下留人"的希望寄托在"为母报仇"上。我们姑且不论法律有没有为张扣扣报仇，即使有深仇大恨，除了正当防卫等自救行为以外，没有一个现代国家的法律许可当事人随意去报仇。也许有人认为这是"死马当成活马医"的做法，否则辩护律师只能哑口无言。从辩护词中可以看出，辩护律师曾经向法庭申请给张扣扣做司法精神病鉴定，为此，辩护律师还查阅了诸多资料。律师严重怀疑张扣扣是创伤后应激障碍。"个体经历、目睹或遭遇到一个或多个涉及自身或他人的实际死亡，或受到死亡的威胁，或严重的受伤，或躯体完整性受到威胁后，所导致的个体延迟出现和持续存在的精神障碍。"辩护词中引用了"创伤后应激障碍有许多症状，其中一个最主要的症状是'记忆侵扰'，即受创时刻的伤痛记忆萦绕不去。主要表现为患者的思维、记忆或梦中反复、不自主地涌现与创伤有关的情境或内容，可出现严重的触景生情反应，甚至感觉创伤性事件好像再次发生一样"。就作者办案经历，这才是张扣扣的免死金牌，如果辩护律师提交张扣扣思想、行为、语言、行动、待人接物、生理特征、医疗记录等多方面的客观证据去证明张扣扣如何思想狭隘偏执、行为怪异，或许合议庭还有司法鉴定的可能性。最终，合议庭没有接受辩护律师提出的司法鉴定申请。不仅仅如此，辩护律师通过张扣扣的同事朋友亲人之口告诉合议庭张扣扣是个什么样的人，"对人有礼貌""平时有说有笑，和别人都没有矛盾""工作认真负责""集团公司工作标兵"，哪个表述预示着张扣扣有精神疾病？这么好的一个正常人，当然不需要司法精神病鉴定。

参考资料一：

某危险驾驶案件的讯问笔录

犯罪嫌疑人诉讼权利义务告知书

根据《中华人民共和国刑事诉讼法》的规定，在公安机关对案件进行侦查期间，犯罪嫌疑人有如下诉讼权利和义务：

1、不通晓当地通用的语言文字时有权要求配备翻译人员，有权用本民族语言文字进行诉讼。

2、对于公安机关及其侦查人员侵犯其诉讼权利和人身侮辱的行为，有权提出申诉或者控告。

3、对于侦查人员、鉴定人、记录人、翻译人员有下列情形之一的，有权申请他们回避：（一）是本案的当事人或者是当事人的近亲属的；（二）本人或者他的近亲属和本案有利害关系的；（三）担任过本案的证人、鉴定人、辩护人、诉讼代理人的；（四）与本案当事人有其他关系，可能影响公正处理案件的。对于驳回申请回避的决定，可以申请复议一次。

4、在接受第一次讯问后或者被采取强制措施之日起，有权委托律师作为辩护人。经济困难或者有其他原因没有委托辩护人的，可以向法律援助机构提出申请。

5、在接受传唤、拘传、讯问时，有权要求饮食和必要的休息时间。

6、对于采取强制措施超过法定期限的，有权要求解除强制措施。

7、对于侦查人员的提问，应当如实回答。但是对与本案无关的问题，有拒绝回答的权利。在接受讯问时有权为自己辩解。如实供述自己罪行的，可以从轻处罚；因如实供述自己罪行，避免特别严重后果发生的，可以减轻处罚。

8、核对讯问笔录的权利。笔录记载有遗漏或者差错，可以提出补充或者改正。

9、未满18周岁的犯罪嫌疑人有要求通知其法定代理人到场的权利。

10、聋、哑的犯罪嫌疑人在讯问时有要求通晓聋、哑手势的人参加的权利。

11、依法接受拘传、取保候审、监视居住、拘留、逮捕等强制措施和人身检查、搜查、扣押、鉴定等侦查措施。

12、公安机关送达的各种法律文书经确认无误后，应当签名、捺指印。

13、有权知道用作证据的鉴定意见的内容，可以申请补充鉴定或重新鉴定。

此告知书在第一次讯问犯罪嫌疑人或对其采取强制措施之日交犯罪嫌疑人，并在第一次讯问笔录中记明或责令犯罪嫌疑人在强制措施文书卷联中签注。

第 １ 次

讯问笔录

时间 2019 年 10 月 19 日 1 时 39 分至 2019 年 10 月 19 日 12 时 02 分

地点 ██████████████████执法办案中心

讯问人（签名）██████ 工作单位 ██████

记录人（签名）██████ 工作单位 ██████队

被讯问人 ██ 性别 男 年龄 45 出生日期 1974 年 10 月 28 日

身份证件种类及号码 身份证 ████████████ 是■否人大代表

现住址：北京市 ████████████ 1 号

联系方式：████████

户籍所在地：北 ██████████████████ 号

（口头传唤的被讯问人 10 月 19 日 2 时 0 分到达，10 月 19 日 12 时 0 分离开，本人签名 ██████ ）。（约束至酒醒后，开始讯问）

问：经检测你体内的酒精含量属于醉酒状态，现在你是否清醒？

答：我现在清醒，可以进行讯问。

问：我们是北京 ██████████████ 的民警（出示工作证件），现依法对你进行讯问，你应当如实回答我们的提问，对与案件无关的问题，你有拒绝回答的权利。你听明白了吗？

答：听明白了。

问：根据刑事诉讼法的有关规定，你有以下权利义务（向当事人宣读《犯罪嫌疑人诉讼权利义务告知书》，并将《犯罪嫌疑人诉讼权利

被讯问人（签名摁指印）：██████　　第 1 页 共 6 页

义务告知书》送交当事人），你对你的权利义务是否清楚？

答：我清楚了。

问：是否申请有关人员回避？

答：不申请。

问：对你的讯问全程录音录像，你清楚了吗？

答：清楚。

问：因你涉嫌醉酒后驾驶机动车，将你口头传唤至██分局执法办案中心进行讯问，你清楚吗？

答：清楚。

问：根据相关规定，自愿如实供述自己的违法事实，对指控的犯罪事实没有异议，同意检察机关的量刑建议，签署具结书的，可能从宽处理，你听清楚了吗？

答：我听清楚了。

问：经公安机关对你抽血检测，结果显示你体内的血液酒精含量为109.9mg/100ml，现在向你出示《酒精检测报告》，你对检测结果有无异议？

答：没有异议。

问：你是何时到██分局执法办案中心的？

答：2019年10月19日2时许左右。

问：对你传唤的时间、地点、事由需要通知你的家属。请告知我们所通知家属的姓名及联系方式？

答：通知我的妻子██████████

被讯问人（签名捺指印）：██████ 第 2 页 共 6 页

问：在传唤期间公安机关是否给你提供水和食物？

答：提供了。

问：有无曾用名、别名？

答：无。

问：你的民族情况？

答：汉族。

问：你是否有特殊身份？

答：没有。

问：你的学历？

答：大学。

问：你的身高、体重是多少？

答：身高178厘米，体重73公斤。

问：你的政治面貌？

答：群众。

问：你的婚姻状况？

答：已婚。

问：你的家庭情况？

答：妻子：███，42岁，在北京打工；女儿███，12岁，在北京上初中。

问：你的主要社会经历？

答：自幼在陕西省上学，1997年在███████毕业后，毕业后

被讯问人（签名捺指印）：   第 3 页 共 6 页

留校任教，2001年辞职后自己打工，目前没有正式工作单位。
问：你以前是否受过刑事处罚、行政处罚或者被劳动教养、收容教育、强制戒毒、收容教养等情况？
答：无。
问：你是否患有严重疾病或传染病？
答：无。
问：你身体是否有伤疤、纹身等特殊标记？
答：左小臂有一处陈旧性伤痕。
问：请你讲一下被查获时的情况？
答：2019年10月18日20时左右，我一个人在积水潭附近的一家饭馆吃饭。吃饭期间，我喝了大约4两白酒。吃完饭我就走着回到我位于鼓楼的一个住处休息。大约22时许我找了个代驾开着我的车去阜成门附近一个茶馆找朋友聊天，喝了会儿茶。完事大约10月19日1时许，因为时间太晚了，手机上找代驾没有人接单，我等了一会儿，觉得自己还清醒，就自己开车从茶馆出来打算回鼓楼那个住处。当我驾车行驶到████████████桥时，我遇到交警在进行夜查，交警把我拦停后，对我进行酒精检测，发现我有酒后驾车违法行为，然后交警把我带到了警车上，使用酒精检测仪对我进行了呼气式酒精检测，酒精检测的结果是 96mg/100ml，涉嫌醉酒后驾车。在警车上由"999"的医务人员抽取了我的静脉血液。之后民警将我口头传唤到████执法办案中心接受调查，对于传唤

被讯问人（签名捺指印）：████　　第 4 页 共 6 页

和抽血的情况，民警通知了我的妻子██████，电话：13█████████。

问：你被民警查获时你的交通方式？

答：我驾驶一辆黑色"梅赛德斯-奔驰"牌小型普通客车，车号为京Q█████。

问：你被民警查获时你车上有几个人？

答：就我一个人，我当时坐在驾驶员位置正在驾车。

问：你所驾驶的车辆实际所有人是谁？

答：车主是我。

问：你被民警查获时，你的衣着特征？

答：上穿蓝色上衣，下穿黑色裤子，脚穿深色皮鞋，戴眼镜。

问：你有无正式考取过机动车驾驶证？

答：大约2003年在北京考取的驾驶证，目前准驾车型为C1。

问：饮酒后不能驾驶机动车的规定你是否知道？

答：我知道。

问：那你为什么还要饮酒后驾驶机动车？

答：存在侥幸心理，现在我很后悔。

问：还有补充吗？

答：没有了。

问：你以上所讲的是否属实？

答：属实。

问：你是否有阅读能力？

被讯问人（签名捺指印）：█████████ 第 5 页 共 6 页

答：是。

问：以上笔录请你仔细阅看。如果记录有误请指出来，我们即给予更正。请你确认记录无误后再在笔录上逐页签名。

答：好的。

以上6页我已看过，和我说的一样

2019.10.19

讯问人：

记录人：

被讯问人（签名捺指印）：

第 6 页 共 6 页

这是一份非常普通的讯问笔录，也是一份优秀的笔录。说它普通，是因为无论是罪名还是情节，都太普通了，危险驾驶入罪以后，据说它是目前最常见的罪名之一。说它优秀，是因为从形式到内容都给人耳目一新的感觉。首先，它反映了近十几年司法改革的成果。在笔录之前，先让犯罪嫌疑人阅读并签署《犯罪嫌疑人诉讼权利义务告知书》。不要小看这个告知书，早在1997年大修《刑事诉讼法》时，我国学者就开始讨论是否应该引进"沉默权"相关规定，时至今日，除了"讯问时辩护律师在场权"没有落实之外，"全程录像""权利义务告知""非法证据排除"等逐步落实。当年美国"米兰达法案"就是通过一张小卡片来完成的。其次，讯问问题比较全面，记录内容繁简得当。不仅把犯罪嫌疑人实施犯罪的起因、过程、抓获经过、鉴定结论等详细记录与其他证据相互印证；还记录了司法机关在案件处理过程中的人文关怀和司法智慧，讯问在和平、自由、理智、客观的环境下进行的情景跃然纸上。定罪量刑中涉及的内容都能在本份口供中找到，无关的内容几乎没有。犯罪千变万化，讯问的方式方法万变不离其宗，希望同学们掌握基本方法。

参考资料二：

张扣扣故意杀人案、故意毁坏财物案的公诉意见书[1]

审判长、审判员、人民陪审员：

2018年2月15日，正值农历年三十，人们都处在欢度春节的喜庆、祥和气氛中。被告人张扣扣故意杀人、故意毁坏财物案，因其作案手段特别残忍，情节特别恶劣，危害后果特别严重，引起了当地人民群众的惊愕恐慌，更是引发了全国人民的震惊和广泛关注。

案件发生后，检察机关高度重视，在随后的审查逮捕、审查起诉过程中，严格执行各项办案规定，遵守办案期限，以程序合法确保案件实体公正。

根据《中华人民共和国刑事诉讼法》第189条、第198条和第209条的规定，我们受陕西省汉中市人民检察院的指派，以国家公诉人的身份出席今天的法庭，支持公诉，并依法履行法律监督。现对本案证据和案件情况发表如下意见，请法

---

[1] 参见《张扣扣故意杀人案始末（含公诉意见、辩护意见及裁判观点）》，载 https://www.sohu.com/a/327783804_758486，最后访问日期：2020年2月28日。

庭注意。

一、被告人张扣扣犯故意杀人罪、故意毁坏财物罪事实清楚、证据确实充分

通过今天的当庭举证，我们已经充分证明了起诉书指控的被告人张扣扣的犯罪事实。

1. 现场二十余位群众目睹了被告人张扣扣行凶及毁坏财物的全过程

案发时正值2018年大年三十的中午，三民村村民祭祖返回之际，被告人张扣扣头戴黑色长檐帽子、面戴深色口罩、脖缠粉色T恤，突然窜入人群，手持事先准备的单刃尖刀，首先对毫无防备的王正军进行割喉、捅刺致其倒地；在众人惊慌逃散时追上王校军捅刺其胸部，并将其追至路边水沟中反复戳刺其要害部位，将其杀死后又迅速返回对王正军进行第二次捅刺；接着窜入王自新家院中，对王自新反复捅刺致其当场死亡。后返回自家，取出事先准备好的菜刀及自制汽油燃烧瓶，到被害人王校军的小轿车停放处，对该车进行砍击、燃烧，并对前来阻止的村民持枪威胁。上述各细节过程均有多位证人予以证明。

2. 收集在案的多组客观性证据可以锁定本案系被告人张扣扣所为

在被告人张扣扣所穿衣物上分别鉴定出了三被害人的血迹，证明这些血迹是张扣扣在三处不同地点连续向三被害人行凶时喷溅所致。在张扣扣指认下打捞出的作案工具单刃刀上检出两人以上血迹，该隐蔽性证据证明其为张扣扣杀害三名被害人时所持凶器，并于案发后被其丢弃；在烧损车辆后座上提取的菜刀上检测出张扣扣的血迹，证明张扣扣是在连续用力向三名被害人捅刺时致自己手部受伤，后又手持该菜刀击打毁损被害人车辆的事实；以上物证分别经被告人、相关证人的辨认予以确认，与鉴定意见相互印证，能够确认是被告人张扣扣实施了本案的犯罪行为。

上述证据结合现场勘查、尸检鉴定意见、相关证人证言及被告人供述等其他证据，已形成完整的证据锁链，充分证明了起诉书所指控的被告人张扣扣故意杀人、故意毁坏财物的犯罪事实。

二、被告人张扣扣犯罪手段特别残忍、后果极其严重，社会危害性极大

1. 本案是一起有预谋、有准备的严重暴力犯罪

被告人张扣扣作案前几日便通过其家中窗户观察分析被害人一家的活动情况。在掌握了被害人一家的进出活动规律之后，伺机作案。先后在集镇上购买了

单刃刀、玩具手枪。考虑到被害人可能驾车躲避，又借用他人摩托车，从中抽出汽油做了多个燃烧瓶。同时还准备了用来伪装自己的口罩、长檐帽等物品，精心地进行犯罪准备工作。案发过程中，被告人持单刃刀，直接对三名被害人致命部位进行反复捅刺。当王校军被刺倒后，又返回对已经倒在血泊中的王正军继续进行捅刺；在连续多刀捅刺年过七旬的王自新之后，怀疑其倒地装死，又扯开其衣领，在脖颈补刀。尸检表明，被害人王正军身中24刀，王校军身中9刀，王自新身中16刀；这49刀主要围绕被害人的胸、腹、颈部等要害部位，足见其杀人犯意之坚决，作案手段之凶残。

2. 本案是一起社会影响极其恶劣的恶性案件

被告人张扣扣选择的作案时间是中国人最重要的传统节日春节，在年终岁满的大年三十的正午；其选择的作案地点是在村委会旁、村民返乡回家的必经之路上；其选择的作案时机是在大多数村民阖家团圆、祭祖回乡之时；在光天化日之中、在众目睽睽之下、在老弱妇孺之前，刻意伪装、公然行凶连杀三人，其恐怖的行为造成周围群众惊愕、恐惧和逃散。又在纵火烧损汽车之后，掏枪威胁前来劝阻之人，并在作案后潜逃。其极大的人身危险性，也给人民群众心理蒙上了阴影，也给社会造成了巨大的恐慌。

三、被告人张扣扣主观恶性极深，罪行极其严重，应当依法予以严惩

纵观全案，无论是犯罪前、犯罪中，还是犯罪后，其藐视法律实施暴力犯罪的故意坚决，甚至至今仍无任何悔罪表示，足见其主观恶性之深。

1. 作案前，其选择的作案对象不仅仅是三名被害人

张扣扣曾多次供述"本来我想等老二回来一起动手报仇，但是老二一直没有回来，我等不及就动手了"；事实上，从其犯罪预备来看，其就是在等待被害人全家祭祖时，四名男性同时在场的杀人时机，其杀害对象还包括王家二子王富军，只是王富军因故一直未返回，张扣扣才未能得逞。

2. 作案后，投案并非其接受法律制裁的真实意思表示

在投案后其供述"从我作案之后我一直都在逃跑，躲避你们民警对我的抓捕，我逃跑累得没办法了，身上又没有钱和吃的东西，以我的性格是不会束手就擒的，我选择投案主要是身上没有钱，如果有钱的话我肯定不会投案，我能跑多远就跑多远"，可见其投案只是出于走投无路，在本人没有钱财证件、没有可以信赖的亲朋、同时又受到公安机关布网抓捕的客观压力下，才做出的被迫之举。

3. 到案后，故意误导侦查，浪费司法资源

张扣扣起初对于杀人凶器的去向故意作虚假供述，误导侦查人员耗费大量人力物力财力在错误的地点进行打捞，其目的是"我随便说个地方让你们警察慢慢去捞，鹿头堰水域比较复杂，水面比较大，打捞比较困难，给你们警察增加工作难度，反正就是不想让你们捞到刀，好毁灭证据"，足见其对抗侦查，不愿悔罪，浪费司法资源的恶意。

4. 时至今日，被告人仍无任何悔罪表现

被告人张扣扣当众行凶杀害被害人三人，应当认识到任何人都无权非法剥夺他人生命，应当认识到其行为会造成被害人家属的极度痛苦，应当认识到其行为造成了群众的恐慌不安，破坏了安定祥和的节日氛围；应当认识到其行为严重破坏了社会秩序和社会和谐。对此，被告人张扣扣应当对被害人亲属表示忏悔，应当对父老乡亲表示忏悔。但是被告人张扣扣直到今日庭审，仍然坚持其所谓的"报仇有理"，认罪但不悔罪。

以上四点表明，被告人张扣扣虽当庭认罪具有自首情节，但其主观恶性极深，犯罪后又无悔罪表现，属于罪行极其严重的犯罪分子，不足以对其从轻处罚，应当依法予以严惩。

四、被告人张扣扣走向犯罪的根源

案件发生后，被告人张扣扣称其杀人是"为母报仇"，其父张福如、其姐张丽波也向媒体宣称是由于1996年其母被杀、判案不公引发本案，事实真相真是如此吗？

1. 揭示本案的犯罪根源，需要了解被告人的工作生活经历

被告人张扣扣初中毕业后即外出打工，期间曾因找工作被骗；2003年服役两年后的张扣扣回乡，用曾经辛苦劳作积攒的钱款，两次帮助家里修建新房，但这与其想要有钱有车，能够自驾游的目标相去甚远；为赚取更多钱财，其选择与他人合伙做生意，辗转于安徽、河南等地时，却又两次被传销所骗；后由于被告人自身文化程度不高、学习适应能力不强、也无一技之长，虽然在杭州等地打工，还是收入不高，不能满足其旅游爱好。后为能尽快挣大钱而远赴阿根廷、斐济，在远洋货轮上打工，但仅三个月就因工作环境艰苦、收入比预想要低，又与同事交恶等原因，于2017年8月返乡；至案发前，其再未外出打工。在家期间，又因未成家、需要钱交电费、修房子等琐事与其父多次争吵。

纵观张扣扣工作生活经历,不难看出随着我国经济的高速发展,外出打工、经商都会面临各种困难和挑战,需要不断丰富自身知识储备、增强竞争意识、提高自身技能、增加社会经验来应对。但张扣扣对自身能力认识不清,遇到挫折后不从自身寻找原因,反省自身的短板和不足,没有通过改变和提高自我来适应当下的竞争环境,反而好高骛远,一蹶不振,正如其供述的"打工打工,两手空空,穷得只剩一条命了,对未来看不到希望,对人生也迷茫了"。

2. 揭示本案的犯罪根源,需要探寻被告人的真实心理活动

被告人张扣扣遇到挫折不能正确面对,他自己供述"我在外面打工好多次被骗,生活工作也不太顺利。这个社会没有人情味,人与人之间没有信任感。从我被骗以后,我不相信任何人,我只相信钱,因为钱是万能的,所以我就想办法挣钱,没有挣到钱,加上我多次外出旅游,相当花钱,手头上也没有多少存款,思想压力非常大,经常晚上睡不着觉",这说明张扣扣已经因其工作生活的不如意,陷入了金钱至上的错误观念;后在其二次返乡之时,因为无法自我排解而将负面情绪完全归结于他人,陷入了更大的错误逻辑之中,他说"我是一个不甘平平凡凡过一辈子的人,如果平凡过一辈子还不如死了。那天我在我家窗口又看到王自新的三儿子王三娃,我当时就在想我妈 22 年前被他用棒打死,王三娃认为这个事情对他来说过去了,但是对我来说这事还没有结束。我认为报仇的机会来了,于是我就产生了把王三娃杀了的想法",可见此时的张扣扣已经因为没有宣泄途径,而选择了被害人一家作为宣泄对象。他其实是打着"为母报仇"的旗号,掩盖其宣泄工作生活不如意之实;其杀人动机的产生并非是由 1996 年案件引起,而是因为其自身原因,对生活现状不满,对未来失去信心,为宣泄其情绪所寻找的出口。所以其才供述"如果我生活过得好了,自己有钱娶妻生子了,也不会发生今天杀人的悲剧"。对此,其姐张丽波也证明"我弟弟张扣扣如果早点结婚成家了,就不会发生杀人的事情了,他自己有家庭了,心里头就有牵挂,做事情考虑的就多了",所以说,1996 年案件只不过是张扣扣杀人的借口而已。

3. 揭示本案的犯罪根源,需要明辨 1996 年案件的事实真相

1996 年案件在本案案发之后,经过张扣扣家人申诉和上诉,已经由汉中市中级人民法院和陕西省高级人民法院两级法院审查,认定 1996 年案件判决依法有效,不存在司法不公的问题。两级法院依照法律规定,均对该案进行了实体部分和程序部分的复查,对包括媒体关注的如"张福如申诉原审判决内容是什么、案发时王正军是否未成年人、是否存在他人顶包的情形、对王正军为何以故意伤

害罪定罪、是否存在影响公正审判的情形、赔偿款是如何确定的、王正军为何被准予假释"，等问题均进行了审查，并依法作出裁定，刚才质证环节也已经详细出示。我院也本着实事求是、客观公正的态度对 1996 年案件进行了调卷审查，对其事实认定是否准确、证据是否确实充分、适用法律是否正确、量刑是否适当、服刑是否符合法律规定，均进行了核查，未发现任何不当之处，与两级法院对该案刑事部分的认定结论相一致。

1996 年案件系邻里之间的琐事引发，张扣扣母亲汪秀萍先向王富军脸上吐唾沫，引起争吵后又先持扁铁打伤王正军头面部并致其流血，王正军才临时起意从现场捡起木棒，向其头部击打一下，之后再无其他加害行为。这些事实都有张扣扣的父亲张福如、姐姐张丽波及其他数名目击证人证明，且张丽波证明王正军与她同岁当时未满 18 周岁，故原审判决认定被害人张扣扣之母王秀萍有过错无疑，认定伤害行为系王正军实施不存在顶包问题无疑，认定王正军作案时系未成年人无疑，对其以故意伤害罪定罪适用法律正确，对其处以 7 年有期徒刑的量刑适当。这说明无论是对现在还是对过去的案件审查，司法部门都是以事实为依据，以法律为准绳，让证据来说话，而非任何个人的主观臆断。22 年前对于 1996 年案件，有 6 名现场目击证人的证言都一致，其中包括张扣扣的父亲张福如、姐姐张丽波，为何现在因为张福如、张丽波做出与当初证言完全相反的陈述，就引起了对 1996 年案件的质疑？这些质疑很多都是对事实的误解。为何在 22 年前，张家任何人都未对案件的任何问题提出质疑？为何张扣扣之姐张丽波明知王正军当年不满 18 岁，却在现在质疑其年龄？为何在本案案发后张丽波和张福如向媒体作出与之前完全相反的陈述？显然，在 1996 年案件判决刑事部分处理没有任何问题的情况下，张扣扣家人提出的这些质疑理由，其根本目的不是针对原 1996 年案件，而是为张扣扣杀人所寻找的借口。

所以，以上所揭示的张扣扣犯罪根源的三个方面，足以说明本案系多因一果。张扣扣将自己生活工作中的种种不如意完全归结为其母的死亡和王家人所为，在这种荒谬逻辑下，在这种严重扭曲的心理支配下，最终用这种违反天理、国法、人情的，极端残忍的方式，来发泄自己对生活的不满，来逃避现实中的困境，这才是张扣扣杀人的真实动机所在。

五、本案的警示教育

本案之所以受到媒体和社会公众的高度关注，其焦点问题就在于本案和 1996

年案件的关联性,"为母报仇"是否是其杀人动机?1996年案件是否存在司法不公?这两个问题引起社会大众的广泛关注,而网络上的大多数讨论也是没有任何证据基础的,基于证据和事实的法律判断,才是现代文明社会对于任何不法行为应有的态度。围绕这两个问题,公诉人以本案的事实证据为基础,结合本案特点提出如下意见。

1. 极端自私的个人"恩仇",绝不是凌驾于法律之上的借口和理由

本案的被告人张扣扣实施其所谓"为母报仇"的杀人行为,是我国刑法严厉禁止的犯罪行为。众所周知,杀人行为根本没有对错之分,法治社会只能用法律的手段来解决矛盾和问题,任何人都无权使用法律之外的手段来惩罚他人。如果人人都把自己当作正义的使者滥用私刑,那么人人都可以枉顾法律,任意犯罪,如此社会秩序如何稳定,社会和谐如何实现?以牙还牙,以暴制暴,只会让社会处于混乱和无序的状态,必须坚决杜绝。如果给连杀三人的张扣扣贴上"为母报仇"的"英雄标签",那就混淆了一个法治社会基本的是非观念。

更何况本案的被告人张扣扣只是以"替母报仇"为借口,来肆意宣泄自己的压力和生活不如意的怨气。如果每个人在遇到挫折、困难、不快时,不寻求正当合法的途径解决问题,而是违背法律规定、打击报复他人或社会,那还有何安全感可言?在法治社会中,善良公允的行为准则从来都不是快意恩仇,不是个人好恶,而是体现群体共同意志的良法之治。

2. 促进司法公信力提升,推进国家法治进程,需要大众、媒体更加合法、理性,有效参与

该案发生至今,大众通过网络参与度极高,体现了人民群众的法治理念在不断提高。司法机关也将群众监督与舆论作为提高司法公信力的"加速器",因此,我们司法机关也要始终将事实和法律作为我们坚守的原则,让人民群众在每一起案件中都能够感受到公平正义。但是,法治社会的建设,良好秩序的维护,司法公信力的树立,不仅仅需要司法机关的公正司法,也需要大众共同努力和维护,需要大家用理性平和的视角来观察,不要想当然地提出质疑。

例如在本案当中,被告人张扣扣的父亲张福如、姐姐张丽波在案发后,发表一些与1996年案件真相不符的言论,引发了大家的各种质疑,造成了恶劣的社会影响。今天,我们已经当庭揭示了本案的事实真相,当再次面对其他案件时,我们应该有怎样的反思?在试图去了解、探寻真相的同时,除了好奇心、同情心,我们是否更需要平和的心态、理性的认识、严谨的思考和对未知的敬畏?面对那

些我们没有亲身经历的司法案件，我们能否不再轻信那些没有证据支持的猜测和推断，不再轻信谣言、传播谣言？我们能否擦亮双眼，对那些杜撰案情、利用我们朴素的正义感来恶意炒作的行为坚决地说不？尤其是对那些血腥暴力、恐怖惊悚、网络谣言、标题党、仇恨煽动等负面有害信息清晰辨别、坚决遏制。

我们相信，通过广大人民群众、法律工作者、各级司法机关、职能部门与舆论宣传媒体等的共同努力，公众对法治的信仰和司法的公信力将会不断提高，全面依法治国的目标才能早日实现。

参考资料三：

"张扣扣被控故意杀人、故意毁坏财物案"一审律师辩护词[1]

汉中中级人民法院合议庭的各位成员：

张扣扣被控故意杀人罪、故意毁坏财物罪一案，今天迎来了正式开庭。在我开始阐述辩护观点之前，请先允许我对逝去的三条生命致以最诚挚的哀悼，对被害人家属表示最深切的同情和慰问。今天我的辩护意见，不能在任何角度或任何意义上被解读为对逝者的不敬或挑衅，也不能在任何角度或者任何意义上被理解为对暴力的推崇或讴歌。

英国早在十四世纪就确立了正当程序原则，其中内容之一便是：任何人在遭受不利对待之前，都有权要求听取自己的陈述和申辩。正是基于这一古老而朴素的正义理念，今天，我才出庭坐在了辩护席上；也正是基于这一古老而朴素的正义理念，今天，我们大家才得以坐在这里。

我深信，不管是什么案件，不管是什么人，都应当依法保障他本人以及他委托的律师的辩护权利。这种保障，不仅仅是准许他说话，不应该只是一种形式上的保障。这种保障，应该是一种实质上的保障，即：充分听取辩护意见，并认真采纳其中合理的部分。

法律是一整套国家装置。它不能只有形式逻辑的躯壳，它还需要填充更多的血肉和内涵。今天，我们不是为了拆散躯壳；今天，我们只是为了填补灵魂。我的辩护共分为五个部分：

---

[1] https://www.sohu.com/a/327783804_758486，最后访问日期：2020年2月29日。

一、这是一个血亲复仇的故事

那些发生于童年时期的疾病是最严重、也是最难治愈的。

——［奥地利］西格蒙德·弗洛伊德

时间必须回到 1996 年。这一年，张扣扣年仅 13 岁。汪秀萍，张扣扣的母亲，被王正军用木棒打死。母亲被打后，倒在了张扣扣的怀里。张扣扣眼睁睁地看着母亲在自己的怀里断气、死去。

在会见张扣扣的时候，张扣扣告诉我，有三个场景深深印刻在他的脑海，令他终生难忘、时常浮现：一是王正军打他妈妈的那一棒；二是妈妈在他怀里断气的时候，鼻子、口里都是血，鲜血在喉咙里面"咕咕咕咕"地作响；三是妈妈的尸体在马路上被公开解剖，现场几百人围观。张扣扣亲眼看到妈妈的头皮被人割开，头骨被人锯开。

这样惨绝人寰的血腥场面，对于一个年仅 13 岁的儿童来说，简直是毁灭性的，也是常人无法想象的。童年时期经受过这样巨大创伤的人，长大后是几乎不可能成为一个健全的正常人的。

弗洛伊德说过："人的创伤经历，特别是童年的创伤经历会对人的一生产生重要的影响。悲惨的童年经历，长大后再怎么成功、美满，心里都会有个洞，充斥着怀疑、不满足、没有安全感……不论治疗身体还是心理上的疾病，都应考虑患者童年发生的事。那些发生于童年时期的疾病是最严重、也是最难治愈的。"

心理学上有一种严重的心理疾病，叫创伤后应激障碍。它的典型定义是："个体经历、目睹或遭遇到一个或多个涉及自身或他人的实际死亡，或受到死亡的威胁，或严重的受伤，或躯体完整性受到威胁后，所导致的个体延迟出现和持续存在的精神障碍"。创伤后应激障碍有许多症状，其中一个最主要的症状是"记忆侵扰"，即受创时刻的伤痛记忆萦绕不去。主要表现为患者的思维、记忆或梦中反复、不自主地涌现与创伤有关的情境或内容，可出现严重的触景生情反应，甚至感觉创伤性事件好像再次发生一样。张扣扣本人曾供述"眼睛一闭，当年的场景就浮现了上来……经常梦见母亲去世的样子"。我们高度怀疑张扣扣患有创伤后应激障碍。

这样的心理创伤和精神痛苦所激发的仇恨能量是常人难以想象的。张扣扣在口供中详细描述了他的心理经过："王三娃用木棒将我母亲一棒打死，我也在现场，当时我年龄还小，只有 13 岁，我就想拿着刀将王三娃弄死，最后被我爸爸拉住了,当时我看到我妈鼻子口里都是血,心里非常痛苦,我就发誓一定要给我妈报仇,我还大声说:'我不报仇,我就是狗日的。'从那之后一直到现在,我心里一直憋着这股仇恨。"

张扣扣被仇恨的欲望所裹挟,被复仇的情绪所支配。而这仇恨的种子,却是别人播下的。张扣扣本人也是受害者,也是牺牲品。庭前会议上,我们曾申请对张扣扣进行精神鉴定,遗憾没有获得法庭许可。精神正常不正常,靠一些邻居同学的口供是无法证明的。我个人高度确信,张扣扣的心理创伤对其后续行为有着决定性影响。在意志自由这个层面,张扣扣是不同于正常人的,是受到限制的。现在以一种正常人的标准、用一种局外人的理性去要求张扣扣,去审判张扣扣,是在当年悲剧的基础上对张扣扣的又一次不公。

二、张扣扣没有更好的仇恨排遣通道

如果这些年王自新一家愿意给我们赔礼道歉,我也不会发生今天杀人的悲剧。

——张扣扣

心理学的研究表明,激烈的侵犯会导致复仇的欲望,而复仇的欲望只有得到排解,才能放弃复仇的行动。国内学者黄永锋总结了排遣复仇欲望的可能途径,包括:①借助诉诸神秘力量的报应思想;②通过得到所在群体的支持;③诉诸暴力反击;④寻求公权力救济;⑤通过忏悔和宽恕;⑥容忍并由时间抚慰。因此,为了实现社会控制,国家应当尽可能地向行为人提供代价更小的仇恨排遣途径。

对于 23 年前的那场审判和判决,虽然陕西高院已经驳回了张扣扣父亲张福如的申诉,但一个不容否认的事实是:张扣扣一家三口都认为这个判决太轻了。法院垄断了法律裁判权,但法院垄断不了正义评价的标准。正义有张普罗透斯的面孔,每个人心里都有一杆秤。美国伟大法学家罗尔斯终其一生研究正义问题,最后给出的答案竟然是正义离不开直觉。

23 年前的那场审判,无法给予张扣扣足够的正义感受。张扣扣自己供述说:"王三娃被判处有期徒刑 7 年,表面上是受到制裁判决了,但实际上是轻判了。"实际上,王正军虽然被判处 7 年有期徒刑,但仅仅服刑 4 年就被释放。在此次事发前七八天,张扣扣还对他父亲说:"王自新家将我妈杀了,既没有偿命,又没有偿钱,我要收拾他们。"

王正军虽然受到了一定的法律制裁,但案结事未了,张扣扣的心灵创伤并没有被抚平，张扣扣的复仇欲望也没有被排遣。更重要的是，王家从未向张扣扣家道歉、认过错，寻求过谅解。

张扣扣在公安机关供述说："在过去的 22 年中，王自新一家人始终没有给我们家道歉沟通过，也没有经济赔偿，这 22 年的仇恨在我的心里越来越严重，我就想把王自新他们一家人杀死给妈报仇，为了报仇我连媳妇和娃都没有要，我心里想的就是为了报仇，如果这些年王自新一家愿意给我们赔礼道歉，我也不会发生今天杀人的悲剧。"可以说，是王家自己首先存在重大过错，自己亲手埋下了复仇的种子。

张扣扣自幼家境贫寒，初中毕业即踏入社会。学历不高，加上幼年遭此打击，后面的工作和生活并不如意。辗转广东和浙江，但从事的多是保安、车间工人等底层职业。工作辛苦但收入微薄，经济长期拮据，期间还多次被人骗入传销组织。可以说，张扣扣社会融入过程极其不顺利，社会支持系统长期缺位，加剧了他内心的痛苦脆弱和孤立无援。

家庭也没有给予他足够的关爱。母亲离世，姐姐远嫁，张扣扣的大部分岁月都缺乏女性的关爱。父亲张福如小学文化，从小对张扣扣管教严格，只要是张扣扣跟别人发生冲突，不管谁对谁错，都要遭受父亲的责怪。父爱严苛有余，温情不足。以至于张扣扣的朋友曾秋英说他有很强的恋母情结。

在张扣扣诉诸暴力反击以前，我们的社会对其复仇欲望根本未予关注，更不用说帮其疏导。张扣扣在母亲死去的当天，曾经仰天长啸，发誓为母报仇，但这样的声音没有被人重视。有利于社会的仇恨排遣通道统统阻塞了，只留下了一条暴力反击的通道。

惨案发生后，我们去苛责张扣扣的残忍和暴力，却全然忘记了在之前整个社会对他的弃之不顾。没有心理疏导，没有帮扶关爱，任由一颗复仇的种子生根发芽。鲁迅先生说过"不在沉默中爆发，就在沉默中灭亡"。张扣扣长大成人后，要么做一个畏畏缩缩、逆来顺受的木偶，要么就注定会走向另外一个极端。

三、复仇有着深刻的人性和社会基础

义应复仇，故擅杀之罪轻。

—— （清）沈之奇

古今中外，在人类的各个历史时期、各个社会类型，复仇都是永恒的话题。

从莎士比亚的《哈姆雷特》到大仲马的《基督山伯爵》，再到中国的《赵氏孤儿》，以复仇为题材的文学作品，至今仍是人类跨文化、跨地域的共同精神食粮。文学是人性和社会的反映，复仇在文学作品中的重要地位是其人性和社会基础的最好证明。

中国传统司法实践对复仇案例大多给予了从轻发落。孔子有"以直报怨，以德报德"的著名论述，儒家经典《礼记·曲礼》甚至有"父之仇，弗与共戴天"的说法。宋朝是中国文化最鼎盛的时期之一，对复仇案件格外重视。《宋刑统》规定，地方官员遇到复仇案件，需要奏请皇帝敕裁，以期实现人伦天理和王朝法制在个案中的统一。

《明律》明文规定："祖父母、父母为人所杀，而子孙擅杀行凶人者，杖六十。其即时杀死者勿论。其余亲属人等被人杀而擅杀之者，杖一百。"明朝律法对复仇杀人较之普通杀人，明确给予了减轻处罚。清律继承了明律的相关规定。清朝律法学者沈之奇曾经对此有过生动的注释："义应复仇，故擅杀之罪轻。若目击其亲被杀，痛忿激切，即时手刃其仇，情义之正也，何罪之有？"

在中国漫长的法制历史中，有许多经典的复仇案例。《宋史》中记载过一则"甄婆儿复仇案"，与张扣扣案非常相似：

有京兆鄠县民甄婆儿，母刘与同里人董知政忿竞，知政击杀刘氏。婆儿始十岁，妹方襁褓，托邻人张氏乳养。婆儿避仇，徙居赦村，后数年稍长大，念母为知政所杀，又念其妹寄张氏，与兄谋儿同诣张氏求见妹，张氏拒之，不得见。婆儿愤怒悲泣，谓兄曰："我母为人所杀，妹流寄他姓，大仇不报，何用生为！"时方寒食，具酒肴诣母坟恸哭，归取条桑斧置袖中，往见知政。知政方与小儿戏，婆儿出其后，以斧斫其脑杀之。有司以其事上请，太宗嘉其能复母仇，特贷焉。法史学者李德嘉认为，"太宗通过此案宽赦了甄婆儿，做到了情法两尽"。

时至现代，复仇已经被正式的国家法彻底否定。但对于复仇现象和复仇案件，著名法学家朱苏力认为，不能简单地以一句"依法治国"给打发了。朱苏力认为，报复性反应是任何生物在自然界生存竞争的基本需要和本能。任何物种不具有这种本能，都将被自然界淘汰。畏惧他人报复会减少对他人的侵犯，报复本能为人类创造了一种博弈论意义上的合作互不侵犯，从而使人类进入了"文明"。

而复仇本质上就是报复。报复是即时的复仇，复仇是迟滞的报复。根据现代法律，如果当场反击、即时报复，有可能会构成正当防卫或者紧急避险，从而无须承担法律责任。而复仇之所以被现代法律禁止，理由之一是被侵犯者有时间寻求公权力救济，可以寻求司法替代。国家垄断合法暴力，个人复仇行为被法律强制转化为司法程序。

而复仇之所以具有迟滞性、后发性，往往是因为当时不具有即时报复的能力。年仅13岁的张扣扣当时也曾想上去"拼命"，但被父亲阻拦。据张扣扣姐姐陈述，母亲被打死后，张扣扣抱着母亲，一边流泪一边发誓："我长大要为你报仇"。当时的力量对比悬殊，张扣扣经过理智权衡，选择在自己"长大"后再去报仇。

国内学者黄永锋曾经关注和研究过复仇心理学。根据他的理论，张扣扣的复仇心理过程可以概括如下：①王家对其母实施了故意伤害行为；②眼睁睁看着母亲在自己的怀里断气、死去；③目睹母亲的尸体在马路边被公开解剖；④内心遭受了难以想象的痛苦和羞辱；⑤内心的愤怒被激发，心理失衡，产生强烈的复仇欲望；⑥王正军被轻判，王家没有道歉和足额赔偿，复仇的欲望未能排遣；⑦社会融入不畅，社会支持系统缺乏，强化了复仇欲望；⑧暴力反击，复仇欲望发泄，心理恢复平衡。

现代法律之所以禁止私力复仇，是因为提供了司法这样的替代选择。然而公权力并非无边无际，他在伸张正义的时候也必然存在各种局限，有其无法抵触和覆盖的边界。当公权力无法完成其替代职能，无法缓解受害者的正义焦渴的时候，复仇事件就有了一定的可原谅或可宽恕基础。

四、国家法应该适当吸纳民间正义情感

不要支离破碎地去看待法律，而要将法律看作是一个连续、一往无前的发展整体。

——［美］本杰明·N.卡多佐

根据现行刑法，张扣扣的确犯有故意杀人罪和故意毁坏财物罪。对于检察院起诉指控的事实和罪名，我们没有异议。我们也认同，法律应当对张扣扣的行为给予制裁。我们今天的辩护主要围绕量刑展开。

无论是儒家经典的"荣复仇"，还是众多历史典籍和文学作品中的快意恩仇，复仇某种程度上就是民间版的自然法。中国古代司法实践中，对复仇行为要么赦免其罪、要么从轻处罚、要么予以嘉勉，但从未进行从重处罚。而人伦天理和法制统一的矛盾冲突在王朝社会就已经存在，并非今天才有。

诚然，现代的社会基础已与古时不同，现代的法治理念已与之前迥异，但儒家经典和传统律法背后所反映的人性基础和善恶观念仍然延续至今，并未全然中断。今天的我们是由过去的他们所塑造，今天的司法又怎能轻易地与传承千年的历史一刀两断？正如美国联邦大法官卡多佐所说："不要支离破碎地去看待法律，而要将法律看作是一个连续、一往无前的发展整体。"审视和处理张扣扣案，历史的维度和民间法的维度不仅不是多余的，反而是必不可少的。

权力可以集中，但正义必然是个体化的、分散化的。司法在追求正义的过程中，如果完全摒弃民间的立场，完全忽略个体当事人的感受，有可能会导致正义的错位甚至正义的窒息。23年前的悲剧，某种程度上正是由这样的原因导致的。23年后，我们还要再一次重蹈这样的错误吗？

张扣扣的行凶对象有着明确而严格的限定，对于一般的民众并无人身危险性。在回答为何要向王正军、王校军、王自新行凶时，张扣扣解释道："是老二先挑起来的，是老二先打我妈的，王三娃是用棒把我妈打死的主要凶手，王校军是王三娃打死人之后打通层层关系的幕后操作人，王自新就是煽风点火的人，没有王自新说的'打，往死里打，打死了老子顶到'这句话我妈也不会死，所以我才要杀死王自新他们四个人。"至于当时同样在家的杨桂英，虽然是王正军的母亲，但因为与23年前的案件无关，张扣扣并未对她有任何伤害举动。

王家亲戚王汉儒在公安机关作证："我当时劝张扣扣……张扣扣跟我和王利军说：'与你们没有关系，你们不要参与'。烧完车后，我听张扣扣说：'我等了22年，我妈的仇终于报了'，并在村道上举起两只手边走边说：'等了22年，终于给妈妈报仇了'……"张扣扣在此之前，没有任何违法犯罪前科，足以说明张扣扣不是一个危害社会的人。他的复仇行为导致了三条生命逝去，但他也有节制的一面，他的行为不会外溢到伤害无辜的程度。

根据正式的国家法，虽然被害人存在过错、张扣扣有自首情节、家属有积极赔偿，但根据以往的判例，张扣扣的判决结果似乎不言而喻。但正如我前面所说的，张扣扣这个案件有着极其的特殊性。这是一个典型的复仇案件，具备民间法的某些正义元素。因此，如果我们把正式的国家法作为一个整体框架，而不是作为一个完全封闭自足的系统；如果我们认为，正式的国家法仍然能够为民间法预留某些空间，或者仍然与民间法保留着某些对话、融合的可能通道，那么张扣扣应该能有生的希望。

五、尾声：张扣扣是一个什么样的人

即使是邪恶软弱之人，也不可能低于你们心中的至恶。

——［黎巴嫩］纪·哈·纪伯伦

在我会见张扣扣的时候，张扣扣曾经问我："你觉得我是一个什么样的人？是不是跟你一开始想的不一样？"我笑笑回答："你的确跟我想象的不一样，你没有我想象的那么凶残。但你跟我不是同一类人。"张扣扣说："我其实很随和的，生活中很少跟别人发生摩擦或者矛盾。"

张扣扣是个什么样的人呢？是那种大奸大恶的人吗？显然不是。邻居兼同学张良刚评价张扣扣"不打牌不抽烟不喝酒，不惹事，也不乱花钱，自尊心很强，对人有礼貌，爱干净得很，家里收拾得利索，衣服都是自己洗"；王家亲戚王汉儒评价"平时不爱出门，喜欢待在屋里，小伙子还比较有礼貌"；朋友曾秋英评价："和工友们在一起相处得很好，平时有说有笑，和别人都没有矛盾，扣扣这个人生活很节俭，很少乱花钱，也不到外面乱跑和也不出去玩"；前同事梁江召评价："他和同事相处都很好，平时和同事也没发生过矛盾，他这个人做事尽职尽责，我们在一起还互相请吃饭，他这个人还是比较大方的，别人请客吃饭，他也会请客……我和扣扣还是集团工作标兵。"可以说，张扣扣本质上并不是坏人，只是生活和命运让他有了不同于常人的选择。

张扣扣是个什么样的人呢？是那种手刃仇敌的大英雄吗？显然也不是。今天，我们并非是在广场上把张扣扣当作英雄进行簇拥和歌颂。相反，张扣扣今天是站在被告席上接受法律的审判。他的行为在整体上，是被法律予以明确否定的。作为法律人，在张扣扣的整体行为评价上，我并无异议。

简单地喊着正义或者邪恶的口号很容易，简单地说一句法律禁止私力复仇很容易。难的是，如何用法律人的理性和细致去勘查和勾勒正义的边界，如何在坚持主流意识形态和国家法律话语体系的前提下发现并兼顾被忽略的民间法，如何用法律人的良知和怜悯去斟酌和界分刑罚的合适重量，如何让一份司法判决既能承载法律的威严又能浸透人性的光辉。

因此，今天我的辩护基调不是铿锵的，而是悲怆的。我要向法庭表达的不是强烈的要求，而是柔软的恳求。今天，我想用最诚恳的态度，恳求法庭能够刀下留人，给张扣扣留下一条生路。我期待法院能体谅人性的软弱，拿出慈悲心和同理心，针对此案做出一个可载入史册的伟大判决。

最后，我想引用黎巴嫩诗人纪伯伦的《罪与罚》作结：

在你们身上多数是人性，还有许多非人性，是一个未成形的侏儒，在迷雾中梦游，找寻着自己的清醒。我现在想说说你们身上的人性，因为熟识罪与罚的只有它，不是你们的神性，也不是迷雾中的侏儒。

我常常听你们谈起犯了某个错误的人，好像他不是你们中的一员，而是一个闯入了你们世界的陌生人。然而我要说，即使是神圣正直之人，也不可能超越你们每个人心中的至善，同样，即使是邪恶软弱之人，也不可能低于你们心中的至恶。

宛如一片孤叶，未经大树的默许就不能枯黄，那犯罪之人，未经你们全体的暗许就不能为非作歹。你们就像一列向着人类"神性面"迈进的队伍，你们是坦途，也是路人。

若其中一人跌倒，他是为后面的人跌倒，让他们小心避开绊脚的石头。他也是为了前面的人跌倒，他们步伐虽然迅捷稳健，然而却没有移走绊脚石。

以上意见，恳请予以采纳。判决结果，全部交给法庭。谢谢。

张扣扣委托辩护人：邓学平律师

第五章
法律谈判

【课前导读】

　　当代社会纠纷解决理念已然由"对抗转为协商""追求单一价值转向实现多元价值""输赢决斗转为争取双赢",民众不再迷信诉讼万能,而是欲求搭建一个协商对话、共赢和谐的纠纷解决平台,以定分止争、案结事了。除了调解、仲裁等较为传统和成熟的替代性纠纷解决机制外,法律谈判愈发受到推崇和重视。作为非诉讼纠纷解决方式的一种,法律谈判以高效率、低成本、专业性、和解性等方面的独特优势逐渐被社会认可。在构建和谐社会的过程中,我国建立并完善多元化的纠纷解决机制已成为必然趋势。本质上说,法律谈判也是解决问题的主要渠道,融合于我们的日常生活。律师业务细分以后,出现了从不去法院的事务律师,他们挣钱多,工作环境好,不必在各看守所和法院检察院之间奔波,也不必为和形形色色的当事人打交道而绞尽脑汁。事务律师是律师中的金领,从业务技能来看,熟练掌握法律谈判技能应该是事务律师与诉讼律师的主要区别之一。当然,诉讼律师工作中也会面临法律谈判问题。也正因为如此,在高年级法科学生及法科研究生学习生涯中,越来越多的学校开设了《法律谈判》课程。没有人怀疑法律人从事的工作与谈判之间的密不可分关系。"认罪认罚从宽"制度进入法律以后,"被害人谅解""民事赔偿达成和解"等情节将从酌定情节转变为法定情节,对刑事结果影响力度更大。可以说,无论是公检法还是其他职业的法律从业人员,掌握法律谈判技巧是应然的技能。不管法学本科生还是研究生,要想尽快适应真实的社会生活,就必须把模拟法律谈判作为训练自己的重要内容。

　　本章建议的学时为2次课,4学时,理论学习和谈判训练各半。

第一节　法律谈判概述

一、谈判与法律谈判

（一）谈判基础知识

谈判是有关当事人就共同关心的问题互相磋商、交换意见、寻求解决分歧和问题的途径和达成协议的过程。在现代文明社会中，谈判是文明和进步的标志，谈判存在于任何领域，比较常见的有政治谈判、经济谈判、外交谈判、军事谈判等。在2018年至2019年的中美贸易战中，中美双方都组成了高级别的谈判队伍，经过漫长和多回合谈判，就进出口产品、关税税率、贸易规则等多方面达成了一致，仍有部分分歧和问题等待后续处理。香港地区属于我国领土，在晚清因为战争失利割让给英国管辖，在20世纪末，我国通过外交谈判，香港地区终于在1997年7月1日回到祖国怀抱。在国内经济生活中，我们更常见经济谈判或者商务谈判。很多重大的经济合同几乎都需要谈判，成功的商人都是谈判高手。无论哪种谈判，都具有以下几个基本特征：

第一，有需要解决的问题或者分歧是谈判的前提。国家与国家之间有领土争议，需要通过政治谈判解决；买方与卖方就价格、质量、交货期等达不成一致，就需要经济谈判，看谁做出让步。根据马克思矛盾普遍性原理，人类社会在任何时间和环节都存在矛盾和冲突，解决这种矛盾和冲突就需要采取措施，谈判就是为解决某些问题或者达到某种目标而采取的行动。谈判是建立在人们需要的基础上的，这是人们进行谈判的动机，也是谈判产生的原因。

第二，谈判是两个以上的利益冲突方或者利益关联方的交际活动，只有一方则无法进行谈判活动。参与谈判的各方，尽管可能存在力量的不对等或者其他条件的不一样，选择的自由度也可能不一样，但表面上还是互为独立和平等的主体。一方不得把自己的意志强加给另一方。无论过程如何，参与谈判的各方都有自主选择谈判方式和是否接受谈判合意的自由，这一点是谈判与宣读诏书、传达命令、法庭审判等其他活动的区别。

第三，谈判是人类社会文明进步和知性理智的标志。解决纠纷的措施有很多，简单粗暴的方法就是武力，一方通过杀戮等方式去征服对方，这是最简单最原始的丛林法则，或者也叫动物法则，这种规则在野蛮社会中非常奏效，但存在巨大的破坏力。躲避和逃跑也是解决问题的消极方法，旧中国的闭关锁国，鲁迅笔下的阿Q精神胜利法都是回避矛盾。谈判是在综合各种解决矛盾和问题的措施利弊基础上，选择了一个成本最低、效益最好、解决问题最彻底的方法。随着社会文明的进步，通过理性谈判，各陈所见，各述所求，通过最简单的方式寻求双方欲望的统一。

第四，谈判是寻求建立或改善人际关系的行为，也是一种协调各方行为的"互惠"过程。谈判的前提是希望通过和平理性手段解决矛盾。谈判过程中，各方通过不断调整各自需求，最终使各谈判方的需求相互得以调和，互相接近从而达成一致意见。谈判过程具有"合作"与"冲突"的二重性，是"合作"与"冲突"的对立统一。谈判的合作性表现在，通过谈判而达成的协议对双方都有利，各方利益的获得是互为前提的。而谈判的冲突性则表现在，谈判各方希望自己在谈判中获得尽可能多的利益，为此要进行积极地讨价还价。谈判是为达到"互惠"的目的，互利互惠、皆大欢喜是谈判的一般结局。那种企图造成所谓一方全赢或全输的谈判，势必导致谈判的失败以至今后交往的中断。

（二）谈判分类

谈判的形式多种多样，按照谈判双方的接触形式可分为直接谈判和间接谈判。直接谈判是指在商务谈判活动中，参加谈判的双方当事人之间不需要加入任何中介组织或中介人直接进行的谈判形式。直接谈判在商务活动中应用非常广泛，包括面对面的口头谈判形式和利用信函、电话、电传等通信工具进行的书面谈判形式。直接谈判有其突出的优点：首先，不需要中间人介入，免去了很多中间手续，使谈判变得及时、快速；其次，各方当事人直接参加谈判，易于保守商业秘密；最后，节约谈判费用，不需要支付中介费用。间接谈判是相对于直接谈判而言的，它是指参加谈判的双方或一方当事人不直接出面参与商务谈判活动，而是通过中介人（委托人、代理人）进行的谈判。间接谈判也有其优点：首先，中介人一般都是谈判对方当地的代理人，熟悉当地的环境，熟知谈判对方的行为方式，便于找到合理地解决问题的办法；其次，代理人身为局外人，利益冲突不直接，不易陷入谈判的僵局；最后，代理人在其授权范围内进行谈判，不易损失被代理人的利益。

按照议题的商谈顺序可分为横向谈判和纵向谈判。横向谈判是指在确定谈判所涉及的所有议题后，开始逐个讨论预先确定的议题，在某一议题上出现矛盾或分歧时，就把这一问题暂时搁下，接着讨论其他问题，如此周而复始地讨论下去，直到所有内容都谈妥为止。这种谈判形式的优点在于议程灵活，方法多样，多项问题同时讨论，有利于寻找解决问题的变通办法；有利于谈判人员创造力和想象力的发挥，便于谈判策略和技巧的使用。纵向谈判指在确定谈判的主要议题后，逐一讨论每一问题和条款，讨论一个问题，解决一个问题，直至所有问题得到解决的谈判方式。其特点在于集中解决一个议题，即只有在第一个讨论的问题解决后，才开始全面讨论第二个议题。在谈判有主次之分时一般选择谈判问题的主次，哪些是核心问题不能让步，哪些是一般问题，可以高姿态。

从谈判结果分析，还可以分为竞争型谈判、合作型谈判和双赢谈判。在总蛋糕相对固定的情况下，利益冲突的竞争型谈判一目了然。价格高了，卖方得到的价款就越多，利润越丰厚，买方需要支付的金钱和代价就更高。合作型谈判是双方为争取合作机会而开展的谈判，有合作才有赚钱的机会。双赢谈判是指谈判结果对各方都有利可图。客观上来说，谈判成功都具有竞争性、合作性和双赢的属性。

(三) 法律谈判

法律谈判是谈判中的一种。现实生活中的法律谈判主要存在于以下场合：一是民事侵权案件，如邻里打架，夫妻吵架离婚，产品质量致人损害，道路上的交通事故等。受害人主张赔偿、赔礼道歉等民事权利，加害人可能提出异议。在责任不明的案件中，谁是加害人、谁是受害人都可能需要火眼金睛。二是合同纠纷。除了一些垄断行业之外，法律并不强迫当事人之间一定要签署合同。所以，订立合同之前的谈判，虽然有法律知识的内容，一般都认为是商务谈判。在合同执行过程中发生了纠纷或者需要变更、终止合同的谈判，就属于法律谈判。这里的合同，既包括当事人签署的纸质合同，也包括网上签署的电子合同（网购），还包括购物、乘车、就餐等事实合同。三是其他情况下的法律谈判，如不当得利、无因管理形成的债；物权共有、继承形成的纠纷；公司股东管理权纠纷，等等。我们生活中的很多谈判，都具有商务谈判、法律谈判等多重属性，为了更好地理解和研究法律谈判，我们有必要考察法律谈判具有哪些特点。

从法律谈判发生的阶段考虑，几乎在法律纠纷产生、发展、处理和预防等各个环节都可能普遍存在。在矛盾萌芽阶段，法治观念较强的人就会主动寻求法律的帮助，各种民事调解组织就开始发挥作用。解决法律纠纷的途径有很多种，懂法的人一定理智选择最简单、最方便、最经济、最有效的方式，只有法盲才会选择错误的方式让结果更坏。如某地在初冬暖气试水过程中发生了跑水事故，淹了楼下的墙面和部分家具、被褥，造成了部分损失。如果两家人就损害的原因、损害的后果无法达成一致，可以自行协商是修复还是补偿一些钱财，也可以找居委会或者物业做个调解，即使选择去法院诉讼，让法院委托第三方就事故原因、损害后果进行独立鉴定。在确定最终赔偿金额时也会做调解和说服工作，最好是楼上楼下双方都满意。尽管赔偿原则是根据过错程度，以补偿为基调弥补受害人损失，赔偿金额不会有太大的出入，但诉讼过程中的鉴定费、诉讼费以及时间成本都会大大增加。当然，这还不是最不能接受的后果，总有一些人喜欢按照丛林法则去解决问题。你不赔我家钱，我就去谩骂或者动手，打架的后果就是打输的住院，打赢的坐牢。如果遇到楼上住户蛮不讲理，在隔音效果不好的小区，楼下只能搬家才能躲过一劫。由此可见，及时进行有效的法律调解，对处理结果大有裨益。

与其他谈判相比较，法律谈判具有以下几个方面的特点：

首先，法律谈判需要解决的是法律问题。在现实生活中，每个人面临的问题很多，长久不吃饭，要解决饥饿问题；汽车没有油，需要解决动力问题；生病头疼，需要医生来治疗和处理；人们没有信仰，需要再造一个神明让老百姓敬畏。所谓法律问题是需要依照法律规定来作出法律结论或者采取某些法律行为的问题。与其他问题相比，法律问题具有社会属性和认识属性等特点，法律调整的是人与人之间的社会关系，法律问题只发生在法律主体这个社会成员之间。"有人的地方就有江湖""有人的地方才有江湖"。我占有一块土地，但我并不一定是该片土地的主人，谁是该片土地的主人？我对该片土地享有何种权利？这些都取决于当下的法律规定。法律问题的社会属性就是人与人的关系属性。法律问题的认识属性是指这些问题存在于意识和意志层面。意识是指认识，是人对外在世界的感知和认识；意志是意愿，是融入主观的期望和想法。同样一个问题，不一样的意识和意志，得出的结论不一样。所以，法律问题是人类社会进入阶级社会以后才有的问题，法律问题存在于意识和主观之中，我们都认为它是个法律问题，他就存在；大家都不认为它是个法律问题时，他就不存在。从存在形式来看，法律问题是看不见、摸不着的问题。现实生活中的很多问题具有自然属性、技术属性、政治属性、宗教属性等属性，哪一种问题背后都可能与法律属性相关。法律问题的普遍性决定了法律谈判的普遍性。法律调整范围的有限性和法律作用的有限性，决定了法律问题的有限性。

其次，法律谈判的准则是法律。商业谈判的准则是营利；外交谈判的准则是外交关系；道德谈判的准则是是非对错；法律谈判的准则是法律，当然，这里的法律是广义的含义，包括国家通过立法途径以法典形式颁行的宪法、法律，包括地方法规和行政法规、部门规章，还包括国际条约和国际公认的公理。在同一组织内部的法律谈判，相关制度也可以成为谈判的准则。法律是行为规范，需要得到全社会的遵守。所以，法律谈判的基础就是准确适用相关的法律规范。由于法律内容的原则性和法律事务的复杂性，导致从不同的角度、不同的出发点对法律问题的看法和结论差别巨大。对法律条文认识不同，不同当事人从不同角度去理解和适用法律也不相同。法律谈判就是给当事人充分的阐述法律根据和观点，论证各自意见合法性的过程。通过辨法析理，一方能够去说服另一方，或者双方找到了共同接受的观点，法律谈判就会成功。如果双方对法律事实、法律根据都无法达成一致，法律谈判就不会成功。

最后，法律谈判大多需要专业的人员参与或者辅助。生活中涉及法律谈判的场所非常普遍，小到夫妻闹矛盾，大到公司债务或者产权的确认，在司法改革过程中，有些刑事责任问题也可能通过当事人的互商互谅而改变结果。由于法律知识和法律经验的限制，很多当事人并不具备相关的法律知识储备，需要法律专业人士参与或者辅助。所以，在十八届四中全会《中共中央关于全面推进依法治国若干重大问题的决定》中，将法律队伍建设从公检法司等传统法律人员拓展到行政执法人员、企业法律顾问人员、公证人员、纪检监察人员、仲裁员等。加强法律队伍建设的核心目的就是发挥法律专业人员在国家管理和处理社会问题中的能力。在十九届四中全会公告中，"推进国家治理体系和治理能力现代化"是最主要的关键词,"坚持和完善中国特色社会主义法治体系,提高党依法治国、依法执政能力"。即使在社区管理处理民事纠纷的民事调解过程中,有具备法律知识的专业人员参与调解,无论是对纠纷事实的把握还是对法律条文的理解,都会事半功倍。

二、法律谈判的作用和意义

人类社会进化以后,文明成为人类标签,法律谈判就是在法律文化基础上发展起来的法律文明。法律谈判的作用主要反映在三个方面:一是可以自由体现当事人双方的意志。谈判是在自愿和可行的基础之上进行。如何谈、谈什么、有没有底线,都是当事人的自由选择。"我的地盘我做主"在法律谈判中最能体现。在诉讼和仲裁过程中,都是由别人来指挥。不能随便说话,不能随意走动,不能讨价还价,自由的空间极其狭小。二是可以快速、经济解决相关问题。法律谈判由当事人自己决定时间地点和程序,可以速战速决,也可以分步解决。不仅能节省诉讼费、代理费、保全费、鉴定费、执行费等一系列中介费用,还可以节省大量的时间。时间成本和机会成本大大降低。三是能考虑到各方利益,真正做到案结事了。案结事了是我国现代司法活动中特别突出的一项理想指标,但大多数判决书、裁决书很难做到这一点。主要原因是让第三方去为当事人设身处地解决问题,即使不说态度和方法,普通人的能力也达不到。有单方对判决不满意的,也有双方都不满意的。法律谈判的结果,虽然不一定都能够做到双赢,但输赢各方输赢都在明处,赔钱赔个明白。矛盾解决了,各方都心悦诚服,社会秩序也就维护了。

第二节　法律谈判的步骤

常规的法律谈判需要经过准备、开局、对局和结局四个阶段,也有分为做好谈判准备、开局、报价、了解对方需求、讨价还价、终局等六个组成部分。[1]几分法不是关键,掌握如何组织一个完整的法律谈判才是王道。

---

[1] 韩德云、袁飞主编:《法律谈判》,法律出版社2018年版,第20页。该书将法律谈判分为进攻型、协作型和解决问题型三种。

一、谈判准备工作

(一) 组建谈判团队

我们看电视上的大专辩论会，四位辩手各有特色。事实上，任何一次有效的法律谈判，组建一个合适、高效的谈判团队是保证谈判效果的关键。从表象来看，谈判团队负责人职位的高低，决定了对该谈判重视的程度。中美贸易谈判，双方都组织了国家首脑全权代表、正部级领导为谈判小组组长，统辖谈判具体工作。当年我国加入世界贸易组织（WTO）进入关键期，朱镕基总理亲自上阵，对谈判成功起到了极大的推动作用。如果我们还是按照原来的计划按部就班去谈判，什么结果还不好预测。

如何组建谈判团队，取决于谈判所需解决问题的难易度。一般而言，谈判人员构成的基本模式是1+1+N，即一个掌握事实和经过的人员和一个熟悉法律的人员，再根据项目需求增加其他人员。民事诉讼中经常涉及法律谈判，代理民事诉讼出庭的人员有人数限制，除了法定代表人之外，委托代理人不超过2人，所以，一个是本单位负责项目的人员和外聘一个律师是我们常见的诉讼代理人"黄金搭档"。项目负责人主要任务是陈述事实经过，举证质证，发现问题的细节，辨识事实上的真伪；法律人员的职责是熟悉诉讼程序，充分利用诉讼权利展开进攻或者防守；其他人员，根据谈判项目的复杂程度和现实需要来确定，如涉外谈判中，如果中文不是主要谈判语言，我们必须有翻译人员参加，对于技术复杂、工艺流程特殊的谈判，需要熟悉技术的人员参加。如果争议涉及造价和成本核算等方面的内容，还需要技术经济方面的专家参与。招标投标的谈判，既是商务谈判，也是法律谈判。我们在评标过程中一般都分为技术组和商法组。分头工作，提高效率。总体上，各方参与谈判的人数要大致相当，如果一方在人数上绝对超过对方，会给对方造成心理上的压力，对谈判成功不利。

组建强有力的谈判团队，是谈判成功的关键。团队成员要分工协作，各司其职，还要相互配合，多点联动。为了保证谈判信息的及时畅通，为了保证委托人或者单位领导意见的及时传达，谈判团队中的组织秩序非常重要。二人参与谈判，谁主谁辅需要明确；三人以上的团队，要明确谈判临时负责人。谁都不服谁的谈判团队，政出多头，出尔反尔，只能反映出管理的混乱和组织涣散。

(二) 了解事实和争议

了解产生纠纷的事实和掌握争议核心所在是组建谈判团队后需要完成的第一项工作。以合同执行中的纠纷为例，在实施方面，谈判团队最少需要了解的事实如下：①有没有书面的合同；合同是通过什么途径何时签署的？合同内容是如何约定的？②合同执行中发生了哪些争议？③发生争议的原因有哪些？④争议各方各有哪些证据？纠纷事实是了解的重点，但不是全部。只有完整把握了整个事件的来龙去脉和前因后果，我们才能做出下一步判断。了解事实的过程也是收集证据的过程。有些项目执行时间达数年，前后经历和经手的人几经变化。在一些基础管理不是很规范的单位，合同文件、变更文件、会议纪要、发货单、托运单、出库单、入库单、现场签证、隐蔽工程验收单、缺陷清单、收款收据、发票等文件都可能不全，我们需要在了解事实的过程中，顺藤摸瓜，把证明这些事实的证据都收集起来。在正式谈判之前，谈判团队需要就了解的事实做内部沟通，要让每一个谈判成员对基本事实有全面的了解，不能让相关信息成为某个成员的专利。

(三) 确定谈判底线和谈判策略

确定谈判底线和策略，是指根据有证据证明的事实，选择最有利于自己的思路和方法。谈判策略是指导谈判的基本思路和出发点。在《孙子兵法》等古代中国人民的智慧结晶中，我们的祖先将基于《易经》中的阴阳、刚柔、奇正、攻防、彼己、虚实、主客等对立关系的相互变化总结为军事战略和军事辩证法的"三十六计"[1]。"三十六计"共分六套，即胜战计、敌战计、攻战计、混战计、并战计、败战计。前三套是处于优势所用之计，后三套是处于劣势所用之计。法律谈判过程中，我们不可能完全照搬这个"三十六计"，但至少我们应该熟悉以下内容：

首先是谈判目标。谈判目标是当事人希望通过谈判达到的法律效果。不

---

[1] 传说中的三十六计依次为：金蝉脱壳、抛砖引玉、借刀杀人、以逸待劳、指桑骂槐、趁火打劫、擒贼擒王、关门捉贼、打草惊蛇、浑水摸鱼、瞒天过海、反间计、笑里藏刀、调虎离山、顺手牵羊、李代桃僵、无中生有、声东击西、树上开花、暗度陈仓、假痴不癫、欲擒故纵、走为上、釜底抽薪、空城计、苦肉计、远交近攻、反客为主、上屋抽梯、偷梁换柱、连环计、美人计、借尸还魂、隔岸观火、围魏救赵、假道伐虢。

同的谈判可能有多个目标，有理想目标、可接受目标和最低目标。有了目标，既可以检验谈判效果，也可以决定给参与谈判的团队以确切授权。在最低目标范围内，方便谈判人员灵活机动处理问题。当对方开价低于最低目标时，我们可以终止谈判，选择别的方式，节约时间。除了形式谈判以外，谈判底线必须相对确定。确定底线时应该考虑的要素有：①纠纷性质是民事纠纷、行政纠纷还是刑事案件，是自诉案件还是公诉案件。②谈判地位是侵权人还是受害人。③危害后果是人身损失、精神损失还是财产损失。人身损害和财产直接损失容易确定，精神损失和间接财产损失难以证明。④过错程度是单方过错还是混合过错；是恶意还是过失；是重大过错还是瑕疵。⑤法律根据或者合同根据。⑥其他因素，如被告人的赔偿能力、赔礼道歉、认罪态度、期望与打算。⑦谈判不成功的后果分析。如刑事案件犯罪嫌疑人、被告人与被害人就赔偿达成一致，被害人出具谅解备忘录，请求司法机关对犯罪嫌疑人、被告人从宽处理，结果就是犯罪嫌疑人、被告人可以变更非羁押的强制措施，可以受到较轻的刑罚处罚等。反之，如果达不成一致，犯罪嫌疑人、被告人就得不到从宽处理。

其次是谈判策略。是选择开宗明义、义正词严地进攻型还是委曲求全、息事宁人的防守型。进攻型的好处是攻城略地，打击敌人节节败退、溃不成军，最后不得不缔结城下之盟。缺点是容易暴露谈判目标，暴露虚实。防守型可以等待对方出招然后见招拆招，可以隐藏谈判底线，避免谈判过程中的被动，省时省力。缺点是如果一味防守，容易被视作没有谈判诚意，丧失谈判机会。大多数情况下，选择进攻型还是防守型谈判策略，起决定作用的是当事人的法律地位，而不是随意选择的，如在单方过错的侵权赔偿纠纷案件中，如果被告人有赔偿能力，大多数被害人可以选择进攻型，犯罪嫌疑人、被告人及其近亲属大多只能选择防守型，如果被告人关心自己的自由和其他责任后果（如刑事责任），也可以积极主动与被害人协商赔偿问题。如在药某某故意杀人案件、复旦大学林某某投毒案和北京长安街英菲迪尼以特别危险方法危害公共安全案件中，不同的谈判策略决定了案件的结果迥异。难怪有网名留言，两位"爸爸是儿子被执行死刑的神助攻"。2010年10月20日22时30分许，药某某驾驶陕A419N0号红色雪弗兰小轿车从西安外国语大学长安校行使至西北大学长安校区西围墙外翰林南路时，将前方在非机动车道上骑电动车同方向行驶的被害人张某撞倒，药某某恐被害人记住车牌号找其麻烦，即持尖刀在其胸、腹、背等处捅刺数刀，将其杀死。逃跑途中又撞伤二人。同月22日，公安机关找其询问，药某某矢口否认。同月23日，药某某在其父母陪同下到公安机关投案。在诉讼过程中，药某某的家人以被告人已经成年、父母没有赔偿义务等理由在赔偿问题上斤斤计较，导致在一审庭审结束后民事赔偿部分都无法达成一致。鉴于被害人上有老母、下有两个未成年的幼儿需要抚养等事实，一审判决赔偿45 498.5元。在二审过程中，鉴于被告人家属的表现，被害人甚至选择了放弃民事赔偿，只求被告人被执行死刑。经最高人民法院核准，药某某于2011年6月7日被依法执行死刑。2年之后，发生在上海复旦大学的林某某投毒案也异曲同工。2013年4月，因生活琐事纠纷，犯罪嫌疑人林某某用实验室偷来的剧毒化学品二甲基亚硝胺毒死同宿舍研究生黄某。在诉讼过程中，被告人之父聘请律师，以"被害人死于肝炎""被告人精神异常"等多种理由意图影响一审判决，在赔偿的问题上也是锱铢必较。2015年12月11日，被告人被执行死刑。两起案件的共同特点是在被告人没有赔偿能力的情况下，家属单方面强调"父母没有赔偿义务"，忽略了被告人犯罪行为给被害人及其亲属造成的伤害。如果两位家长把工作重点放在尽力赔偿受害人这一点上，与被害人家属达成民事赔偿协议，取得被害人家属谅解，两位被告人被执行死刑的可能性极低。发生在长安街的英菲迪尼肇事案最终结果也证实了这一点。2010年5月9日5时36分许，建国门外大街永安里十字路口，一辆黑色英菲尼迪轿车以时速近120公里的速度撞上正在等红灯的一辆白色菲亚特轿车，致使菲亚特车上的父亲和6岁的女儿死亡，母亲13处骨折。因为酒后和严重超速，该案罪名不是交通肇事而是以特别危险的方法危害公共安全。从罪名及直接后果来看，本案的结果都不会比上述二案轻。被告人家属卖车卖房，竭尽全力赔偿了被害人家属数百万元，在民事赔偿达成一致的前提下，2011年5月20日法院一审判决被告人无期徒刑，剥夺政治权利终身。三个案件不同的结果可以看出，选择正确的辩护和赔偿策略，对最终结果有质的影响。选择正确的谈判策略，显示谈判组织者的智慧，需要慎重。

（四）选择恰当的谈判时机

法律谈判时机的把握也是在准备工作中需要注意的问题。一是确定了法律谈判的大致时间段，可以给准备工作制定计划，排出进度表，打有准备之仗，就不会临阵磨枪。二是要选择最有利于自己的时机去促使谈判按计划进行。从预防纠纷的角度，尽可能在萌芽状态进行谈判。如发包人通过监造得知承揽人加工产品的进度滞后，主要原因是资金困难、购买原材料和零配件不及时。为了保证承揽人按时交货，同时避免承揽人将项目资金挪作他用，发包人应及时与承揽人进行谈判，发包人在付款进度上有所让步，承揽人保证专款专用，并在违约责任上作进一步明确。在处理侵权案件的损害赔偿时，如果损害后果尚未确定，或者双方对致害原因各执一词，过早谈判只会浪费精力，无功而返。在被告恶意逃债的法律纠纷中，片面的乞求谈判和和解，对最终结果于事无补。只有对对方的财产采取了保全措施，对对方的行动和自由采取了限制措施，"打蛇卡住了七寸"，才有可能把对方逼到谈判桌上来。总体上说，谈判时机的选择取决于当事人心理和外在行为的准备程度，但同时与其他客观外在条件密不可分。在重大法律事件或者重大法律行为发生以前，是否应该开始谈判或者重启谈判是个值得思考的问题。错过了这个时机，就可能错过最佳谈判机会或者需要付出更大的代价。如合同用印生效之前，一方可以重启谈判改善一些合同条件；一旦合同生效单方修改合同就不受法律支持。在起诉之前，当事人自行和解处理纠纷，成本低；一旦选择仲裁诉讼，缴纳了仲裁诉讼费等，谈判中还需要考虑这些费用的负担；在买卖合同中，买方一旦支付了货款，或者卖方已经交货，谈判中的筹码就小。在诉讼中，理亏的一方尽可能在一审判决之前做出让步换来和解，一旦一审判决出现被动局面，再谈的代价就会更大。在刑事附带民事诉讼过程中，被害人进行民事赔偿部分谈判的最佳时机是在一审判决之前，一旦刑事部分已经确定，再谈民事赔偿就很艰难。

二、谈判过程

根据需要解决的法律问题的难易程度，谈判过程也有长短，有几十分钟快速结束战斗的，有需要数月或者数年反复多次谈判还不一定能达成一致的。常规的谈判过程主要有开局、各自陈述、讨价还价、终局四个阶段。

（一）开局

开局是指谈判的开始阶段，或者说是谈判的开始。好的开局，营造一个真诚交流的机会，对最终取得谈判成功具有预示作用。在谈判场地布置上，一般采取对等和平等原则安排座位顺序。座位不能有主客场高低贵贱之分。常规的开局由谈判住所地的主方行地主之谊，在简单客气寒暄之后，主宾各方负责人介绍各自参加谈判人员的姓名、身份，可以交换名片。谈判中有重点责任分工的，各自做好工作对接，如双方会谈秘书负责联络和沟通，技术负责人、商务负责人之间的责任划分等。为了保证谈判的顺利进行和提高谈判效率，开局上尽可能明确谈判的背景、事由和谈判的范围和方式、谈判的注意事项等。为了活跃气氛，减轻谈判压力，开局上还可以简单聊聊天气、最近的网络新闻、共同认识的朋友等相互感兴趣的话题。

（二）各自陈述

各自陈述是谈判真正的开始。各自陈述过程中，各方阐明各自的主要观点、主要理由、解决问题的思路和方法等。通过各自陈述，我们了解对方的真实意图和想法，也是谈判的起点。所以，在各自陈述阶段，各方需要把自己的全部诉求一次"和盘托出"，除非特殊原因，陈述中的诉求是最大诉求，不能"得寸进尺""出尔反尔"。陈述内容还应该包括主要事实经过、主要证据，支持自己主张的主要事实和法律根据。严格地说，陈述不只是一个事实的简单描述，而是论点明确、论据充分、层次清晰的专业论文。重大的谈判中，作为陈述方需要提前准备好相关文件，必要时可以提供给对方。作为另一方，需要仔细聆听他方陈述，不要轻易打断对方发言。等对方陈述完毕，如果有不理解、听不懂的地方可以向对方发问。

各自陈述可以是一轮，也可以是多轮。如果有主持人，一般要在陈述结束后总结各方在目标、主要事实和理由、法律适用等问题上的关键分歧和焦点。谈判围绕着关键分歧和焦点进行，不至于出现牛头不对马嘴的情况，有利于提高谈判效率。

（三）讨价还价

法律谈判也是一个讨价还价的过程，这个过程就是磋商。依照法律规定，任何一方都可以提出、变更请求，也可以放弃请求；另一方可以承认、反驳对方请求。在法律谈判中，所谓的讨价还价并不局限于价格或者金钱的数额，泛指一切有利于自己的主张或者利益，如合同的工期、产品质量、交货地点、违约责任比例、免责条款、纠纷解决方式、发票的种类等都可能成为让步的理由或者谈判的收获。法律谈判中的讨价还价要遵守几个基本准则：一是非特殊原因不得增加陈述中的请求。除非有特殊的说明（如计算错误、文件丢失后失而复得），任何一方都不得超过陈述的上限去主张权利。如果一方或者双方超过陈述的主张改变请求，双方的距离会越来越远，只有相互让步，离共同的目标才会越来越近。如某电缆买卖合同纠纷中，买方拖欠了卖方部分货款，卖方的部分电缆质量不合格出现电气火灾烧坏了部分设备。买方要赔偿，卖方要货款和迟延支付利息。如果买方在陈述阶段要求卖方承担 10 万赔偿责任，卖方要求买方承担迟延支付利息 3 万元。双方在讨价还价过程中，买方可以在 10 万以下去作出让步，卖方可以在本金或者违约金 3 万元以下去让步。二是讨价还价的事由需要有事实根据和法律根据。民事权利由当事人自己独立行使，只要能说动对方降低请求，就可以达到讨价还价的目的。只有在谈判之前准确掌握了对方的关注点，突出自己的优势和对方的劣势，讨价还价就有希望。让对方让步的理由主要有：对方违约、违法的事实；对方违约、违法行为造成的损失；对方的过错程度和表现；对方违约、违法行为可能需要承担的法律后果；在涉及商业谈判中，继续合作或者扩大商业合作机会、远期权益和眼前利益、维权的成本、时间成本和机会成本等因素也会让人关注。三是当事人不能处分的内容不能讨价还价。正如无效合同不受法律保护一样，违法的讨价还价即使达成一致，也不受法律保护。如故意杀人案件、故意伤害致人重伤案件都属于公诉案件，被告人和被害人可以就民事赔偿补偿进行讨价还价，不能就刑事责任大小或者是否构成犯罪进行串通，被害人以不控告为由恶意高价索赔可能会构成敲诈或者包庇犯罪。团伙犯罪中，被告人讨价还价最终达成分赃的协议，除了成为指控犯罪的证据以外，不会有民事的约束力。

通过讨价还价的过程和力度，我们可以推断对方对谈判的期望和努力。如果不想谈判破裂，总需要一方或者双方作作出让步来打破僵局。在谈判主张上一步不让的人，要么是借谈判拖延时间，要么是对谈判达成一致不抱希望。第一个作出让步的诚意值得肯定，让步的力度越大，对通过谈判达成一致的期望值就越高。

（四）终局

终局是谈判的结束。只要有开局，就必然有终局。终局的结果有两种情形，要么谈判成功达成协议，要么谈判破裂各奔前程。无论是哪种结局，可能是单方满意的，也可能是双方都满意的结局。一个谈判到底应该在何时确定终局，也就是说如何把握终局的恰当时机，是考验谈判组织者智慧和水平的难题。从心理学角度，人的欲望是无止境的，都希望实现自己利益的最大化。终局时机的把握就是对自己利益最大化和对方心理预期的把握。选择终局时机大多有赌博的成分。达到如下条件，可以考虑结束谈判：一是对方主张没有事实和法律（合同）根据，且经过辩论后既提不出新的理由且拒不作出让步的。二是不谈事实和法律（合同），只是一谓以暴力、胁迫等违法手段逼迫对方就范的，这两种情况下不是真正的谈判，没有平等协商，没有谈判解决问题的诚意，多谈无益。三是达到谈判底线且让步条件在可接受范围内，尝试更加优惠条件被拒。四是双方诉求都得到满足的。后两种情况下的终局，一般都需要签署书面的和解协议或者谅解备忘录等具有法律约束力的文件。在谈判代表没有超越授权的范围内，一般情况下和解协议在授权代表签字后就可以生效。现实中可能出现超越授权，口头请示单位领导同意的和解协议，或者有些和解协议需要带回单位经董事长办公会、党委会讨论集体决策之后才能生效的情况，各方可以让参加谈判的代表签字，并注明和解协议生效或者失效的条件。即使在未能达成一致的谈判中，我们还是要争取对双方的各自诉求、谈判过程、主要观点及理由形成书面的记录和文字。现代化办公条件改善以后，全程录音录像，将录音转换为文字的过程更加简单。参与谈判的各方，都应该改变"谈判不成不留记录"的传统观念，力争把谈判中的每个细节或者重要文件相互确认存档备查。这样做可以让我们看到谈判的过程和艰辛，也便于总结何反思谈判过程，关注对方的核心利益和一般利益，及时调整谈判策略。全过程记录和录像，还能避免信口雌黄、恶意欺诈、恐吓等极端事件出现。在重大国际谈判中，谈判过程的录音录像是珍贵的外交资料，成为后人研究学习的材料。

第三节　法律谈判中应该注意的问题

我们在看很多介绍谈判的资料时，总是关注谈判技巧，什么"声东击西""欲擒故纵""里应外合"，等等，还有些作者在"红脸白脸"、贿赂对手、收买机密等方面津津乐道。殊不知，过分强调谈判技巧，就会掩盖了谈判的本质，让谈判蒙羞。要想提高谈判质量和效率，我们必须回到科学研究谈判、理智对待谈判的轨道上来。

一、尊重事实和证据

尊重事实和证据是任何一个解决纠纷的程序法都必须遵循的最基本准则。"以事实为基础，以法律为准绳"可不只是说说而已。我们通常说的事实有法律事实和真实事实两种意思，由于时间空间的变换，真实事实最终在多大程度上得到法律的确认，成为法律事实，关键靠证据。难怪有人总结为"法庭上只有证据，没有事实"。也就是说，所有的事实都取决于有什么样的证据。在任何一个争议中，都会存在双方当事人没有争议的事实，也存在相互争议较大的事实。法律谈判就是要确认哪些事实双方没有争议，还原真实事实；哪些是有争议的事实，各有什么证据。所以，尊重事实和证据，是法律谈判的首要问题。这里的事实包括事实经过及主要证据。一个离婚案件，我们一定要关注婚姻当事人双方是通过什么途径认识的，认识时间及建立恋爱关系时间的长短，何时结婚，婚后感情如何。这些看似与离婚没有直接影响的事实，却决定了当事人的婚姻是应该继续还是应该解体。借款还钱的债务纠纷，我们同样需要了解出借人和借款人平时的关系，在什么条件下出借人把多少钱通过什么途径出借给借款人，只有在确认了借款债务是真实发生的基础上，我们再去查明是否应该偿还债务和是否已经履行债务等事实。

根据我国法律相关规定，有些事实是不需要证据证明的。这些事实包括：众所周知的事实；自然规律及定理；根据法律规定或者已知事实和日常生活经验法则，能推定出的另一事实；已为人民法院发生法律效力的裁判所确认的事实；已为仲裁机构的生效裁决所确认的事实；已为有效公证文书所证明的事实。后三种事实需要提交相关生效的法律文书。现实生活中，双方共同认可的事实以及一方陈述中对方没有反驳的事实也可以是不需要证据证明的事实，证据主要用以证明有争议的事实。

尊重事实和证据的表现就是让当事人自由充分地陈述事实，通过相互认可、修正、辩驳的过程，去分辨哪些是无争议事实，哪些是有争议的事实。科学有效的谈判进程就是先确认哪些是当事人双方认可的事实，然后归纳总结哪些是有争议的事实。争议的事实与当事人主张有何关系。认真倾听当事人自由充分地陈述，同样会赢得当事人的尊重。建立在事实和证据上的调解，永远不会跑偏，更不会造成冤假错案。如果当事人串通捏造事实，只要组织者没有重大过失，也不会承担法律责任。如果事实不清，对错不明，不讲证据，只在当事人主张之间和稀泥，谁听话、老实就多做谁的工作，谁好说话就多让步，这种没有原则的谈判，只会伤害老实本分的一方，最终伤害的是公平正义的社会精神和和谐稳定的社会秩序。

在陈述事实和举证质证时，需要突出有利于自己一方的事实证据和不利于对方的事实证据。同样一个事实，各方需要突出对自己有利的方面；同样一份合同，各方需要突出有利于自己的条款。重要证据应该宣读或者出示，像法庭举证质证一样，举证方需要说明证据的来源、存在形式以及需要证明的问题。对于不利自己的事实和证据，只需要在对方举证完毕后解释和应对，一定要面对客观事实和证据，该认可的必须认可，该辩驳的可以辩驳。但不能胡搅蛮缠，掩耳盗铃。再重要的事实和证据，只要在谈判中突出或者强调了一次，就不能反复重复。

二、注意必要的文明和礼节

法律谈判的双方利益相互对立，谈判过程中难免针尖对麦芒，互不相让，语气激烈，语音高亢，语言暴力，污言秽语也可能会发生，这种情绪化宣泄只能让谈判的努力付诸东流。谈判就是人类文明进步的标志，也是当事人理智和智慧的选择。《孙子兵法》中提到"不战而屈人之兵，善之善者也"；"上兵伐谋，其次伐交，其次伐兵，其下攻城"。伐兵和攻城，双方损耗的不仅是武器和粮草，尸呈遍野，血流成河。二战结束七十余年，日本人至今谈核色变。民间有句谚语"冲动是魔鬼"，因为冲动而把小矛盾演化为大灾难的案例比比皆是。《论语·颜渊》上说，"听讼，吾犹人也，必也使无讼乎。"当今司法中突出"案结事了"也是希望当事人化干戈为玉帛，通过相关努力，真正打开当事人的心结。

开始谈判不一定能达成一致，谈判裂也很正常，注意必要的谈判礼仪是谈判取得成功的第一步。礼仪是基本素质的表现，反映了参与谈判人员的精神风貌和道德修养水平。法律谈判礼仪的内容很多，现实操作中至少应该包括：①选择一个安静整洁、庄严肃穆、相对隐秘的谈判场所，嘈杂、人来人往的场所不适合谈判。谈判地址可以选择在参与谈判的任何一方所在地，也可以选择第三方所在地。②参与谈判的双方事前就参加谈判时间、地点、谈判主题、参加人员及职位进行沟通，并基本达成一致。总体上各方参与谈判的负责人和人员构成要基本一致，职务差别太大或者人数明显悬殊，不利于谈判进行。③按照平等和对等原则安排座位；有主客场的谈判，一般要以客为先，客方先落座。主场一般面对会议室大门，客方则背对着会议室大门。④参加人员应该着正装，不带夸张的首饰和头饰。着装上不能太休闲或者背心短裤，不得穿拖鞋；女士不得浓妆艳抹或者不修边幅，衣服颜色以单色为主，不要过于鲜艳。⑤在对方表述观点或者提出想法时要保持足够的耐心，不能随意插话或者打断对方的陈述。为了更好地记住别人的观点及理由，一般需要自己做笔记。⑥任何时候不得以摔东西、说脏话、骂人等方式诋毁对方人格名誉，不得讥讽对方参与人员的生理缺陷或者对其宗教信仰有诋毁污蔑语言。⑦谈判过程中手机要静音，原则上不接听电话，特殊原因需要离席需要向对方表示歉意。⑧录影录像需要取得对方同意。⑨保守谈判中知悉的隐私和秘密。⑩礼貌开场和离场。需要共同签署文件的，一般同时签署然后互换文本。

　　这些礼仪都是我们看得到的外在表现形式，最核心之处就是保持诚实守信的态度。诚实，即忠诚老实，就是忠于事物的本来面貌，不说谎、不造假，不为不可告人的目的而欺瞒别人。守信，就是讲信用、讲信誉、信守承诺，答应了别人的事一定要去做。礼仪是表，诚实是本。在法律谈判环节，如果被对方发现继续欺诈、恶意欺骗、串通他人损害他人利益，裂痕就会加深。反之，即使有过错或者做得不到位的地方，只要侵权方真诚悔悟或者礼貌待人，请求被害人谅解，大多数侵权人都会得到宽恕。

三、谈判代表需要得到委托人的授权，并忠实维护委托人的合法利益

　　单位员工或者律师接受委托参与谈判，除了必须了解委托人谈判底线以外，还必须对谈判结果有基本预判，哪些结果可以接受，哪些结果一定不能接受。即使法定代表人参加谈判的场合，有些重大决策（如资产并购、重大合同等）也需要单位集体决策，不能个人随意拍板；有些决策需要根据内容

经过党委会、总经理办公会、董事会、股东会等进行集体决策；有的重大谈判结果需要得到上级机关的批准或者确认。如果授权代表对授权范围不清晰，要么谈判畏首畏尾，要么大包大揽。由于对方意见的不确定性，一般给谈判代表的授权也是一个幅度，谈判代表一定要知道哪些是委托人的核心利益，哪些是可以用来交换和让步的利益。

在谈判团队之中，需要严格保守商业秘密和谈判秘密，保密措施的第一步就是控制知情人的范围。企业机密、商业秘密、敏感信息，不同级别的文件需要采取不同的保密措施。谈判代表需要注意自己的言行和表态，核心观点和重大决策要由谈判负责人来表达。在谈判未达成一致之前，双方谈判成员不适合进行聚餐饮酒等娱乐活动。与之对应，任何一方都不得通过收买对方人员或者情报来获取谈判信息，谈判成员从谈判对手获得的任何利益或者好处，都是对当事人信任的亵渎，情节严重的将构成犯罪。

参考资料一：

内蒙古 DS 电厂委托运营合同纠纷谈判纪实

一、背景

内蒙古 DS 集团是改革开放过程中快速发展壮大的民营企业，羊绒制品及加工、煤炭、牛羊养殖及深加工等业务是其主要板块。在业务发展过程中，为了充分利用自己的煤炭资源，保障羊绒加工过程中的能源供应和降低能源使用成本，在 2003 年投资建设了 2X150MW 机组的燃煤常规火电厂。为了克服自己专业人员不足的缺陷，在电厂建设过程中就将该电厂的运营管理委托给北京 H 公司。双方签署的委托运营管理合同，就运营指标、运营成本、运营收益、运营期限、违约责任等多项内容进行了书面的约定。H 公司在建设过程中就开始进行运营准备和培训。电厂试运行以后，电厂从承包商移交给 H 公司管理。2005 年 3 月，DS 公司书面通知 H 公司单方解除委托运营合同，责令 H 公司运营人员限期 3 日内离开电厂，并索赔 600 万元。我作为 H 公司的常年法律顾问，受 H 公司委托，率队与 DS 进行谈判。

二、谈判准备

为了不辱使命，我首先向 H 公司领导提出了由 H 公司运营电厂的高厂长和王厂长作为我的副手组成谈判小组的人员需求。高厂长是电厂技术专家，原来就是某国有电厂主管生产的副厂长。因为 DS 电厂被 H 公司高薪聘请为厂长，对 DS 电厂负总责。王副厂长主要负责运营以外的其他事务，包括人员招聘、考核、工资、财务等，当然还有其他一些辅助人员。为了快速了解 DS 公司的真实想法和纠纷起因，在电话沟通二位厂长以后，我飞去现场与二位厂长进行了面对面的交流。在飞机上，我研究了双方之间的《委托运营合同》。见面后通过二位厂长了解 DS 公司突然单方终止合同的起因和主要理由。听起了二位厂长对 DS 公司单方终止合同的意见和看法，复印了很多电厂运营记录、检修记录、意外停机记录、供煤记录、煤质化验报告等资料。回到北京以后，我把我掌握的情况与 H 公司高层进行了汇报，就《委托运营合同》的未来去向问题征询了 H 公司高管的意见。在此基础上，我提出了谈判的基本思路，做好了合同继续履行和终止的两手准备。

三、正面交锋

我按照 DS 公司通知书上预留的电话，询问他们有无谈判解决僵局的意愿和可能性。我表示谈判地点可以在 DS 总部，也可以在电厂，还可以在北京。最终对方接受了我的建议来北京在 DS 公司北京办事处进行谈判。电话中，我告知对方来人必须带好 DS 公司的授权委托书，如果没有授权手续，我们谈判没有意义。

双方按照约定时间地点见面，相互交换了授权委托书和名片，谈判很快进入主题。DS 公司代表重复了他们在《解除合同告知书》上的内容，并威胁说，如果我方不按照他们的要求办理，他们还可能增加索赔金额。作为 H 公司代表，我提前告诫高、王二位厂长要控制好自己的情绪，没有我的许可，不许就任何事项表态。在听完 DS 公司代表陈述了诉求之后，我没有马上暴露我方观点，当然也没有就他们的要求表态是承认还是反对，我只是说我还希望知道他们单方提前终止合同的原因和索赔金额的计算依据。一听到我的问题，对方代表马上暴跳如雷，"你们干了什么事你们自己不知道吗？""你们自己什么水平你们自己不知道吗？""有个成语叫乌合之众，我看你们是六合之众，连五合之众都不如。"面对对方的侮辱和污蔑，两位厂长青筋暴跳，面红耳赤，跃跃欲试进行反击，在这紧要关头，我用手势制止了二位厂长的发言。我说："张总，看名片你是公司高管，DS 公司也是一个国内有名的大公司。大公司的高管不能是你这种表现。既然你来北京是与我们谈判的,就要注意你的情绪和语言。谈判我陪你,吵架我不陪你。我不是项目执行人员,有些情况不一定清楚。再说,我通过我们的人员了解到的情况也可能是偏听偏信。我担心我掌握的情况不全面,还是希望看看你们掌握了哪些我们做得不好的地方,我们好改正。即使合同终止了,要我们赔钱也得赔在明处,你把我们做得不到位的地方告诉我,我回去给领导一个交代。"这时对方的一个副手出来打圆场,说出了他们终止合同的主要原因是我方电厂管理水平太低,人力资源严重不足,雇佣他们技校的学生充实生产岗位,导致电厂多次意外停机。

针对上述情况,我说:"电厂运营的好坏,应该是拿数据说话。"于是我掏出了我复印的电厂运营资料。我梳理了自电厂运营以来的运行记录,包括总共发电运营多少小时,发电量是多少,厂用电率是多少,煤耗是多少,电厂停机检修次数和检修持续时间等。我一边陈述,一边展示电厂运营记录复印件。当我陈述相关数据时,对方负责人的神态很快发生了较大的变化。我想是我掌握的详细的一手资料镇住他了。当我问他我说的数据是否属实时,原来的那种盛气凌人景象完全没有了,他说他一时还回答不上来,需要回去核实。我看到他的变化,我说"会后我会把我刚才说的电厂运营相关数据书面提供给你,你可以核实"。直到谈判结束,他核实还是没有核实相关数据我不太清楚,反正他没有告知我哪个数据是假的。我掌握的第一手详细的数据已经发挥了重要作用。我接着说,无论是按照同类型机组的行业数据还是我们《委托运营合同》的约定,上述数据在发电量、能耗指标等关键数据上大体相近,只是停机检修的次数和时间比同类型机组及《委托运营合同》要高。当我说到这里的时候,还没有等我说完,对方马上说,"这是我们终止合同的主要原因。数据是真实的,你们也不得不承认自己的水平低了吧。"

我的二位副手看到我好像承认了对方的请求,脸上也表现为诧异的眼神。我不紧不慢地说:"既然你们认可了其他数据,那我们下面重点谈谈停机检修。"于是,我们结合电厂运营记录和检修记录,一次一次重复停机时间、停机原因、检修过程、检修记录、重启记录。最终在计划内检修和计划外停机的次数和时间上达成了共识。双方就计划内检修的次数没有争议,这是按照国家火电厂运营规程来进行的。争议焦点集中在计划内检修时间过长、计划外停机次数过多、时间过长。对方认为主要原因是我方人力资源投入不足,节约了不应该节约的工资成本,没有聘用有一定经验和资质的技术管理人员导致的,特别是大量聘用他们的技校学生，用实习学生替代正式工人。为了证明这些，他们拿出了技校学生实习名单、实习岗位、实习时长、工资发放表等证据。

等对方充分发表完自己的意见之后，我说："看来我们要把意外停机作为今天重点讨论的内容了。我虽然是电力大学的教授，但法律是我的专业，电气、电厂运营对我来说都是七窍通了六窍，剩下一窍不通。还是让我们两位在一线从事电厂管理和电厂运营的厂长说说他们掌握的情况。"于是，我们的高厂长就把意外停机的前后经过、停机原因、抢修过程等事项依次做了说明，特别就目前正在维修的2号机组的意外停机问题做了重点介绍。他的结论是，意外停机是事实，造成意外停机的原因是DS采购的燃煤热量不够，导致锅炉温度过低，最终不得不停机。高厂长几乎背诵了燃煤电厂的某些技术规范，也背诵了锅炉设计的关键参数，讲解了导致锅炉炉膛温度过低的原因和可能出现的后果，显示出过硬的技术功底和娴熟的管理经验。在高厂长陈述完毕，王厂长接着说，"我们高厂长在来DS电厂之前是CS电厂主管生产的厂长。CS电厂装机规模、技术性能、发电量、可利用小时数都比DS电厂高出很多。为啥说我们水平是乌合之众？我在来DS电厂以前在燃煤电厂工作了近20年，闭上眼睛都能判断那个声音是从哪个机器发出来的，摸着外形就知道是什么设备。你们为啥这么侮辱人？"对方反问道："既然你们水平这么高，为啥锅炉炉膛温度低不采取措施提高温度，而选择停机？我们咨询了相关专家，人家说可以往锅炉炉膛里喷油来快速提高炉膛温度。喷油花不了几个钱，停机检修重启，时间耽搁不说，重新启动的费用非常高你们不是不知道。"当我把希望的目光投到高厂长的脸上时，高厂长微微一笑说："往燃烧的锅炉里喷油能快速提高炉膛温度，这个做法我们都知道，但不是每次炉膛温度低都可以喷油，而且喷油技术也需要精准把握，一旦油量不好控制，可能导致锅炉爆炸等严重后果。说不好会造成重大责任事故，我们管理者要坐牢的。为了控制投资造价，你们在设备选型及性能上都是选最低的，买的煤有大量的不合格，与锅炉设计规范要求的技术指标差别大。关于煤的问题，我们交涉了不是一次两次，你们可以查看相关资料。你们回去看看煤场边上堆的煤矸石和其他杂质。设计燃烧95号汽油的汽车，你让他烧90号汽油，辛烷值不够，表面上能开，速度、油耗、马力等一系列问题都会出现。还有就是你们没有配备检修的必要工具。每次检修，起吊就是大难题。"

双方的交锋不知不觉到了下午五点半，因为我们有人有别的安排必须中止谈判。为此，我说："张总，你看今天不早了，今天谈判暂时结束。你们从外地赶过来也好休息一下。下一次何时谈我们电话沟通。你们晚上也别闲着，利用晚上的时间可以核实一下我提供电厂运行的数据，也再多找些专家咨询一下燃煤热量不符合锅炉设计要求会产生哪些后果。顺便问问喷油的方式能否解决问题。就你们提出的要求，我还得回去请示领导的意见。"

第一天的谈判就这样不明不白地过去了，对对方的诉求，我们没有做同意还是不同意的任何表态。通过这一天的谈判，我有几个基本判断：第一，对方急于解除我们的委托运营合同；第二，我方在合同执行过程中有部分做法不合适（使用技校学生做运营管理），但本质上没有问题，更不存在让对方单方解除合同的重大过错。晚上，我还召集了其他几个电厂骨干人员一起讨论对方在这个时间段单方提出解除合同的真正原因。导致双方关系恶化的实质是什么？下一步有无继续合作的可能性等问题。人力资源部部长说，签合同的时候预算的工资总额不够，电厂当地自然环境不好，交通不便。我们聘用的电厂运营人员到岗后有试用期未满就辞职走了的，留下来的也要两地分居的探亲费、差旅费等，如果按照目前市场薪资水平招聘人才，项目每年亏本最少是三位数。

我把我掌握的情况向H公司总经理做了电话汇报，并要求他们在《委托运营合同》继续履行还是提前终止的问题上有个基本态度。因为当时已经深夜，我就短信给DS公司，"明天上午我有别的任务，你们好好休息。争取下午再谈。"

四、雨过天晴，达成和解

一夜无话，我着急H公司对《委托运营合同》的态度。第二天上午十点，H公司来电说，他们最理想的结果是运营合同每年增加300万运维费用，继续履行合同。我说："你们增加费用的理由是什么？除了工资低招不到专业技术人员之外还有别的理由吗？如果你们坚持这个目标，我的能力有限，建议你们另请高明。你们有做得不对的地方，现在还要更多的运营费用，你们主张在我这里都不能过关。"我之所以堵住H公司的非分之想，关键是要让他们明白目前情况下的利弊和可能出现的结局，有些当事人完全不顾事实和现实，提出一些他们实现不了的目标，如果有这种想法，律师为他争取任何有利的结果，他都不会满意。得陇望蜀，脱离实际。谈判是双方的事，没有任何事实和法律根据，向对方提出一些根本实现不了的诉求，只能让谈判戛然而止。在再次开始谈判之前，我需要得到相对明确的授权，在确定了大致可接受结果的情况下，我们才好评判谈判是否成功。

第二次谈判是在 DS 两次催促下开始的。为了沟通方便，我只带了一个助理负责记录，因为事实部分基本上没有多大的争议，下一步主要是合同条文的理解和运用。

简单的寒暄之后很快进入正题。当然我询问他们对昨天事实的核实和确认的时候，对方领导说："打开窗户说亮话，你们到底能给我赔多少钱我们不在乎，我们要的是你们的人员尽快离开电厂。"我说："既然领导把话说得这么明白，那我们也不绕弯子。赔钱你们不在乎，但我们在乎。"我提出了如果我们终止合同的条件是 DS 公司支付我们 1100 万元。我把 1100 万得来的计算公式、合同依据一条一条引用出来，原来的欠款 120 万元；过去一年运营中节约燃煤奖励 22 万元；因为煤质量问题导致意外停机检修费用 6 次共计 180 万元；贵方单方解除合同构成违约，按照合同计算违约金多少万元；因为对方单方解除合同导致我方需要提前解除劳动合同给员工补偿多少万元；我方在短时间内退出电厂的搬家费多少万元，等等。以上各项合计为 1400 多万元。考虑到违约金和我方劳动合同补偿有重叠部分等因素，我方最少需要 1100 万元，这 1100 万元是我们电厂员工遣返过程中必须实际支出的费用。既然缺乏继续合作的友谊，强扭的瓜不甜，但让我们从别的地方挪用大额资金来支付电厂运营的欠款和解决运营员工的遣散费，不现实。我们宁可运营人员在现场向 DS 公司或者当地政府维权，也不能接受让他们来北京找 H 公司维权。

此后，对方就他的赔偿没有再说一句话。双方的话题只在哪个数据真实、哪个数据有水分、哪一笔钱可能不会发生等问题上。经过多次讨价还价，我们最终的出入在 800 万还是 700 万。我说，鉴于我们双方谈判代表都已经超出了授权范围，不如我们分头向各自领导汇报，看看各自领导怎么定。领导同意了，我们没有责任，领导不同意，我们也努力了。下一步该打官司还是采取其他措施，各方都再考虑周全。谈判结束之后，我们邀请 DS 公司领导去 H 公司看看，看看 H 公司的规模和办公环境，合作不成情谊在。同时我让助理尽快把和解协议文本准备出来，关键的数字和条款可以空着。从双方交流的语气来看，因为 100 万就让两天多的谈判付诸东流的可能性不大。

在参观完展室、看到 H 公司的辉煌业绩之后，H 公司领导在恰当的时候来到了会谈室。听起了简单的谈判汇报和目前的僵局，H 公司领导说，700 万没有问题，我们让 100 万。我们今天签协议，明天早上就全部停机了。你们的钱付到我们账上，我们的工人 3 个小时之内离开电厂。但我们可是有言在先，我们的工人都不干活，你们的损失估计不是 100 万，可能上千万，因为电厂一旦停机，会引起羊绒加工等产业的连环停机，还有就是我们正在检修的 2 号机也不再检修了。此后的这些损失和支出，你们有个心理准备。就在我们准备打印文本的时候，对方领导从厕所回来后主动提出他们让出 100 万，但需要我们继续工作四天，同时完成 3 号机的检修并启动。后面的执行工作虽有磕磕碰碰，但总体上实现了平稳过渡和顺利交接，各方都按照协议约定执行了，没有遗留其他问题。

五、谈判反思和事后评价

这次谈判，输赢在于当事人的心理感受，我无法评价。让我至今难忘的不是把被索赔 600 万谈成最终收回 800 万，但从数字来看，应该是可以接受的。最让我引以为豪的是，在我的努力下，双方和平地解除了合同，都得到了自己想要的结果。难以想象，如果当事人没有选择这种和平、快速的处理方式解决纠纷，他们之前的恩怨情仇会持续到什么日子？仲裁、诉讼？行政强权？哪一种方式都难以接受。一个几十人的队伍，一个 2X150MW 机组的燃煤电厂，还有电厂下游的加工产业，哪一个都是影响地方政府的重量级事件。今天回想起当初纠纷前后的准备和解决过程，值得反思的地方有很多。

DS 公司对 H 公司委派的电厂管理人员积怨多时，抓住了聘用大量技校学生从事生产一线的真凭实据，作出单方解除《委托运营合同》的想法实属不易。事后得知，DS 公司已经找到了附近某个机组关停、人员富余的电厂作为接盘侠，双方已经就委托运营的谈判基本结束。这就印证了我们当初的判断，尽快终止合同撤走项目运营人员是 DS 的核心利益，金钱问题不是核心利益。任何人参与谈判，都不会拿自己的核心利益交换。那么，在非核心利益上就需要让步，这是我们为何从-600 谈成+800 的最根本原因。对 DS 公司而言，维持电厂稳定运营，不仅电厂本身产生收益，下游加工业的受益也是可观的。从-600 到+800，DS 公司前后差距 1400 万。这个数额看似巨大，但与工人闹事、电厂停产相比，用不了多少时间就能弥补回来。两害相遇取其轻，DS 公司的决策和选择是明智的。但是，DS 公司在谈判组织和方式方法上过于简单。特别是刚开始的时候，自以为抓住对方违约的实锤能降服对手，没有想到被对方反转，陷于被动。谈判准备不足，缺乏对对方应对措施的预判，参与谈判人员缺少电厂运营技术，这些都是 DS 公司方面应该吸取的教训。从最后结果来看，在没有提高运营费用的前提下，更换了一个电厂运营队伍，改变了技校学生作为正式工上岗的危险局面，避免了电力生产事故的发生，DS公司也可以说是胜利者。

H公司从被索赔600万到最终收获了800万，这个看得见的赢家也是事实。H公司遣散电厂运营人员、提前解除劳动合同支付了相关费用，上述赔偿最终所剩无几。而且，一个新兴业务就此夭折。自此以后，H公司就没有开展相关电厂运营业务，而是把主营战略调整到新能源建设和电力环保技术上。苦心开拓的新业务，最终无疾而终、半途而废，说H公司为最后的赢家也有些牵强。

作为该起谈判的组织者，有几点经验也值得推荐：一是了解纠纷的表面现象和真实原因，掌握委托人的真实想法。H公司聘用技校学生参与电厂运营是客观事实，真实原因是合同中约定的运营费用不足以招聘到适合的技术和管理人员。当初在确定委托运营合同价格时，调研了当地物价和工资水平，但对外地聘用人员的收入预期缺乏判断，导致亏损，不得不压缩正式员工而聘用技校在校学生。在此纠纷表面化之前，H公司向DS公司提出了增加合同价格的请求被拒绝，双方矛盾就此累积。在备品备件采购上、在劳保用品发放、在高温及加班福利补贴、在燃煤验收等多环节发生争议，合作信任已经破坏。对H公司而言，继续履行合同也面临诸多困难。一线人员人心不稳，流动频率过快，安全事故隐患遍地都是。最终能平稳解除合同，消除心头隐患，不仅不承担违约责任，还基本上解决了职工队伍的遣返和补偿，这H公司来说是看不到的更大收获。二是大量的一手资料改变了谈判局势。对于电厂委托运营而言，最核心的发电量、利用小时数、单位煤耗、厂用电率等关键指标，加之业主负责供煤，煤的指标和质量问题与运营人员没有直接关系，这些客观数据说明，H公司并没有构成实质违约，DS公司不具备单方解除合同的条件。无论是在谈判桌上还是在法庭上，说理并不是空洞之物，而是让证据说话。在处理纠纷过程中，法务人员要去一线收集证据。现场的资料非常多，哪些对谈判有利，哪些没有利，一线生产和运营人员并不清楚。法务人员利用自己的专业知识，从大量的资料中找到有说服力的证据，是取得谈判成功的关键。如果说本起谈判中有何技巧的话，控制谈判进程，不要让谈判场所变成相互指责谩骂的基地，没有让互有怨气的谈判胎死腹中应该是技巧之一。另外，准确判断各方的核心利益，并用其他条件作为满足核心利益的交换，也算得上是讨价还价的活学活用吧。

参考资料二：

请根据所给材料，以被告人及被害人代理律师身份就赔偿问题进行准备和谈判。

基本案情： 王某（男，32岁）为某快递公司的货车司机。2018年11月27日早晨6点11分，王某驾驶快递货车在国道吴黄线靠近H市琉璃河村转盘时，与被害人吴某驾驶摩托车相撞，造成吴某送医途中死亡。经警察勘查现场，事故发生地位于出城环岛东12米处，为人车混行道路。当天早晨有雾，能见度约有200米，王某未超速未超载。吴某驾驶摩托车无驾驶证和行驶证，未戴头盔。交通事故责任认定书结论：王某在靠近城市环路未尽谨慎驾驶义务，发现吴某后采取措施不力，对事故发生承担主要责任；吴某未取得驾驶证驾驶机动车，未带安全头盔，且机动车未有年检记录，对事故发生承担次要责任。案发当日，王某被刑事拘留。

案外情况： 王某为老家在附近乡下的进城务工人员，每月工资8000元。快递公司为货车购买了交通责任强制保险和第三者责任险60万元。王某妻子刘某平时在制衣厂打工，工资收入为月工资4000元。二人育有一子，今年8岁，小学一年级。

被害人吴某，男，56岁，当地做豆腐生意，月收入5000元；妻子赵某时年57岁，协助吴某卖豆腐。吴某为独生子女，上有父亲79岁，母亲77岁，均无业。吴某和赵某生育儿子今年31岁，已婚并生育；女儿29岁，已婚并生育。

第一步：模拟律师与当事人交流，确定民事赔偿谈判的预期目标。

第二步：模拟被告人的妻子及律师与被害人家属与律师的谈判。

要　　求：（1）代理律师需要提前熟悉相关法律及赔偿标准。

（2）无论谈判成功与否，需要相互评价并总结原因。

参考资料三：

2019年12月27日，北京A公司来了二十多位农民工。经过询问了解，他们是A公司总承包建设的河北某热电联产电厂的分包单位B公司劳务分包的人员。由于B公司长期拖欠农民工工资，导致他们无法准备回家过春节。

问：（1）解决这些农民工工资，需要哪些单位参与谈判？

（2）各方的优劣势有哪些？

第六章
合同法律实务

【课前导读】

合同是当事人设立、变更和终止民事权利义务关系的协议。由于合同涉及每一个单位和老百姓的日常生活且合同纠纷经常发生,所以合同相关知识是所有法律人的必备。对律师如此,对法官和检察官亦如此。本章主要结合我国《民法典》第三编"合同"以及以前的相关司法解释,重点解决合同相关法律知识的具体应用问题。

合同风险主要来源于三个方面:一是不可抗力和市场变化。前者包括自然灾害、战争、国家政策法律变化等;后者主要指供求关系影响的价格变化、重大发现、重大技术突破甚至谣言都可能让合同风险出现变化。总体来说,这些风险是难以识别的。二是合同相对方。相对方的诚信度、履行合同能力、承担责任能力,决定了合同风险的有无和大小。三是合同条款风险。如果合同条款约定内容不明确,执行中就会有歧义;约定内容不公平,执行起来就容易起争议。经过法务人员的努力,后两种风险是可识别可控制的。合同实务的基础工作就是通过代为起草、审查合同,提出修改和完善意见,最终实现合同目的,避免合同风险。

实践中的合同能力主要表现为三个方面:一是起草和审查合同的能力,二是合同管理和执行能力,三是处理合同纠纷的能力。合同实务也体现在合同谈判、商务纠纷处理等环节。本章学习中,一定要让学生看到现实中的合同,学生最好能亲手起草一份合同或者评审一份合同。

本章学习建议不少于5次课、10课时。其中理论教学不少于3次课,学生起草和评审合同的课时不少于2次。

第一节 合同法律应用中的几个问题

一、我国合同立法相关进程及相关法律关系

合同是经济生活的主要手段和途径，改革开放之后我国的民事立法是从合同开始的。早在 1981 年 12 月 13 日，第五届全国人民代表大会第四次会议表决通过了《中华人民共和国经济合同法》（已失效，以下简称《经济合同法》），1982 年 7 月 1 日开始施行。由于受到国家政治经济制度的限制和认识局限，我国立法将合同分为经济合同和其他合同。经济合同仅指"法人之间为实现一定经济目的，明确相互权利义务关系的协议"。老百姓作为自然人之间签署的合同，排除在《经济合同法》调整之外。当时单位之间的合同纠纷在法院经济庭审理；自然人与自然人之间因为合同打官司，在民庭审理。随着农村经济体制改革和城市经济体制改革的顺利进行，农村出现大量的承包户、专业户，城市出现了个体工商业户（个体户）、私营企业，原有经济合同解决不了他们之间的纠纷。故《经济合同法》在执行中先后进行了几次修订。逐步增加了市场经济的相关内容，扩大了合同的主体。随着对外开放的进程，涉外经济交往增多，1985 年 3 月，第六届全国人大常委会第十次会议表决通过了《中华人民共和国涉外经济合同法》（已失效，以下简称《涉外经济合同法》）。随着技术开发、技术咨询和服务、技术转让和许可使用日益频繁，1987 年 6 月，第六届全国人大常委会第二十一次会议表决通过了《中华人民共和国技术合同法》（已失效，以下简称《技术合同法》）。至 1999 年 3 月第九届全国人民代表大会第二次会议表决通过《合同法》之前，我国的合同立法采取的狭义的合同、三个合同法分立的形式。1999 年 10 月 1 日《合同法》生效以后，结束了《经济合同法》《涉外经济合同法》《技术合同法》三足鼎立的局面。所以，有些图书上把 1999 年的《合同法》称之为统一的合同法。这次的合同立法彻底改变了自然人和法人分而治之的管理模式，较大地增加合同种类，赋予合同当事人更多的自主决定合同的权利。2020 年 5 月，十三届全国人大第三次会议表决通过了《中华人民共和国民法典》（以下简称《民法典》）。合同相关立法在《民法典》第三编。独立的《合同法》将在 2021

年1月失效。

1999年《合同法》分为总则和分则，共23章428条，成为仅次于我国《刑法》、位居条款第二多的法律。《民法典》中的合同编，继续采取了"通则"和"分则"编排体例，从第463条到988条，法律条款上增加了近百条。内容上增加了"保证合同""保理合同""物业服务合同""合伙合同"，同时还将原《中华人民共和国民法总则》（已失效，以下简称《民法总则》）部分的"无因管理""不当得利"当做准合同。《民法典》继承了原《合同法》中大部分内容。

尽管更多的合同都列入《民法典》调整，但仍有一些特殊的合同需要适用特殊的合同法。《中华人民共和国劳动合同法》（以下简称《劳动合同法》）就是一例。我国《合同法》第2条第2款规定："婚姻、收养、监护等有关身份关系的协议，适用其他法律的规定。"《民法典》第464条第2款沿袭了此内容。由此可见，我国《合同法》及《民法典》中的合同，虽然在名字上删除了《经济合同法》中的"经济"二字，但仍然改变不了"只谈经济"的属性。在《中华人民共和国劳动法》（以下简称《劳动法》）之后出台《劳动合同法》，这成为调整劳动法律关系的主要法律规范。据此，劳动合同虽然是合同，但不属于《民法典》的调整范畴，而由《劳动法》《劳动合同法》调整。个中原因主要在于劳动合同的特殊性。与普通商务合同相比，劳动合同在合同主体、签约原则、合同内容、当事人法定的权利义务、合同效力、违约责任、合同解除等诸多方面有其特殊性。劳动合同涉及职工个人的基本权利，涉及维持社会发展的人口再生产，所以劳动合同中的法定权利和义务等诸多内容不许可用人单位利用地位优势来改变。同理，生活中男女双方婚前签署的婚前约定、婚姻过程中签署的各类协议、收养协议、监护协议、遗赠抚养协议，这些协议都是在特定身份人之间签署的。这些协议的内容不得违反《民法典》关于婚姻、收养、继承等相关法律规定，并不适用第三编关于合同的相关规定。

《中华人民共和国招标投标法》（以下简称《招标投标法》）、《中华人民共和国政府采购法》等法律是订立合同时必须遵守的上游法律。经济生活中有较大影响的合同，几乎都要通过《招标投标法》相关程序法律来实现。如何认定招标公告、投标书、中标通知书等招标投标主要法律文件的法律性质和法律效力，解决招标投标中的相关纠纷，也要参照《民法典》关于要约邀请、要约、新要约、承诺等相关规定。我国《招标投标法》《中华人民共和国招标投标法实施条例》（以下简称《招标投标法实施条例》）以及最高人民法院相关司法解释都强调，强制招标的项目，当事人规避招标或者虚假招标而签署的合同为无效合同，不具有法律约束力。担保是保证债权人利益的有效方式。《中华人民共和国担保法》（已失效，以下简称《担保法》）内容并入《民法典》以后，有关抵押、质押、留置等物权担保使用《民法典》第二编"物权"有关担保物权的相关规定。有关定金、保证等内容在"违约责任""保证合同"中予以规定。

解决合同纠纷是适用《民事诉讼法》还是《仲裁法》，这在法律圈不是难题。在合同实务中，我们却面临着上述问题的实质考验。最核心的问题是我们在合同中应该如何约定纠纷的解决方式。对此我们需要明确：诉讼是常态，仲裁是非常态。也就是说，在选择诉讼还是仲裁作为纠纷解决方式上，看似是我们的自由选择，其实选择的背后有学问。这个学问就是要了解仲裁和诉讼的区别，有如下几点需要重点把握：一是仲裁的范围比诉讼要窄。有关人身关系纠纷、侵权纠纷不能仲裁，只能诉讼。二是仲裁费用高。很多小额诉讼只收 50 元诉讼费，即使大额诉讼，收费比例也较低。困难群体还可以申请缓交或者减免。但根据某仲裁机构 2019 年更新的收费标准，争议金额在 25 万元以下的，仲裁员报酬 12 000 元，机构费用 5000 元。也就是说，即使当事人为了几千元、几万元的争议，最低也得缴费 17 000 元。三是诉讼对仲裁的制约。财产保全、强制执行等都需要人民法院来执行。生效的仲裁裁决，可能因为法定原因被法院撤销，也可能被法院认为仲裁裁决结果不明无法执行。至于一裁终局是否比二审终审节约时间，请大家自行收集相关案例。所以现实情况是大多数涉外合同的当事人选择国际仲裁，可以在北京，也可以在我国香港地区、新加坡、斯德哥尔摩等知名仲裁机构中选择，还可以选择仲裁适用的程序法和准据法；在国内合同中，有些大型集团公司明确要求合同中不可约定仲裁，只能选择诉讼。

在办理合同法律实务时，还面临着区分合同纠纷与刑事犯罪的界限。在《刑法》中，有"合同诈骗罪"的规定。根据我国《刑法》第 224 条的规定，有下列情形之一，以非法占有为目的，在签订、履行合同过程中，骗取对方当事人财物，数额较大的，处 3 年以下有期徒刑或者拘役，并处或者单处罚金；数额巨大或者有其他严重情节的，处 3 年以上 10 年以下有期徒刑，并处罚金；数额特别巨大或者有其他特别严重情节的，处 10 年以上有期徒刑或者无期徒刑，并处罚金或者没收财产：①以虚构的单位或者冒用他人名义签订合同的；②以伪造、变造、作废的票据或者其他虚假的产权证明作担保的；③没有实际履行能力，以先履行小额合同或者部分履行合同的方法，诱骗对方当事人继续签订和履行合同的；④收受对方当事人给付的货物、货款、预付款或者担保财产后逃匿的；⑤以其他方法骗取对方当事人财物的。合同诈骗的受害人如果是国家机关、国有公司，国家机关，那么这些单位的工作人员则构成签订、履行合同失职被骗罪。预防合同诈骗罪和签订、履行合同失职被骗罪等犯罪，需要各单位加强合同评审和管理。这也是法律顾问人员的主要职责所在。当然，还有其他利用合同来实施犯罪的情况，如利用合同去实施保险诈骗、贷款诈骗、集资诈骗，还有利用合同去行贿，雇凶杀人也可能签合同。这些合同，因为违反法律而无效，不受法律保护。

回顾合同立法进程和合同法律与其他法律之间的相互关系，目的是通过我国合同立法进程，考察国家立法层面对合同的认识和观点，从而预判合同法律未来可能出现的变化。《民法典》在执行中也会继续修改，司法解释也会发生一些变化。死记硬背合同法律条文不一定能解决实际问题。谈合同时不能只知道合同法，相关法律对合同有哪些影响也必须予以关注。

二、如何做好合同相对方的尽职调查

当今时代，电信诈骗及网络金融诈骗大行其道。很多骗子招兵买马，在东南亚、非洲等地公开经营。这些骗子就是躲在网络这个虚拟世界的环境下疯狂作案。为何网络诈骗高发频发？最核心的原因是对方在哪里、男的女的、"真实意思表示"虚无缥缈，这就增加了交易风险。合同风险来源于多个方面，除了市场因素和不可抗力之外，合同条款约定风险和相对方风险是合同风险的两大来源。《孙子·谋攻》云："知己知彼百战不殆；不知彼而知己，一胜一负。"在现实经济生活中，如果不了解合同相对方，遇到诚实信用的商家没有大碍；遇到不诚信的或者包藏祸心的对方，不要指望"一胜一负"的结果，满盘皆输是必然结局。个人谈恋爱，应该知道对方是谁，知道得越多，

了解越透彻，婚姻才能走得久远。一见钟情虽好，也有"盲人摸象"的可能。网络中的人最终都要走进现实生活。在律师业务中，尽职调查是常见的工作之一。在重大投资、重大项目收购、重大合同签订前，如果对合作方缺乏了解，就应该委托律师事务所、会计师事务所等中介服务机构进行法律、税务、财务等方面的尽职调查。根据委托人的需求和项目情况，尽职调查的内容和方法不完全一样。需要强调的是，要根据合同风险的大小和对合作方的了解程度来决定尽职调查的方式和级别。有些即时清结的合同，货物便于验收检验，支付方式为现金，一手钱一手货，货币两讫。合同双方的风险均不大；有些先收款后发货的合同，不见兔子不撒鹰，卖方的风险也不大。但大多数合同，由于我们对对方不了解，需要在签订合同之前做尽职调查。合同风险是决定是否要做尽职调查以及做到何种深度的尽职调查的关键。根据尽职调查的结果，我们反过来也可以修改合同文本，达到减少和预防合同风险的效果。当然，此处的尽职调查是广义的尽职调查，既包括专业律师、会计师等中介机构做的尽职调查，也包括当事人自己为了弄清楚"他是谁"而从事的相关工作。尽职调查因不同需求，调查的范围及深度不一样。签订合同之前的尽职调查主要关注合同相对方的履约能力和承担违约责任的能力。如果合同相对方有履约能力，则合同可以顺利履行；如果出现违约，被违约方的损失也有人承担。常规的尽职调查方式主要有以下几种：

第一种方法是网络查询法，就是通过互联网收集合同相对方的相关信息。在信息化越来越普及的时代，我们需要依靠网络信息和大数据来了解合同相对方的资质和能力。随着5G时代的来临，我们通过互联网获取的数据会越来越多。足不出户、轻点鼠标就可以查询到能够代表合同相对方的关键数据。这些数据可以如实反映合同相对人的身份、业绩、能力和财力等，主要数据包括：①登记信息或者身份信息。合同相对人的工商注册登记或者其他法人登记的资料，包括但不限于上级单位或者开办机构；出资人及出资比例；登记及变更登记时间；营业执照、组织机构代码证书；章程及法定代表人姓名；注册地址及主要经营场所地址。②反映合同相对人经济实力的相关数据，包括企业规模、主要财产状态；反映其经济实力、经营状况和财务能力的企业财务报表；纳税情况。③主要业绩和能力，包括历史业绩、资质资格证书、正在执行的项目。④社会美誉度，包括单位和主要管理人员的获奖情况及参与其他社会活动的情况。⑤污点及行业禁入限制，包括营业执照被吊扣吊销情况、被强制执行及失信被执行人情况、诉讼情况及财产被查封冻结情况及行政处罚情况。我们在淘宝、美团等购物往往需要看销量和顾客评价，根据顾客好评还是差评来选择是否接受服务，就是最简单的网络调查方式之一。

网络查询法具有快捷、方便、经济的特点，也有信息来源多渠道、信息内容真假难辨的弊端。在网络上收集资料时应该注意：首先，要访问司法、政府等权威机构的网站，如法院、检察院、国家发展改革委、工商局官网；商业银行等第三方评级机构的官方网站可信度也比较高，该网内容可以作为参考（详见附件一）。其次，要看网络更新时间。客观上有些网站内容更新慢。如果内容陈旧，要考虑其他方式进行验证。

第二种方式是档案查询。我国有《中华人民共和国档案法》来规范档案的管理和利用。档案材料的最大特点是真实可信。档案馆复印材料可以在司法中直接作为证据使用。因此，对于"涉密不上网"的材料，档案内容更加全面。由于有些单位名称及地址、职能等变迁，档案查询有时需要"顺藤摸瓜"。当然，本处的档案不一定是国家或者地方档案馆，还包括很多专业档案或者行业档案。例如，查询判决书、裁定书等内容，需要去法院的档案馆或者资料室；查询工商注册登记档案需要去工商局；查询婚姻登记首先要去民政局；查询历史上的音乐作品著作权等问题，去音乐著作权协会也许能找到原始资料。给单位做尽职调查一般需要去工商登记部门查登记资料、去开户银行查存款及贷款信息、去税务部门查看近几年的纳税情况。有资质资格的，还需要去核发资质资格的单位核实资质资格申请及年检情况。如果有获国家或者行业大奖的，有可能还得去查看获奖申报材料。

第三种方式是实地调查。有现场的刑事案件，侦查人员第一时间赶赴现场进行勘验，目的就是获取证据。招标投标过程中，也有招标人或者招标代理机构组织投标人进行现场踏勘。要了解合作方的相关信息，实地调查应该是获得感性认识的最好途径。亲身去潜在合作方看看其办公驻地及办公环境、企业规模，特别是加工制造类的单位，厂房、机器设备、熟练的工人都是生产能力的主要标志。加工基地、厂房、码头、仓库，这些都可以实地调查，避免被对方自我夸大所迷惑。对有些单位而言，原材料仓库、半成品仓库、滚装码头等，都需要实地调查。

法律实务教程

第四种方式是访谈。访谈就是与相关当事人谈话。警察与犯罪嫌疑人、被告人的谈话做成书面文字记录就是讯问笔录；律师与证人的谈话作为书面的材料，形成证人证言；律师在做尽职调查时，必须与相关的关键人员，如股东、公司董监高等进行面对面的访谈。通过当面提问和解答，被访谈人要对相关陈述进行确认。访谈一般当面进行。重要的访谈也可以考虑录音录像（当然要以当事人同意为前提）。不起决定作用的访谈，可以通过邮件问答方式、电话、微信访谈方式完成。

课后练习题

请指导教师提供一个真实的公司，要求学生利用网络查询法去收集对方的相关能力和资信信息。

第二节 合同起草和合同审查

一、合同的基本格式

起草或者审查合同，是法律专业的基础课和必修课。无论是什么性质的合同，从合同的文本结构上都可以分为首部、主文、尾部和合同附件四个方面。

（一）首部

合同首部包括的内容主要有以下几点：

1. 合同的名称

合同名称如"彩电购销合同""房屋租赁合同""借款合同""融资租赁合同"。合同的名称是对合同内容的简单概括和高度总结。通过合同名称，我们可以预知合同的主要内容和性质，从而判断合同中应该具备哪些内容。合同的名称应当简洁、准确。合同名称应在合同的首页或者合同条文之前。合同名称这个看似简单的小问题，也隐藏着大学问。比如，承揽合同与建设工程合同有哪些区别；加工定作与买卖合同有何异同；劳动合同与劳务合同、仓储合同与保管合同有何异同。不同类型的合同有其特定的含义。实践中经常出现"名为投资实为借贷""名为买卖实为传销""名为融资实为诈骗"的合同。

2. 合同编号

合同编号是为了便于合同的管理而根据一定的标准确定的合同代码。单一的合同无须编号，但对于由众多合同文件组成的文件库而言，合同编号就非常重要。现在有些单位采用了合同信息管理系统，利用计算机完成对合同的管理。合同编号就是合同信息管理系统的前提。合同编号由当事人根据自己的规则设定。一般涉及的有签约年代、签约部门、合同性质和合同序号等内容，如"（1997）信贷第6号"表示1997年签订的信贷方面的第6号合同，"（2000）劳动第21号"表示2000年第21号劳动合同。合同编号只是便于内部管理，对对方不产生法律意义。所以，双方当事人可以按照各自编号来管理合同。随着计算机技术的普及，现在很多单位都采取软件系统管理合同。只要设定好编号规则，系统就会自动生成各种编号。

3. 合同双方或者多方当事人的称谓和名称住址

合同一般由两方当事人签订，但也有多方当事人签订的合同。不论几方当事人签订的合同，各方当事人在合同中都有其特定的法律地位。这种地位通过法律上的称谓表现出来。例如，买卖合同的当事人分为出卖人和买受人，租赁合同的当事人分为出租人和承租人，建设工程合同的当事人分为承包人和发包人等。称谓之后便是该当事人的名称和地址、邮政编码及联系电话等。当事人是自然人时，要求写出姓名、性别、年龄、职业和住址、身份证号码等内容，当事人是法人或者其他组织等非自然人时，在名称之外还需要写出组织机构代码、纳税人识别号、注册地址、法定代表人、委托代理人等相关内容。这些内容看似无关紧要，实际上是确定当事人身份和唯一性的ID。在我国这样一个人口大国，重名重姓的比较多；对于单位，不规范的简称也可能导致对当事单位认定困难。信息越多，当事人的唯一性就越容易确定。

在合同首部常见的问题有：一是合同中的名字与法定证书不符。最常见的是错别字或者同音字。例如，身份证上是"张建明"，合同上写成"张健明"；单位名称中增加或者减少地域名称，如营业执照上有"北京市朝阳区"字样，合同上只写"北京市"，省略"朝阳区"；"北京市金台律师事务所"写成"北京金台律师事务所"；"北京大学"写成"中国北京大学"。由于当事人是合同权利义务载体，必须确保合同首部名称与尾部签字用印都与身份证、营业执照完全一致。二是首部合同双方简称甲方、乙方，在后续主文里变成"买方""卖方"或者其他称谓。

(二) 主文

主文是合同的核心部分，也是合同的主要内容。合同是当事人缔结的合法设立、变更、终止权利义务的协议。合同的主文一般用"条"来表示，内容较多的合同也可以在"条"的基础上分"章"或者"节"，每一"条"之后还可以分"款"和"项"。合同主文除了要求涵盖合同的主要内容外，在写作上还应注意以下问题：

第一，合同内容由当事人约定，不再有必备条款。1999年我国《合同法》第12条规定，"合同的内容由当事人约定，一般包括以下条款：①当事人的名称或者姓名和住所；②标的；③数量；④质量；⑤价款或者报酬；⑥履行期限、地点和方式；⑦违约责任；⑧解决争议的方法。当事人可以参照各类合同的示范文本订立合同。"《民法典》第470条维持了这个规定。法律不再强调哪些是合同的必备内容。缺少某些内容的合同，最多会导致"合同约定不明"，而不直接导致"合同无效"。

第二，合同是平等协商的产物，因此，合同的主文要求体现《民法典》规定的平等、自愿、公平、诚实信用等基本原则。具体在条文上，要求合同双方的权利义务大体一致，一方的权利就是另一方的义务。没有绝对的权利主体，也没有绝对的义务主体。显失公平的合同是可以被变更或者被撤销的。

第三，合同主文的内容并不仅仅是指《民法典》关于合同主要内容的规定。只要在执行合同过程中当事人容易产生歧义和争议的内容都应当在合同条款中予以界定。"先小人后君子"的做法是经济法治化的一个表现，如许多合同都有专门的解释条款，解释的内容也日渐详细。

第四，一个合同条款可能包括合同的标的、数量、质量等许多内容，也可能是需要数个合同条文来界定一个合同内容。合同条款的数量取决于合同的内容。内容越多，条款也就越多。现在有些人把合同条款分为商务条款和法律条款，这表明了合同在条款分布上也有自己的规律，即先写合同权利义务，再写违约责任。

(三) 尾部

合同尾部是合同格式的一个必要组成部分。尾部的内容主要有签订合同双方当事人的亲自签名和盖章。自然人签订的合同，需要由该自然人签字并加盖个人名章。不会写字的自然人可以由他人代签，但必须注明由谁代签。

没有个人名章的自然人，最好在合同上按上手印予以证明。法人签订的合同，需要由法定代表人签字并加盖该法人的名章。法定代表人不能出席签字仪式，不能在合同上签字的，也应当由接受授权委托的受托人签字。单位的名章是指公章上的内容与法人身份证明文件上登记的名称一致的公章。经过登记备案的合同专用章也可以用来签订合同。该单位内部的业务部门、职能部门和分支机构不能以单位的名义签订合同。

合同签订时间、地点也是合同尾部的内容。虽然这个时间、地点在合同中并不产生直接的责任，但也应有相关的记载。它们对解决合同纠纷有一定的积极意义。值得注意的是，合同尾部的签字应当与合同首部的名称相一致，做到首尾呼应。首部与尾部不一致的合同会导致效力和责任无法认定。

（四）合同附件

合同附件是未能纳入合同主文内容，但又是合同组成部分，对理解和执行合同有重要意义的法律文件。不是所有的合同都有附件。在较大或者需要予以说明的合同中，合同附件起着补充和完善合同主文的作用。合同附件一般包括合同技术条款、合同供货范围、供货周期、分项价格表、验收标准、质量标准以及各种备忘录、会议纪要等。有附件的合同，在执行时应当参考附件的规定。

在涉外合同中，也有合同一般条款和特殊条款的模式。往往是一般条款不需修改，特殊条款可以重新约定。特殊条款有优于一般条款的法律效力。通过投标签订的合同，在合同没有约定或者约定不明的情况下，投标文件或者双方洽商的其他过程文件也会产生法律上的约束力。

二、起草和审查合同主文时需要注意的问题

（一）合同标的

标的是指合同权利义务指向的对象。它也是民事经济法律关系的客体。任何一个合同，都需要有标的。没有标的的合同，或者标的约定不明确的合同，执行中就会产生争议。"王婆卖瓜"，到底是西瓜、冬瓜、南瓜、丝瓜、倭瓜，总得是个具体的瓜。根据我国法律规定，能够成为合同标的的范围非常广泛，主要有：

第一大类是物。合同法上的物是指存在于人身之外，能满足人们的社会

需要，而又能为人所支配控制的物质产品。作为合同标的的物应具备以下特征：①物必须具有一定的物理或者化学属性，并且这种属性能够被现代科学技术测试出来。例如，一般的物都有一定的形状（固体、液体和气体），有一定的颜色，还有一定的重量。电和磁场是看不见的物，我们通过科学仪器能够测出电和磁场的存在。磁场至今还未能作为合同的标的物，但电通过合同而进入市场是不争的事实。②物能满足人的物质和精神需要，并构成人们财产的一部分。政治经济学将"商品"定义为具有价值和使用价值的物品。如果不能满足个人和社会的需要，物就失去了社会价值而成为毫无用处的东西，不能成为标的物。③物必须能为人们所支配和控制。太阳、月亮、星星、空气等物质，由于不能被人们所控制，就不能作为合同的标的物。实践中有人出售"月亮另一边的土地"，还有人出售"隐身的葫芦娃"，最终都判定合同无效，归于诈骗。④法律意义上的物，不同于物理、哲学上的物。它能否进入市场流通，要受到统治阶级的确认或者许可。法律不许可进入市场流通的物，不能作为合同的标的物。

在法律上，我们以多种标准对物进行分类：

一般物与特殊物的分类。一般物是种类物，只要当事人提供了合同约定的物品就算履行了合同。特殊物是特定物，特定物要么有特定的意义，要么有特定的属性，要么有其他特征要求。特定物不能替换和替代。表面上同样的物品，价格上有差异，猫腻可能在标的物之中。同品牌的电脑，需要关注有哪些功能和软件；同型号的电视，可能有不一样的装箱单。我们买东北大米，是产自东北任何一个地方的大米还是某个品牌的大米，是否必须是原产地某个地方的大米；有原产地证明的龙井茶价格可能贵很多。越是特定的物，就越要多加定语和修饰词，避免标的物约定不明。二手商品房交易，一定要写清楚房产证号、房屋坐落位置、面积等。如果合同中对标的约定不明，可能引起执行纠纷。实践中对于名贵字画、文物古董等特殊物品，真假难辨，可以采取样品封存等措施。

可流通物、限制流通物及禁止流通物。即使在市场经济条件下，国家仍然对进入市场的产品有限制和约束。依照相关法律规定，违禁品不能成为合同的标的，如毒品、枪支、核材料、假币、假药、淫秽物品等；人口及人的身体器官也禁止有偿交易；珍稀动物及其制品、珍稀植物及其制品，如象牙、虎骨、大熊猫、金丝猴等不能成为合同标的；除了合法委托刻制以外，公章、营业执照、各种证件、各种资质资格证书都不得出让或者许可他人使用；所有权不明的物品不能成为合同标的。土地所有权、宅基地使用权、珍贵文物、金银等贵重金属、外汇等特殊物品，国家设置了流通方向：集体土地所有权可以流转为国有土地所有权；宅基地在村民之间才许可流转，目前还不能任意上市；珍贵文物可以继承，出售时只能卖给国家文物收藏机构，不允许民间交易，更不允许卖给外国人。

  动产与不动产的分类。动产与不动产，原则上根据物之能否移动的属性为标准进行划分。凡是在空间上具有固定位置、移动就会影响其经济价值的物就是不动产，如土地、房屋和其他建筑物、森林等；凡是在空间上能够移动或者移动而不影响其价值的物，就是动产，如家具、办公设备、衣服等。在转移所有权、法律适用上，把物划分为动产和不动产是有法律意义的。不动产转移所有权时，必须经过一定的法律程序，如房屋所有权的转移，必须签订书面合同并在国家房屋主管部门登记过户之后方为有效。对于动产所有权的转移，除法律另有规定外，一般由当事人自由进行。在国际上，因不动产发生的纠纷，一般适用不动产所在国的法律，即"物之所在地法"。

  历史上还有生产资料和生活资料的分类方式。生产资料是指人们进行商品或者劳务的生产经营的物质条件或者手段，如土地、机器、劳动工具、原材料等。生活资料是指用来满足人们物质上或者精神上的需要的社会产品，如粮食、衣物等。把物分为生产资料和生活资料的意义，在于法律对它们有不同的规定，如根据我国《宪法》和法律规定，土地这个主要的生产资料归国家和劳动群众集体所有，土地所有权不允许买卖。土地使用权在符合法定条件时可以转让。社会主要生产资料应当为国家和劳动群众集体所有。虽然我们一再放开对生产资料的占有范围和程度，但生产资料的合法所有者还是有一定的条件。不是任何人都可以成为一切生产资料的占有者。国家对生活资料的限制就少得多，只要是生活所需，任何人都可以合法取得。

  主物与从物的分类也有很大的现实意义。我们买电视、空调等电器产品，几乎都有遥控器、网络连接线等备品备件，还有技术资料等。只交付了主物未交付从物的，仍属于合同义务未完全履行。

  第二大类是货币和有价证券。货币和有价证券统称为"财"。货币是一种特殊商品，由于具有无记名、自由流通等特点，它是民事法律关系中最具广泛性的客体。货币在法律上属于种类物。作为一般等价物，它是计算劳动量、消费量的尺度，是联系各种经济活动的工具，是支付和储蓄的手段。在法律上，货币的特殊属性表现为：首先，在买卖、租赁、借贷、保险、承揽、运输等合同中，货币是法定的支付手段。其次，在民事法律关系中，当特殊的民事权利或者民事义务不能实现时，都可以用货币来补救。我国法定的货币是人民币，它也是在中华人民共和国行政区划范围内进行经济活动的当然支付和结算手段。外币是非中国的货币，包括他国货币（如美元、英镑）和地区货币（如欧元、港币）。作为等价交换的中介物，任何一个国家都对其货币进行了特殊保护和规定。我国法律对人民币和外币采取了不同的管理方法。公民持有人民币的数量没有限制。他们可以自行保管货币，也可以存入银行。社会组织拥有的货币量有一定的限制。除了保持日常零用的开支外，其余的货币都必须在当天存入银行，不得自行保留。社会组织之间的经济交往和活动，除了依法可以使用现金的以外，必须通过银行转账方式结算，不准直接用货币支付。人民币由中央政府及其专门机关进行管理。除了公民个人因生活所需可以少量民间借贷外，只有国家批准的银行和其他金融机构才能从事人民币的存款和贷款业务。企业之间禁止私自资金拆借。公民和社会组织依法取得的外币也受法律保护，但外币不得直接在社会生活中流通。任何人持有的外币，除了少数法律规定可以使用的情况外，都必须兑换为人民币。兑换机构和兑换汇率由国家规定，不允许当事人协商。外币的买卖都必须在专业银行（主要指中国银行等）中进行。由于不同国家的政治秩序和经济能力等原因，我国并不承认每一种外币的价值。只有几种主要经济发达国家的货币（如美元、英镑、法郎、日元、马克等）才许可在兑换机构予以兑换。经济不发达、政治不稳定的小国货币必须事先与他国货币兑换。即使在可以兑汇的范围内，人民币与外币也尚未实现自由兑换。公民个人出售外币必须卖给国家指定银行。个人或者单位需要用汇，必须取得外币管理机关的批准，并在外汇银行兑换。编造理由骗兑外汇的行为是违法的。情节严重的，依法追究刑事责任。除了国家法律许可使用外币的情况外，不许可外币在市场上流通，不允许非法买卖外币。

有价证券是指以其票面记载的数额和文字代表其价值并且能够流通的书

面法定凭证。有价证券包括国家为了经济建设需要而发行的各类债券、国库券、储蓄存单等；国家为了在经济交往中结算方便而规定使用的各种票据，如支票、汇票和本票；设定一定物权的抵押单、设定一定股份权利的股票也都属于有价证券的范围。有价证券分为记名和不记名两种。在有价证券票面上写明权利人姓名或者字号的是记名有价证券。记名有利于保护权利人的利益。不记名有价证券是指票面上没有写明权利人的姓名或者字号，谁持有这一证券，谁就享有证券权利。不记名证券有利于流通。作为民事权利的标的物，有价证券具有以下法律特征：①有价证券上体现的民事权利是当事人之间为了交易方便而设定的，即通过在证券上记载财产权利的方式来主张权利或者履行义务。证券与证券上记载的财产权利不能分离，没有证券，就无法主张权利。但证券的财产权利一般由当事人设定，不是国家规定的。②有价证券的持有人只能向特定当事人主张权利。持有人可以通过出示或者交付证券来主张权利。对证券赋予义务的有责任见券即付。③有价证券具有流通性，可以背书转让，也可以在证券交易部门买卖。证券的义务人不得提出异议。

  由于有价证券具有诸多其他标的物所没有的法律特征，因此各国都制定了专门的法律规范来调整这类民事法律关系。我国有《公司法》规定股票持有人的权利义务，有《中华人民共和国票据法》来规定汇票、支票和本票的有关出票、票据权利、票据行为、票据权利补救等相关问题。国债有国债的管理办法，企业债券有企业债券的兑付规定。在签订以有价证券为合同标的物的合同时，除了遵守《民法典》以外，还应当熟悉单行法律、法规的规定。

  第三大类是知识产权。知识产权又称智力成果权或无形资产权，它是指通过人们的创造性劳动创造的、具有一定表现形式的智力成果权。知识产权具有如下特征：①创造性。知识产权不同于一般的产品。它不是以前出现的产品的简单重复或者加工，而必须是人们通过智力的创造性劳动才能创造。与已知的产品相比，知识产权应当有所创造、有所突破。这种突破是社会发展的要求和表现。因为有创造性的特点，知识产权一般都包含人身权利和财产权利两大内容。由于人身权利的不可转让性，故知识产权中的财产权才是合同的标的物。②非物质性。知识产权是非物质化的劳动产品。就其权利本身而言，既没有一定的形状，也没有一定的颜色，更不占一定的空间。我们看得见的产品可能是知识产权依附的物质载体，但不是知识产权本身。人们对知识产权的占有，不是用行为直接控制，而是表现为对它的认识和利用。③必须具备一定的表现形式。知识产权必须通过一定的形式表现出来，这也是我们感知知识产权存在的途径和条件。这种表现形式为法律所规定，如产品的制作方法、商标图案、作品等。完全存在于个人内心的想法不是知识产权。④时间性和地域性。知识产权是依照法律产生的权利。法律对该权利存续的时间和地域范围都有一定的限制，如注册商标的有效期为10年，发明专利的有效期为20年，实用新型和外观设计的保护期限为10年，软件著作权的保护期为50年。保护知识产权的时间越长，权利人的经济利益就越大，开发知识产权的积极性也就越高；保护知识产权的时间越短，该知识产权的普及时间就越快，可以提高整个社会的技术进步速度。超过了一定时间和地域的知识产权就进入了社会公有领域，成为整个社会进步和文明的共同财富。

《民法典》第123条对知识产权的客体予以了扩大。明确了地理标志、商业秘密、集成电路布图设计、植物新品种都属于知识产权范畴。但是，由于《民法典》生效后，《中华人民共和国商标法》《中华人民共和国专利法》《中华人民共和国著作权法》等法律并未失效。在知识产权作为交易对象的合同中，需要遵守这些知识产权法律的特别规定。违反法律强制性规定的，当事人的约定无效，如代写论文就是改变作品的署名权。这个署名权目前是不可以交易的。商标、专利的申请权是可以转让的。

第四类是工程项目。工程项目是国家基本建设的表现，是固定资产投资的主要方向。我国《民法典》合同分编中有专章规定建设工程合同。工程项目不同于一般的物，在签订合同时，该工程的内容只是停留在设想和计划阶段。因此，工程项目作为合同的标的物应当有其特殊的要求，如工程项目必须合法，包括工程的立项、审批、计划都通过政府的批准。没有列入国家或者地方投资计划或者擅自扩大投资规模的工程项目都不能成为合同的标的物。工程项目包括建设工程勘察项目、建设工程设计项目和建设工程施工项目。

第五类是劳务。劳务成为合同的标的物主要表现在以下几个合同中：①劳动合同。劳动合同是劳动者与用人单位签订的关于工作性质、工作内容、工作待遇、工作报酬等相关内容，并用以确定双方权利和义务的合同。劳动者主要提供的是劳务，得到的是工资。②承揽合同。承揽合同是承揽人按照定作人的要求完成工作，交付工作成果，定作人给付报酬的合同。承揽包括加工、定作、修理、复制、测试、检验等工作。③其他合同，诸如运输合同、保管合同、监理合同、委托合同、行纪合同、中介合同也都包含劳务的部分。

（二）数量

数量是界定标的物的计量方法，是以数字和计量单位来衡量标的物大小、多少、轻重的尺度。数量条款的根本作用在于确定合同双方当事人权利义务的大小。合同必须有数量的规定。没有数量，标的物的外延就不完整，合同效力就无法确定。

合同中的数量由当事人约定，具体内容包括数量、计量单位和计量方法等。当事人在约定数量条款时，应当注意下列问题：

第一，数量是"数"与"量"的结合，如10台、80元、1000瓦等。单有"数"或者只有"量"都属于表达不完整。在表达"数"时，对与合同执行有关键意义的"数"（如总价）应当用大写的中文来表示。在合同中，出现大写和小写的数字不一致时，除了有证据能够证明谁真谁假的以外，以大写数额为准。

第二，量的计量单位必须合法。例如，表示重量的单位应当用"吨""公斤""千克""克"等；表示面积的单位用"亩""公顷""平方公里""平方米"等；表示金钱的基本单位是"元"，辅助单位是"角"和"分"；表示时间的单位是"年""月""天""时"等。不能使用非法计量单位或者计量不明确的单位，如"石""筐""把""车"等。随着中国加入WTO，国际合同越来越多。在涉外合同中，可以根据他国的法律或者商业习惯，采用国际上通行的计量单位，如"码""磅""英里"等。有些外国货币的计价单位看似合法，实际上仍需要与国家或者地区结合才能使用，如"法郎"有法国法郎、瑞士法郎和比利时法郎，不同国家的法郎价值相差很大。

第三，在数量表述中有"以上""以下""以内""以外"等词语时，应当注明是否包含本数。不包含本数的，最好表述为"不足""超过"等词汇。尽量不要使用"大概""也许""可能""左右"等内容不确定的词汇。

第四，关于"溢短装"问题。在执行合同实践中，由于货物本身的特性或者受包装和运输条件、检验条件的限制，实际交货的数量可能很难与合同规定的数量完全相符。因此，对这些标的物的数量可以作出"溢短装"的规定，即允许当事人在交付标的物时，实际交付的数量与合同约定的数量有一定幅度的变化。在允许变化的幅度内交货，不认为是交货人违约，如居民生活用电的供电电压为220V，在电力系统正常的情况下，许可电压变化5%。

在合同涉及"期限""金额""重量""面积"等数量时，要仔细核对总数和分项是否一致：比例和数字必须一致、前后文本表述必须一致。

(三) 质量

质量是标的物质的规定性，也是标的物的内涵内容。它通过对标的物的内在性能和外在形状的综合规定来表明标的物的具体特征，是产品或者劳务的优劣程度的体现。质量条款是衡量当事人是否按照合同履行的客观标准，也是当事人提出索赔的依据，合同中质量条款的好坏是衡量合同水平的依据之一。质量条款的主要内容包括品种、规格、型号、等级、质地、成分等。在起草合同的质量条款时，要注意以下问题：

第一，依照《中华人民共和国产品质量法》的规定，任何产品都必须有质量标准。当该产品具有国家标准或者行业标准等强制性标准时，合同约定的质量标准不得低于强制性标准。没有上述标准，当事人也必须协商确定质量标准。而且，这个标准还必须符合保障人身安全的最低要求。特殊产品需要将质量标准向技术监督部门备案。当事人对合同标的物的质量约定不明或者没有约定的，按照国家标准、行业标准履行；没有国家标准、行业标准的，按照通常标准或者符合合同目的的特定标准履行。

第二，在有国家标准和行业标准的合同中，产品的质量标准都已经在技术监督部门备案，并有产品的质量代码或者型号，如 Apple iPhone 11、BMW 7200QL等。所以，在合同质量条款中，没有必要将这些产品的质量又重复一遍，只要写上产品的型号或者代码即可。在双方当事人协商的质量标准中，对于难以用语言表达的质量标准，可以采用样品封存的方式作为质量标准的条款。对封存样品应当注明存放地点、由谁负责保管等内容。

第三，应当约定质量的验收方法和验收地点、验收时间，以及提出质量异议的期限。验收是测定质量是否符合合同要求的必经流程。验收方法主要有抽样验收和全部验收，选择哪种验收方法必须约定。验收的地点、时间和提出质量异议的期限都涉及合同的违约责任的承担。我国《合同法》规定，买受人收到标的物时应当在约定的检验期间内检验。没有约定检验期的，应当及时检验。当事人约定检验期间的，买受人应当在检验期间内将标的物的数量或者质量不符合约定的情形通知出卖人。买受人怠于通知的，视为标的物的数量或者质量符合约定。当事人没有约定检验期间的，买受人应当在发现或者应当发现标的物的数量或者质量不符合约定的合理期间内通知出卖人。买受人在合理期间内未通知或者自标的物收到之日起两年内未通知出卖人的，视为标的物数量或者质量符合约定。但对标的物有质量保证期约定的，适用质量保证期的约定。

第四，当事人约定的合同质量不仅是产品质量，还包括包装质量。包装质量直接影响到运输、贮存和管理。对包装方式没有约定或者约定不明确的，按照合同的有关条款或者交易习惯确定。没有交易习惯或者交易习惯不明的，应当按照通用的方式包装。没有通用方式的，应当采取足以保护标的物的包装方式。

在具体的合同中，已经成型的标准产品都有技术资料。这些技术资料都是质量标准的一部分。非标产品也有技术协议。特定条件下，商家的广告、产品介绍资料中对产品性能等的介绍，也可以成为质量的判断标准。

实践中，由于有些质量缺陷非肉眼能够发现，所以与老百姓生活密切相关的物品，法律上有强制"包修、包换、包退"的"三包"规定。对于不属于"三包"范围或者商家申明出售瑕疵产品的，合同中应当约定质量验收和对产品质量提出异议的期限、地点和方式。例如，《最高人民法院关于审理建设工程施工合同纠纷案件适用法律问题的解释（一）》第14条前半部分规定，建设工程未经竣工验收，发包人擅自使用后，又以使用部分质量不符合约定为由主张权利的，人民法院不予支持。

（四）价款

在货币作为交易媒介的合同中，价款或者报酬是合同债权实现的主要形式，是一方当事人向对方当事人所付代价的货币给付。价款一般是指向提供财产的当事人支付的货币，由产品单价和总价来表示。酬金是指对提供劳务或者完成一定工作的当事人支付的劳务报酬和管理费。酬金可以按工程项目整体计算，也可以分期分批支付。

价款和报酬是合同标的物价值的最直接体现，也是一方当事人支付给另一方当事人的经济回报。价款和报酬的数额大小直接决定着一方当事人的付出和另一方当事人的收益，因此，价款和报酬往往是合同当事人讨价还价最多的环节。在决定价款和报酬的数额问题上，虽然应当由双方当事人协商一致，达成共识，但从本质上说，价款和报酬的数额取决于市场的价值规律。所以，在价款或者报酬的条款上，应当注意以下问题：

第一，价款或者报酬必须由数额和计价单位两个部分组成。合同总价数额应当用大写固定，计价单位必须符合法律规定，如我国法律规定，国内进行工商活动，任何一方都不得拒绝以人民币作为支付手段。人民币的基本单位是"元"而不是"块"。在国际商务合同中，涉及外币的，必须写清外币的具体币种。

第二，要明确价款或者报酬所包含的具体内容。任何一个合同中的价款或者报酬实际上都与合同双方当事人的权利义务相一致，特别是在有关权利义务规定不明确时，合同中的价款或者报酬可以推断出各方的责任。例如，买卖合同中的价款是否仅指单价，是否包括装卸费、运输费、保险费、包装费、技术文件费等项目；建设工程承包合同中的总价是否包括材料费、管理费、验收费、监造费、技术服务费等；涉外合同中的价款是否包括代理费、报关费、出口退税等；租房合同的租金是否包括物业费和供暖费等；合同执行中的税由谁来承担？增值税税率是多少？

第三，价款或者报酬的支付方式不仅要符合法律规定，而且还必须明确具体。除了法律许可用人民币现金支付的合同外，其他合同的价款或者报酬应当通过转账结算的方式来完成。通过转账的方式，不仅减少了货币的需求量，还有利于国家对工商活动的管理和监督。用外币支付的合同，必须通过银行信用证方式，不得直接支付给境外的外国人现金。外国人支付给中国法人的外币，必须存入国家指定的银行。任何个人和单位都不得存放外币或者非法买卖外币。价款或者报酬的支付可以是一次性进行，也可以分期分批进行，但每一次付款的时间和方式都必须明确，不要使用在多少日之后付款的表述。

第四，价款要符合国家相关规定。在市场定价范围内，由商家自主决定，但这种自由也是有限度的。例如，低于成本价销售构成倾销，是不正当竞争行为；在关联交易环节，价格是否公允公平，是否与市场价格一致，是重点监督的内容；国家有限价政策的，必须遵守限价规定，如各地都有最低收入标准，劳动合同的最低报酬不得低于最低工资标准。有些基建行业，国家有定额，地方和行业也可能有特殊规定。是否适用定额，适用哪个定额，都需要明确。

第五，价款或者报酬不明确的，按照订立合同时履行地的市场价格确定；依法应当执行政府定价或者政府指导价的，按照规定执行。执行政府定价或者政府指导价的，在合同约定的交付期限内政府价格调整的，按照交付时的价格计价。逾期交付标的物的，遇价格上涨时，按照原价格执行；价格下降时，按照新价格执行。逾期提取标的物或者逾期付款的，遇价格上涨时，按照新价格执行；价格下降时，按照原价格执行。

实践中有固定合同总价的合同，也有固定单价的合同，还有一些土建施工安装合同只约定了取费标准。价格和报酬方面出现争议的主要表现为价格或者成本有遗漏，支付时间和条件约定不清晰，执行合同时市场价格出现重大变化而导致合同执行困难，也有一些合同采取不平衡报价、免费等方式来欺骗对方。例如，土建施工合同，把土建主材（钢筋水泥）报价很高，运到现场后不施工，最后要求结算到场的钢筋水泥款。再如，老百姓买空调时商家说免费安装，最后在安装问题上多次迟延，导致老百姓利益受损。从买方角度而言，如果在合同中明确安装费含在合同总价之中，维权就非常方便，胜诉把握更大。

（五）合同履行期限、地点和方式

履行期限是合同当事人履行义务的时间界限，是确定是否按时履行或者迟延履行的合同根据。期限条款要明确、具体，避免因约定不明而引起纠纷，造成损失，特别是一些季节性很强、易腐烂、易变质的商品，更要明确约定。履行期限不明确的，债务人可以随时履行，债权人也可以随时要求履行，但应当给对方必要的准备时间。在一些季节性很强的合同中，履行期限是关键条款，如农历八月十五之前的月饼与农历八月十六的月饼之价格是两重天，再如端午节之前的粽子与端午节之后的粽子之价格的差别也非常大。施工合同中，南方有雨季，北方有冰冻期。为了保证合同工期，委托人可能还要有更多的节点工期和考核工期。总体而言，节点工期和考核工期越多，对委托人的保障力度就越大，对承包人的约束力就越强。

当事人履行合同的地点称为合同的履行地。履行地的确定有两种方式：一是当事人协商确定履行地。当事人在选择履行地上，往往与合同的价款或者报酬结合在一起考虑。通常考虑作为履行地的场所有：卖方仓库或者车间，买方的仓库，还有车站、码头等都可以作为交货地点。合同的履行地还与解决合同纠纷的司法管辖法院有关。法律许可当事人选择合同的签订地、履行地、标的物所在地及原、被告一方所在地的法院为合同纠纷的管辖法院。二是由于合同的特殊性质由国家规定履行地。例如，不动产的履行地为不动产所在地；采取送货方式的，以货物送达地为合同履行地；代办托运的，以货物的发运地为合同履行地。合同当事人没有约定履行地或者履行地点不明确的，给付货币的，在接受货币一方所在地履行；交付不动产的，在不动产所在地履行；其他标的物的，在履行义务一方所在地履行。国际贸易中的合同义务、履行地点等内容，请参见相关贸易术语。

合同履行地点看似一个地图上的圆点，实则为权利义务分割的法律基点。不同的履行地点意味着不同的权利义务、不同的合同价格、不同的管辖法院，最终是不同的法律后果。

合同的履行方式由合同双方当事人自由选择，主要包括支付价款或者报酬的方式和交付标的物的方式。履行方式因合同种类和合同性质的不同而有所不同，如在买卖合同中，可以一次性交付标的物，也可以分期分批交付标的物；可以是送货上门，也可以是自己提货，还可以代办托运；价款可以预付，可以收货后付；可以一次性付清，也可以分批偿付。履行方式不明确的，按照有利于实现合同目的的方式履行。合同的履行还可以分为先后顺序履行和同时履行。先履行合同的义务人享有不安抗辩权，同时履行合同的当事人享有同时履行抗辩权。

合同履行方式要求当事人在合同生效后事实履行、正确履行和完整履行，这是后话。在约定合同履行方式时需要就是否许可"转让合同""代为履行"等进行约定。在计划经济条件下，禁止合同转让和买卖。实行市场经济之后，法律放开了合同履行的方式，但仍然禁止部分合同转让和代为履行。总体上看，对合同一方有资质资格能力要求的合同是不许可转让的，必须由签订合同的当事人实际履行，如设计合同、建设工程合同。再比如我们去医院挂专家号，必须是这个专家来听诊。在买卖合同中，买方更多的是考虑产品质量。只要质量合格，按期交货，由谁来负责交货，对买方意义不大。

（六）合同各方的权利义务

合同是当事人创设的法律，也是当事人设立和合理分割权利义务的标准。

合同各方的权利义务是产生合同责任的根据。我国《民法典》根据不同的合同分类，合理分割了双方当事人的权利义务。从这个角度来说，似乎不需要当事人讨价还价。事实上不是这样的。法律在确定基本权利义务平衡的基础上，许可当事人自由约定，如"出租人应当履行租赁物的维修义务，但当事人另有约定的除外"。《合同法》前后有近二十处重复了"当事人另有约定的除外"，《民法典》也继续尊重当事人的意思自治。这就需要当事人就合同中的权利义务"讨价还价"。我们在约定合同权利义务时需要把握如下几点：

1. 法定的权利义务不能协商

除了赠与等单务合同以外，法律赋予了不同合同中当事人的不同合同权利义务。为了避免"店大欺客"，除了《民法典》或者相关法律中许可当事人约定的内容以外，当事人在特定合同中的义务是不能随意转换的。例如，租赁合同中，出租人必须将租赁物移交给承租人，承租人必须支付租金或者其他对价。又如，借款合同中，贷款人必须按照合同约定将借款支付给借款人。《民法典》第670条规定："借款的利息不得预先在本金中扣除。利息预先在本金中扣除的，应当按照实际借款数额返还借款并计算利息。"再如，劳动合同中，用人单位的法定义务包括保证劳动环境的绝对安全、与劳动者签订书面劳动合同、按时足额支付劳动报酬、依法为劳动者缴纳各项社会保险等。《民法典》第497条规定"提供格式条款一方不合理地免除或者减轻其责任、加重对方责任、限制对方主要权利"或者"排除对方主要权利"，该条款无效。如果合同中约定的义务虚假，则可以判断为虚假合同。

2. 合同中的权利义务具有相对性

所谓相对性是指一方的权利就是另一方的义务，这是作为主要债种之一的合同之债与物权的主要区别之一。谁是债权人，谁是债务人，在合同中一目了然。相对而言，合同义务更加具有法律意义，除非权利人放弃自己的权利，否则义务人不完整、如实履行自己的义务，将被视为违约而需承担相关责任。合同中当事人约定了第三人的权利义务，除了第三人进行追认，当事人的约定对第三人没有约束力。如果涉及第三人的，除了可能作为合同设定的条件以外，其他约定可能会被撤销或者认定为无效。

3. 合同权利义务与合同价款、合同违约责任等关键条款密切相关

合同的权利义务并不是可有可无的，也不是孤立的。合同义务与合同价

款密切关联，义务越多，价款就会越高。例如，同样是国际货物买卖合同，FOB 和 CIF 中买方卖方责任义务差别很大，两个合同中的价款没有可比性。合同义务还与违约责任密切关联。违约责任的"约"，既包括合同义务的"约"，也包括承担后果的"约"。违约责任是对合同义务的保证，是合同义务人违反合同义务所应该承担的合同后果。没有违约责任的合同义务是没有强制力的义务。

4. 附随合同义务不需要在合同中约定

《民法典》第 509 条第 2 款规定："当事人应当遵循诚信原则，根据合同的性质、目的和交易习惯履行通知、协助、保密等义务。"这就是教材中通常所说的合同附随义务。《民法典》第 591 条规定："当事人一方违约后，对方应当采取适当措施防止损失的扩大；没有采取适当措施致使损失扩大的，不得就扩大的损失请求赔偿。当事人因防止损失扩大而支出的合理费用，由违约方负担。"通知也好，协助也罢，核心目的就是为了避免损失的扩大。《民法典》第 501 条规定："当事人在订立合同过程中知悉的商业秘密或者其他应当保密的信息，无论合同是否成立，不得泄露或者不正当地使用；泄露、不正当地使用该商业秘密或者信息，造成对方损失的，应当承担赔偿责任。"《民法典》第 558 条规定："债权债务终止后，当事人应当遵循诚信等原则，根据交易习惯履行通知、协助、保密、旧物回收等义务。"保密义务不因合同到期、终止而解除。即使合同本身没有相关义务规定，按照诚实信用原则，不履行附随义务的一方也会构成侵权。

5. 合同权利义务的终止

《民法典》第 557 条第 1 款规定："有下列情形之一的，债权债务终止：①债务已经履行；②债务相互抵销；③债务人依法将标的物提存；④债权人免除债务；⑤债权债务同归于一人；⑥法律规定或者当事人约定终止的其他情形。"根据上述规定，合同生效后，合同约定的权利义务就客观存在，不会自然消亡。实践中，有些合同管理不到位的单位，签订合同随意，执行合同更加随意。还有些人迷信"实物为王"，买方说"你不发货我不付钱"，卖方"你不付款我就不发货"，无视合同。正如合同不能自生，合同也不能自灭。合同约定的权利义务，如果当事人不需要履行，最好签署解除协议。只有按照法律规定把权利义务终止了，合同才算完全结束。

(七) 违约责任

违约责任，是与"违法责任"相对应的一个词。它是指合同当事人不履行合同义务或者履行合同义务不符合约定应承担的民事责任。与"违法责任"相比，违约责任具有以下几个特点：其一，违约责任是一种合同责任，责任来源于合同的约定，这是违约责任不同于其他责任的一个重要特点。与"违约责任"相对应的，还有"缔约过失责任""侵权责任"等几个概念。违约责任以有效的合同关系存在为前提。违约责任以合同当事人违反有效的合同义务为发生条件，如果当事人正确适当地履行了合同义务，则不会发生违约责任问题。其二，违约责任是一种民事经济责任。民事责任具有补偿性，经济责任具有惩罚性。违约责任兼有民事责任、经济责任的特点。这主要是因为违约责任的主要目的在于补救合同中当事人因对方违反合同而造成的经济损失，并给违反合同的当事人以制裁。其三，违约责任的设定具有一定的创制性。法律赋予合同当事人在不违反法律的前提下，在一定的程度上自由约定违约责任，即需不需要约定违约责任，违约责任是高一点还是低一点，哪些违约行为需要承担违约责任，哪些违约行为可以不承担违约责任，都是当事人的"意思自治"。

正如法律规范必须具备"假定""处理""制裁"三要素一样，没有违约责任的合同只能对付诚实守信的"君子"，不能惩罚言而无信的"小人"。合同中约定明确的违约责任，让当事人明知哪些是违约行为，将要承担哪些后果，将加强合同当事人履行合同的责任心，保护合同当事人的合法权益，预防和减少违反合同现象的发生。

合同违约责任具有补偿性、财产性、相对性、可约定性和强制性等特点。我国《民法典》关于违约责任的规定，赋予了合同当事人广泛的权利和自由。当事人可以在合同中约定违约责任，也可以不约定违约责任；可以约定一种违约责任，也可以约定多种违约责任。实践中，有些当事人将违约责任约定得过多过大。由于法律赋予了当事人请求人民法院或者仲裁机构降低的权利，从而得不到人民法院或者仲裁机构的支持，达不到追究对方责任的目的。如何充分运用法律赋予的权利，是一个实践性很强的问题。一般来说，主要注意如下几个问题：

第一，尽管违约责任不是合同的必备条款，当然也不是合同的必备内容，但我们建议这种"省事"只发生在违约可能性不大或者违约后果不严重的当事人之间。除了一些即时清洁的合同以及少数与信誉程度高的人签订的、标的额不大的合同以外，违约责任应当是合同的主要内容之一。特别是在对方商业信誉不明的情况下，更应当在违约责任上有明确的约定。只有违约责任约定明确，当事人才知道违反合同后有多大的责任。即使是法官，也无权变更违约责任的内容。没有约定违约责任，就可能导致合同相对方的侥幸心理。即使在违约后，我们能够追究对方多大的责任，都是一个未知数。在起草合同时怕麻烦，就为执行合同埋下隐患。

第二，合同违约责任必须与合同双方当事人的权利义务相一致。法律规定的违约责任有多种形式，我们可以选择一种或者多种违约责任形式。对一方的违约责任规定得越大，另一方的违约责任也应当相应的大。不能只有一方的违约责任，而没有另一方的违约责任。例如在买卖合同中，有出卖人迟交货的责任，就应当有购买人迟付款的责任。合同关于违约责任的约定应当对等和一致，这是公平原则的基本要求。实践中，权利义务不完全一致甚至不平等，并不导致合同当然无效。如果在合同谈判时不"锱铢必较"，出现纠纷以后只能"望洋兴叹"。

第三，违约责任的约定内容不得违反法律法规的强制性规定。我们必须遵守法律的规定，违反法律规定的约定是无效的，不受法律保护。因此，在选择违约责任形式时，必须首先了解法律关于该种违约责任的具体规定。这些规定不仅仅在《民法典》之中，其他的法律法规也有相关规定。例如，不得违反法定违约金的比例，约定违约金也不得过高或者过低；定金数额和定金的后果法律都有明确规定；在合同中同时约定违约金责任和定金责任时，对方有权选择适用定金责任还是违约金责任，即违约金责任和定金责任存在一定的冲突，根据有关司法解释，定金责任优于违约金责任；给付定金的一方有权以放弃定金为条件解除合同，收到定金的一方有权以双倍返还定金为条件解除合同。

合同违约责任的种类主要有继续履行、补救措施、赔偿损失、违约金、定金、解除合同等。每一种责任形式的具体适用条件又有所不同。

继续履行，又称为强制履行，是指合同当事人一方违约时，经另一方当事人的请求，由法院强制其按照合同约定继续履行合同义务的情形。表面上，继续履行是对原合同履行的继续。但是，作为违反合同的违约责任，继续履行不同于当事人的自愿履行，它是在国家强制力下的履行。继续履行对于保障守约方实现合同目的、严肃合同纪律、消除信用危机、维护正常的社会经济秩序，具有现实意义。在供用电、水、气、热力合同中，法律规定了供方的强制缔约义务，不得随意停电、停水、停气，主要原因就是这些行业的垄断地位和与老百姓生活的密切关联性。

继续履行不是每个合同违约责任都可以选择的。就金钱债务的继续履行而言，只需具备违约行为和守约方的请求两个条件即可成立；而非金钱债务的继续履行除了上述条件外，还必须同时具备以下三个要件：一是违约方有继续履行的可能。有继续履行的可能，是指违约方的履行有法律上的可能和事实上的可能。所涉特定物或者特定人已经灭失或者成为不可能的，继续履行则不可能。二是标的必须适合强制履行。标的适合强制履行，是指强制履行将不违背合同的性质和法律的规定。一般认为具有人身性质的债务不适用强制履行。三是继续履行在经济上合理。若强制履行费用过高或花费时间过长，债权人选择继续履行所付出的代价与其获得的利益之间极不相称，就不应采用继续履行的责任形式。

补救措施，是指消除或者减轻违约损害后果的特殊救济措施。《民法典》第577、582条规定补救措施的具体形式有修理、更换、重作、退货、减少价款或者报酬等。如果合同有约定的，依照约定采取违约补救措施；如果合同没有约定，又不能达成补充协议的，按照合同的有关条款或者交易习惯仍不能确定的，守约方应根据公平原则、标的性质以及损失的大小合理选择相应的补救措施。根据《民法典》的规定，补救措施适用于合同标的存在质量瑕疵的违约情形，此情形下由受侵害一方依法或依约选择合适的补救措施。

赔偿损失，也称损害赔偿，是指违约当事人一方按照法律规定或依照合同约定承担的赔偿对方当事人所受损失的责任。损害赔偿是违约责任中较常见的一种形式，也是保护合同当事人利益的一种较好措施。作为民事责任的一种，损害赔偿的突出特点表现为补偿性，一般不具有惩罚性。

赔偿损失作为违约责任形式，其适用除了侵害人具有违约行为外，还需具备如下条件：①受侵害方确定地发生了损失。损失的客观存在是赔偿责任产生的必要条件，无损失则无赔偿。②违约行为与损失的发生之间有因果关系。因果关系，是指违约行为与损失之间的相互联系。按因果关系的要求，如果一方当事人的违约行为没有造成对方的实际损失，或者对方的损失不是违约行为的直接结果，或者损失与违约行为关系过分遥远，则违约方就不应承担赔偿损失的责任。

当事人一方不履行合同义务或者履行合同义务不符合约定，给对方造成损失的，损失赔偿额应当相当于因违约所造成的损失，包括合同履行后可以获得的利益，但不得超过违反合同一方订立合同时预见到或者应当预见到的因违反合同可能造成的损失。如租赁合同中出租人提前终止合同导致承租人多支付的中介费或者房租。加工承揽合同中委托人迟延支付货款导致原材料价格上涨而必须多付出的支出。有些法定赔偿由法律规定，当事人无须举证予以证明。如经营者对消费者提供商品或者服务有欺诈行为的，依照《中华人民共和国消费者权益保护法》（以下简称《消费者权益保护法》）的规定承担损害赔偿责任。该法第55条第1款规定："经营者提供商品或者服务有欺诈行为的，应当按照消费者的要求增加赔偿其受到的损失，增加赔偿的金额为消费者购买商品的价款或者接受服务的费用的3倍；增加赔偿的金额不足500元的，为500元。法律另有规定的，依照其规定。"

违约金是指由当事人约定或者法律规定的，一方当事人违约时向对方支付一定数额金钱的合同责任。支付违约金是世界各国普遍采用的一种违约责任形式。违约金主要分为约定违约金和法定违约金两种。我们在约定违约金时需要考虑的问题有：①违约金的合法性。法定违约金具有强制性，当事人必须执行。法定违约金是指法律规定支付数额或者支付比例的违约金。在1999年《合同法》之后，原《工矿产品购销合同条例》《农副产品购销条合同条例》（已失效）等法定违约金比例放开。除了行政类迟延缴纳罚款的滞纳金等以外，其他违约金由当事人约定。②违约金的公平性。违约金比例或者数额要具有惩罚性，但不能与实际可能造成的损失相差太大。如果过分低于或高于所造成损失的，当事人可以请求人民法院或者仲裁机构予以增加或减少。《民法典》585条继续坚持了原《合同法》关于违约金过高或者过低的相关约定。例如，借款合同中迟延还款的违约金肯定要比常规的贷款利息要高。如果低于贷款利息，就是鼓励借款人违约。现在有些"校园贷""网络贷"之所以违法，关键是利息过高，且采取"砍头息""利滚利"等方式加大借款

— 204 —

人的责任。③违约金的全面性。一个合同中，违约金可能不止一种。例如，在成套的工矿产品购销合同中，卖方可能的违约行为有单方终止合同、迟延交货、性能不达标、所交设备不全、缺少技术资料、不及时进行安装指导等，相应地，违约金则可能有六种。

违约金责任的适用必须符合如下三个条件：①须有违约行为存在。②须有有效的违约金协议或法律对于违约金的具体规定。③不属于免责事由。

定金是指合同的一方当事人以担保其债务之履行为目的，而向对方给付一定数额的货币。定金责任是指根据《民法典》第 586 条第 1 款承担的责任："当事人可以约定一方向对方给付定金作为债权的担保。定金合同自实际交付定金时成立。"第 587 条规定："债务人履行债务的，定金应当抵作价款或者收回。给付定金的一方不履行债务或者履行债务不符合约定，致使不能实现合同目的的，无权请求返还定金；收受定金的一方不履行债务或者履行债务不符合约定，致使不能实现合同目的的，应当双倍返还定金。"合同是否约定给付定金，完全取决于合同双方当事人的意志自由。定金的数额有法律规定的，按法律规定执行；允许当事人约定的，由当事人自行约定，但不得超过合同标的额的 20%。

定金责任的构成要件有：①合同当事人在有效合同中约定了定金责任条款；当事人没有约定定金的，不适用定金责任。②发生了不履行或其他根本违约行为。不履行行为完全改变了当事人签订合同时的初衷，从根本上使合同目的不能实现。③违约行为人主观上有过错。由于定金责任具有很强的惩罚性，其适用旨在对违约行为予以制裁，从而担保合同债务的履行。所以一方具有过错是适用定金责任的主观必要条件。如果合同不能履行的原因来自不可抗力或双方共同过错，就不能适用定金责任。

《民法典》第 588 条规定："当事人既约定违约金，又约定定金的，一方违约时，对方可以选择适用违约金或者定金条款。定金不足以弥补一方违约造成的损失，对方可以请求赔偿超过定金数额的损失。"由此可见，立法者并不支持违约金责任与定金责任同时适用。

解除合同看似不是一种独立的违约责任，在大多数教科书中也很少被提及，但在双务合同中，单方享有解除合同的权利且不需要承担责任，对于守约方而言是一种实在的权利。所以，一般只在对方出现重大违约或者实质性违约之后，另一方才享有单方解除合同的权利。轻微违约或者执行瑕疵，一般要给予违约当事人改正的机会。所以，在违约责任的合同谈判时，一定要限制对方单方解除合同的权利。

(八) 免责事由

所谓免责事由，是指免除违约当事人承担违约责任的原因和理由。免责事由适用的后果是导致债务人被全部免除或部分免除违约责任。免责事由具有如下特征：①免责事由由法律规定和合同约定；②当免责事由出现后，合同当事人仍有防止损失扩大以及通知对方的义务。

根据相关法律规定，免责事由有法定免责事由和约定免责事由两种。我国《民法典》第180条第1款规定："因不可抗力不能履行民事义务的，不承担民事责任。法律另有规定的，依照其规定。"由此可见，不可抗力成为法定的免责事由。约定免责事由是指当事人通过合同约定的免责事由，具体表现为当事人约定的免责条款。免责约定具有相对的法律效力，只有在法律许可的范围内当事人的免责约定才得到认可，法院或仲裁机构有权依法对免责约定的有效性予以审查。

不可抗力，是指不能预见、不能避免且不能克服的客观情况。一般而言，不可抗力包括自然灾害、政府行为、社会异常事件三大类。自然灾害主要指因自然现象引起的灾害，如地震、海啸、台风、洪水、泥石流、雪崩等。政府行为主要是指政策、法律或行政措施的改变。社会异常事件主要是指一些偶发的社会事件，如战争、罢工、骚乱、传染病暴发、他人违法犯罪等。

合同中约定免责条款，需要注意如下问题：

1. 免责的情形

现在的合同中一般只约定不可抗力，并引用法律概念。这种约定的意义不大。因为出现法定的不可抗力，有没有合同约定都会被司法机关认定为"不可抗力"。实践中，如下情况可能对是否认定为不可抗力发生争议：

（1）传染病。例如2003年的"非典型肺炎"、2019—2020年的"新型冠状病毒肺炎"。这类突发灾难性传染病，国家将其纳入乙类流行病，并按照甲类流行病管理。以后还可能会发生其他类的传染病。什么样的流行病构成不可抗力，什么样的流行病不构成不可抗力，这种问题在合同协商阶段永远无法预见，需要在合同执行及纠纷解决阶段去协商和完善。但如果合同中有约定"国家或者地方政府采取防疫措施的传染病属于不可抗力"之类似约定，不仅将甲类、乙类传染病都包括在内，还可以把病毒性流行感冒、禽流感、猪瘟、口蹄疫等多种流行病囊括其中。事实上，什么样的传染病不重要，关键是政府采取了哪些影响合同执行的措施。武汉封城后，在武汉区域内的项目工期肯定会受到封城的影响，这时就可以认定为"不可抗力"。

（2）其他自然灾害。例如洪水、高温、低温、台风、冰雹、龙卷风等，这些自然灾害比较常见。"不能预见"是指它们什么时候发生、发展到什么程度无法准确预测。例如，我们在签合同的时候，没有考虑到相关自然灾害是当事人的粗心大意和失误，但完全准确预测其发生时间和程度也是强人所难。所以，完全把洪水、高温、低温、台风、冰雹、龙卷风等自然灾害当成不可抗力，放松了对承包商的要求是不对的；让承包商全部承担这些自然灾害风险，也是不公平的。所以，合同中可以考虑给这些自然灾害分级。例如夏天高温，可以考虑约定"最高气温超过35℃且连续超过3天或者最高气温超过37℃的"，视为不可抗力，承包商可以顺延工期。比如，某水电工程公司承接的某工程是在喀斯特地形较普遍的地方施工引水洞。合同中关于不可抗力的约定有"造价超过30万元的地下河和溶洞属于不可抗力，双方根据具体情况协商增加造价和延长工期。""梅雨季节超过60天，合同工期可以顺延。"相应地，北方有冻土季，也可以予以类似考虑。

（3）政府行为或者政策变更。国家法律变更属于不可抗力，省政府、县政府、乡政府的哪些政策变更属于不可抗力？例如，陕西秦岭的某些房地产项目取得了地方政府的合法批文，在中央政府的干预下，都变成了非法项目一律拆除。再如，在北京西二环的某房地产项目，开发商因资金链问题长期停工而无法交房，购房人依据《商品房销售合同》提起诉讼，开发商出示一个区市管委的信函，说是市政工程延期导致项目延期，属于不可抗力。为了避免此类争议，建议明确为"省级以上政府的抽象行政行为属于不可抗力"。

实际合同执行过程中，并不是只要属于不可抗力就一定免责。不可抗力对合同违约责任的影响，也要参考实际生活中的如下因素：①可预见和可避免的可能性。随着科学技术的进步，我们对自然界的各种预见能力不断加强。例如长江中下游的洪水，几乎每年都有，只不过有的是普通年份，有的是十年一遇，有的是五十年一遇。再如，北方夏季的冰雹、江浙的龙卷风也时常发生。有些是能预见的并且可以采取防范措施，有些是无法预见或者预见程度极不确定的，或者是预见了但无法避免，才是不可抗力。②不可抗力发生的时间。只有合同生效之后至履行完毕之前的期间内发生的不可抗力才可能成为免责事由。如果违约行为发生在不可抗力之前，也不会免除违约方的责任。③不可抗力对合同履行的影响程度。不可抗力导致全部合同义务不能履行，或者对履行合同义务有实质影响的才有可能成为免责事由。如果不可抗力对履行合同影响不大，则不能成为免责的事由。例如，震级较低的地震，对普通的工农业及老百姓生活都不会产生太大影响，则不能成为违约方免除责任的理由。再如，第三人的犯罪行为往往属于我们难以预见的，广义上属于不可抗力，但也要具体问题具体分析。比如某人伤害了一个门卫，致使其不能上班，较短时间内就能安排别人替代受伤的门卫；如果受伤的是关键岗位人员或技术能手，则受影响程度相对较大。

2. 通知和举证义务

《民法典》第590条第1款规定："当事人一方因不可抗力不能履行合同的，根据不可抗力的影响，部分或者全部免除责任，但是法律另有规定的除外。因不可抗力不能履行合同的，应当及时通知对方，以减轻可能给对方造成的损失，并应当在合理期限内提供证明。"主张不可抗力免责的一方在不可抗力出现后有通知和举证的义务。通知义务是指因不可抗力不能履行合同的一方当事人将不可抗力的发生以及合同不能履行的事实及时通报给对方当事人的义务。通知的内容应该包括不可抗力的种类、持续时间以及对履行合同的影响。不可抗力对不同的合同的影响不完全一样，有的只是要求工期顺延，有的可以部分履行，有的必须解除合同。通知的时间越早，对方当事人就可以尽早采取必要措施防止损失扩大。有些当事人不履行通知义务，提出报纸、电视都有报道的抗辩，最终都不会得到法律的全部支持，因为对方当事人无法知道不可抗力对履行合同有多大程度的影响。所谓提供证明的义务是指因不可抗力违约的一方当事人要在合理期限内向对方当事人提供不可抗力事件的证明文件的义务。这里的举证不是诉讼法意义上的举证，证据范围也与诉讼法中的证据不完全相同，主要是向对方说明不可抗力发生的事实和对执行合同的影响。在合同不可抗力中，通知义务一般要求在不可抗力发生后14日内完成。

此外，遭受不可抗力的合同当事人一方应积极采取有效措施避免损失的扩大，否则应当对于扩大的损失自行承担责任。

3. 免责条款的例外

在约定免责条款时还应注意，免责条款必须体现公平原则。我国《民法典》第497条规定了格式条款无效的情形。除了法定无效之外，提供格式条款一方不合理地免除或者减轻其责任、加重对方责任、限制对方主要权利的条款无效。此外，免责条款不得免除违约方造成对方人身伤害的赔偿责任。我国《民法典》第506条规定，造成对方人身伤害的免责条款无效。这主要是因为我国法律保护法定的人身关系，卖身契、生死状都无效。免责条款不得免除因故意或重大过失给对方造成的财产损失的责任。也就是说，任何时候都不能给违约方提供恣意违约的特权。

（九）争议解决方式

当事人可以通过和解或者调解解决合同争议。当事人不愿和解、调解或者和解、调解不成的，可以根据仲裁协议向仲裁机构申请仲裁。当事人没有订立仲裁协议或者仲裁协议无效的，可以向人民法院起诉。当事人应当履行发生法律效力的判决书、调解书、仲裁裁决书等生效法律文书；拒不履行的，对方可以请求人民法院强制执行。由此可见，解决合同争议的方法主要有和解、调解、仲裁和诉讼四种方式。

和解也叫协商，是指发生合同争议的双方当事人在互谅互让和不违反法律的基础上，自愿达成解决合同争议的方法。这种方法以合同双方当事人自愿为前提，以不违反法律为限度。这种方法在解决合同争议过程中有许多优点：①方法简便。争议双方当事人可以当面会谈，也可以书信、电话方式交流。只要双方当事人达成一致意见，不必有任何文字记录，不必公开纠纷。②结果灵活。只要不违反法律和社会主义道德，双方当事人愿意接受的任何结果都是合法的。这是当事人处分私权的表现。谁有理，谁无理，谁占便宜谁吃亏，都是争议双方当事人的事，没有绝对的对错。③成本低廉。和解无须第三人出面，也无须拖延过长的时间，解决纠纷的成本极低。④易于实现。和解完全取决于当事人的自愿，对一些注重信誉和名声的当事人来说，都会主动执行和解内容。⑤无法律上的强制力。当一方当事人言而无信时，所有的和解都不能作为人民法院强制执行的根据。

调解是指合同争议的当事人在第三人的主持下，平等协商，解决合同纠纷的方法。调解具有和解的诸多特征，还具有如下特点：①调解是借助第三人的说服教育力量来帮助违约行为人认识错误、改正错误并承担责任。所以，调解能否取得成功，往往与调解人的选择有直接关系。我们一般选择双方的共同上级单位或领导、争议当事人共同信服的其他人员作为调解人。②调解不是解决纠纷的必经途径。对一些不守信用的当事人或者双方争议较大的当事人来说，选择调解作为解决问题的方法，无疑会耽误解决争议的进程。

仲裁是指发生争议的合同当事人依照《仲裁法》和仲裁协议的约定，请求仲裁组织解决合同争议并确定双方责任大小的方法。采用仲裁方法解决合同纠纷是当今世界的普遍做法。它是对司法不公或者司法资源有限的一种补充。仲裁组织依靠自己的信誉和威望解决经济纠纷，它有如下特点：①仲裁作为解决合同纠纷的法定方式之一受到法律的限制。只有法律规定能够仲裁的案件，才能进行仲裁。有许多纠纷，如行政管理纠纷、涉及公民人身权利的纠纷，法律不许可当事人申请仲裁。②仲裁以合同双方当事人的自愿为前提。这种自愿表现为双方签字同意的仲裁条款或仲裁协议。仲裁协议可以在纠纷出现以前在合同中约定，也可以在出现纠纷以后再协商仲裁的有关事项。在起草合同过程中，仲裁协议的内容应当明确具体，必须有选择仲裁的意思表示和选择具体仲裁机关的约定。在涉外仲裁中，当事人还可以选择仲裁机关适用的法律。③依照我国《仲裁法》的规定，仲裁实行"一裁终局制"。仲裁机关受理仲裁申请或者作出仲裁裁决以后，当事人不能就同一纠纷向别的仲裁组织申请仲裁或者向人民法院提起诉讼。仲裁机关的仲裁裁决是发生法律效力的法律文书，义务人不履行仲裁裁决书时，对方有权申请人民法院强制执行。④由于仲裁组织属于民间组织，仲裁机构本身并不具备司法机关的许多职能。因此当事人申请仲裁以后，需要进行财产保全、调取证据、强制执行的，仍应当由仲裁机构请求人民法院采取相关措施。

诉讼是指当事人一方作为原告向人民法院起诉，请求人民法院强令被告承担一定民事责任的方法。诉讼是国家通过审判机关干预社会经济生活的一种基本方法和手段，也是最具有完整性和强制性的解决合同纠纷的方法。通过诉讼解决合同纠纷具有如下特点：①管辖专属性。人民法院是国家专门的审判机关。合同纠纷案件由哪个人民法院管辖，我国《民事诉讼法》有专门的规定。例如，合同纠纷一般由被告住所地人民法院管辖，当事人也可以在合同中约定由原告所在地、合同履行地、合同签订地、主要标的物所在地的人民法院管辖。关于不动产发生的争议由不动产所在地的人民法院管辖等。一般合同纠纷由基层人民法院管辖，标的额较大或者有重要影响的案件由中级人民法院管辖。专属管辖和级别管辖的案件，法律不许可当事人任意选择。②程序严格。人民法院依照《民事诉讼法》规定的程序审理案件。起诉、立案、答辩、举证质证、法庭辩论、合议庭合议和宣判及一审、二审和再审都有严格的规定。普通程序是在立案以后，法院将起诉书送达被告人，并告之可以委托代理人和提出答辩状。在合法通知当事人到庭后，法庭的审理也要经历权利告知、法庭调查、法庭辩论、合议庭合议和宣判等环节。所有证据都应当在法庭上出示和质证，绝对禁止任何形式的先判后审或者不审就判。③不告不理。民事诉讼以当事人的告诉为前提。在合同纠纷案件中，必须是合同一方的当事人作为原告向人民法院提起民事诉讼。没有原告的起诉，便没有人民法院的审判。④强制执行。人民法院作出的一审判决和裁定，在上诉期内当事人没有上诉的，或者二审人民法院作出的判决和裁定是发生法律效力的司法文书。当事人不履行判决书、裁定书中规定的义务时，对方当事人有权请求人民法院强制执行。

在选择纠纷解决方式时应当注意：

第一，尽管解决合同纠纷的方式有和解、调解、仲裁和诉讼四种，但并不意味着每一个合同都应当如此约定。有法律意义的选择纠纷解决方式主要是指当事人在仲裁和诉讼方式上的选择。这是因为依照我国法律的规定，和解和调解不是解决合同纠纷的法定必经途径。和解和调解都要以合同双方当事人的自愿和同意为前提。任何一方不得强迫对方接受和解或者调解。和解和调解的解决方案对当事人只有内心的约束力，当事人在事后违反和解或调解协议的，对方还必须通过其他途径解决。即使在合同中没有约定和解和调解作为解决纠纷的方法，在实际发生合同纠纷以后，当事人仍然可以选择和解和调解以解决合同纠纷。所以，合同中的纠纷解决方式主要是指在仲裁或者诉讼方式的选择上，即合同应当在仲裁或者诉讼的选择上有一个明确的约定。没有相关选择的，或者同时选择仲裁和诉讼两种方式的，视同选择诉讼，放弃仲裁。

第二，当事人选择仲裁作为解决合同纠纷的方式时，应当写明具体的仲裁机关。依照我国《仲裁法》的规定，所有的仲裁组织都是平等的，仲裁组织之间没有上下级的领导和被领导关系。仲裁员根据事实和法律独立裁决案件，不受外界因素的非法干涉。当事人有权选择任何一个仲裁组织作为纠纷的仲裁机关。如果合同中只有选择仲裁的意思表示，没有对仲裁机关作具体的约定，则该条款无效。因为一旦发生了合同纠纷，到底由哪个仲裁组织进行仲裁仍然可能发生争议。仲裁条款无效，纠纷发生以后，不能仲裁，只能诉讼。在合同一方为外国法人或者组织时，当事人还可以选择国际上的仲裁组织作为仲裁机构。不仅如此，他们还可以选择解决合同纠纷所适用的法律。这个法律，可以是一方当事人的国内法，也可以是第三国的国内法，还可以是国际条约或者商业习惯。

第三，诉讼是国家主权的表现形式，除了法律规定当事人可以通过合法形式（即选择仲裁）排除诉讼的适用以外，诉讼作为解决纠纷的最后方式和强制方式，不许当事人进行剥夺或者限制。任何关于不得通过诉讼方式或者诉讼必须征得对方同意的表述都是无效的。但是，当事人可以在合同中约定出现纠纷以后由哪个法院管辖。可供选择的法院有：当事人一方所在地的人民法院、合同签订地的人民法院、合同履行地的人民法院、主要标的所在地的人民法院。不能选择与合同没有任何联系的人民法院管辖。当事人关于管辖法院的约定还不得违反法律关于级别管辖和专属管辖的规定。

第四，争议解决条款的独立性问题。《民法典》第507条规定："合同不生效、无效、被撤销或者终止的，不影响合同中有关解决争议方法的条款的效力。"法律的这条规定包含着两层意思：一是解决争议方法条款的约定必须以合同有效为前提。如果当事人选择了违法的方法去解决争议，该内容无效。通常争议解决方法无效的约定包括：既选择仲裁又选择诉讼；选择工商行政管理局仲裁；选择不存在的仲裁机构仲裁；约定诉讼违反了法律关于级别管辖和专属管辖的规定等。也出现过了"双方当事人承诺，出现纠纷之后协商解决，任何一方不得提起控告、申诉、仲裁和诉讼"的约定。这种约定剥夺了当事人的诉权，最终归于无效。二是合同中约定的解决争议方法条款有独立于其他条款的法律效力。即使合同被认定为不生效、无效或者被终止，该解决争议的条款仍然有效。也就是说，应该由合同约定的机构采取约定或者法定的方法去认定合同是否生效、是否无效以及是否应该被终止。

(十) 合同语言、文本

国内合同都采用中文表达,很少涉及语言文字问题。在少数民族聚居及实行民族区域自治制度的地方,宪法保护民族语言文字。在合同语言方面,需要注意的问题如下：

第一,国内使用中文表达的合同,为了限制私自修改,有些合同中增加了如下条款："本合同所有文字都采用电脑打印,按页顺序装订。除了授权代表签字以外,任何旁白和附注、人工修改都不发生约束力。"在保险公司、房地产中介公司等业务人员较多且流动性较大的单位,它们的合同范本里有一条"特别约定"——"本合同一般条款不能修改,当事人另有约定的,可以在特别约定条款约定。该特别约定只有另行加盖中介公司印章方对中介公司具有约束力。"

第二,多语种合同,要明确内容不一致时以哪个语种内容为准。即使中方人员英语水平非常高,仍然建议中文是合同必备语言之一,主要理由有二：一是合同需要专业人员评审和领导批准,该流程涉及的每个人都需要去阅读合同。一个人英语水平高不等于每个人英语水平高。不使用中文语言会让合同管理过程中的很多风险防控环节流于形式。二是有些合同需要报政府审批或者备案。如果只有外文,申请批准和备案时还需要委托专业的翻译公司去翻译为中文文本,费时费力,成本也高。在国内法院进行诉讼时,所有的外文资料都必须翻译成中文。所以,即使对方坚持英语是合同语言,我们也要把中文作为语言之一。

关于合同的文本问题,主要涉及"正本"和"副本"及合同文件装订保管问题。很多人不知道合同"正本""副本"有何区别,甚至将副本等同于复印件。实际上,合同"正本""副本"只是在合同文本上做的记号而已,除了这个记号是"正本""副本"之外,正本和副本没有其他区别。"正本""副本"都是原件,盖章都必须是一样的红章,签字都必须是亲自签署,不能复印。区分"正本""副本"的目的,仅是在合同文本出现不一致或者发生争议时,"正本"的法律效力高于"副本"。所以,一般情况下,合同是一个"正本"多个"副本"。我们在招标文件中,一般要求"一正六副"或者更多。开标后正本放在资料室保管备查,副本送评标专家评标使用。我们去法院起诉立案，法院会要求我们按照被告人数+1来提交起诉书份数。法院收到起诉书之后，给一份起诉书加盖"正本"字样入卷备查，其他作为副本送达被告进行答辩。正是由于正本的这种优先属性，所以合同不能有太多的正本，副本可以更多。

（十一）合同生效、失效

合同是否生效对当事人具有决定性意义，只有生效的合同才对当事人具有法律约束力。所以，生效方式条款应当是合同的必备内容之一。只有执行生效的合同过程中发生的纠纷，才能依照合同追究当事人的责任。合同是由当事人商定的，合同生效失效当然由当事人约定。如果没有约定或者约定不清的，要么按照商业习惯判断合同是否生效，要么确定合同无效。

在学习本部分内容时需要注意三个问题：

第一，大多数情况下，合同的生效、失效由合同当事人自由选择。实际生活中，最常见的方式是"双方签字或者盖章后生效"。选择这种生效方式实际上是后一方签字或者盖章才能生效。当事人也可以约定合同生效或者失效的条件和期限。《民法典》第158条规定："民事法律行为可以附条件，但是根据其性质不得附条件的除外。附生效条件的民事法律行为，自条件成就时生效。附解除条件的民事法律行为，自条件成就时失效。"第159条规定："附条件的民事法律行为，当事人为自己的利益不正当地阻止条件成就的，视为条件已经成就；不正当地促成条件成就的，视为条件不成就。"第160条规定："民事法律行为可以附期限，但是根据其性质不得附期限的除外。附生效期限的民事法律行为，自期限届至时生效。附终止期限的民事法律行为，自期限届满时失效。"如果当事人约定了合同生效的期限或者条件，只有生效期限到来或者生效条件成就，合同才生效。这种许可当事人约定合同生效、失效的期限与条件，较大程度地尊重了当事人的意志自由，便于维护市场交易秩序的稳定。

第二，并不是所有合同的生效都由当事人来决定。即使在市场经济条件下，我国仍有少许的特殊规定。法律要求有些合同必须经过登记备案或者批准后方才生效。在签订这类合同时，当事人的约定不能违反法律的规定，要及时把合同送到有关部门登记备案或者批准。需要登记备案或批准的合同主要有：固定资产投资的，需要取得政府相关部门的批准或者同意；关于国有资产的出租、出让需要到国有资产管理局登记备案；有关土地使用权的出租，需要到国家土地行政主管部门登记备案；机动车的买卖过户及其抵押等均需到政府机动车管理部门备案；房产交易需要通过政府设定的渠道；涉外合同需要取得政府配额或者许可的，则需要取得商务部的批准；有关外汇的合同需要取得国家外汇管理局的同意，等等。政府要求备案或者批准的目的是加强政府管控，体现政府意志。

第三，合同的公证、鉴证与合同的生效没有必然和直接的联系。合同生效是合同具备了法律规定的条件，在合同的当事人之间产生法律效力。而合同的公证、鉴证是有关机关或部门对合同的真实性与合法性的证明活动。合同的公证、鉴证不是合同生效的必经程序。合同当事人希望通过采取公证、鉴证的方式来保证合同的安全是可以理解的，但我们不能把合同的可靠性完全寄托于合同的公证和鉴证。作为合同的一方当事人，我们不仅要保证合同的真实性和合法性，还要考虑合同的经济性和可行性。经济性是从市场规律出发，计算该合同能否为我们带来经济上的收益。有钱赚，合同就可以签；明知赔本或亏损的合同就不能签。可行性是指根据自己的生产能力和实际需要，能否按照合同要求完成和实现合同义务。有条件执行的合同就签，没有条件执行的合同就不能签。但是，公证机关或鉴证机关都不保证合同的权利义务是否对等，当事人在经济上是否有利可图。所以，经过公证、鉴证的合同同样可能给当事人带来麻烦。

（十二）合同变更与解除

合同的变更有广狭二义，广义合同变更包括合同主体与合同内容的变更，狭义合同变更仅指合同内容的变更，我国法律取狭义的合同变更之意。《民法典》第543条规定："当事人协商一致，可以变更合同。"变更合同，与新签合同有相同点和不同点。相同点表现在新签合同也好，变更合同也罢，都需要由当事人协商一致，都要遵守法律的基本原则和相关规定。不同点在于，变更合同是以一个有效的合同为前提。当事人不能任意变更。当事人变更有效合同，需要取得对方的同意。双务合同的变更需要当事人协商一致。但根据"权利可以放弃、义务必须履行"的原则，合同变更过程中，权利人和义务人的变更是不一样的。总体原则是"权利人变更合同，只需要通知义务人""义务人变更合同，需要取得权利人同意"。还有一些合同，法律赋予了某一方特定的变更和终止权利。例如,《民法典》第787条规定:"定作人在承揽人完成工作前可以随时解除合同,造成承揽人损失的,应当赔偿损失。"这一条被解读为定作人的解除权。既然可以解除合同,当然应该理解为变更合同。实际生活中,定作人有权修改图纸、变更定作数量、变更交货期限等。由此增加的承揽人的经济支出,定作人应予赔偿。

合同变更的形式多种多样。最常见的是双方签署补充协议或者变更协议。在重大项目执行过程中,各方共同签署的会议纪要等文件也可以确认变更。特殊情况下,单方的订单、签证单、任务书、委托单等电子邮件、传真文件以及其他形式的文件,都可以作为合同变更的根据。

合同解除,是指合同有效成立后,基于双方当事人的约定或法律规定,使合同权利义务关系自始或仅向将来消灭的情形。合同解除具有如下特征:合同解除以有效成立的合同为前提;合同解除必须具备法律规定或者合同约定的解除条件;合同解除原则上必须有解除行为。

根据《民法典》第562、563条的规定,合同解除的类型有两种,即约定解除和法定解除。约定解除,即当事人通过合意的方式解除合同。根据《民法典》第562条的规定,约定解除合同有两种情形:一种是在合同成立之后履行完毕之前,当事人协商一致通过协议方式解除合同;另一种情形是当事人事先就约定了解除合同的条件,当解除合同的条件成就时,当事人单方即可解除合同。因此,约定解除又可分为协议解除和约定解除条件的解除两种方式。约定解除除了"约定条件成就"以外,解除权的行使必须符合程序上的要求。解除权行使必须在法律规定的期限内或经催告对方后的合理期限内;行使解除权必须通知对方;法律、行政法规规定解除合同应当办理批准、登记等手续的,依照其规定。法定解除,即合同因法律规定的情形出现而解除。与约定解除相比,法定解除的主要特点在于解除合同的条件是由法律直接规定的,当条件成就时,享有法定解除权的一方当事人可以其单方意思表示解除合同。根据《民法典》第563条的规定,有下列情形之一的,当事人可以解除合同:①因不可抗力致使不能实现合同目的;②在履行期限届满之前,当事人一方明确表示或者以自己的行为表明不履行主要债务;③当事人一方迟延履行主要债务,经催告后在合理期限内仍未履行;④当事人一方迟延履行债务或者有其他违约行为致使不能实现合同目的;⑤法律规定的其他情形。

根据上述规定，法定解除的一般条件为法律规定的情形出现。但对于不同原因导致的合同解除，其具体条件也有所不同。因不可抗力而行使法定解除权的条件是当事人遭受了不可抗力且因为不可抗力致使合同的目的不能实现。没有这一结果因素，当事人也不能享有解除权。因预期违约而行使法定解除权的条件是当事人一方以明示或默示的方式表示不履行主要债务且当事人不履行主要债务的意思表示在履行期限届满之前作出。因当事人一方迟延履行主要债务，经催告后在合理期限内仍未履行而行使法定解除权的条件是当事人一方迟延履行主要债务、债权人对迟延履行的一方给予了催告且迟延履行的一方经催告后在合理期限内仍未履行。

（十三）合同担保

合同担保不是合同的必备条款。对于风险可控的合同，有无担保实质意义不大。但是，在首次与经济实力及信用状况不明确的合作方签署合同时，有适当的担保来保证被违约方的权利，不失为防范和化解合同风险的有效手段。广义的担保是指债权人为了保护自己利益所采取的任何措施。这些措施主要有：约定后履行义务或要求对方履行义务在先，即如果对方不履行合同义务，自己就可以不履行合同义务。例如，对于买方（委托人）而言，控制付款时间是最大的保证之一：卖方不发货，或者买方未收到货物之前，不具备付款义务。对卖方而言，可以要求带款提货，就不会出现拖欠货款问题。再如，加工合同及建设工程合同，规定有质保期及保留质保金也是对发包方的保护。在质保期内出现质量问题，不仅有权要求保修，还可以减少质保金。又如，在实物交付作为合同标的的合同中，明确物权转移时间也是保护债权人利益的方式。买方占据市场优势时，只要卖方把货物移交给买方，无论是否支付货款、支付多少货款，货物就是买方的；在个别物权优势的合同中，如果买方支付价款未达到一定比例，不仅物权不转移，连收益权都可能归属卖方。最后，合同约定违约责任，明确违约方应该承担哪些后果，也有合同担保的目的。广义的担保属于合同结构和权利义务关系问题，本处重点介绍狭义上的担保。

《民法典》生效以后，原《担保法》相关内容调整到《民法典》不同章节，但总体内容没有太大的变化。抵押、质押、留置三种物权担保规定在《民法典》第二编"物权"的"担保物权"之中；定金担保规定在违约责任部分；保证则列入"合同"编的"保证合同"。五种常见的担保分述如下：

1. 保证

由合同义务人以外的第三人向债权人承诺履行合同义务或者承担违约责任的担保方式就是保证。保证人要向合同债权人承诺，当债务人不履行或不完全履行其所负的合同义务时，保证人按约定履行债务或承担责任。保证的最大好处是将合同当事人以外的第三人引进到合同管理中来，共同向债权人承诺合同义务和责任。保证担保具有如下特点：其一，保证人只是因为自己的经济实力和商业信誉受到主合同债权人的信赖，无须保证人实际上出钱或者出物。所以，保证也叫信用担保。其二，由于在保证合同中无须保证人实际出钱出物，选择保证担保比较经济，手续也比较简单。目前银行通常按照0.4%收取每年的保函手续费。有合作协议的单位，保函手续费还可能更低。其三，由于保证人是用自己的信誉作为承担责任的担保，在合同债权实现时，有一定的风险。一旦保证人毫无信用，保证合同就形同虚设。

基于上述特点，在选择保证作为合同的担保时，我们应当注意如下问题：

（1）审查保证人的资格。只有具备履行合同义务能力或者承担违约责任能力的第三人才能作为保证人。保证人是由合同债务人向债权人提供的用以保障债权人利益的第三人。保证人由债务人提供，还必须取得债权人的同意。对债权人而言，债务人的履行合同能力或者承担违约责任能力是签订合同时首先应当考虑的。在确定保证人时，同样必须考虑保证人的履行合同的能力和承担违约责任的能力。不具备承担违约责任能力的单位和个人不能作为保证人。一般情况下，各级国家机关及其领导人，以公益为目的的事业单位、社会团体，企业法人的分支机构和职能部门，不能作为保证人。因为它们的财产不能作为人民法院强制执行的对象。债权人一般选择资金规模大、商业信誉好的单位作为担保人。现实生活中，由于银行的规模大资金充裕，一般都愿意选择银行作为保证人。但法律规定，任何单位和个人都不得强令银行等金融机构或者企业为他人提供保证。

（2）签订书面的保证合同。保证成立以书面的保证合同有效为前提。保证合同是指受益的债权人与保证人之间所订立的、确定相互之间保证权利义务关系的书面协议。根据《民法典》第684条的规定，保证合同的内容一般包括被保证的主债权种类、数额，债务人履行债务的期限，保证的方式、范围和期间等条款。保证合同如果不具备法律规定的内容，双方当事人可以进行补正。保证人与债权人可以就单个主合同分别订立保证合同，也可以协议在最高债权额限度内就一定期间连续发生的债权提供保证。保证合同可以在主合同之外单独存在，也可以作为主合同的一个保证条款。根据《最高人民法院关于适用〈中华人民共和国担保法〉若干问题的解释》（已失效）第22条第2款规定，即使没有书面的保证合同或者保证条款，只要保证人在他人的主合同上以保证人的身份签署名字或者盖章，就应当承担保证人的责任。在保证合同中需要明确的内容有：①确定保证的方式。以保证人承担保证责任的方式为分类标准，保证分为一般保证和连带责任保证。二者的区别主要表现在保证人是否享有先诉抗辩权。在一般保证中，即使债务人违约，在主合同未经审判或者仲裁且对债务人的财产依法强制执行仍不能清偿前，保证人可以拒绝承担保证责任。在连带保证责任中，只要合同债务人不履行合同规定的义务，债权人就可以请求保证人代为履行或者代为承担违约责任。由此可见，连带保证责任中的保证人责任风险比一般保证要大得多。所以，我们在选择保证时，必须明确是一般保证还是连带责任保证。《民法典》第686条第2款规定："当事人在保证合同中对保证方式没有约定或者约定不明确的，按照一般保证承担保证责任。"这一点与原《担保法》不同。②明确保证责任的范围。《民法典》第691条规定："保证的范围包括主债权及其利息、违约金、损害赔偿金和实现债权的费用。当事人另有约定的，按照其约定。"在保证期间，债权人依法将合同的主债权转让给第三人的，保证人在原担保的范围内继续承担保证责任。法律许可保证人与债权人约定承担保证责任的范围，保证人可以就债务人的部分债务承担保证责任。这是对保证人的权利保障。在多人为债务人的债务提供共同保证的场合，需要约定各自的保证责任的范围。如果没有明确约定保证范围，则共同保证人之间应当承担连带责任。③注意保证责任的期限。保证责任的期限是指保证人承担保证责任的有效时间。在保证期限内，债权人可以追究保证人的保证责任，超过了保证期限，保证人无须承担保证责任。所以，保证期限决定了保证人承担责任时间的长短，同时也涉及债权人的利益是否得到保障。实践中，一般的保证期限为债务人的诉讼时效相同，为主债权到期之日起3年。但也不排除没有约定期间或者约定不明确的情况。《民法典》第692条第2款规定，如果债权人和保证人没有约定保证期间或者约定不明确的，则保证期限为合同主债务履行期限届满之日起6个月，此即法定保证期间。在约定或者法定保证期间内，如果债权人未对债务人或者保证人提起诉讼或者申请仲裁，则保证人不再承担保证责任。

（3）保证人的免责。保证人无须承担保证责任或者减免承担保证责任的情况主要有：一是未经保证人书面同意，债权人允许债务人转移全部或者部分债务，保证人对未经其同意转移的债务不再承担保证责任；未经保证人同意，债权债务人私自改变债务的内容，加重保证人的责任。如扩大了债务内容、延长了债务期限等。未经保证人同意，债权人转让全部或者部分债权，未通知保证人的，该转让对保证人不发生效力。所以，在执行合同过程中，如果主合同内容有所变更，债权人应该将保证合同作相应的更改。因主合同无效而导致保证合同无效，或者其他原因导致保证合同无效时，保证人只承担过错赔偿责任，不承担保证责任。二是债权人超过法定期限，债权人放弃或者怠于行使权利。一般保证的债权人未在保证期间对债务人提起诉讼或者申请仲裁的，保证人不再承担保证责任。连带责任保证的债权人未在保证期间请求保证人承担保证责任的，保证人不再承担保证责任。在主债务履行期限届满后，一般保证人向债权人提供了债务人可供执行财产的真实情况，债权人放弃或者怠于行使权利致使该财产不能被执行的，保证人在其提供可执行财产的价值范围内不再承担保证责任。

保证在实际经济生活中表现为保函（Letter of Guarantee，L/G）。保函又称保证书，是指银行、保险公司、担保公司或其他企业应申请人的请求，向第三方开立的一种书面信用担保凭证。以保函的出具单位为分类标准，主要有企业保函和银行保函。从种类上说，有预付款保函、履约保函、质量保函、投标保函等。目前有些个人出国，签证机构接受某些商业银行保函；原告申请财产保全，有些法院接受保险公司出具的财产保全保函。总之，保函与我们的生活越来越密切。

在保函中涉及三个法律主体：首先是受益人，也就是合同的债权人；其次是申请人，一般是合同的义务人；最后是保函的出具单位保证人。从银行角度，它为合同义务人开具保函，首先考虑的是自己的风险，然后才是受益。所以，自收到合同义务人开具保函的申请后，银行就要做相关的风险评估工作。这些工作主要有：申请人是否为自己的老客户，有无货币存款或者授信。一般情况下，资信实力不强的小单位，银行都要求全额押存款；如果有一定的实力，银行可能考虑按照一定比例押存款；如果是资金雄厚的企业，银行往往主动给予授信额度。这就是中小企业融资难的原因之一。银行考虑的第二个问题是申请人要与他人签署怎样的合同，金额是多少，风险有多大。这就涉及保函的种类和保函金额的比例。这就是申请人需要向银行提供主合同的原因。保函的金额是银行承担合同责任的最大值，也是银行收取保函手续费的计算依据。保函期限是银行作为保证人承担合同责任的最后期限。经过三方博弈，一般情况下，银行会强调：①保函必须有明确的受益人即合同的权利人，且受益人不能转让。②保函有明确的项目指向，即没有项目或者真实工商活动的保函，银行不会出具。③保函的金额一定是最大值，通常为合同金额的10%或者5%。这个比例由合同当事人约定。在个别特殊种类的合同中，债权人全额付款，可能需要债务人开出全额保函。④银行承担保证责任的方式为见索即付，即连带责任担保，这一点受益人不会让步。⑤保函有效期。保函有效期是债务人向银行缴纳保证费的计算依据。保函期限越短，对债权人保护的期限就越短。银行一般不会许可保函自动延期；如果保函期限到期，债权人一般会要求债务人重新出具保函。

2. 抵押

抵押是指债务人或者第三人在不转移对法定抵押财产的占有的情况下，将该财产作为债权的担保。债务人不履行或不完全履行债务时，债权人有权依法将该财产折价或者拍卖、变卖，并从该财产折价、拍卖或者变卖的价款中优先受偿。其中的债务人或者第三人是抵押人，债权人是抵押权人，提供抵押的财产是抵押物。抵押是以债务人享有抵押物为先决条件，因此，抵押是物的担保。抵押具有三个特点：一是抵押只是部分限制了抵押物的处置和流通，抵押物由抵押人继续使用。抵押不会给抵押人的生产生活带来较大的影响。二是抵押权人享有抵押物的优先受偿权。只要抵押物能客观变现，具有相当价值，抵押权人的利益就能得到保障。三是抵押权人不实际控制和管理抵押物，可能会出现抵押物有权利争议、"一女二嫁"或者隐匿、转移、灭失的风险。

选择抵押作为合同担保时，应当注意如下问题：

(1) 抵押物的选择。抵押是不转移对法定财产的占有，所以为了保护抵押权人的利益，必须对抵押物进行选择。只有抵押人的合法财产才能作为抵押物。《民法典》第395条第1款规定了可抵押财产的范围："债务人或者第三人有权处分的下列财产可以抵押：①建筑物和其他地上附着物；②建设用地使用权；③海域使用权；④生产设备、原材料、半成品、产品；⑤正在建造的建筑物、船舶、航空器；⑥交通运输工具；⑦法律、行政法规未禁止抵押的其他财产。"《民法典》第399条列举了禁止抵押的财产范围。"下列财产不得抵押：①土地所有权；②宅基地、自留地、自留山等集体所有土地的使用权，但是法律规定可以抵押的除外；③学校、幼儿园、医疗机构等为公益目的成立的非营利法人的教育设施、医疗卫生设施和其他公益设施；④所有权、使用权不明或者有争议的财产；⑤依法被查封、扣押、监管的财产；⑥法律、行政法规规定不得抵押的其他财产。"实际生活中，枪支、弹药、爆炸物、假币、淫秽物品、毒品、假冒伪劣产品等违禁品，学历证书、护照、户口本、身份证、公章、营业执照等不能作价的物品，不得抵押。抵押物的价值应当大于或者等于合同主债权。抵押物的价值过小，抵押作为担保就没有多大的约束力。

(2) 抵押权人必须与抵押人签订书面的抵押合同。抵押人可以是合同义务人，也可以是第三人。《民法典》第400条规定，"设立抵押权，当事人应当采用书面形式订立抵押合同。抵押合同一般包括下列条款：①被担保债权的种类和数额；②债务人履行债务的期限；③抵押财产的名称、数量等情况；④担保的范围。"

(3) 需要进行抵押物登记。由于在抵押担保中，抵押物并不实际转移，抵押物仍然由抵押人占有和使用。为了保障抵押权人的利益，必须进行抵押物的登记。《民法典》采取了不动产抵押的登记生效主义，动产抵押中的登记对抗主义。不动产抵押合同，"抵押权自登记时设立"；"以动产抵押的，抵押权自抵押合同生效时设立；未经登记，不得对抗善意第三人"。按照原有法律规定，以无地上定着物的土地使用权抵押的，由核发土地使用权证书的土地管理部门登记；以城市房地产或者乡村企业的厂房等建筑物抵押的，由县以上的地方人民政府规定的部门登记；以林木抵押的，由县以上的林木行政主管部门登记；以航空器、船舶、机动车抵押的，由运输工具的登记部门登记；

以企业的设备和其他动产抵押的,由财产所在地的工商行政管理部门登记。当事人以其他财产设定抵押的,可以自愿前往抵押人所在地的公证部门办理抵押公证。抵押登记的目的就是为了避免抵押人在设定抵押后转移、非法处分抵押物或者设置重复抵押。

(4) 抵押担保的范围除非合同另有约定,包括主债权、利息、违约金、赔偿金和实现抵押权的费用。履行期限届满债务人不履行债务的,抵押权人可以根据抵押合同将抵押物折价或者拍卖、变卖,并从所得价款中优先受偿。抵押人与抵押权人不能就抵押物的价值达成一致的,抵押权人可以直接向人民法院提起诉讼。为债务人抵押担保的第三人,在抵押权人实现抵押权后,有权向债务人追偿。

(5) 最高额抵押规则。《民法典》第420条规定:"为担保债务的履行,债务人或者第三人对一定期间内将要连续发生的债权提供担保财产的,债务人不履行到期债务或者发生当事人约定的实现抵押权的情形,抵押权人有权在最高债权额限度内就该担保财产优先受偿。最高额抵押权设立前已经存在的债权,经当事人同意,可以转入最高额抵押担保的债权范围。"最高额抵押,可以节省大量的办理抵押手续的时间。在交易比较频繁的商务活动中广受欢迎。

(6) 抵押权与其他权利的关系。《民法典》改变了《担保法》抵押权优先的各种限制,明确了几个新的内容:一是抵押权设立前,抵押财产已经出租并转移占有的,原租赁关系不受抵押权的影响。二是抵押权不禁止抵押财产的转让。除了当事人另有约定,抵押期间抵押人可以转让抵押财产。抵押财产转让的,抵押权不受影响。三是抵押权不得与债权分离而单独转让或者作为其他债权的担保。债权转让的,担保该债权的抵押权一并转让,但是法律另有规定或者当事人另有约定的除外。

3. 质押

质押,在《民法典》中也称质权。它是指债务人或者第三人将质押物转移给债权人占有和管理,在合同义务人不能履行到期合同债务时,债权人有权以该财产折价或者拍卖、变卖,并优先从质押物中得到补偿的担保方式。其中,债务人或者第三人是出质人,债权人是质权人,交付的动产为质押财产,也叫质物。质押与抵押都是物权担保,二者的最大不同表现在是否实际转移质押财产。这对债权人而言，可以避免债务人或者第三人转移财产或者非法处分财产，能够有效保护债权人的利益。同时，随着质物一起转移的还有对质物的善良管理义务和责任。如果因为对质物的管理不善造成质物毁损灭失的，质权人应当承担赔偿责任。所以，实践中债权人选择质押财产时，一般考虑经济价值高、价格稳定、易于保管的物品。不易存储、价格变化大、保质期短的物品不合适作为质押物。

在质押担保中，要注意以下问题：

(1) 必须签订质押合同。质押合同是指受益的债权人即质押权人与出质人签订的确定相互之间担保权利义务的书面协议。《民法典》第427条规定："设立质权，当事人应当采用书面形式订立质押合同。质押合同一般包括下列条款：①被担保债权的种类和数额；②债务人履行债务的期限；③质押财产的名称、数量等情况；④担保的范围；⑤质押财产交付的时间、方式。"质押合同自质押物转移给质押权人时生效。如果实际交付的质物与质押合同约定的不符，应当以实际交付的质押物为准。

(2) 质押分为动产质押与权利质押。动产质押是指债务人或者第三人将其动产移交债权人占有，将该动产作为债权的担保。债务人不履行或不完全履行债务时，债权人有权依法将该动产折价、拍卖或者变卖，并从折价、拍卖或变卖的价款中优先受偿。权利质押是指质押人以汇票、支票、本票、债券、存款单、仓单、提单，依法可以转让的股份、股票，依法可以转让的商标专用权、专利权、著作权中的财产权或者可以质押的其他权利作为质押物而向质押权人作出的担保。在权利质押或者质押的动产具有相关权利凭证时，当事人应当办理质押的登记备案手续。如果没有办理相关登记手续，质权人不享有优先权。

(3) 除非合同另有约定，质押权人有权收取质押物所生的孳息。当质押物有损坏或者价值明显减少时，质押权人可以采取保全措施（包括要求出质人提供新的担保，或者拍卖、变卖质押物等）。质押权人应当妥善保管质押物，否则应承担民事责任。质权人的权利如期实现时，质押权人取得的质押物应当返还给出质人。

4. 留置

留置是指合同的当事人按照合同约定占有债务人的动产，债务人没有按照合同约定的期限履行债务的，债权人有权依法留置该财产，以该财产折价或者拍卖、变卖的价款优先受偿。留置与抵押、质押权利的实现有许多相似之处，但作为一种特殊的担保，留置有其自身的特点：

（1）留置权是基于法律规定而发生的一种物权的担保，无须当事人约定。也就是说，留置权的产生，并不要求当事人签订书面的留置合同。留置是一种法定担保物权，而非约定担保物权。但是，当事人可以通过合同约定排除留置权的适用。

（2）留置权的成立要件包括积极要件和消极要件。积极要件是指债权人按照合同约定占有债务人的动产，债权的发生必须与该动产有牵连关系，如保管合同、运输合同、加工承揽合同的债权与合同中的动产都有牵连关系。消极要件是指合同义务人不履行到期的合同义务，动产的占有不是由侵权行为所致，动产的留置不得违反社会主义道德规范。因此，不是任何合同所生之债都可以设立留置担保。只有在保管合同、运输合同、加工承揽合同中，债权人才享有留置权。留置的物品就是合同的标的物。有些专属于债务人的财产不得留置。

（3）债权人在行使留置权以前，应当通知债务人并为债务人保留必要的准备时间［《中华人民共和国物权法》（已失效）第236条规定该期间不得少于2个月，《民法典》第453条改为60日以上］。只有在债务人到期不履行债务时，债权人才可以与债务人协商以留置物作价或拍卖、变卖留置物。债务人也可以选择债权人接受的其他担保方式来消灭留置权。留置权消灭以后，债权人应当将留置物返还给债务人。

5. 定金

定金是指合同的一方当事人以担保其债务的履行为目的，而向对方给付的一定数额的货币。由于货币的不记名和流通性，定金担保易于执行。选择定金作为合同担保方式时需要注意的问题有：

（1）定金的性质和效力表现在债务人履行债务后，定金应当冲抵价款或收回。给付定金的一方不履行或不完全履行约定的债务的，无权要求返还定金；收受定金的一方不履行或不完全履行约定的债务的，应当双倍返还定金。定金具有极大的惩罚性，因而担保效力较好。定金责任的内容具体明确，执行也很方便。只有因不可抗力造成违约时，定金的惩罚性质才不适用。

（2）定金合同是诺成+实践合同，以当事人实际交付定金为生效条件。定金支付可以是现金，也可以是支票；可以是人民币，也可以是外币。没有实际交付定金的约定无效，实际交付与约定不一致时，以实际交付的数额为准。

（3）由于违约现象的不可避免性，法律规定了定金的最高限额，即不得超过主合同标的额的20%，超过部分的约定无效。

（4）定金责任的优先性。定金责任与订金、保证金、预付款等概念有质的区别。只有定金才可能双倍返还或者无须退还。其他概念不适用定金罚则。在合同中同时约定定金责任和违约金责任的，对方当事人有权选择适用其一。给付定金的一方有权以放弃定金的方式解除合同，收到定金的一方有权以双倍返还定金的代价来解除合同。

第三节　合同效力及合同纠纷处理

一、合同效力

合同效力是法律赋予依法成立的合同所产生的约束力。合同的效力可分为四大类，即有效合同，无效合同，效力待定合同及可变更、可撤销合同。其中有效合同和无效合同是合同的两种基本形式，所有的合同最终要么是有效合同，要么是无效合同。效力待定合同和可变更、可撤销合同是合同的暂时形式或者临时形式。待定也好，可撤销也好，最终还是要归于有效还是无效。

（一）有效合同

有效合同是法律认可当事人约定的合同效力并对当事人产生法律约束力的合同。其最根本的体现可以表述为"合同是法律许可当事人制定的法律"，这就是有效合同的特点。只要合同成立，合同约定就产生法律约束力。当事人双方要像遵守法律那样去严格遵守合同约定。违反了合同，就是违反了法律。

有效合同受法律保护。这里我们必须谈谈法律与合同的关系。根据法律产生的途径（大多数人或者全体社会公民同意的结果）予以分析，我国法律是14亿中国人签订的合同。每个社会成员都需要遵守法律。由于地域广阔、人员众多、行业复杂等因素，法律只规定国家管理和社会生活中最基本、最原则的内容。法律许可各单位制定制度去约束内部成员，法律许可当事人约定合同去约束双方。所以，法律有原则性，合同有具体性，合同必须遵守法律的规定，合同内容不得违反法律，此其一。其二，任何一个社会都不可忽视个体的存在。在一些不涉及公共利益的私权领域，法律把部分权利让渡给社会成员，允许、鼓励当事人自己去改变部分权利义务。在我国原《合同法》中，前后有近二十处"但当事人另有约定的除外"。在《民法典》中有近六十处有当事人另有约定除外的内容，其中绝大部分都与合同有关。在这种情况下，合同有高于法律一般规定的效力。这就是我们为什么要反复强调"合同意识就是法律意识""合法的合同优先"的原因所在。

什么样的合同是有效的合同？或者合同有效的标准是什么？这个问题逻辑上好回答，内容上不好回答。因为法律关于无效合同有标准，关于有效合同却没有标准。从逻辑上说，除了无效合同和效力待定的合同、已经撤销的合同，其他合同都是有效的合同。正如《刑事诉讼法》采取无罪推定一样，任何人必须有证据证明其有罪，否则就是无罪的。但我们不能反过来说，"有证据证明无罪的才是无罪的，没有证据证明无罪的就是有罪的。"由此引申一个诉讼法基本原则叫"疑罪从无"原则而不是"疑罪从轻"。从内容上看，有效合同也不完全是无规律可循。合同行为是民事法律行为的一种，我国《中华人民共和国民法通则》（已失效，以下简称《民法通则》）也好，《民法总则》也罢，都有关于民事法律行为有效的构成要件规定。《民法典》不再强调民事法律行为就一定是合法行为，而是"民事主体通过意思表示设立、变更、终止民事法律关系的行为"。第143条规定了民事法律行为有效的条件："①行为人具有相应的民事行为能力；②意思表示真实；③不违反法律、行政法规的强制性规定，不违背公序良俗。"因此可以推出，具备了这三个条件的合同就是有效合同。

有些合同在效力上没有争议，但在具体内容上由于缺乏明确的界定而产生分歧和争议。如果当事人能够坐下来把不清楚的地方界定清楚当然最好。如果彼此各执己见，法律已经规定了处理原则：其一，质量要求不明确的，按照国家标准、行业标准履行；没有国家标准、行业标准的，按照通常标准或者符合合同目的的特定标准履行。其二，价款或者报酬不明确的，按照订立合同时履行地的市场价格履行；依法应当执行政府定价或者政府指导价的，按照规定履行。其三，履行地点不明确，给付货币的，在接受货币一方所在地履行；交付不动产的，在不动产所在地履行；其他标的，在履行义务一方所在地履行。其四，履行期限不明确的，债务人可以随时履行，债权人也可以随时要求履行，但应当给对方必要的准备时间。其五，履行方式不明确的，按照有利于实现合同目的的方式履行。其六，履行费用的负担不明确的，由履行义务一方负担。如果按照上述原则仍然不能判断的，只能由法官或者仲裁员去认定了。

(二) 无效合同

无效合同是指合同虽然已经成立，但因其严重欠缺有效要件，在法律上不按当事人之间的合意赋予其法律效力的合同。也就是说，无效合同是指约定内容无效、不受法律保护的合同。《合同法》第52条规定："有下列情形之一的，合同无效：①一方以欺诈、胁迫的手段订立合同，损害国家利益；②恶意串通，损害国家、集体或者第三人利益；③以合法形式掩盖非法目的；④损害社会公共利益；⑤违反法律、行政法规的强制性规定。"《合同法》第53条同时规定了下列免责条款无效："合同中的下列免责条款无效：①造成对方人身伤害的；②因故意或者重大过失造成对方财产损失的。"《合同法》编入《民法典》之后，《民法典》在"民事法律行为的效力"一节采用多条内容规定了民事法律行为无效的情况。下面分别叙述之：

1. 无民事行为能力人实施的民事法律行为无效

民事行为能力是指民事主体认识行为的性质和后果，并为该行为承担责任的能力。民事行为能力包括年龄和智力两个要素。我们《民法典》将自然人分为完全民事行为能力人、限制民事行为能力人和无民事行为能力人。这种分类，一般情况下是以年龄为依据，特殊情况下，则以智力状况为依据。精神病人、智力障碍者、痴呆患者、植物人、醉酒的人，无论多大年龄，都可能是无民事行为能力人。实践中，无民事行为能力人签署的合同主要表现在几种情况下：①儿童使用家长手机进行的网购或者网络打赏、网络游戏充值。只要有充足的证据为无民事行为能力人所为，该行为无效。②精神病人签署的合同。大多数情况下，精神病人有其外在行为或者语言特征，但也不排除有些精神病人有一定的隐蔽性。如果不是较长时间接触和交流，无法判断其精神病态。只要有法医学上认定精神病人的鉴定意见，他所从事的任何民事法律行为都将无效。③昏迷状态或者死亡以后他人的辅助行为无效。老年痴呆症越来越多，植物人也能存续很长时间。现实中也出现了他人在死者入殓以前让死者在欠条上按指印的事件。在有些单位，法定代表人死亡后不及时变更，继续使用已经死亡的法定代表人印章。

2. 重大误解订立的合同，以欺诈、胁迫的手段订立合同，或者乘人之危导致的显失公平的合同，因被撤销而归于无效

在《民法典》第147~152条共用6条法律规定来了重大误解、欺诈、胁迫、乘人之危和显失公平。行为人因为对行为的性质、对方当事人、标的物的品种、质量、规格和数量等的错误认识，使行为的后果与自己的意思相悖，并造成较大损失的，可以认定为重大误解。欺诈是指一方当事人故意告知对方虚假情况，或者故意隐瞒真实情况，诱使对方当事人作出错误意思表示。胁迫是指以给公民及其亲友的生命健康、荣誉、名誉、财产等造成损害或者以给法人的荣誉、名誉、财产等造成损害为要挟，迫使对方作出违背真实意思表示的行为。一方当事人乘对方处于危难之机，为牟取不正当利益，迫使对方作出不真实的意思表示，严重损害对方利益的，可以认定为乘人之危。一方当事人利用优势或者利用对方没有经验，致使双方的权利与义务明显违反公平、等价有偿原则的，可以认定为显失公平。[1]合同是双方真实的意思表示。重大误解、欺诈、胁迫、乘人之危导致的显失公平，都是从根本上改变了这种真实意思表示的结果。重大误解包括对合同性质、标的、价款等合同主要条款的误解；欺诈是以欺骗的手段，包括张冠李戴、狐假虎威、移花接木、偷梁换柱等任何方式掩盖真实情况，营造虚假的信誉优秀、资金实力强大、质量优良等市场美誉度，骗取对方的信任，使对方在不知情的情况下"自愿"签署合同。胁迫包括强迫与威胁。行为方式上有语言威胁和行为威胁。要么乖乖签合同，要么身体、名誉、财产受伤害。在"打黑除恶"行动中，破获的黑社会几乎都是采取殴打、捆绑、伤害、强拉硬要、欺行霸市、杀害等方法夺取他人财产。在招标投标过程中，伪造投标文件，包括伪造、

---

[1] 欺诈、胁迫、乘人之危、重大误解、显示公平等概念均来自1988年最高人民法院《关于贯彻执行〈中华人民共和国民法通则〉若干问题的意见（试行）》（已失效）。《民法通则》《民法总则》被《民法典》替代之后，新的司法解释出台之前，上述司法解释仍然具有参考意义。

变造工商注册资料、资质等级证书、安全生产许可证、假冒他人业绩、伪造财务报表、伪造授权委托书等，都是重大欺诈行为。撤销权是法律赋予受害人改变合同效力、免受不利条款约束的有效手段。撤销申请必须在法定的期限内以明示的方式作出。《民法典》第152条规定了90日、1年、最长5年的撤销权期限。如果当事人明确表示放弃撤销权或者撤销权期限届满，撤销权消灭。

3. 违反法律、行政法规的强制性规定、违反公序良俗的合同无效

《民法典》第153条规定："违反法律、行政法规的强制性规定的民事法律行为无效。但是，该强制性规定不导致该民事法律行为无效的除外。违背公序良俗的民事法律行为无效。"这里的法律和行政法规是个广义的概念，既包括《民法典》之前的法律法规，也包括《民法典》之后的法律法规。法律是公权，涉及公共利益；合同是私权，只涉及合同当事人。在任何时候、任何领域严格遵守法律是一切政治、经济、文化等各种生活的第一要务。立法权是国家主权的内容之一，由专门机关按照法定程序行使。不许可任何人私自变通法律的规定。所以，任何人违反了法律的强制性规定，法律都不认可其法律效力。从目前实际生活来看，法律有如下强制性规定：一是合同的签订程序和形式。《招标投标法》及《招标投标法实施条例》有强制招标范围和规模要求。应当强制招标但没有招标的合同是无效合同。类似的还有企业国有产权交易需要报批、评估和挂牌，国有土地出让需要"招拍挂"等。有些合同，法律和法规都要求采取书面形式。二是合同签订主体。法律法规对合同主体有特殊要求的，必须遵守特殊规定。这类规定主要是资质资格的要求。例如，投资领域和利用外资领域，国家有鼓励和禁止清单；国家对很多行业的进入有行政许可；工程类的资质资格许可更多；多地对住房和汽车进行的限购政策也是对合同主体提出了更多的要求，即不具备这些资格，就不具备购买资格。三是内容上的强制性规定。这类内容更多，大多数民商法的内容都有涉及。例如，法律禁止流通的物品不能成为合同的标的物；《中华人民共和国价格法》规定政府定价或者限价的，合同不得违反政府定价或者政府限价规定；借贷不得违反《中华人民共和国中国人民银行法》和《中华人民共和国商业银行法》以及相关法律规定；关于诉讼，不得违反《民事诉讼法》关于级别管辖和专属管辖的规定等；定金不得超过《担保法》规定的主

合同金额的20%，等等。实践中，有些政府部门根据管理需要规定了相关强制性规定。例如，很多大城市要求二手房交易必须"网签"；有些政府投资主管部门要求基建合同必须以审计价格来确认合同价格。这类"管理类"强制规定不能成为合同当然无效的理由。合同是否为有效合同，有待具体情况具体分析。只有违反法律法规"效力性强制规定"的才是无效合同。

公序良俗是公共秩序和善良风俗的简称。在我国多部法律中，"公共利益""公共秩序"一词反复出现，但没有一部法律将他们作为专有名词进行解释，这导致了不同的人对"公共利益""公共秩序"有不同的理解。可以肯定的是，"公共利益""公共秩序"涉及社会大多数人利益。经济有序发展、生活和谐稳定、公共卫生、食品安全、生态环境、网络安全等利益成为当代社会的主流利益。垄断、哄抬价格、欺诈交易都是妨害公平合法交易的秩序。在冠状病毒疫情期间，阻止疫情传播，是社会公共利益的最直接表现。口罩、消毒水、酒精等是预防和杀灭病毒的最好方法。所以对于哄抬物价、高价倒卖口罩、消毒水等行为，国家有关机关加强打击和处罚力度。

4. 恶意串通，损害国家、集体或者他人利益的合同无效

《民法典》第154条规定："行为人与相对人恶意串通，损害他人合法权益的民事法律行为无效。"无效合同中的恶意串通，又称恶意通谋。它是指在商业活动中，合同当事人双方以谋求非法利益为目的，弄虚作假、串通一气，通过签订虚假合同从而损害他人合法利益的行为。实践中认定是否构成恶意串通需要把握三点：一是恶意串通的行为人必须两人或者两人以上。一方作假不是串通，而是欺骗。二是各方有串通合谋损害他人合法利益获取非法利益的主观共同故意。参与串通的两方都有恶意。"知而犯之谓之故意"，明知故犯。过失不构成恶意串通。三是行为人恶意串通的目的是为了谋取非法利益，从而损害了国家、社会或者他人的合法利益。恶意串通包括合同双方或者多方的恶意串通。实践中比较常见的有合同双方签订虚假合同来谋取垄断市场和价格、偷税、行贿等；还有合同当事人签订虚假合同骗取银行贷款、骗取保证人保证等。再如，有中介公司与委托人恶意串通，损害购买人的利益。合同当事人一方与合同以外的第三人串通，也是恶意串通。例如，有些房地产公司雇佣虚假用户"做托儿"营造紧俏销售的假象，达到高价销售房产的目的。再如，在招标投标过程中，无论是招标人与投标人相互串通，还

是投标人相互串通，都构成串通投标，是严重妨害公平竞争的行为。串通投标取得的合同是无效的。

（三）效力待定合同、可变更合同

效力待定的合同，顾名思义就是指合同成立以后，因存在不足以认定合同有效的瑕疵，致使合同不能产生法律效力，在一段合理的时间内合同效力暂不确定的合同。效力待定的合同，在法律规定的期限内由有追认权的当事人进行补正或有撤销权的当事人进行撤销，再视具体情况确定合同是否有效。合同效力待定，意味着合同效力既不是有效，也不是无效，而是处于不确定状态。设立这一不确定状态，目的是使当事人有机会补正能够补正的瑕疵，使原本不能生效的合同尽快生效，以实现法律鼓励交易、保证交易安全的基本原则。当然，从加速社会财富流转、促使不确定的权利义务关系尽快确定和稳定的原则出发，合同效力待定的时间不可能很长，效力待定也不可能是合同效力的最后状态。无论如何，效力待定的合同最后要么归于有效，要么归于无效，没有第三种状态。依照《民法典》的规定，下列三类合同属于效力待定合同：

（1）无民事行为能力、限制民事行为能力人签署的合同，纯获利的合同除外。依照《民法典》第145条第1款规定："限制民事行为能力人实施的纯获利益的民事法律行为或者与其年龄、智力、精神健康状况相适应的民事法律行为有效；实施的其他民事法律行为经法定代理人同意或者追认后有效。"这里的追认是限制民事行为能力人的法定代理人（监护人）对现实民事行为能力人从事民事法律行为性质和结果的认可。追认可以通过语言或者行为来进行。日常生活中常见的要求退货、退款、取消订单都是不予追认的表现，拒绝付款、拒绝收货等也可以认定为不追认。法定代理人既不表示反对也不表示同意的，视为拒绝追认。

（2）无权代理签署的合同。行为人没有代理权、超越代理权或者代理权终止后以被代理人名义订立的合同，未经被代理人追认，对被代理人不发生效力，由行为人承担责任。相对人可以催告被代理人在一个月内予以追认。被代理人未作表示的，视为拒绝追认。合同被追认之前，善意相对人有撤销的权利。撤销应当以通知的方式作出。

（3）无处分权的人处分他人财产，经权利人追认或者无处分权的人订立合同后取得处分权的，该合同有效。

（四）合同有效无效的特殊规定

（1）约定附条件生效或者失效的合同，自条件成就时生效或者失效。《民法典》第159条规定："附条件的民事法律行为，当事人为自己的利益不正当地阻止条件成就的，视为条件已经成就；不正当地促成条件成就的，视为条件不成就。"

（2）《民法典》第172条规定："行为人没有代理权、超越代理权或者代理权终止后，仍然实施代理行为，相对人有理由相信行为人有代理权的，代理行为有效。"第503条规定："无权代理人以被代理人的名义订立合同，被代理人已经开始履行合同义务或者接受相对人履行的，视为对合同的追认。"

（3）《民法典》第61条第2、3款规定："法定代表人以法人名义从事的民事活动，其法律后果由法人承受。法人章程或者法人权力机构对法定代表人代表权的限制，不得对抗善意相对人。"第170条规定："执行法人或者非法人组织工作任务的人员，就其职权范围内的事项，以法人或者非法人组织的名义实施的民事法律行为，对法人或者非法人组织发生效力。法人或者非法人组织对执行其工作任务的人员职权范围的限制，不得对抗善意相对人。"《民法典》第504条继续规定："法人的法定代表人或者非法人组织的负责人超越权限订立的合同，除相对人知道或者应当知道其超越权限外，该代表行为有效，订立的合同对法人或者非法人组织发生效力。"

（4）《民法典》第506条规定："合同中的下列免责条款无效：①造成对方人身伤害的；②因故意或者重大过失造成对方财产损失的。"

（5）《民法典》第502条第2款规定："依照法律、行政法规的规定，合同应当办理批准等手续的，依照其规定。未办理批准等手续影响合同生效的，不影响合同中履行报批等义务条款以及相关条款的效力。应当办理申请批准等手续的当事人未履行义务的，对方可以请求其承担违反该义务的责任。"第507条规定："合同不生效、无效、被撤销或者终止的，不影响合同中有关解决争议方法的条款的效力。"

（6）《民法典》第156条规定："民事法律行为部分无效，不影响其他部分效力的，其他部分仍然有效。"

二、合同纠纷处理

在我们的日常生活中，每个人都可能面临合同纠纷。我们在处理合同纠纷时，如果能够掌握基本要领和方法，对于提高维权效率有积极意义。

（一）准确判断合同纠纷性质是合同纠纷处理的关键

现实生活中我们发生的合同纠纷有很多种。广义上的合同纠纷包括一切涉及合同的纠纷，准确判断合同纠纷性质是合同纠纷处理的关键。有以下几种纠纷需要特殊对待：

1. 在签订合同过程中发生的纠纷，或者说在合同成立之前发生的纠纷

《民法典》第500条规定了缔约过失责任："当事人在订立合同过程中有下列情形之一，造成对方损失的，应当承担赔偿责任：①假借订立合同，恶意进行磋商；②故意隐瞒与订立合同有关的重要事实或者提供虚假情况；③有其他违背诚信原则的行为。"从本质上说，缔约过失责任是侵权责任，不是合同责任。侵权责任是按照《民法典》第七编"侵权责任"和其他相关法律来确定的责任。缔约过失责任可能发生在合同成立之前，也可能发生在合同执行过程中，特别是在处理合同纠纷时，缔约过失将作为过错的主要表现之一。所以，缔约过失责任可能是合同成立前的侵权赔偿责任，也可能是有效合同纠纷、无效合同纠纷的过错责任。在招标投标过程中，投标人相互串通或者行贿评标委员会专家，或者有其他严重妨害公平评标的行为，投标保证金可能要被招标人作为承担缔约过失责任的实现途径。

2. 构成刑事犯罪的合同纠纷

在我国《刑法》中，有很多犯罪是可以利用合同来完成的，如抽逃出资罪、非法集资罪、集资诈骗罪、金融诈骗罪、非法经营罪等，有些行贿受贿犯罪也披着合同的外衣。合同诈骗罪是利用合同进行犯罪的典型。《刑法》第224条规定："有下列情形之一，以非法占有为目的，在签订、履行合同过程中，骗取对方当事人财物，数额较大的，处3年以下有期徒刑或者拘役，并处或者单处罚金；数额巨大或者有其他严重情节的，处3年以上10年以下有期徒刑，并处罚金；数额特别巨大或者有其他特别严重情节的，处10年以上有期徒刑或者无期徒刑，并处罚金或者没收财产：①以虚构的单位或者冒用他人名义签订合同的；②以伪造、变造、作废的票据或者其他虚假的产权证

明作担保的；③没有实际履行能力，以先履行小额合同或者部分履行合同的方法，诱骗对方当事人继续签订和履行合同的；④收受对方当事人给付的货物、货款、预付款或者担保财产后逃匿的；⑤以其他方法骗取对方当事人财物的。"合同纠纷与刑事犯罪的最根本区别在于社会危害性。如果社会危害性达到了犯罪的程度，《刑法》将其作为犯罪处理，那么不管什么类型的合同，都要按照《刑事诉讼法》相关规定去处理，即司法机关按照立案侦查、审查起诉和审判三个诉讼阶段去处理。只要构成犯罪的合同，一律视为无效合同。

3. 行政纠纷或者其他内部纠纷

《民法典》第494条规定："国家根据抢险救灾、疫情防控或者其他需要下达国家订货任务、指令性任务的，有关民事主体之间应当依照有关法律、行政法规规定的权利和义务订立合同。依照法律、行政法规的规定负有发出要约义务的当事人，应当及时发出合理的要约。依照法律、行政法规的规定负有作出承诺义务的当事人，不得拒绝对方合理的订立合同要求。"即使在市场经济条件下，行政合同仍然存在。行政合同的特点是要遵守相关行政法律法规，不完全适用《民法典》。因为行政合同的主体是不平等的当事人。处理行政合同纠纷，需要参照相关行政法律法规，不一定都属于人民法院管辖范围。即使提起诉讼，也可能是行政诉讼，而不是民事诉讼。此外，有些单位还有一些内部奖惩、承包、二次分配等内部协议。

(二) 有效合同纠纷的处理

《民法典》第465条规定："依法成立的合同，受法律保护。依法成立的合同，仅对当事人具有法律约束力，但是法律另有规定的除外。"《民法典》第509条规定："当事人应当按照约定全面履行自己的义务。当事人应当遵循诚信原则，根据合同的性质、目的和交易习惯履行通知、协助、保密等义务。当事人在履行合同过程中，应当避免浪费资源、污染环境和破坏生态。"法律一再强调有效合同要受法律保护，当事人应当按照约定全面履行自己的义务，这就突出了合同的约束力。这个原则，西方称为"契约神圣原则"，我们日常生活中经常说的"重合同、守信誉"也是这个意思。"一诺千金"这一成语就是承诺的内涵。总结为一句话：有效合同发生纠纷，按照合同约定的违约责任处理。这就是我们为什么反复强调"违约责任"的约定要全面、要公平合理。具体来说，单方违约事实清楚、证据充分的，按照合同"违约责任"

来确定违约后果，违约方按照合同约定承担责任。合同违约责任约定不明确或者没有约定的，依法承担责任。双方违约，要看违约事实和时间顺序、违约行为对合同的实质影响，从而判断违约的原因和确定违约责任。"当事人双方都违反合同的，应当各自承担相应的责任。"我国《民法典》赋予了当事人三种抗辩权来主张免除违约责任：首先是同时履行抗辩权。《民法典》第525条规定："当事人互负债务，没有先后履行顺序的，应当同时履行。一方在对方履行之前有权拒绝其履行请求。一方在对方履行债务不符合约定时，有权拒绝其相应的履行请求。"例如，买卖合同中没有约定是先付款还是先交货，就意味着是"一手交钱一手交货"，双方同时履行合同义务。任何一方都可以要求对方同时履行合同。如果对方不履行合同，另一方有权拒绝。这样两方都违约了，但都无须承担违约责任。其次是先履行抗辩权。《民法典》第526条规定："当事人互负债务，有先后履行顺序，应当先履行债务一方未履行的，后履行一方有权拒绝其履行请求。先履行一方履行债务不符合约定的，后履行一方有权拒绝其相应的履行请求。"双方都有违约行为，先违约的一方承担责任，后违约的一方不承担责任。最后是不安抗辩权。《民法典》第527条规定："应当先履行债务的当事人，有确切证据证明对方有下列情形之一的，可以中止履行：①经营状况严重恶化；②转移财产、抽逃资金，以逃避债务；③丧失商业信誉；④有丧失或者可能丧失履行债务能力的其他情形。当事人没有确切证据中止履行的，应当承担违约责任。"先履行合同义务的一方如果不履行合同，势必导致合同执行的混乱，所以《民法典》第528对于当事人行使不安抗辩权有严格的要求，即"有确切证据证明"对方不能履行合同，而且要求行使不安抗辩权的一方"应当及时通知对方。对方提供适当担保的，应当恢复履行。中止履行后，对方在合理期限内未恢复履行能力且未提供适当担保的，视为以自己的行为表明不履行主要债务，中止履行的一方可以解除合同并可以请求对方承担违约责任。"

  有效合同纠纷的处理结果可能是承担违约金或者赔偿金、定金责任，原合同可能是继续履行，也可能被解除。何种结果主要取决于违约行为对合同的实质影响和被违约方的态度。人民法院和仲裁机构在裁决时既要保护无过错方的利益，更不得让违约方因违约行为而获利。

(三) 无效合同及被撤销合同的处理

无效合同约定的内容对当事人不具有约束力，所以《民法典》第157条规定："民事法律行为无效、被撤销或者确定不发生效力后，行为人因该行为取得的财产，应当予以返还；不能返还或者没有必要返还的，应当折价补偿。有过错的一方应当赔偿对方由此所受到的损失；各方都有过错的，应当各自承担相应的责任。法律另有规定的，依照其规定。"法律的上述规定包括如下三个内容：

(1) 因无效合同或者被撤销的合同取得的财产应当返还，不能返还或者没有必要返还的，应当折价补偿。无效合同不能成为执行根据，故因无效合同取得的对方财产应该返还。不返还产生不当得利之债。返还是指返还原件原物。取得货币的，按照同币种同数量返还。如果原物已经改变了原始状态或者投入使用或者已经灭失、消费而无法返还的，应当折价补偿。折价标准按照当地市场销售价格执行。

(2) 因无效合同造成的经济损失，由有过错的一方当事人赔偿对方所受到的损失。所谓的经济损失一般是指直接损失，如货物价值、搬运、邮寄、仓储费用，追回货物的费用等。间接损失一般不包括在内。单方有过错的，单方承担责任；双方有过错的，应当按照过错程度分担责任。在认定过错的时候，一方恶意欺诈而另一方为过失的，恶意欺诈的一方承担全部责任。双方都是故意或者双方都是过失的，按照过错程度大小来分担。

(3) 当事人恶意串通损害国家、社会或者第三人利益而取得的财物，有明确受害人的退还给受害人；没有明确受害人的，没收归国家所有。不能让违法犯罪分子实施违法犯罪行为最终还能得到经济上的好处。

(四) 合同纠纷的案例分析

1. 褚某、石某房屋所有权纠纷案件[1]

【案情介绍】褚某、石某原为大学同学，2006年结婚，2008年生一女儿石晓惠（化名）。2009年，石某考取某大学博士研究生继续深造。婚后，夫妻二人多次发生争吵，主要原因是女方褚某担心男方石某身边女同学太多，容易出轨。为

---

[1] 本案发生在2016—2017年期间，故引用了《民法总则》《婚姻法》《合同法》等法律。2021年1月《民法典》生效之后，这些法律都将被《民法典》替代。以下几个案例都如此，不再一一注释。

了安慰妻子，2011年夫妻二人作了一个经过公证的"婚内财产约定"。约定内容为"如果离婚，男方将净身出户，家里所有财产及石某名下的房屋归女方褚某所有"。2017年，褚某与他人有染导致夫妻关系破裂，双方协议离婚。离婚协议内容为："双方自愿解除婚姻关系，女儿随女方共同生活，男方每月支付1500元抚养费，继续支付银行房贷2300元。教育、重大疾病等特殊支出，另行商议。石某名下的房产归女儿石晓惠所有。"2018年8月，石某接到法院传票，褚某起诉石某要求独占房屋的所有权。原告褚某起诉书主要理由有三：一是房屋虽然是婚前石某所购，登记在石某名下，但首付款是二人恋爱期间的积累。虽然无法拿出支付首付款凭证，但约会时女方花了不少钱，结婚也没有要男方多少彩礼。婚后二人共同偿还银行贷款十余年，还款占整个房款的比例超过50%。所以，该套房屋属于夫妻共同财产。二是2011年原被告作了一个经过公证的"婚内财产约定"。约定内容为"如果离婚，男方将净身出户，家里所有财产及石某名下的房屋归女方褚某所有"。原告有公证书原件，被告也不否认这个事实。现在原告与被告离婚，这套房产应该归原告所有。三是在离婚协议中约定"石某名下的房产归女儿石晓惠所有"属于赠与合同。《合同法》第186条规定："赠与人在赠与财产的权利转移之前可以撤销赠与。具有救灾、扶贫等社会公益、道德义务性质的赠与合同或者经过公证的赠与合同，不适用前款规定。"根据赠与合同的相关规定，本合同不属于救灾、扶贫等社会公益、道德义务性质的赠与合同或者经过公证的赠与合同，原告作为赠与人有权撤销赠与。

【诉讼过程和争议焦点】 一审开庭，原告所述事实与案例介绍无异，原告除了出示离婚证、房产证、贷款还款证明等证据以外，主要突出了两个协议：一个是经过公证的"婚内财产约定"，另一个是离婚协议。两份协议都有原被告签字。被告石某不同意把房子过户给原告褚某，因为是褚某婚内出轨。按照对等原则，她应该净身出户，所有夫妻共同财产包括房产在内都应该归被告所有。离婚时鉴于孩子未成年，才同意将房产给孩子并继续还贷。要是房子归原告，被告为什么还要还房贷？对于被告的答辩，承办法官提出了一个问题：经过公证的"婚内财产约定"哪里写了"任何一方有背叛夫妻感情出轨就净身出户"的约定？被告当然找不到原话，只能辩解说当时就是这么商量的。承办法官就要求"谁主张谁举证"，没有证据就败诉。当庭原告不认可被告的说法，被告又没有证据可以证明。等待败诉的判决将成定局。

被告心有不甘，找到某法学教授咨询。经过分析，教授告诉被告，原告及法官的理解是错误的。房产应该归女儿石晓惠。稳妥起见，教授作为被告的代理律师去找法官沟通，并提交了一份书面代理意见，希望法院再开庭给一次法庭辩论的机会。法官看了代理意见，沉思了一会儿说，你们说的好像也有些道理，我们再考虑一下。一周后再联系法院承办人，说已经合议了，马上判决，被告不服可以上诉。最终一审判决完全支持了原告的主张，只是解除了从判决生效之日起被告继续偿还银行贷款的义务。拿到一审判决之后，被告提出上诉；原告也提出上诉，原告的理由是被告不还房贷，抚养费每月1500元太少。

二审过程中，还是这些证据。最终结果是二审法院将本案发回一审法院重审，重审过程中原告撤诉，维持了离婚协议的原始状态。二审过程中，被告代理人讲了三点理由，一方面驳斥原告的理由，一方面陈述自己的主张：其一，经过公证的"婚内财产约定"和离婚协议两个合同性质的文件都具有法律效力。前者是双方真实意思表示，且经过公证。此后没有新的经过公证的协议替代这个内容。但离婚协议也是双方真实意思表示，且在民政部门办理离婚登记时进行了登记，同样具有法律效力。没有法律规定公证文书有高于政府登记文书的法律效力，当然也没有法律明确规定经过登记的文书有高于其他法律文书的效力。两个法律文件内容冲突时，应该以时间在后的为准。我们姑且不论经过公证的"婚内财产约定"是否如石某所述"谁出轨谁出门"，也不论该房产属于石某婚前财产还是夫妻共同财产。仅就处分该房产而言，经过登记的离婚协议明确记载为归女儿石晓惠所有。只有在认定这个约定无效后才能说该条没有法律约束力。现在一审判决只突出了经过公证的"婚内财产约定"，根本没有考虑经过登记的离婚协议的法律效力。其二，关于离婚协议的法律性质。法律规定，协议离婚的必须夫妻双方自愿签署离婚协议。离婚协议一般要包括自愿解除夫妻关系、未成年人及其他需要抚养的被抚养人由谁负责抚养、夫妻共同财产如何分配、债权债务如何处理等。离婚协议是解除夫妻关系以及因解除夫妻关系而产生的其他财产关系的协议。这个协议主要解决人身关系附带解决财产关系。所以，它应该适用《婚姻法》和《民法总则》，不能适用《合同法》中的赠与合同。《合同法》第2条就明确规定，"本法所称合同是平等主体的自然人、法人、其他组织之间设立、变更、终止民事权利义务关系的协议。婚姻、收养、监护等有关身份关系的协议，适用其他法律的规定。"所以，原告所述"房产归女儿石晓惠是赠与合同""在赠与财物转移之前撤销赠与合同"的说法完全站不住脚。这种基本法律知识都在一审判决书中错误认可和适用，被告代理人表示遗憾。在本案中，原被告商定最终把房子给未成年的女儿，真实的想法是为其成长提供一个稳定的生活环境。即使初中和高中有可能在别的地方，也可以通过换房、出租收取租金等方式比较容易地解决读书的住宿问题。未成年人已经在父母离婚案件中受到伤害，因此不能再使其在未来成长中的物质保障也受到影响。从石某的角度看，房子给了女儿，可以减轻自己的抚养负担，这当时是石某、褚某共同商定的结果。如果当初褚某提出房产主张，协议离婚就不可能。房子最终由法院判决给谁，结果只能预测，但判决给石某的可能性更大。因为按照目前的政策和双方的过错情况，褚某不仅得不到房产，在共同财产分配上还可能受影响。既然不属于赠与合同，褚某就不能单方撤销。截至目前，没有人对离婚协议的效力提出质疑，法院不能越权去审查离婚协议是否合法，更不能判决离婚协议中的某一条违法或者无效。如果当事人双方对离婚协议有争议，可以申请登记机关撤销。在这里还要明确一点，当事人签署的经过公证的"婚内财产约定"只是一个约定，它不必然导致离婚时房产就归褚某所有。事实上，褚某至今仍未取得房屋所有权。没有所有权的物品，她如何决定赠与？其三，本案中的逻辑关系。本案目前将案由定为赠与合同纠纷是明显不合适的。如果是赠与，按照褚某的说法，自己是赠与人，女儿石晓惠是受赠人。赠与人与受赠人之间发生纠纷，为什么把第三人起诉到法院？这是被告不适格。褚某应该去起诉自己的女儿以主张房产。不考虑官司输赢，褚某应该没有胆量去起诉自己的女儿；妈妈起诉未成年的女儿争夺房产，这个历史骂名也不是褚某所能承受的。再退一步，按照法律规定，赠与人单方撤销赠与，受赠人就什么都没有得到。赠与人撤销就可以，无须起诉到法院。受赠人一分钱都没有得到还要被赠与人告到法院，万一赠与人胜诉了受赠人还要承担败诉的责任，还要承担诉讼费。这个道理哪里去说？在这里被告代理人给褚某提供了一个免费的法律咨询意见。如果褚某坚持主张房产，褚某应该首先去民政局撤销离婚协议。双方再商量协议离婚各有什么条件或者要求。达成一致，修改离婚协议重新登记。协商不成，诉讼离婚。事实上，褚

— 240 —

某现在已经与他人再婚，这条路能否行得通，需褚某自己斟酌。

【案件评析】本起纠纷涉及《合同法》与相关法律的关系问题，也涉及多个协议都有效的情况下，最终应该按照哪个协议执行的问题。现实生活中的某些合同和协议，由于具有特殊性质需要由《合同法》以外的法律去调整。例如，本案中的协议需要由《婚姻法》调整。再如，劳动合同需要由《劳动法》和《劳动合同法》调整。劳动合同中用人单位负有的法定义务不能解除，劳动者的法定权利不能限制和剥夺。法律适用错误，结果就大相径庭。石某的亲身经历告诉我们，审查合同是多么重要。当时是为了满足女方的要求和消除其顾虑，表达不会出轨的示爱行为，因为少写了"如果男方出轨"这一个特定条件，致使经过公证的协议在文字上只记载为"只要离婚，房产就归女方所有"。这个疏忽助长了女方的贪婪心理。

2. 二手电脑买卖纠纷

【案情介绍】大学毕业前夕，李兵在学校橱窗贴出公告出售自己的电脑，并与同校大一新生王洪商量好价格和交付条件，王洪预付了200元，余款等李兵离校交付电脑时一并支付。双方只是写了一个简单的意向文书和支付了预付款。对于何时移交电脑和最终多少价钱，需要等到移交时视电脑情况再确定。后来，因为李兵在学校附近找到了工作单位，就不准备将电脑出售，于是提出将200元退回，为此二人发生争执。请你来分析本案中的对错。

【参考答案】生活中类似的纠纷很多。本案两个同学相互知道对方的身份，有学校老师、同学的保证，出了问题解决不了可以找班主任甚至学生处、教务处等机构协调解决。当李兵改变主意不转让电脑时，王洪拿回来200元的预付款是有保障的。这就是我们所说的合同的第一风险来自于合同的相对方。现实生活中有很多预付费的项目，如办理消费卡积分返现、健身卡、美容卡等。金额不大，但纠纷频发。商家通过高比例优惠吸引用户去办卡。等办的人多了，突然哪天健身房、美容店、小吃店就店在人空。为了几百元钱，报警被立案有难度。遇到个别狡猾一点的在门上贴一个告示——内部整改暂停营业之类，警察也无可奈何。能追回钱是小概率事件。不是说预付费卡绝对不能办。如果非要办，一定要把谁收了你的钱、中途停止营业谁来保证退款等事项考虑清楚。回到本案，从《合同法》角度分析，李兵在学校橱窗贴出公告出售自己的电脑，这个内容是希望有人来购买电脑。如果内容有明确

— 241 —

的电脑配置介绍和交货时间、价格,就属于要约;案件中只规定了大概在毕业之后,价格也不固定,应该属于要约邀请,简称"小广告"。李兵和王洪就买卖二手电脑达成一致就是《合同法》规定的合同成立和生效。现在,李兵单方不准备将电脑出售给王洪,属于违约行为,李兵应该承担相应的违约责任。李兵将预收的200元退还给王洪,是承担违约责任的方式之一。由于双方没有明确约定定金和违约金,故李兵不承担定金责任或违约金责任。如果王洪有实际损失,他可以向李兵主张赔偿,李兵也应该为自己的违约行为承担违约责任。本案中,考虑到金额不大,且时间不长,王洪没有直接经济损失等因素。考虑到同学情谊,如果李兵态度好,王洪可以放弃赔偿金;如果李兵态度不好,或者王洪不愿意放弃赔偿,学校的辅导员或者班主任让李兵赔偿200元的利息损失等是有合法根据的。

3. 中介合同纠纷

【案情介绍】小王大学毕业后参加工作,但用人单位没有住房。小王平时工作忙,无法自己找房。于是,他去房屋中介公司。房屋中介公司在了解了小王的目的后,提出要签订中介合同。你了解中介合同吗?你觉得小王要注意哪些问题?

【参考答案】中介合同是中介人向委托人报告订立合同的机会或者提供订立合同的媒介服务,委托人支付报酬的合同。在《民法典》颁行之前的法律中称之为居间合同。目前中介合同在介绍工作、买卖承租二手房时比较常见。由于房屋中介公司不仅了解房屋二手市场,而且还有相当的房源,所以通过中介公司找适合自己的住房不失为一个捷径。但是,由于目前的中介市场管理不规范,导致消费者利益受损的案件比较多。因此签订委托租房中介合同时需要重点注意以下几个问题:①要审查房屋中介公司的资质和中介业务员的资格。要看中介公司通过年检的营业执照,保证中介公司是合法存续的主体。营业执照在经营场所应该是公开悬挂的凭证,很容易识别。如果没有,则"黑中介"的可能性极大。还可以要求查阅政府主管部门核发的从事房地产中介的资质资格等级证书。资质等级越高,信誉就越强,行为越规范。中介业务员一般都会挂着公司核发的胸牌,有的加盖了政府主管部门的印章。如果没有胸牌或者没有政府印章,一定要看对方的个人身份证原件,最好留有照片或者身份证复印件,至少要知道中介业务员的身份证号码和联系电话。②要对委托租房的地段、面积、房屋结构、房租及支付、完成中介服务的时间等内容进行明确约定。实际上这些内容是检验中介公司是否履行义务以及是否应该收费的标准。在中介合同中，要约定中介公司的收费标准及收费或者退费的时间，要明确中介方的违约责任。中介合同中，中介方违约的可能性主要表现在：一是提前收取中介费。这一点如果委托人坚持实地看房满意后才支付，中介方也会接受。如果提前交了中介费，退费不会很顺利。不光中介合同如此，其他生意中也如此。钱在谁的手里，谁就有主动权。所以，一般要求在实地看房满意之后，在签署买卖或者租赁合同时一并支付，千万不要提前支付。二是中介人与他人弄虚作假或者故意掩盖某些事实，不如实报告相关情况。《民法典》第962条规定，中介人应当就有关订立合同的事项向委托人如实报告。中介人故意隐瞒与订立合同有关的重要事实或者提供虚假情况，损害委托人利益的，不得请求支付报酬并应当承担损害赔偿责任。但这些情况的举证都特别困难。三是中介合同完成后的合同义务。为了招揽业务，很多中介公司口头上会有很多承诺。不仅保证签署合同，还保证完整履行合同完成后的很多义务，如二手房买卖办理过户、物业交割、户口迁出等。如果是租赁合同，还保证租期内与出租人沟通、房屋维修等。但一旦交易完成，很多义务由于没有写进合同就变成了中介公司的道义协助。例如，租赁合同本来签署一年，实际上只租赁了两个月出租人就要收房，解除合同。很少有中介公司退还中介费用，它只是口头上给承租人安慰，让承租人去打官司。客观上中介公司对出租方也没有多大的约束力。现在的中介合同，对委托方的责任和义务进行详细约定，同时又提前预收费用，导致委托人想中止合同或者退费时，中介公司有百般借口。四是合同文本。鉴于中介公司人员流动频繁，为加强合同风险管理，中介公司一般都有中介服务的格式合同，且提前盖章用印。如果当事人有特殊要求，可以在合同尾部的其他约定中添加。很多格式合同中对其他约定有特殊要求，如其他约定不得与合同其他条款冲突，冲突的无效。其他约定必须再次加盖公章和财务专用章，否则无效。如果不仔细审阅这些内容，出现纠纷之后就会陷于被动。

4. 旅客甲与商贩乙因为吃西瓜付款发生争议

【案情介绍】商贩乙在某长途车站西瓜摊位前立一纸牌，上书四个大字"一块一角"。旅客甲因为舟车劳顿，看到这块纸牌之后没有询问价格就吃了一块西瓜。付款时旅客甲只愿意付款1角，因为他理解为"一块西瓜一角钱"；而商贩乙则坚持说是"一块钱一角西瓜"。问：从《合同法》角度，你认为谁的意见正确？法律根据是什么？

【参考答案】旅客甲的意见正确。主要的法律根据有二：①合同的计量单位应该合法。商贩乙以"一块一角"来做招牌。其中，"块"不是人民币的法定计量单位。人民币的法定计量单位应该是"元"，辅币的计量单位是"角"和"分"。因此"一角钱"的表述是规范的，"一块钱"的表述不规范。②纸牌上的内容是商贩乙写的，可以认定为格式条款，任何一个来买瓜的消费者都要受该条款的约束。《合同法》第41条规定，对格式条款的理解发生争议的，应当按照通常理解予以解释。对格式条款有两种以上解释的，应当作出不利于提供格式条款一方的解释。格式条款和非格式条款不一致的，应当采用非格式条款。

5. 笔误引起的合同纠纷

【案情介绍】胜峰公司项目经理在执行合同时发现两个月前签订的合同中将合同价格1220万元少写了一个零而变成了122万元，于是急忙向公司经理汇报。经与合同甲方电话交涉，甲方坚持认为当时商定的价格为122万元，并拒绝予以更正。胜峰公司在商量对策时有几种意见：一种意见认为，胜峰公司供应的产品市场成本就超过1000万元，可以执行合同，等甲方不支付货款时向法院起诉；另一种意见认为，甲方违反诚实信用原则，胜峰公司可以拒绝执行合同，并有权宣布合同无效；还有意见认为，应该立即起诉甲方。如果你是胜峰公司的法律顾问，你认为胜峰公司如何做才符合法律规定？为什么？

【参考答案】胜峰公司应该尽快向有管辖权的法院或者仲裁机构提出起诉或者仲裁申请，要求更正合同中的错误约定，人民法院或者仲裁机构在核清事实的情况下，有权将合同总价更正为1220万元。主要理由如下：其一，合同中将价值超过1000万元的价格写成122万元，单从价格方面分析，不足以认定合同无效。因为法律对无效合同有明确的规定。如原《合同法》第52条规定，有下列情形之一的，合同无效：①一方以欺诈、胁迫的手段订立合同，损害国家利益；②恶意串通，损害国家、集体或者第三人利益；③以合法形式掩盖非法目的；④损害社会公共利益；⑤违反法律、行政法规的强制性规定。《民法典》改变了合同无效的立法体例，在总则"民事法律行为的效力"中单列无效行为的种类，并在第三编"合同的效力"部分规定了几种特殊情况的效力问题。纵观本案中少写了一个关键的数字,应该属于重大误解。根据最高人民法院《关于贯彻执行〈中华人民共和国民法通则〉若干问题的意见(试行)》第71条的规定,行为人因对行为的性质、对方当事人、标的物的品种、质量、规格和数量等的错误认识,使行为的后果与自己的意思相悖,并造成较大损失的,可以认定为重大误解。根据《民法典》第147条规定:"基于重大误解实施的民事法律行为,行为人有权请求人民法院或者仲裁机构予以撤销。"第152条规定,重大误解的当事人自知道或者应当知道撤销事由之日起90日内没有行使撤销权,撤销权消灭。所以,胜峰公司应该按照合同约定的解决纠纷方式,尽快提起仲裁或者诉讼,提交合同总价遗漏一个零的证据,要么让甲方承认合同的正确总价,要么撤销合同。

6. "背靠背"条款是否有效?

【案情介绍】某电力设计院作为某电厂的总承包单位在与某电缆厂签署的采购电缆合同中约定了电缆的品种、长度、质量和验收标准方法、交货和运输、质量保证、单价和总价以及付款、违约责任等内容。其中,关于付款的约定为"电缆付款按照2:5:2:1付款,即20%预付款、50%到货款、20%安装款和10%质量保证金。在电力设计院收到电厂总包合同预付款后15日内支付给电缆厂电缆部分20%的预付款;在收到电厂总包合同50%到货款后15日内支付给电缆厂电缆部分50%的到货款;在收到电厂总包合同安装款后15日内支付给电缆厂电缆部分20%的完工款;在质量保证期结束并收到电厂总包合同质量保证金后15日内支付给电缆厂电缆部分10%的质量保证金"。在合同执行过程中,由于电厂项目没有得到国家相关部门的批准,导致银行贷款不能按时到位,电厂支付了总包合同20%的预付款和50%的到货款后,停止了剩余款项的支付。在等待三年多的时间后,电缆厂将电力设计院起诉到人民法院,要求电力设计院支付20%的安装款和10%的质量保证金。电缆厂起诉的主要理由是买卖合同的当事人是电缆厂与电力设计院,与电厂无关。所以,只要电缆厂履行了自己的交货义务和保证电缆质量,买方(电力设计院)就应该付款。合同约定的"收到总包合同相应付款"是无效的。电力设计院答辩的理由是合同约定的付款条件没有成就并提供了电厂没有相应付款的证据,故暂时无法付款。

【争议焦点】本案争论焦点在于电力设计院与电缆厂的合同中约定的付款条件"收到电厂总包合同相关款项之后"的约定是否有效。对于电力设计院而言，当初设立这个"背靠背"条件，就是为了拉上电缆厂一起承担总承包发电厂的合同风险。电力设计院认为，这种约定是当事人的真实意思表示，应该受到法律的保护。电缆厂不认可这种说法。电缆厂认为"我的电缆是卖给你，你得给我钱"。这种约定涉及合同主体之外的第三人，突破了合同相对性原则，是无效的。

【案件评析】现实生活中这种"背靠背"条款也会经常见到。还有一些当事人在签署合同时会设定更加奇葩的附加条件。例如，某人借款，欠条上没有写明借期，也没有写明什么时候偿还，只是写"来年苹果丰收后偿还"。第二年秋天，出借人要账时，借款人说"抱歉，今年苹果没有丰收。你还得再等一年。"文字表述的不完整和不规范，导致实际履行过程与想象的有所偏差，纠纷由此产生。本案需要明确几个问题：一是合同能不能突破相对性。合同相对性原则是指合同仅在缔约方之间产生法律约束力，即合同只能约束合同当事人。这与合同的本质是一致的。传统意义上，合同相对性包括三种含义：第一个含义是指主体的相对性，即指合同关系只能发生在特定的主体之间，只有合同当事人一方才能够向合同的另一方当事人基于合同提出请求或提起诉讼。第二个含义是指内容的相对性，即指除另有规定以外，只有合同当事人才能享有合同约定的权利，并承担该合同约定的义务，当事人以外的任何第三人不能主张合同上的权利，更不负担合同中约定的义务。第三个含义是指责任的相对性，即指违约责任只能在特定的合同关系当事人之间发生，合同关系以外的人不负违约责任，合同当事人也不对其承担违约责任。但随着商品交易的繁荣，为了节省交易成本、保障债权人利益，有些合同开始突破合同的相对性，对合同以外的第三人产生约束力。例如，我国原《合同法》第64条规定的债务人向第三人履行合同；第65条规定的第三人不履行合同的责任承担；第73条的代位权、第74条的撤销权也将债权人的权益保护延伸至债务人或者债务人的债务人。《民法典》第522条规定了向第三人履行，第523条规定了第三人履行，第524条规定了第三人代为履行。债权人代位权、撤销权在"合同的保全"中得到了更加细化的规定。由此可见，电力设计院与电缆厂的合同中约定付款条件涉及"第三人电厂"并不违反法律规定，不能导致合同当然无效。二是这种约定是否具有法律约束力？既然不违反法律，不当然无效，那么这种约定会产生什么后果？电厂按时付款，电力设计院依照合同约定按时付款给电缆厂,皆大欢喜。电厂不按时付款,电力设计院就不付款给电缆厂。电厂长期不付款,电力设计院就长期收不到相关款项,电缆厂承担大部分的直接损失。电缆厂要直接向电厂主张维权,则面临着举证难等多个难题。但这种约定的后果就是可能导致电力设计院维权不积极,对电缆厂确实存在有失公平的地方。所以,面临这种情况,目前司法中法官会从两个方面来进行调解:一是告知电缆厂这种约定不会当然无效。合同当事人都受合同的约束,白纸黑字,承诺了就要践诺,以此来降低原告的预期。二是对被告电力设计院,法院会考察其向电厂的维权情况。如果没有到期不具备付款的条件,且这个条件是电力设计院总承包合同中约定的,法院大概率要驳回电缆厂的诉讼请求。如果是电力设计院自己的原因导致违约或者电力设计院不采取积极维权措施,法院会根据电力设计院怠于维权的事实,支持电缆厂的主张。支持的理由是这一约定显失公平。大多数情况下,法官会力促电力设计院与电缆厂达成调解协议,并给电力设计院设定一个合理期限。这样一来,既让电缆厂看得到债权实现的希望,也能尊重当事人当初的约定。

第四节　合同管理

一、合同管理的概念、内容和意义

合同管理是指合同当事人为了规范合同流程,识别和防范合同风险、避免合同纠纷而采取的一系列管理措施和制度的总称。不同行业、不同规模、不同的重视程度等因素,决定了各单位的合同管理内容不完全一样。一般而言,合同管理主要有制度类和流程类。前者是指根据管理需要和实际情况而制定的合同管理制度。有的单位是一个综合的《合同管理办法》,也有单位细分为《招标管理办法》《合同审批用印管理办法》《合同担保管理办法》等。还有《法律事务管理办法》《印章管理办法》等制度也涉及合同管理。流程类的合同管理包括合同培训、合同评审、合同谈判、合同监督和检查等。总体上看,合同管理包括的内容有:合同分类管理、合同归口管理、合同承办人、合同评审管理、合同批准管理、授权委托书管理、合同文本管理、合同信息化管理（统计与分析）、合同范本管理、合同执行管理（与人、财、机结合）、合同纠纷管理、合同后评价等一系列制度。

合同管理有以下几个方面的特征：

第一，合同管理是最基础最常见的企业管理。合同管理是从合同前调查至合同执行完毕全过程的管理，是企业管理的主要内容。从时间段上分析，合同管理包括签订合同前的相对方调查和市场调查、确定合同相对人的合同谈判、合同内容的内部审查和批准、合同执行及纠纷管控、合同总结和评价等。在大学里，企业管理与法律分属于不同的专业，培养方案和课程计划有很大的差别。但在进入企业以后，很多业务交叉融合。做企业法律顾问也好，市场销售人员也好，做计划规划投资也好，最根本的也最主要的基础工作是从事与合同相关的工作。除了党政工团监等职能以外，其他所有部门几乎天天与合同打交道。企业管理的好坏，最终表现为合同管理的好坏。任何一个企业，主要经营业绩指标大多需要通过合同来体现。市场要签合同，财务收付款及开发票交税都需要依据合同；即使是纪检监察，也需要从合同中发现问题。例如，近几年中央巡视组通过清查合同发现了若干重大案件。

第二，合同管理的核心目的是为了防范合同风险。企业的目的是赚钱，提高经济效益。赚钱不赚钱表面上是财务数据，实际上这些财务数据都要从合同数据上体现出来。现代企业的绝大部分收入和支出也需要通过合同这种主要形式去实现。企业的经营风险主要体现在合同风险上。能不能把该签的合同签回来，计划利润能否如期实现，执行项目的人员、资金、设备、原材料如何解决，项目执行中有哪些风险，都是合同管理的主要内容。国资委推动的全面风险管理也好，法律风险防范也好，合规体系建设也好，都是要强化合同意识，健全法治观念，最终都是把风险防控放在第一位。通过建立、修订、完善各种制度，识别合同中的风险，采取不同的预防措施，最终把风险控制在最小范围内。

第三，合同管理是为了避免合同纠纷。产生合同纠纷的原因有很多，但归结为管理上的原因就是合同管理混乱，如文本丢失、找不到责任人、评审走过场等。合同评审就是把关口前移，预防和化解可能产生纠纷的各种可能性。

二、合同管理的主要内容

（一）合同评审制度

合同评审制度是任何一个企业都必须建立的最基础的合同管理制度，也是最重要的合同管理制度。合同评审制度是指在合同批准用印之前，发挥技术、商务、财务、法律等各专业人才优势，利用专业知识去识别、评判合同执行可能性和风险的制度。

任何一个单位，领导既不是全才也不是神才。领导批准签署合同是职权行为。如何保障这种职权行为的正确行使，就得依靠专业人士的出谋划策，听取专业人士的意见。这种征求各专业人士意见的过程，就是合同评审。所以，合同评审是专业的人做专业的事，其性质是咨询而不是决策。在合同评审的基础上，负责人根据自己掌握的其他信息，综合决定是否批准签署合同。

合同评审要坚持合法合规原则、全面审查原则和分级管控原则。不同单位要根据自身规模、行业特点、风险等级和管理需求去建立自己的合同评审制度。常规的合同评审，要突出三个方面的内容：一是技术评审。技术评审是保证产品性能满足技术要求的评审。任何商品都有价值和使用价值。认识和充分发挥产品使用价值的属性就是技术评审。技术评审包括产品性能和功能符合性、技术难度和难点、解决技术难点的方式和方法等。工业革命以后，大多数标准化产品都有向国家有关主管部门备案的技术标准，有专用的产品性能说明书。所以一般生活用品和普及的工业用品不需要专门技术人员来进行合同评审。随着新技术研发和新产品的推广，涉及新技术、新领域、新材料、新工艺等范畴的产品技术还是有其特殊性的。卫星航天、高铁、核科技、生物技术、量子通信、网络软件、人工智能等远离老百姓世俗生活的技术，更不是一般人能自学成才的。随着社会的发展，技术细分更加明显。所以，对合同进行技术评审是保证产品技术性能满足要求，不存在技术难题的保障。技术评审的步骤如下：首先是识别标准，其次才是技术难度和难点。技术评审的负责人不仅需要始终站在技术前沿，了解技术的现状和未来发展方向，还必须对交叉技术有一定的了解。有的技术评审需要多方技术专家共同进行技术论证。若技术评审不能通过，就必须修改技术方案，寻找更加优化的技术路径。二是经济评审。经济评审主要包括如下内容：执行合同的市场成本、费用和税金计算是否准确、有无遗漏，从而确保利润如期实现；项目执行资金来源、保函（含其他担保）、发票等财务内容；是否违反财政、金融、税收、出口管制、外汇、海关等相关规定。经济评审的目的是确保合同各项经济数据真实，确保具备执行合同的财力物力，确保不违反国家财务制度。越是执行周期长的合同，越需要对市场价格走势有基本的判断，并在合同条款上采取措施。经济评审通常由财务人员、成本预算人员、商务人员等来完成。三是法律评审。法律评审是在技术评审和经济评审的基础上就合同订立过程和合同文本内容的合法性进行审查。法律评审一般包括：合同订约过程和主体及合同形式、内容不违反法律规定；合同主要内容严密，权利义务基本一致；违约责任和合同担保切实有效；合同权利有根本保障。法律评审的第一要务是确保合同内容不因违反法律法规或者政策而无效。在确保合同合法的基础上考察合同内容是否严密和公平，义务是否明确，权利是否有保障。法律评审由企业法律顾问来完成。他们不仅需要熟悉法律，还要熟悉单位业务流程和基本技术知识，把握公司业务的主要技术风险和管理薄弱环节。法律顾问的业务知识也需要不断地积累和更新。

  有特别风险的合同，还可能需要进行其他的专业评审。例如，建设工程合同规模大、危险程度高，需要进行安全生产方面的评审，包括执行合同过程中有哪些安全风险，需要采取哪些安全措施和安全投入，需要做哪些安全预案和培训等。再如，人力资源有风险的合同，需要由人力资源部门出具项目主要执行人员的人员配备方案、劳动力解决方案、项目人员考核和管理等意见。又如，廉政风险较大的合同，需要由审计、监察等部门提出对关键人员、关键岗位和关键过程的反腐败措施。另外，如果合同有多种语言的，可能还需要由懂得多国语言的人才进行语言评审。

  合同评审的最终目的是识别合同执行中的风险，并找出解决方案。评审过程必须真实，评审意见要有说服力。评审结论可能是同意或者不同意签署合同，也可能是指出需要修改和完善的地方，还可能是需要重点关注的过程和风险。合同评审需要根据合同金额、种类、期限、重要性等指标进行分类分级评审。常规、小额合同可以让合同承办人独自完成，较重要的合同可以由不同部门进行书面评审，最重要的合同必须采取会议评审。三者比例根据合同风险大小和企业管理层规范程度进行适当分割。一般来说，会议评审的合同个数占全部合同的 20%~30%，合同总金额占 70%~80%是适宜的。合同评审的效果可以从合同评审意见落实情况、合同纠纷发生率来衡量，也可以通过纠纷原因追索和还原来印证。

(二) 合同分类管理和示范文本

对于任何一个单位而言，表面上合同种类很多，但真正属于主营业务、经常发生的合同不外乎几种。例如，银行业的主要合同种类就是存款合同、贷款合同、发行金融债协议、托管协议、综合授信协议等。再如，工程类企业主要有承包合同、分包合同、设计合同、技术服务合同、建筑施工合同等。又如，零售商业企业的主要合同种类为连续供货合同、委托销售合同、仓储合同。另外，房产中介的主要合同种类是二手房买卖合同、二手房中介服务合同、房屋租赁合同。个别中介还为二手房提供融资担保等。合同分类管理有如下几层含义：一是高风险合同与一般主营业务合同要进行分类。合同风险与合同金额有一定的关系，但也不尽然。总体上看，投资类合同、融资类合同、担保类合同、关联交易合同等几类合同的风险高。投资包括实物或者货币投资、资产并购和处置、债转股等。投资的法律后果是企业可能涉猎一个新领域、新环境。投资更是将可以流动和随意处置的资金和实物变成一个相对独立、不能随意处置的股权。投资的期望值是投资收益。这种收益受到市场、管理、行业、技术等多种因素的影响。所以，一般的投资都需要有投资论证，运用经济手段去计算投资总额、投资周期等数据，最终根据投资收益率来衡量好坏。融资类合同更多，有直接融资，也有间接融资。总之是借别人的钱来做生意。如果融资成本低于商业利润率，则还钱有保障。但是，一旦利润落空或者资金不能及时回笼，企业偿还融资的压力就非常大。一旦融资不能按时偿还，银行启动追债，企业资金链断裂，就像自然人没有了血液，其后果就是破产或者清算。担保类合同使用得当，能为企业降低融资成本，争取更多的市场机会。但担保合同也有两面性，如公权私用、违规担保、权责不一致等情况时有发生。关联交易是指有关联关系的主体之间发生的交易。法律之所以重点关注关联交易，主要原因就是交易极易因为主体之间的关联关系而使合同的权利义务失去平衡，合同不能反映市场等价交换的基本原则，合同成为利益输送的载体。这些合同应该列为高风险合同，无论是尽职调查，还是合同评审和批准，都应该比常规合同更加严格。我们关注一下管理更加规范的上市公司的议事规则和分权体系，就知道在高风险合同上进行严格把关是值得的。其他企业主营业务的合同，由于积累了丰富的经验，企业应该推广合同范本制度。合同范本制度是企业合同管理水平的标志。企业通过推广主营业务的合同，把合同中的主要风险在合同文本中予以规范，提高起草合同的效率，又能避免因为人员众多、流动快带来的合同内容隐患。只要我们关注一下哪些单位推广合同范本就知道示范文本能发挥何种作用。银行、保险公司是推行合同范本最普及的单位，房产中介等单位紧随其后。对于大多数单位而言，虽然不具有银行和保险公司的优势地位，但仍然能推行合同范本。合同范本并不是不可修改，而是必须有说明和原因才能修改。例如，某单位制度中规定，"公司有合同范本的，应该采用范本格式签署合同；不能采用范本合同的，合同承办人应该说明理由。"这样我们只需要关注修改部分即可。合同范本作为合同谈判的基础文本，在谈判中就已经占据优势地位。

二是合同分类就需要对合同进行分级管理和授权管理。现代企业制度的核心就是授权制。按照合同种类和风险程度，授权不同单位进行发起、评审和批准。这与推行合同范本制度的作用类似，其核心目的都是明确合同管理重点，节约管理成本，提高管理效率。例如，某工程公司将常规合同分为销售合同、采购合同和其他类合同，把管控重点放在销售合同上。所谓的销售合同是指为顾客提供服务、由顾客支付价款或者报酬的合同。国内基建市场的甲方地位，导致工程公司开拓市场时需要不断把控项目风险，拿捏合同和风险之间的关系。一点风险不承担的合同几乎没有。采购合同是在销售合同项下，为了执行销售合同而发生的支付价款或者报酬而购买他人原材料、设备和服务的合同。其他类合同是指销售合同和采购合同以外的其他合同。例如，投标前签署一个战略合作协议、公司租赁一套办公用房及购买打印机设备等。采购合同必须在销售合同生效之后，采购合同的付款进度必须晚于销售合同，采购合同的保函和质保金、质保期必须大于销售合同。这样，很多销售合同中的风险就可以转嫁给分包商和供货商。

(三) 合同归口管理

合同归口管理是明确一个职能部门作为合同主管部门，承担合同相关管理职责。它与多头管理相对应，避免管理重叠或者漏洞。规模较大的企业有专门的合同管理部，合同数量居中的可以归口到法律事务部，还有的与总经理办公室或者其他部门合署办公。无论哪一种都必须明确合同归口管理部门。归口管理部门的主要职责有：建立、完善合同管理制度；监督合同管理制度执行并进行制度后评价；组织并参与合同评审；建立合同台账，收集、统计、分析合同数据，发现问题并及时整改；参与合同纠纷处理；合同文本管理；合同信息化管理；合同授权和印章管理；合同范本起草和推广，等等。合同归口管理职能是否充分发挥，决定了一个单位合同整体管理水平。有些与市场联系密切的单位，需要每月或者每季度通过合同数据去分析经营形势。这就需要合同归口部门去收集、分析、总结合同大数据。在这里有必要明确合同归口管理部门与合同承办部门之间的责权利。任何一个单位，几乎每个部门都可能需要对外签署合同。这些需要签署合同的部门为合同承办部门。合同承办部门需要遵守合同管理相关制度，负责合同立项、资信调查、资质审查、合同评审、意向接触、商务谈判、合同文本起草、内部审查会签、合同订立、合同履行、变更、解除、纠纷处理、台账统计、合同归档、定期清理、履约监督、考核奖惩等全过程的控制与管理。按照"谁签约谁负责"的原则，由合同承办部门负责合同全生命周期的执行和管理，其他职能部门参与、协助和监督。

（四）合同质量和合同信息化

根据相关法律规定，只要不违反法律强制性规定的合同都是合法的合同。对一个单位而言，合法是前提，合同质量好坏才是关键。大多数人将合同质量好坏理解为赚钱不赚钱，或者赚多少钱。其实不是这样的。这里有一个合同质量标准。不同的单位，评价合同好坏的标准可能不一样，但相同行业或者近似行业的合同质量是可相互借鉴和对照的。国资委提倡多年的"对标管理"就是提倡向国际、国内领先的企业看齐，通过比较主要经营指标找差距。合同质量管理要求各单位建立符合自己需求的合同质量标准体系，并参照这个标准去评判合同质量的优劣。例如工程类企业，预付款、进度款、完工款、质量保证金、违约金比例、保函比例、利润率等主要合同指标在承包合同及分包合同中都会有所体现。我们无法判断单一合同文本的优劣，但把几个或者多个合同放在一起比较，则合同质量高下立现。如果承包商从业主手里拿到的是10%的预付款，支付给分包商的预付款只有8%或者没有，它就不需要垫资或者有资金盈余。如果承包商向业主承担的违约金比例是每周1%，分包商每周向承包商承担的违约责任是1.5%，那么违约的可能性较小。即使出现违约事实，部分违约责任也可以转嫁。如果再比较去年同期或者近三年、五年的合同数据，经营成果、市场变化、未来预期都会一览无余。

　　为了保证信息的准确性和及时性，提高工作效率，现代企业大多采取信息化手段管理合同，如OA（Office Automation）、ERP（Enterprise Resource Planning）等。无论采用哪个系统，基本上能实现网络办公、无纸化办公、制度和审批流程化、自动收集并更新相关数据、自动形成若干个数据库、保存过程资料和评审批准印迹等功能。利用信息系统收集合同大数据，简单易行。发起阶段，发起人要提供会议纪要、请示、上级批文等各类发起背景资料，准备合同草稿；合同评审阶段，准确记载各方评审意见及落实情况，哪些问题解决了，哪些问题没有解决，没有解决的原因是什么，应该采取哪些措施防范，领导批准合同时有哪些要求和前提条件；合同用印后转入生效合同库；执行中的交货信息、付款信息、发票信息、变更信息、结算信息、解除信息等一览无余。合同执行完毕，只要合同承办人关闭合同，该合同自动进入执行完毕的合同库。执行人员完成合同后评价，该资料自动转入资料库。如果合同发生纠纷，授权用户任何时候都可以查阅相关文件和证据。合同信息化给合同管理带来了极大的便利。当然，合同信息化管理中也需要注意一些问题，如信息安全问题、用户权限问题及增加扫描和上传工作量等。但从社会发展方向来看，合同管理信息化、网络化、科技化是不可逆转的。

　　（五）合同承办人和授权委托书

　　合同承办人制度是落实合同责任的有效途径和措施。合同承办人制度主要包括：一是承办人资格。不是每个员工都可以发起合同。只有经过培训或者考试、考核，具备一定的法律商务知识，较好地熟悉单位主营业务，有敬业精神和责任心的人才能做承办人。承办人需要与单位签有3年以上的劳动合同。临时劳务人员及试用期员工不适合做合同承办人。合同承办人作为一个内部岗位，每年都需要进行合同方面的专项培训。二是明确合同承办人职责。合同承办人的主要职责应该包括依照程序办理合同签订、履行、变更、解除、终止事宜；准备合同文本，开展资信调查，组织及协调合同谈判、合同评审，提请有关业务部门审核会签合同；办理授权委托事宜，会同合同归口管理部门办理合同公证、鉴证、见证；负责合同履行，协调处理合同履行中出现的各种问题；及时向合同承办部门、合同归口管理部门和单位负责人报告履约状况；保管合同文本及其附件、相关资料，按规定及时归档；参与处理合同争议和纠纷案件；其他应当由承办人负责的职责。各单位根据业务分工确定每一合同项目的承办人。承办人工作岗位发生变化的，应当另行确定承办人接续履行其职责。合同影响和重要性越大，承办人的地位和影响力就应该越高。

授权委托书管理也是合同管理的一个重要环节。很多单位不仅没有合同承办人制度，而且对授权委托书的管理也不严格，主要表现在出具空白的介绍信或者空白的授权委托书。还有一些单位对公章、营业执照管理不规范，随意用印；也有一些单位让第三方挂靠自己单位签署合同，没有想到第三方在别的项目上也使用了该单位的公章、营业执照和银行授信证明等，等到出现合同纠纷或者官司打到法院了才发现单位被假冒或者公章被盗用。如果公章鉴定为伪造还好说一点；万一公章是真实的，那么单位难脱干系。规范的合同管理，不是单纯强调合同，而是印章管理、授权管理、审批管理等制度都要严格规范。

附件一　网络查询清单

1. 国家企业信用信息公示系统（http://www.gsxt.gov.cn/index.html）

此网站是最常用的查询企业工商登记信息的平台，按企业登记机关所在地区分省份查询。在此网站可以查询到基本工商登记信息、企业年报、动产抵押登记信息、经营异常信息，其中股权变更信息、股权冻结信息为重中之重。

2. 全国组织机构统一社会信用代码数据服务中心（https://www.cods.org.cn/）

此网站是以全国组织机构代码共享平台及电子档案系统为基础，向社会公众提供机关、事业单位、企业、社会组织（社会团体、民办非企业单位和基金会）以及有工商营业执照、有注册名称和字号、有固定经营场所并开立银行账号的个体工商户等各类机构及其分支机构基本信息（港、澳、台机构信息除外）的实名制查询平台。可通过组织机构代码、组织机构名称、机构注册地址中的任意一项查询上述各类组织机构的基本信息，并可查看组织机构代码证书式样。

3. 住房和城乡建设部建筑业资质查询（原全国建筑市场监管与诚信信息发布平台，http：//jzsc. mohurd. gov. cn/asite/jsbpp/index）

此网站可以查询到房地产开发企业、建筑业企业等资质证书编号及业务范围，了解目标公司是否具有从事建筑业的资格，可以查询到目标公司正在参与开发建设的项目，找到目标公司的有效债权。

4. 绿盾企业征信系统（http：//www. 11315. com/）

此网站并非官方查询系统，但可以同时查询到工商登记、知识产权、涉诉、执行、失信被执行人等多种政府监管信息，信息含量比较强大。

5. 启信宝（https：//www. qixin. com/）、企查查（https：//www. qichacha. com/）、信用世界（https：//www. x315. com/）

与全国企业信用信息公示系统相比，三个网站最大的优势在于不用区分目标公司注册地址分省份查询，可以很清晰地看到目标公司的法律诉讼、对外投资、无形资产、新闻招聘等信息，并可以通过目标公司法定代表人、高管等反查关联企业，并可以形成一份较全面的信用报告，还可以下载手机APP随时随地查询目标公司经营状况。

6. 必途网（http：//www. b2b. cn/）

此企业黄页上可以查询到中小企业发布的产品信息，分地区、分行业查询还是相当方便的，当然这只是一种辅助查询的手段，可以从侧面了解到目标公司的生产经营状况及产品销售途径，为进一步查询目标公司的财产线索提供了渠道。

针对涉诉信息项目，可以查询如下网站：

1. 中国裁判文书网及各省高级人民法院官网（http：//wenshu. court. gov. cn/）

通过涉诉信息的查询可以了解到目标公司是否存在与承办案件相关联的诉讼案件，以及目标公司的有效债权，为行使代位权诉讼提供线索，判断是否有通过虚假诉讼逃避债务的可能性。

2. 中国执行信息公开网（http：//zxgk. court. gov. cn/）

通过目标公司被执行信息查询、判断资产处置状况，通过失信被执行人名单查询可以了解目标公司以及目标公司的法定代表人是否被列为失信被执行人，如果尚未列入可以申请执行法院将其列为失信被执行人，届时目标公司将在融资信贷、政府采购、招标投标、行政审批、政府扶持、市场准入、资质认定等方面受到多种限制，法定代表人将在飞机及高铁出行、出境、个人信用等方面受到限制。

3. 中国法院网（https://www.chinacourt.org/index.shtml）

此网站最大的特点就是可以查询法院公告，内容涉及诉讼、执行、破产清算、拍卖等，可以从中查询到目标公司涉诉案件的动态，为把握承办案件的进度提供信息。

针对资产信息查询项目，可以查询如下网站：

1. 国家知识产权局专利检索系统（http://cpquery.sipo.gov.cn/）、中国商标网（http://sbj.saic.gov.cn/）、中国版权保护中心（http://www.ccopyright.com.cn/）

上述三个网站可以查询专利、商标、计算机版权、著作权等知识产权登记信息，结合全国企业信用信息公示系统中知识产权出质登记信息，可以全面了解目标公司的无形资产情况。

2. 人民法院诉讼资产网（http://www.rmfysszc.gov.cn/）

通过此网站可以链接到各省份法院诉讼资产网站，并且有拍卖项目的详细介绍，可以了解到目标公司的资产是否被其他法院处置，考虑是否向法院申请参与分配。

3. 金马甲资产与权益在线交易平台（http://www.jinmajia.com/）

该平台综合了各大产权交易中心产权转让信息，包括股权、房产、车辆等，可以排查目标公司与关联方有无转移资产的行为。

针对投融资信息，可以查询如下网站：

1. 巨潮资讯网（http://www.cninfo.com.cn/new/index）

此为证监会指定的信息披露网站，如果目标公司为上市公司，可以在该网站上查询到公司相关披露信息、财务报告，了解目标公司经营状况。

2. 全国中小企业股份转让系统（http://www.neeq.com.cn/）

此平台组织安排非上市股份公司股份的公开转让，为非上市股份公司融资、并购等相关业务提供服务。

附件二　保函样本

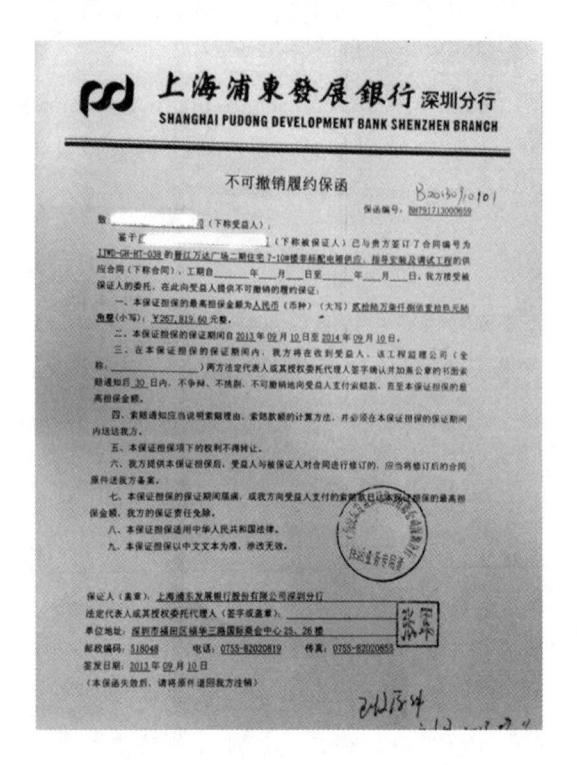

（保函样本图片）

课后思考讨论题

1. 某合同关于违约责任的约定如下："本合同签署后双方共同遵守；出现纠纷协商解决。不能协商的，违约方依法承担责任。"

问：这种约定是否违法？是否合理、有效？

2. 合同纠纷案例讨论。

【案例1】

王女士的丈夫与被告王先生是亲兄弟，兄弟二人感情很好。由于王女士夫妇常年居住在美国，遂打算将其名下位于丰台区一套面积为66平方米的房屋出售，王先生提出购买。2012年12月，王先生提出以150万元的价格购买。2013年7

月 23 日，王女士和丈夫回国后便与被告王先生签订购房合同并于当日办理了过户手续。等回美国后与同学聊天才知道，该房屋的市场成交价格不低于 250 万元。

"我们在美国生活了十年多，缺乏对北京房地产交易价格判断的经验。被告利用我们这点以及对亲属关系的信任，让我们对其提出的房屋价格信以为真，产生重大误解，造成双方签订的合同显失公平。"为此，王女士起诉要求撤销合同。截至目前，王先生仍有 40 万元房款未支付给原告。

王女士当庭表示，王先生首先提出以 150 万元购买，提及卖给别人会多点。正是此话导致其夫认为弟弟顾及亲情，实际价格也就多个三五万元。她说，若当初知道市场价高于约定价格近百万元，她是不会签署合同的。

而王先生一方称，约定的房屋价格和评估价格接近，不属于重大误解。双方最初协商 130 万元，但对方没认可，后通过邮件定下 150 万元，而当时周边房价也就 130 万元。

王女士则反驳，丈夫回复的邮件没有其本人的意思表示，不能完全代表她。过户后，双方曾商量退房，王先生也同意。如果认定邮件有效，双方的退房协议也应有效。王先生当庭同意补偿 5 万元，但王女士坚持要回房子并给对方补偿。"我们有住房需求，孩子要回京工作。"

问：（1）假设原被告不改变起诉和答辩请求，调解无效，法院将如何判决？理由是什么？

（2）购买或者出售二手商品房是当下许多老百姓面临的问题，请分别站在出卖人和买受人角度，谈谈各自的主要风险及预防措施。

【案例 2】

某演出公司售票窗口为了提醒顾客当面点清票款，特意在售票窗口显著位置立一大纸牌，上书"票款当面点清，过时概不负责"。现某顾客购买刷卡过程中，将 1000 元付款多输入一个零导致多付 9000 元。问某顾客是否有权请求演出公司退还多付的 9000 元？法律根据是什么？

【案例 3】

2000 年 2 月，甲公司与乙公司签订施工合同，约定由乙公司为甲建房一栋。乙与丙签订《内部承包协议》，约定由丙承包建设该楼房并承担全部经济和法律责任，乙收取丙支付的工程价款总额 5% 的管理费。丙实际施工至主体封顶。2004 年 1 月，乙向法院起诉请求甲支付拖欠工程款并解除施工合同。甲辩称乙起诉时已超过 3 年诉讼时效，要求法院驳回乙的诉讼请求。如果你是法院审判人员，本案应该如何处理？请说明方法和理由。

【案例 4】

二手房买卖和交易是解决商品房流通的一种合法方式。原告在起诉书中称：2006 年 6 月，通过中介公司，被告和原告签署回龙观经济适用房买卖合同，约定原告将自己 2001 年购买的经济适用房出售给被告，被告支付价款 77 万元。现在房屋已经过户给被告，被告只支付了 47 万元，余款 30 万元拒绝支付，并主张数万元的违约金。被告辩称：房屋买卖合同属实，且被告已经得到该房屋的产权证和实际使用权，但依据法律和政策规定，被告无须支付剩余的费用。主要理由有：在过户的经济适用房买卖合同中，已经明确 2600 元/平方米的单价，原告出售的房屋只有 138 平方米，实际价值只有 35.88 万元，被告已经支付给原告 47 万元，有原告签收的收条可以证明。原告出售的房屋只经过简单装修，成本不过 3 万元，现在被告多支付了 11.12 万元，扣除装修费，被告多付了 8 万多元，所以，被告还要反诉，要原告退回被告多付的 8 万多元。

事情起因：原告被告房屋买卖合同中约定了房屋面积为 138 平方米，总价为 77 万元。卖方付款 47 万元后双方办理过户手续，余款在过户后一周内支付。如其违约，按照每周千分之三承担违约金。在过户时，根据交易市场的要求，原告和被告又签署了单价为 2600 元、总价为 35.88 万元的过户合同，且税务局按照这个总价收缴了税款。产生纠纷的原因是原被告之间签署了两份合同：一份是当事人自愿约定的 77 万元的合同，一份是符合税务机关要求的总价为 35.88 万元的合同。因为交易房屋为经济适用房，国家对购买主体和交易价格有强制性规定。这种存在不同版本合同的我们称之为"阴阳合同"。

请你预测本案的诉讼结果并说明理由，同时为原被告双方提出预防纠纷、保障权益的措施。

【案例 5】

某地电线杆多处张贴了同样内容的告示，内容大概如下：某人在何时何地丢失宠物狗一只。该告示描述了宠物狗的外貌特征。最后悬赏："谁要是把我的宠物狗送回来，我将以我位于某地的二居室房产作为酬谢。如果提供线索，奖励10万元。"最后特别说明："我的宠物狗饲养多年，与我感情深厚，一直按照亲人对待。本人言而有信，为了亲人破费一点财产是值得的。"告示上有宠物狗的照片，也有悬赏人的身份证复印件和联系电话。张某电话联系李某，李某确认了告示内容，并按照张某要求提供了饲养证和免疫证明电子版。大约三天以后，张某将一只宠物狗交给李某，说是李某丢失的宠物狗。李某见后，惊喜若狂，领回宠物狗后给其洗澡、喂食。张某向李某要酬谢，李某说等几天再说。过了大约一周，张某再找李某要酬谢，李某说房子是他和老婆共有，老婆不同意给。张某说不给房子给十万酬谢也勉强接受。李某说目前没有现金。前后多次沟通，二人始终无法达成一致。张某将李某起诉至法院。在答辩过程中，李某提出张某找回来的宠物狗不是自己原来的宠物狗，要把宠物狗退回给张某。

  请预测本案的处理结果，并说明理由和法律根据。

第七章
法律顾问实务

【课前导读】

　　党的十八届三中全会、四中全会分别明确指出，要"普遍建立法律顾问制度"，把"积极推行政府法律顾问制度"作为"健全依法决策机制"的重要举措，"保证法律顾问在制定重大行政决策、推进依法行政中发挥积极作用"。2016年6月，中共中央办公厅、国务院办公厅印发的《关于推行法律顾问制度和公职律师公司律师制度的意见》要求，在2017年底前，县级以上地方各级党政机关普遍设立法律顾问、公职律师；乡镇党委和政府根据需要设立法律顾问、公职律师；国有企业深入推进法律顾问、公司律师制度，事业单位探索建立法律顾问制度。各级法制机构、国资部门、事业单位主管部门要发挥主导作用，督促各部门设立法律顾问、公职律师，确保各部门普遍建立法律顾问制度。积极推进法律顾问工作向政府工作各个领域延伸，由传统的法律咨询、合同审查等服务性工作向提供行政决策论证、参与立法文件起草、参与行政规范性文件制定、转变政府职能、规范行政行为、行政复议、民事应诉等各项工作延伸。政府和部门法制工作机构要组织法律顾问中的专家、律师等积极参与政府职能转变、行政权力公开运行、行政执法监督、化解社会矛盾纠纷等法治政府建设工作，注重发挥专家、律师在政府联系基层群众中的桥梁作用，推动法律顾问在更大范围、更深层次发挥作用。"各级党政机关要将法律顾问、公职律师、公司律师工作纳入党政机关、国有企业目标责任制考核。推动法律顾问、公职律师、公司律师力量建设，完善日常管理、业务培训、考评奖惩等工作机制和管理办法，促进有关工作科学化、规范化。""党政机关要将法律顾问、公职律师经费列入财政预算，采取政府购买或者财政补贴的方式，根据工作量和工作绩效合理确定外聘法律顾问报酬，为法律顾问、公职律师开展工作提供必要保障。"

党和国家的政策要求积极推动法律顾问相关工作，但现实与要求还有不小的差距。在 2014 年以前，我国法律顾问主要是指"企业法律顾问"或者"公司法律顾问"，政府机关聘请律师担任法律顾问的不多，拥有公职律师的单位更少。2014 年以后，政府开始聘请社会律师从事法律顾问工作，或者招聘具备法律职业资格的人处理内部法律事务的相关工作。但法律顾问到底该干些什么，起到哪些作用，仍然是学理研究和高等法学教育的盲区。本章内容是介绍法律工作人员做法律顾问工作时的主要内容及注意事项。这里的"单位"，主要是企业，也包括越来越多的事业单位和政府。法律顾问人员既包括单位内部的法律顾问人员、公职律师和公司律师，也包括担任单位法律顾问从事相关法律顾问工作的社会律师。随着社会对法治人才需求的不断增加，法学本科生、硕士生毕业以后去机关、事业单位或者企业从事内部法律事务工作的机会也随之增多。基于研究的方便，本章将在机关、事业单位、企业从事法律事务工作的人员统称为"法律顾问"，并不突出公职律师、公司律师还是社会律师。民营或者其他所有制单位中从事法律实务工作的内部职工也包含在内。通过本章的学习，我们要基本掌握法律顾问的性质、主要工作内容和注意事项。

本章建议课堂讲授 2 次课、4 学时。

第一节　法律顾问工作概述

一、从法律顾问到公职律师和公司律师

1955 年 3 月 28 日，国务院法制局起草了《关于法律室任务职责和组织办法的报告》上报国务院。同年 4 月 26 日，国务院下发相关通知，批转上述文件，这标志着我国企业法律顾问制度正式入册。法律室就是"协助机关、企业负责人正确贯彻国家法律、法令和进行有关法律工作的一个专门机构"。1956 年 2 月，司法部发文明确"法律室"与"法律顾问处"的区别。"法律顾问处"是律师事务所的前身，直到改革开放以后才逐步不使用"法律顾问处"而是改称律师事务所，法律室则改为"法律顾问室"。1986 年 9 月，国务院颁布实施《全民所有制工业企业厂长工作条例》，该条例第 16 条第 2、3

款规定,"厂长可以设置专职或聘请兼职的法律顾问。副厂长、总工程师、总经济师、总会计师和法律顾问,在厂长的领导下进行工作,并对厂长负责。"随着改革开放的深入和各行各业法律需求的增加,1990年,国家体改委印发了《关于加强企业法律顾问工作的意见》;1993年召开的党的十四届三中全会确立了国有企业改革方向为建立现代企业制度。1997年3月,人事部、国家经贸委和司法部联合颁发了《企业法律顾问职业资格制度暂行规定》。同年5月,国家经贸委颁发了《企业法律顾问管理办法》。在律师资格之外,设立企业内部职工从事法律顾问相关工作的法律顾问岗位,实行法律顾问资格考试。2004年,国资委下发《国有企业法律顾问管理办法》,将法律顾问资格的管理和使用进一步完善。2014年8月,国务院发布通知,决定取消包括企业法律顾问在内的11项职业资格许可和认定事项目录。2018年12月13日,司法部下发《公职律师管理办法》[1]《公司律师管理办法》[2],至此完成了内部法律顾问向公职律师和公司律师的华丽转身。

公职律师和公司律师的设立,极大地推动了单位的法律顾问工作。除了业务范围限制以外,公职律师和公司律师需要通过国家法律职业资格考试取得法律职业资格,权利义务与社会律师没有太大的区别,更加有利于公职律师、公司律师和社会律师的相互交流和身份置换,促进法律顾问水平的提高。

目前衡量某个单位的法律顾问工作有很多数据指标,如从事法律顾问工作的人数、持证率都是关键数据之一。从法律顾问人员数量上看,保险公司、银行等金融公司最多,通讯、石油、电力等大型央企的法律顾问队伍已经初具规模。总体而言,市场化程度越高、风险越大的公司,法律顾问队伍的力量就越强,发挥的作用也越显著。

从组织机构来看,各单位应该根据性质、规模、行业、风险程度等要素来考虑法律事务机构的设置。大型央企总部及主要二级公司基本上都配置了"总法律顾问"或者"风险控制官";在法律事务较多、法律顾问队伍较强的单位,一般都设置了专门的"法律事务部";即使在垄断性较强、风险系数不

---

[1]《公职律师管理办法》第2条规定,本办法所称公职律师,是指任职于党政机关或者人民团体,依法取得司法行政机关颁发的公职律师证书,在本单位从事法律事务工作的公职人员。

[2]《公司律师管理办法》第2条规定,本办法所称公司律师,是指与国有企业订立劳动合同,依法取得司法行政机关颁发的公司律师证书,在本企业从事法律事务工作的员工。

高的单位,也要明确法律顾问岗的职责。

单位的法治建设应该达到什么水平及相应的标准,我们从国资委对央企的法治工作目标中就能得知一二。2005—2014年,国资委主导中央企业法治建设3个三年目标,强调要着力完善企业法律风险防范机制、总法律顾问制度和法律管理工作体系,加快提高法律顾问队伍素质和依法治企能力水平。中央企业及其重要子企业规章制度、经济合同和重要决策的法律审核率全面实现100%,总法律顾问专职率和法律顾问持证上岗率均达到80%以上,法律风险防范机制的完整链条全面形成,因企业自身违法违规引发的重大法律纠纷案件基本绝迹。时至今日,"三个百分百"已经成为企业法治建设的基本内容。《关于推动落实中央企业法制工作新五年规划有关事项的通知》(国资发法规〔2014〕193号)要求,推动企业法律风险防范机制、法律顾问制度和法律工作体系建设再深化,加快实现合规管理能力和依法治企能力再提升。

政府的法治建设目标在2014年的《中共中央关于全面推进依法治国若干重大问题的决定》中有明确体现,该决定提出要建立权责统一、权威高效的依法行政体制,加快建设"职能科学、权责法定、执法严明、公开公正、廉洁高效、守法诚信"的法治政府。正是这个清晰的目标催生了《公职律师管理办法》。

二、法律顾问的工作性质

"依法治国"就是要提高法律在国家管理中的地位和作用。有人认为,要求各单位重视法律顾问相关工作,似乎单位的所有大事都是法律顾问说了算,其实不然。法律顾问要做好法律顾问相关工作,必须明确自己的工作性质和法律地位,才不至于越俎代庖。公职律师也好,公司律师也好,在性质上都属于履行法律审核职能的专职机构,本质上是给领导决策提供咨询意见、协助领导依法决策的辅助人员。明白这一点,在从事法律顾问相关工作时需要注意两点:

首先是不能越权和越位。各类组织都有本组织明确的职责划分,决策机构、执行机构、监督机构各司其职。在《公司法》中,谁是该单位的负责人和法定代表人,股东会、董事会、监事会的职责权限、议事规则都有明确的规定。各事业单位也是实行党组织领导下的行政长官负责制。2016年12月

14日，中共中央办公厅、国务院办公厅印发了《党政主要负责人履行推进法治建设第一责任人职责规定》。该规定明确党政主要负责人作为推进法治建设第一责任人，应当切实履行依法治国重要组织者、推动者和实践者的职责，贯彻落实党中央关于法治建设的重大决策部署，统筹推进科学立法、严格执法、公正司法、全民守法，自觉运用法治思维和法治方式深化改革、推动发展、化解矛盾、维护稳定，对法治建设重要工作亲自部署、重大问题亲自过问、重点环节亲自协调、重要任务亲自督办，把本地区各项工作纳入法治化轨道。党政主要负责人掌握的信息量大，站位更高远，加之他们能够调动大量的人财物，所以他们是第一责任人。2017年7月，国资委下发《中央企业主要负责人履行推进法治建设第一责任人职责规定》，把第一责任人落实到中央企业。在单位负责人决策时，法律顾问的职责是提供法律意见，保证其决策的合法性。所以，法律顾问要做好领导决策时的法律参谋工作，而不是代替领导直接决策。

其次是处理好与其他职能部门的关系。任何一个单位都有多个职能部门，法律部门只是其一，如负责领导意见上传下达和日常运转的办公室，负责员工招聘、考核、晋升、工资福利、离退休的人事部或者人力资源部，负责安全保障的保卫部或者安全生产部，党建、政工、工会、审计、监察、财务等职能部门。各职能部门分工不同，职责不一。各部门应该相互配合，相互支持。例如，学校肯定有主管教学的教务处和管理学生的学生处，工程公司肯定有主管工程进度、质量、造价的相关部门。不同单位的性质和规模，决定了它设置不同职能部门的现实基础。设置哪些职能部门是单位或者上级单位的权利。例如人民代表大会、法院、检察院等机构，都受相应的组织法的约束。对于政府机构的设置，需要遵从上级政府或者同级权力部门的约束；就企业而言，设置哪些职能部门和业务部门属于经营自主权范畴，他人无权干涉。法律顾问的重点工作是做好合法性审查和提示法律风险，而不是简单地作出合法和不合法的评价。实践中，除了作出是否违法犯罪的判断以外，如何结合实际情况，提出切实可行的最优法律方案更能反映出法律顾问的水平。任何一种措施和方案，都离不开单位的现实条件。在一个单位或者一个行业行得通的最优法律方案，在另一个场合可能就不适合。法律顾问只有深入单位的生产管理一线，了解单位的实际情况，相关意见才能接地气。

第二节　法律顾问的主要工作内容

法律顾问应该从事哪些工作，履行哪些职责，在不同的文件中有不同的要求。《企业法律顾问管理办法》第 9 条第 1 款规定："企业法律事务机构履行下列职责：①协助企业领导人正确执行国家法律、法规，对企业重大经营决策提出法律意见；②参与起草、审核企业重要的规章制度；③管理企业合同，参加重大合同的谈判和起草工作；④参与企业的合并、分立、破产、投资、租赁、资产转让、招投标及进行公司改建等涉及企业权益的重要经济活动，处理有关法律事务；⑤办理企业工商登记以及商标、专利、商业秘密保护等有关法律事务；⑥接受企业法定代表人的委托，代理企业的诉讼和非诉讼活动；⑦在境外上市的股份有限公司中，向董事会推荐企业法律顾问担任董事会秘书；⑧配合企业有关部门对职工进行法制宣传教育；⑨开展与企业生产经营有关的法律咨询；⑩负责企业外聘律师的选择、联络及相关工作；⑪办理企业领导人交办的其他法律事务。"

《国有企业法律顾问管理办法》只适用于国有企业。该办法第一次以部门规章的方式明确总法律顾问职责，其第 21 条规定企业总法律顾问履行下列职责：①全面负责企业法律事务工作，统一协调处理企业决策、经营和管理中的法律事务；②参与企业重大经营决策，保证决策的合法性，并对相关法律风险提出防范意见；③参与企业重要规章制度的制定和实施，建立健全企业法律事务机构；④负责企业的法制宣传教育和培训工作，组织建立企业法律顾问业务培训制度；⑤对企业及下属单位违反法律、法规的行为提出纠正意见，监督或者协助有关部门予以整改；⑥指导下属单位法律事务工作，对下属单位法律事务负责人的任免提出建议；⑦其他应当由企业总法律顾问履行的职责。

《国有企业法律顾问管理办法》第 24 条规定了企业法律事务机构履行下列职责：①正确执行国家法律、法规，对企业重大经营决策提出法律意见；②起草或者参与起草、审核企业重要规章制度；③管理、审核企业合同，参加重大合同的谈判和起草工作；④参与企业的分立、合并、破产、解散、投融资、担保、租赁、产权转让、招投标及改制、重组、公司上市等重大经活动，处理有关法律事务；⑤办理企业工商登记以及商标、专利、商业秘密保护、公证、鉴证等有关法律事务，做好企业商标、专利、商业秘密等知识产权保护工作；⑥负责或者配合企业有关部门对职工进行法制宣传教育；⑦提供与企业生产经营有关的法律咨询；⑧受企业法定代表人的委托，参加企业的诉讼、仲裁、行政复议和听证等活动；⑨负责选聘律师，并对其工作进行监督和评价；⑩办理企业负责人交办的其他法律事务。

《公职律师管理办法》第13条规定，公职律师可以受所在单位委托或者指派从事下列法律事务：①为所在单位讨论决定重大事项提供法律意见；②参与法律法规规章草案、党内法规草案和规范性文件送审稿的起草、论证；③参与合作项目洽谈、对外招标、政府采购等事务，起草、修改、审核重要的法律文书或者合同、协议；④参与信访接待、矛盾调处、涉法涉诉案件化解、突发事件处置、政府信息公开、国家赔偿等工作；⑤参与行政处罚审核、行政裁决、行政复议、行政诉讼等工作；⑥落实"谁执法谁普法"的普法责任制，开展普法宣传教育；⑦办理民事案件的诉讼和调解、仲裁等法律事务；⑧所在单位委托或者指派的其他法律事务。

《公司律师管理办法》第13条规定，公司律师可以受所在单位委托或者指派从事下列法律事务：①为企业改制重组、并购上市、产权转让、破产重整等重大经营决策提供法律意见；②参与企业章程、董事会运行规则等企业重要规章制度的制定、修改；③参与企业对外谈判、磋商，起草、审核企业对外签署的合同、协议、法律文书；④组织开展合规管理、风险管理、知识产权管理、法治宣传教育培训、法律咨询等工作；⑤办理各类诉讼和调解、仲裁等法律事务；⑥所在单位委托或者指派的其他法律事务。

四个不同文件，从不同侧面对法律顾问工作提出了略有差异的要求。从企业法律顾问到公职律师和公司律师，不仅是名称的变更，更多的是权利义务的变化，是任职条件和资格要求的不同，是工作范围和责任的不同。考虑到社会律师担任机关、事业单位和企业的法律顾问，从事法律顾问工作也是常规工作内容之一，结合相关实践，将法律顾问工作的主要内容总结为以下几个方面：

一、加强制度建设，提高法治水平

党的十九届三中全会指出："随着改革开放逐步深化，我们党对制度建设的认识越来越深入。""我们党要更好领导人民进行伟大斗争、建设伟大工程、推进伟大事业、实现伟大梦想，必须加快推进国家治理体系和治理能力现代化，努力形成更加成熟更加定型的中国特色社会主义制度。这是摆在我们党面前的一项重大任务。"法治社会的首要条件就是完备的立法。一个单位的法治水平首先取决于其内部制度。国家法律法规是针对全国而言，具有原则性和概括性；单位制度针对本单位具体的业务和环节，具有针对性和实用性。公职律师、公司律师、社会律师在从事法律顾问服务过程中，制度建设应该是法律顾问第一位的重点工作。

制度是管理经验的总结，是单位内部的"法律规范"。尽管目前没有文件把制度建设作为法律顾问的第一工作，但从相关实践经验来看，"加强制度建设，提高法治水平"应该是第一位的工作。

首先，制度具有极大的实用性和针对性。国家要"依法治国"，省里要"依法治省"，市里要"依法治市"，学校要"依法治校"，企业要"依法治企"。法是同样的法，但在不同行业、不同单位如何适用还有待具体化。这个具体化的表现就是在遵守国家法律法规的前提下，结合本单位的实际情况，制定符合本单位需求的制度。对于地方政府而言，制度就是政府完成治理的政策。对于其他单位而言，制度就是单位员工应该遵守的广义上的法律。制定符合本单位实际情况的制度，既是授权式立法的应有之义，也是发挥管理能动性的必然要求。所以，不存在"没有任何制度"的单位，也不存在放之四海而皆准的通用制度。单位制度就是法律规定与单位实际情况和管理需求相结合的产物。单位的制度水平决定了单位的法治水平。

其次，制度是规范管理的体现，能够节约管理成本，提升管理效益。制度是公开的，制度有一定的稳定性。新员工入职的第一件事就是学习单位的制度。科学的制度，是全体员工的行为准则，具有强制性和普遍性。制度是单位全体人员应该共同遵守的行为准则。无论是单位本身，还是法定代表人、高级管理人员和一般员工，都应该遵守本单位的制度。这是制度的刚性要求。员工必须守法，领导不能任性。制度是各单位为了划分单位内部各组织机构管理权限、规范员工行为，通过特殊方式要求全员遵守的行为规范，是单位管理的依据和准则。制度作为评价单位和员工行为的社会规范，能够建立单位的是非对错标准，让员工养成良好的职业道德。单位制度的目的是统一工作流程，提高工作效率。制度能保证单位管理和运行的有序化和规范化，避免因人因事而做法不同，最大限度地降低管理成本，可以避免管理的任意性和随意性。

决定一个单位规章制度的因素有很多，主要有国家法律法规，国家、行业强制标准，上级单位或者领导人的要求，自身管理和防范风险的需要等。目前各单位制度建设上都取得了一定的成绩，但问题也不少，特别是在政府机关和国企层面，主要表现如下：

第一，制度的同质性问题。它是指很多制度除了名称不一样之外，其他内容都是一样的，特别是在大型央企下的各级子公司尤其如此。制度出现同质化的根本原因是上级要求过多，下级消极应对。你有什么制度，我就"依葫芦画瓢"出来什么制度。同质性的后果就是针对性和适用性比较差，制度写的是一套，实际执行又是另外一套，影响了制度的实际效果。

第二，制度的时效性问题。它是指有些制度长期不更新、不废除，特别是国务院机构改革以后，原机关发布的规章制度到底是有效还是无效，如1997年电力工业部就被撤销了，但在电力工业部存续期间发布的部门规章还有效吗？哪个答案都不尽如人意。

第三，制度的合理性问题。它是指有些制度的内容违反法律和常理，成为单方面维护部门利益和行业利益的工具，如制度的内容大多是单位领导意见，作为被管理者几乎没有发言权。有时候制度的制定者只考虑单位利益和部门利益，内容缺乏公平合理性。例如，当年司法部举办了全国性的律师资格考试，通过律师资格考试的人申领律师执业执照后可以给企业做法律顾问。但当时的国家经贸委也组织了企业法律顾问资格考试，并规定企业法律顾问资格是从事企业法律顾问工作的唯一合法资格。再如，证监会设置了一个律师从事证券相关业务的资格。后来金融、房地产、国有资产交易等多行业都要利用自己手中的权力"靠山吃山"，幸亏国务院及时干预，否则后果不堪设想。

第四，制度的稳定性问题。它是指单位的制度朝令夕改，稳定性不足。这个问题在企业中比较突出，特别是新换了领导，制度就要根据新领导的意见进行修改。新制度内容在员工中尚未普及就需要重新修订。最终制度有几个版本、各版本之间有何区别,连制度的起草人员都说不清楚。

第五,制度的形式化问题。它是指制度主要是用来应付上级单位检查和考核,并不是用来约束员工行为的。在出台制度的职能部门,主要领导对自己部门出台了哪些制度都不清楚,更别说掌握其内容。很少有单位主动对本单位的规章制度进行检查或者绩效评价。

这些问题的存在突出了制度建设的重要性和紧迫性。法律顾问在制度建设上的主要内容是:作为制度的归口管理职能部门,要统筹制度的总体布局,并承担制度合法性审查工作。在一个单位内部,任何一个职能部门都将出台制度作为履行职责的主要手段。作为一个单位,需要保证其内部制度符合国家法律法规,符合上级单位的相关制度;又要体现各职能部门相互配合和协作,这就需要一个职能部门来负责本单位的制度建设。制定制度是任何一个单位中最重要、最规范的管理工作。有些单位成立了主要领导组成的制度委员会,凌驾于各职能部门,统筹单位的制度审查、批准、检查、评价、编纂整理等工作。从职能定位来看,制度管理职能非法律顾问莫属。法律顾问在制度建设归口管理方面有几项具体工作:一是法律顾问要主笔起草《制度管理办法》,明确各职能部门出台制度的制度规划、制度调研、征求意见、审查批准、制度分级、宣传普及、法律责任和制度后评价等内容。如同国家的《中华人民共和国立法法》,《制度管理办法》是管制度的制度。《制度管理办法》的主要内容应该有:制定制度的原则,各部门的职责权限,制度分类分级,制度制定规划,制度需求调研及起草,制度征求意见及反馈,制度评审,制度审核和批准,制度发布及培训,制度执行、监督和检查,制度修改,制度废止及编纂等。二是要承担制度合法性审查的职能。在制度审查中,制度的实用性、针对性、一致性和合法性都是常规审查内容。其中,制度合法性审查职责应该由法律顾问来完成。制度必须符合国家法律法规,不得与国家强制性规定相冲突。特别是政府有关部门,不仅需要在职责权限内制定政策和制度,还需要站在全社会和国家的高度审慎制定政策和制度。越是上级政府,越是需要具备公平公正的法律理念。给政府做法律顾问,尤其要注意这一点。公职律师"参与法律法规规章草案、党内法规草案和规范性文件送审稿的起草、论证",重点就是保证其内容合法。在行政立法不是很健全的当下，各部门都在扩充自己的权力。审查"内容的合法性"需要理解国家立法背景和精神，需要维护基本的公平和正义。规章制度的合法性还包括程序的合法性，如地方立法需要通过地方人民代表大会表决，涉及职工切身利益的重大制度需要取得职工大会或者职代会的同意。在现代企业制度下，股东会、董事会、监事会以及经理层分工负责、授权管理。企业各组织机构必须在章程规定的权限内制定和审批制度，如应该由股东会批准的制度，董事会只能起草或者讨论，不能表决。三是法律顾问还要承担法律事务方面制度的起草者和监督执行者的角色，用制度去防范法律风险。《法律事务管理办法》《合同管理办法》《印章管理办法》《法律风险防范手册》《合规管理指引手册》《员工刑事合规手册》《廉洁自律准则》《公司章程范本》《合同常用范本格式》《普法规划》等，这些文件都需要熟悉单位主要业务，能够准确把握单位风险源点的法律顾问去主笔完成。不同类型的单位，风险源点表现不一样。即使同类型同规模的单位，由于社会环境和人文环境的不同，员工结构和素质、习惯的不同，制度的内容也不完全一样。所以，起草规章制度的人一定是单位中层以上的管理者。制度是管理经验的结晶，制度是办事流程的程序化和规范化的表现。无论是政府、事业单位还是企业，缺的不是制度，而是制度的针对性和实用性。制度的生命力在于执行。法律顾问还需要定期对上述制度进行检查和总结，找出问题并予以完善。

二、参与投资、股权收购、资产处置等重大事项决策过程，并提供法律意见

政府不能经商，但政府也可能面临着投资、股权交易、国有资产分立、合并以及处置等问题。国家都可能成为民事主体，政府自不能例外。为了发展地方经济，政府招商引资的责任也很现实。现在大多数政府都有自己的城市建设投资公司或者设立一些垄断性企业，利用它们作为平台去完成市政建设、棚户区改造、工业园（产业园）建设等。在PPP[1]项目中，政府作为

---

[1] Public-Private-Partnership 的简称，在很多地方直接称之为公私合营模式。它是指政府与私人组织之间，为了提供某种公共物品和服务，以特许权协议为基础，彼此之间形成一种伙伴式的合作关系，并通过签署合同来明确双方的权利和义务，以确保合作的顺利完成，最终使合作各方达到比预期单独行动更为有利的结果。在交通、城市供水和污水、供暖、垃圾处理等基础设施领域比较常见。

投资的一方，需要与合作方就投资比例、收费期限、资产归属、收益分配等核心事项进行谈判。在企业法律事务中，公司设立、分立、合并（兼并）、清算破产等实务更多。

依照《企业国有资产法》的相关规定，国务院和地方人民政府分别代表国家对国家出资企业履行出资人职责，享有出资人权益。国务院确定的关系国民经济命脉和国家安全的大型国家出资企业、重要基础设施和重要自然资源等领域的国家出资企业，由国务院代表国家履行出资人职责。其他的国家出资企业，由地方人民政府代表国家履行出资人职责。国务院和地方人民政府根据需要，可以授权其他部门、机构代表本级人民政府对国家出资企业履行出资人职责。履行出资人职责的机构委派的股东代表参加国有资本控股公司、国有资本参股公司召开的股东会会议、股东大会会议，应当按照委派机构的指示提出提案、发表意见、行使表决权，并将其履行职责的情况和结果及时报告委派机构。国家出资企业合并、分立、改制、上市，增加或者减少注册资本，发行债券，进行重大投资，为他人提供大额担保，转让重大财产，进行大额捐赠，分配利润，以及解散、申请破产等重大事项，应当遵守法律、行政法规以及企业章程的规定，不得损害出资人和债权人的权益。国有独资企业、国有独资公司合并、分立，增加或者减少注册资本，发行债券，分配利润，以及解散、申请破产，由履行出资人职责的机构决定。企业改制应当依照法定程序，由履行出资人职责的机构决定或者由公司股东会、股东大会决定。国有独资企业、国有独资公司和国有资本控股公司合并、分立、改制，转让重大财产，以非货币财产对外投资，清算或者有法律、行政法规以及企业章程规定应当进行资产评估的其他情形的，应当按照规定对有关资产进行评估。国有资产转让由履行出资人职责的机构决定。履行出资人职责的机构决定转让全部国有资产的，或者转让部分国有资产致使国家对该企业不再具有控股地位的，应当报请本级人民政府批准。在企业公司法律事务中，要严格遵守《公司法》及相关法律的规定，在投资、股权收购、资产处置等重要环节，规范操作。目前公司管理中最常出现的问题主要有：

注册资本不实、虚假出资、抽逃出资等问题是第一个不合法的普遍现象。主要表现在不出资得干股、虚报注册资本、抽逃出资、低值高估，以及不办理土地、房产、机动车、专利等转让和过户手续。2004年修订的《公司法》

增加了一人有限责任公司，将法定资本制改为授权资本制，降低了注册资本，明确了独立董事制度，扩大了股东责任。2013年修订的《公司法》将公司注册资本实缴登记制改为认缴登记制，取消公司注册资本最低限额、放宽注册资本登记条件、简化登记事项和登记文件等。这些措施对于放低设立公司的门槛、鼓励民间资本进入市场有积极影响。但是，这并不意味着《公司法》对公司注册资本不实或者虚假出资、抽逃出资改变了看法。《公司法》第26条规定："有限责任公司的注册资本为在公司登记机关登记的全体股东认缴的出资额。法律、行政法规以及国务院决定对有限责任公司注册资本实缴、注册资本最低限额另有规定的，从其规定。"第27条规定："股东可以用货币出资，也可以用实物、知识产权、土地使用权等可以用货币估价并可以依法转让的非货币财产作价出资；但是，法律、行政法规规定不得作为出资的财产除外。对作为出资的非货币财产应当评估作价，核实财产，不得高估或者低估作价。法律、行政法规对评估作价有规定的，从其规定。"第34条规定："股东按照实缴的出资比例分取红利；公司新增资本时，股东有权优先按照实缴的出资比例认缴出资。但是，全体股东约定不按照出资比例分取红利或者不按照出资比例优先认缴出资的除外。"第35条规定："公司成立后，股东不得抽逃出资。"第80条规定："股份有限公司采取发起设立方式设立的，注册资本为在公司登记机关登记的全体发起人认购的股本总额。在发起人认购的股份缴足前，不得向他人募集股份。股份有限公司采取募集方式设立的，注册资本为在公司登记机关登记的实收股本总额。法律、行政法规以及国务院决定对股份有限公司注册资本实缴、注册资本最低限额另有规定的，从其规定。"

为什么必须强调公司的注册资本？在此，我们必须了解"公司资本三原则"——资本确定原则、资本维持原则和资本不变原则。"资本确定原则"是指公司设立时应在章程中载明公司资本总额，并由发起人认足或者募足。"资本维持原则"是指公司在存续期间应该保持与其资本额相当的财产以防止公司资本的实质性减少，维持公司偿债能力，保护债权人利益。"资本不变原则"是指公司不得任意增加或者减少资本。从法律性质上说，公司的注册资本是登记机关登记注册的资本额，也叫法定资本。注册资本反映的是公司法人财产权，所有的股东投入的资本一律不得抽回，由公司行使财产权。注册资本是公司赖以经营的物质条件,也是公司债权人利益的唯一担保,对社会交易的安全稳定具有重要意义。总体来说,公司注册资本越高,公司越有实力,公司越有信用,但也不尽然。注册资本不过是资本演变的一个起点,是一段历史。对成立时间越长的公司而言,注册资本只是一个征表,公司财务实力还得看它的审计报告和三张财务报表。

在注册资本方面,法律顾问要尽可能关注技术出资、知识产权入股、土地等无形资产的评估手续是否完整,评估价格是否公道;债权出资的,债权是否真实及可实现难度;承诺货币出资的,必须在承诺的出资时间点之前实际出资;以厂房、土地等不动产出资的,公司成立之后,要完成财产所有权的变更登记;如果以房屋使用权出资,要么将房屋交由公司无偿使用,要么出租收益归公司所有;禁止以转让市场、提供未来劳务、未来分红等作为出资。出资人是否履行全面出资义务,请参考《最高人民法院关于适用〈中华人民共和国公司法〉若干问题的规定(三)》。

股东出资后撤回出资,也会导致公司成为空壳。抽逃出资的主要方式是虚假交易。无论是虚假出资还是抽逃出资,最终都会让公司的偿债能力减弱,侵害公司债权人利益,妨害国家对公司的管理。所以,虚假出资、抽逃出资,根据其情节和程度,可能面临着承担民事责任、行政责任或者刑事责任的后果。《公司法》第28条规定:"股东应当按期足额缴纳公司章程中规定的各自所认缴的出资额。股东以货币出资的,应当将货币出资足额存入有限责任公司在银行开设的账户;以非货币财产出资的,应当依法办理其财产权的转移手续。股东不按照前款规定缴纳出资的,除应当向公司足额缴纳外,还应当向已按期足额缴纳出资的股东承担违约责任。"第30条规定:"有限责任公司成立后,发现作为设立公司出资的非货币财产的实际价额显著低于公司章程所定价额的,应当由交付该出资的股东补足其差额;公司设立时的其他股东承担连带责任。"就行政责任方面,登记主管机关可以根据情节分别给予警告、罚款、没收非法所得、停业整顿、扣缴、吊销企业法人营业执照的处罚。我国《刑法》还有虚报注册资本罪和虚假出资、抽逃出资罪,触犯《刑法》需要承担3年或者5年以下的刑事责任。

不重视公司章程是第二个常见的问题。在某个公司高管培训班上,老师问为什么需要有公司章程。经过一阵"深思熟虑",最后的答案是工商局需要，没有章程不给登记。很多担任单位法定代表人的人员，也很少去学习或者研读自己单位的章程，不重视公司章程的程度可见一斑。不重视章程的主要表现有：章程基本上都是用工商局的范本，或者网上找的样本，不具有针对性和特殊性；注册后公司章程束之高阁，无人问津；公司章程内容不完整、不严肃甚至违法；影子股东、虚假股东；公司章程在管理过程中未发挥应有作用。目前只有民营企业或者外资企业股东在出现争议时有适用章程断案的需求。国有企业的股东出现纠纷，争议方希望寻求上级单位或者政府的指示。事实上，公司章程具有很高的法律效力。公司章程是关于公司组织和行为的基本规范，是公司内部效力最高的规章制度。公司章程不仅是公司的自治法规，而且是国家管理公司的重要依据。公司章程是公司设立的最主要的条件和最重要的文件。公司的设立程序自订立公司章程开始，至设立登记结束。公司章程是确定公司权利义务关系的基本法律文件。公司章程是公司对外进行经营交往的基本法律依据。股东对章程所作的任何修改，都需要在工商局重新登记备案。

《公司法》第25条第1款规定，有限责任公司章程应当载明下列事项：①公司名称和住所；②公司经营范围；③公司注册资本；④股东的姓名或者名称；⑤股东的出资方式、出资额和出资时间；⑥公司的机构及其产生办法、职权、议事规则；⑦公司法定代表人；⑧股东会会议认为需要规定的其他事项。股份有限公司的章程内容更多，需要专职律师协助文本审查。

法律顾问在审核公司章程时，需要重点关注出资（股权）退出、转让限制，增资和其他公司注册内容变更，股东会、董事会、经理、监事会分权，股东会和董事会僵局处理，大股东关联交易及避免利益输送等。

公司各组织机构之间责权利分工不清晰的问题是公司管理中比较常见的。在委聘职业经理人管理公司业务的民营企业中尤为普遍，如股东之间、股东与董事之间、股东董事与职业经理人之间因为授权不清晰而产生矛盾。公司组织机构包括股东会、董事会、监事会，还有经营层等。《公司法》是按照分权（所有权与经营权分离、决策权与操作权分离、人权与财权分离）、监督（权力受到限制、权利受到保护、股东监督、董事监督、社会监督）、责任（资本的保值增值和创造最大的经济效益、损失赔偿）三个原则来界定股东会、董事会、监事会以及经理层的相互关系。《公司法》对股东会职权、董事会职权、监事会职权、经理层职权等有明文规定，但实际上能否落到实处值得关注。最核心的内容是四个不同公司组织之间的分权，如哪些决策权在股东会，哪些在董事会，哪些在经理层？股东是公司的实际出资人，是真正的老板，所以重大决策之权限应该在股东会。但股东会过分集权，又不利于经营班子灵活判断市场作出快速反应；经理层缺少决策权则违反了公司授权管理的基础模式。

董监高等公司高管的责任和义务是否落实是公司管理中的第四个问题。《公司法》关于公司高管有如下规定：董事、经理及财务负责人不得兼任监事；两个以上的国有企业或者两个以上的其他国有投资主体投资设立的有限责任公司，其董事会成员中应当有公司职工代表；其他有限责任公司董事会成员中可以有公司职工代表。董事会中的职工代表由公司职工通过职工代表大会、职工大会或者其他形式民主选举产生。监事会应当包括股东代表和适当比例的公司职工代表，其中职工代表的比例不得低于1/3，具体比例由公司章程规定。监事会中的职工代表由公司职工通过职工代表大会、职工大会或者其他形式的民主选举产生。《公司法》第146条第1款规定，下列人员不得担任公司的董监高等高管人员：①无民事行为能力或者限制民事行为能力；②因贪污、贿赂、侵占财产、挪用财产或者破坏社会主义市场经济秩序，被判处刑罚，执行期满未逾5年，或者因犯罪被剥夺政治权利，执行期满未逾5年；③担任破产清算的公司、企业的董事或者厂长、经理，对该公司、企业的破产负有个人责任的，自该公司、企业破产清算完结之日起未逾3年；④担任因违法被吊销营业执照、责令关闭的公司、企业的法定代表人，并负有个人责任的，自该公司、企业被吊销营业执照之日起未逾3年；⑤个人所负数额较大的债务到期未清偿。国家公务员不得兼任公司的董事、监事、经理。

公司高管具有特殊的责任和义务。他们应该遵守公司章程，忠实履行职务，维护公司利益，不得利用在公司的地位和职权为自己谋取私利；董事、监事、经理不得利用职权收受贿赂或者其他非法收入，不得侵占公司的财产。董事、经理不得挪用公司资金或者将公司资金借贷给他人。董事、经理不得将公司资产以其个人名义或者以其他个人名义开立账户存储。董事、经理不得以公司资产为本公司的股东或者其他个人债务提供担保。董事、经理不得自营或者为他人经营与其所任职公司同类的营业或者从事损害本公司利益的活动。从事上述营业或者活动的，所得收入应当归公司所有。董事、经理除公司章程规定或者股东会同意外，不得同本公司订立合同或者进行交易。董事、监事、经理除依照法律规定或者经股东会同意外，不得泄露公司秘密。董事、监事、经理执行公司职务时违反法律、行政法规或者公司章程的规定，给公司造成损害的，应当承担赔偿责任。

2009年7月1日，中共中央办公厅、国务院办公厅发布实施《国有企业领导人员廉洁从业若干规定》，其规定国有企业领导人员不得有滥用职权、损害国有资产权益的八类行为；不得有利用职权谋取私利以及损害本企业利益的八类行为；不得有八类职务消费行为；不得有七类影响公众形象的行为。这是对在国有企业从事管理岗位的领导人员的更高要求。

不严格按照相关法律对单位进行注销、清算、关闭等妥善处理的问题也比较普遍。按照相关法律规定，已经成立的单位，因章程或者法定事由出现而停止对外活动，处理未了结事务从而使该单位法人资格消灭。这个常规程序应该包括解散-清算-注销-法人主体资格消灭。政府机构的合并，一般对其遗留问题有具体规定；但事业单位解散或者撤销之后，遗留问题如何处理不一定都有人负责；企业和公司停止经营后合法注销清算的更少。目前公司管理中普遍存在不合法的现象有：兴办公司很积极，注销公司很消极；公司歇业后长期无人过问；公司印章、营业执照、会计账簿、合同等公司资料疏于管理；公司层级多、交叉持股、关联交易、虚假交易等导致注销难度大。"集团公司"成为衡量公司规模的标志，也成为民营企业家成功的标志。很多人都想利用有限责任制度，只想享有权利不愿承担义务。殊不知不及时清算不再经营的公司，股东将面临很大的风险。《最高人民法院关于适用〈中华人民共和国公司法〉若干问题的规定（二）》第18条规定，有限责任公司的股东、股份有限公司的董事和控股股东未在法定期限内成立清算组开始清算，导致公司财产贬值、流失、毁损或者灭失，债权人主张其在造成损失范围内对公司债务承担赔偿责任的，人民法院应依法予以支持。有限责任公司的股东、股份有限公司的董事和控股股东因怠于履行义务，导致公司主要财产、账册、重要文件等灭失，无法进行清算，债权人主张其对公司债务承担连带清偿责任的，人民法院应依法予以支持。公司股东滥用股东权利给公司或者其他股东造成损失的，应当依法承担赔偿责任。三个"予以支持"，倒逼公司股东采取积极行为去处理"僵尸公司"。法律顾问不仅要关注设立公司时的"合资协议""公司章程"的审查，也要关注被吊销后的股东（出资人）的清算和注销责任，特别是企业或者公司资不抵债时，很多出资人都持鸵鸟心态，或者滥用公司法人地位，逃脱责任，损害债权人利益。

三、参与重大合同、协议的谈判，起草、审核合同或者协议

合同是单位对外发生经济联系的主要手段。除了政府履行管理职责，如强制征税外，合同关系应该是现代社会中最常见的法律关系。合同是平等主体之间设立、变更、终止权利义务的协议。一个单位的经营风险和市场风险大都来源于合同。对于法律顾问而言，参与重大合同、协议的谈判，起草、审核合同或者协议是分内常规工作。参与谈判和起草审查合同的具体内容参见"法律谈判"和"合同实务"等相关章节，本处重点强调以下几个内容：

第一，注意与承办单位及相关人员的配合。大多数情况下，法律顾问只是参与者，不是责任部门。为了尽职履责，法律顾问需要加强与承办单位的配合与沟通。组建合适的谈判团队是责任部门的职责。技术、财务、法务等各专业人员都需要在谈判负责人的统一指挥下各司其职、各尽其责。即使在合同评审环节，法律顾问也需要了解技术、财务、工期、行业准入等方面有无难度和风险。法律风险并不是一个独立的风险。法律风险与合同相对方、合同大环境、合同标的、质量、数量、价款、履行地点及方式等主要内容都有直接或者间接关系。只有充分考虑合同各方面的风险，并采取有针对性的措施，法律意见才有生命力和针对性。法律意见的生命力和可参考性是判断法律顾问水平的主要标志。

第二，除了仔细审查合同条款之外，应尽可能了解合同背景、商业框架、交易目的等合同条款以外的内容。投资类合同，需要了解投资行业的发展趋势；项目所在地的政治、经济、人文、宗教等社会环境；需要了解除尽职调查外的相关合作方的合作历史、往来经验等。需要转包分包的合同，相关合同风险哪些能合法分解和转嫁；不能分解和转嫁的合同，相关单位采取了哪些防范措施。带有行政性质的合同，政策依据是否充分，主要权利义务分配是否公平合理。合同风险不完全在合同条款之内，如虚假交易、关联交易、

以合法形式掩盖非法目的，这些都是从合同条文中无法判断的。"罪犯不会在脸上写字"，法律顾问需要练成准确辨妖的火眼金睛。

第三，要注意合同审查法律意见的实用性。法律顾问在审查合同时发现和识别风险是第一步，化解和防范风险是第二步。我们不能简单评价某个合同是否合法，而是在保证合法的基础上，如何约定才能在维护当事人利益的基础上完成交易。鼓励交易和保证交易安全是合同立法的宗旨，这个宗旨需要贯穿始终。特别是市场化程度高的竞争性企业，要参与市场交易就有风险，完全没有风险的交易不常见。识别合同中的法律风险是法律顾问的基本功。如何提出最简单、最经济的措施和手段去预防包括法律风险在内的市场风险、政策风险、财务风险、技术风险等各类风险，是法律顾问比其他律师"道高一丈"的表现。做律师没有对企业管理知识的要求，做法律顾问则必须有相关单位法律知识的储备。有单位总结法律顾问的工作目标是"最小风险、最少纠纷、最大价值"和"法律事务工作从事务型向管理型转变"的"三最一转型"。说得更加直接一点，法律顾问参加合同谈判也好，审查合同也罢，最根本的目的就是让单位不出纠纷或者少出纠纷，维护单位的合法权益。

四、组织开展全面风险管理、法律风险防范、合规管理、重大法律风险排查、法律体检、法律培训、普法宣传等工作

法律顾问需要担负起单位法治建设的重任，而单位的法治建设又是通过一个又一个法治活动来完成的。国资委的三个"三年目标""五年规划"都需要公司律师来制订方案，监督实施，定期总结。2006年6月，国资委下发《中央企业全面风险管理指引》。"全面风险管理"指企业围绕总体经营目标，通过在企业管理的各个环节和经营过程中执行风险管理的基本流程，培育良好的风险管理文化，建立健全全面风险管理体系，包括风险管理策略、风险理财措施、风险管理的组织职能体系、风险管理信息系统和内部控制系统，从而为实现风险管理的总体目标提供合理保障的过程和方法。2012年2月1日，《企业法律风险管理指南》（GB/T27914-2011）正式实施，这是企业法律工作领域的第一个国家标准。法律风险管理的原则有审慎管理；以企业战略目标为导向；与企业整体管理水平相适应；融入企业经营管理全过程；纳入决策过程；纳入企业全面风险管理体系；全员参与、持续改进。法律顾问要组织各职能部门和业务部门，根据法律风险出现的频率、后果严重程度和采取措施的难易三个维度列出法律风险清单，必要时出台《法律风险防范手册》。法律风险环境信息、法律风险评估、法律风险应对、监督和检查等法律风险管理的主要工作应该由法律顾问来完成。根据这些要求，各单位应该有自己的《法律风险清单》《法律风险防范指引》之类的内控文件。

2018年11月2日，国务院国资委发布《中央企业合规管理指引（试行）》（以下简称《合规指引》），这标志着2015年以来在中央企业广泛实施的合规管理工作，经过近四年探索进入了一个新的阶段。"合规"是指中央企业及其员工的经营管理行为符合法律法规、监管规定、行业准则和企业章程、规章制度以及国际条约、规则等的要求。《合规指引》明确了中央企业董事会、监事会、经理层的合规管理职责，提出央企设立合规委员会，与企业法治建设领导小组或风险控制委员会等合署，承担合规管理的组织领导和统筹协调工作，定期召开会议，研究决定合规管理重大事项或提出意见建议，指导、监督和评价合规管理工作。《合规指引》提出加强对市场交易、安全环保、产品质量、劳动用工、财务税收、知识产权、商业伙伴等一系列重点领域的合规管理。成立合规管理委员会，制定合规管理实施办法，指导各单位落实"管业务就要管合规""全员合规"。

合规管理不是提高国企法治水平的最后一课。国企的法治水平就是在一个又一个"以防范和化解法律风险"过程中提高的。为何把防范和化解法律风险提到如此高度，成为企业法治工作的重心？原因在于法律风险的特性。法律风险具有可预测性、可转化性和可控制性。"可预测性"是指法律风险通过一系列手段和方法可以在法律风险出现之前进行预测和判断。正如天气预报一样，法律风险也是有诸多客观指针的。"小金库"多的单位肯定有财务违规甚至贪污侵占问题；权责不清、管理混乱的工地容易出安全事故；独断专行、刚愎自用的领导就容易犯决策性错误。识别法律风险的指针有很多，如市场萎缩、应收应付账款增多、利润下降、人员流动过快、纠纷频发等。识别法律风险一般要从风险出现的频率、严重性程度和可采取的措施等多维度去识别和评价。法律风险的可预测性决定了我们可以有所作为。"可转化性"是指单位的其他风险都可能转化为法律风险。一个单位面临的风险有很多，如战略风险、财务风险、市场风险、技术风险、社会环境风险、自然风险（不可抗力）等。这些风险都可能转化为法律风险，或者采取法律措施能够避免。"可控制性"是指采取适当的法律措施，就能够避免相关风险变为现实。只要风险被合理防范或者化解，就达到了目的。所以，在法律风险防范上，一定要事前防范、事中控制为主，事后处理为辅。把工作重心放在前面，打有准备之仗。各单位要建立法律风险防范机制，从制度、组织机构、人员到实际执行，全过程实施和监督。具体应对措施分为几大类：一是资源配置类就是在人力、物力和财力等方面予以支持。能调动单位人力、物力、财力的人都是领导，所以在各单位工作总结时，第一条经验就是领导重视。制度、流程类就是根据识别的风险采取修订制度、堵塞管理漏洞来发挥制度效能。二是标准、指引类是指制定防范风险的工作流程和标准，使管理流程化、标准化。三是技术手段类是指通过技术手段来防范风险，如安装能够及早发现火灾的烟雾传感器，提高自动化程度避免人工出错。四是信息类是指利用现代化网络技术、计算机技术和IT语言技术，让各项管理措施形成信息化流程，如有些单位采取的OA系统、ERP系统等。五是活动类是指进行各种演习或者预演，如模拟法庭和案件辩论是了解诉讼进程和法庭辩论焦点的最好方法。六是培训类主要是指各种讲座、继续教育、答题和考试。

法治宣传和普法培训是任何单位都需要开展的活动。"七五普法规划"要求各单位组织学习国家大政方针，学习国家法律法规，并结合各自单位特点，学习行业法律法规。法治宣传的途径有很多，例如在每年12月4日的"法制宣传日"和"国家宪法日"活动中，从路边的横幅到单位的显示屏，还有普法讲座、普法知识竞赛、法律游园活动、法治文学作品展演等多种形式。我们需要注意的是，普法宣传和普法培训不是法律顾问的当然义务。也就是说，公职律师和公司律师要督促各单位制定普法宣传和普法培训计划，并监督实施。真正宣讲什么内容的法律，谁来宣讲法律，是各单位的事。"谁用法，谁普法"，"全员普法"。任何单位的法治宣传不只是一个口号，也不是只有12月初的一个星期。各单位需要制定长期规划和年度计划，要结合各单位业务特点和实际情况，把法治宣传贯彻到每个环节、每个时刻。法治宣传和普法培训，只有与单位的生产经营相结合，才具有生命力和说服力，才能取得更好的法治效果。

五、办理各类仲裁、诉讼以及其他纠纷的调解和处理工作

任何单位都可能面临纠纷，小到单位与员工的人事纠纷和劳动纠纷，大到与外单位的经济纠纷和管理纠纷。在政府机关，法律顾问可能面临行政执法中的处罚、复议和行政诉讼；还可能面临国家工作人员侵权的行政赔偿，当然合同纠纷更是常见。在处理纠纷过程中，人们很自然想到法律顾问该发挥作用了。处理纠纷实行"谁造成案件，谁负责处理；谁造成损失，谁承担责任"，发案单位是责任主体。但作为法律顾问，也是"养兵千日用兵一时"，妥善处理纠纷也是责无旁贷。在处理各类纠纷时，法律顾问应该注意以下问题：

第一，要判断纠纷的种类和性质。不同的纠纷有不同的处理方式。民事纠纷可以调解；行政纠纷可以行政处罚，但要受到《中华人民共和国行政处罚法》《中华人民共和国行政强制法》《中华人民共和国行政复议法》《中华人民共和国治安管理处罚法》等诸多行政法的约束。尽管有些刑事纠纷也可以调解，但除了自诉案件以外，公诉案件的刑事部分是不能私下和解的。我国《刑法》中有徇私舞弊不移交刑事案件罪，就是指行政执法人员徇私舞弊，对依法应当移交司法机关追究刑事责任的不移交，情节严重的行为。纠纷的性质判断对了，后续处理才能合情合理。

第二，对于重大纠纷，需要组织相关单位或者人员，就收集证据、处理原则、诉讼方案、委托代理人等问题进行沟通和研讨，法律顾问需要出具相关专业意见。对于重大复杂案件，法律顾问可以出具《案件分析报告》，必要时还可以组织相关专家进行论证，出具《案件论证报告》。单位内部的法律顾问，需要全程推动和关注相关法律纠纷的处理情况。对于庭前证据交换、开庭、一审、二审、再审、执行等重要环节，要全程把握和掌控。持续时间长、证据出现重大变化的纠纷，要定期进行面对面研究。必要时要以会议纪要形式、风险提示形式予以督办。对于单位内部的公职律师、公司律师而言，管理重大纠纷比直接出庭代理诉讼还要重要。

第三，作为单位的代理人出庭。作为单位员工的法律顾问出庭，需要明确授权范围和出具相关法律手续。除了律师执业执照和授权委托书以外，公职律师需要出具单位的工作证或者政府的任命文件，公司律师需要出具劳动

合同或者社保证明。公职律师和公司律师都不能承接本单位以外的案件。至于上级单位的公职律师能否代理下级单位的纠纷，集团公司的公司律师能否代理全资子公司和控股子公司的纠纷案件，目前没有具体规定。如果需要出庭，则需要向办案机关进行说明。

第四，对纠纷进行统计分析，协助相关单位对重大纠纷的后续处理"三不放过"。纠纷是管理不到位的表现。及时统计纠纷相关数据，并就产生纠纷的原因进行分析，提出预防措施，达到"吃一堑长一智"的目的。通过纠纷的大数据，可以与往期相比，也可以与同行相比，比较中就能得出成绩和不足。对于重大纠纷，一定要做到发案原因不查明不放过、责任不追究不放过、整改责任不落实不放过。纠纷比较多的单位，法律顾问要定期出具《法律纠纷案件分析报告》；重大复杂案件，要撰写《纠纷启示》或者《风险提示》；必要时建议相关职能部门改变工作流程，修改单位制度。

第五，外聘律师管理工作。公职律师和公司律师都不可避免地需要与社会律师形成业务交叉和配合。对于一些法律事务较多的单位，公职律师、公司律师等内部律师与社会律师要有责任分工，形成良性互动。总体上看，公职律师、公司律师等内部律师熟悉本单位业务流程及规章制度，更容易掌握纠纷的来龙去脉。所以，内部律师更多的精力要放在制度完善、过程管控方面。尽职调查、破产清算、委托诉讼（仲裁）等具体事务可以委托社会律师完成。法律事务较多的单位，如保险公司、银行等，都提前建立了符合本单位要求的律师库；在委托事项完成以后，公职律师、公司律师需要对委托律师的工作态度、工作质量、工作达成度等多方面进行评价，便于后续选用。外聘的担任法律顾问的律师，在顾问事项或者顾问期间到期后，应该主动向委托单位提交一份顾问工作总结。除了写清楚主要做了哪些工作以外，应对顾问单位的优点及薄弱环节进行总结，提出完善建议和措施，这样的顾问律师被续聘的可能性非常大。

六、其他法律事务工作

由于法律顾问人员工作时间、工作经验、工作职责等特点，经常会被领导分配其他工作，如参与商务谈判、参与应急小组处理突发事件、接待公检法或者其他政府部门的调查及参与对违法违纪员工的处理等。单位管理事务繁多，服从领导安排是下属的职责。法律顾问在完成领导交办的其他事务时，必须体现出法律人的相关素质，如遵章守纪为前提、重视证据保存、严格保守秘密、忠实维护委托人利益等。

课后思考题

请阅读案例并作答：

员工带手机进车间被公司辞退

杨某于 2008 年 2 月 18 日入职，工作岗位为调试机器技术人员，月薪 5422 元。双方于 2014 年 6 月 5 日签订无固定期限劳动合同。

2016 年 6 月 22 日及 2016 年 9 月 6 日，公司分别发出通知，基于其与客户签订保密协议防止产品技术外泄、避免影响工作以及车间管理，规定员工禁止携带手机进入车间。如有携带手机的，上班前必须交于各班组长存在保安室储物柜以待下班领回，有违上述规定予以开除。杨某确认收到上述通知，并且在 2016 年 9 月 6 日的通知上签名。2016 年 11 月 21 日，公司在例行巡线检查时发现杨某携带手机。公司认为杨某在工作时间违规私带手机进入车间，被发现后仍强词狡辩，喧哗谩骂怠工，毫无悔改之心，根据我国《劳动合同法》第四章第 39 条第 2 项和《员工厂规手册》第 5.11.6 条第 E 项"罢工、怠工或鼓励他人怠工（予以开除）"，对杨某作开除处理。杨某于 2016 年 11 月 24 日申请劳动仲裁。

（不着急往下看，大家猜一猜诉讼结局？理由是什么？）

深圳市宝安区劳动人事争议仲裁委员会裁决：首先，公司于本文书生效之日起 5 日内一次性支付杨某违法解除劳动合同的赔偿金人民币 97 596 元；其次，驳回公司的其他请求。

2017 年 1 月 20 日，用人单位向广东省深圳市宝安区人民法院起诉，请求撤销仲裁裁决书第一项，即公司无须支付杨某违法解除劳动合同的赔偿金。

一审法院认为，用人单位规章制度的制定需要符合法律规定，包括内容合法和程序合法。公司以通知方式设立禁止携带手机进入车间的规定，消灭员工在车间持有手机通信设备之权利，并且处罚程度定性为可以解除劳动合同的严重程度。该规定直接涉及劳动者切身利益，应当依据《劳动合同法》第 4 条规定经职工代表大会或者全体职工讨论，提出方案和意见，与工会或者职工代表平等协商。公司关于"禁止员工携带手机进入车间"的通知，虽然有召开员工大会"告知"，也经公示和员工代表签名，但根据《劳动合同法》的精神，对于"开除"等严重损害员工利益的制度的制定应经民主程序，与员工充分协商。"禁止员工携带手机进入车间"否则"予以开除"以"通知"的形式发出，即使召开员工大会，也仅为用人单位单方面作告知性表示，不足以体现该制度的制定过程中用人单位与劳动者存在充分的民主协商，因此，公司"禁止员工携带手机进入车间"否则"予以开除"的制度，其制定存在程序瑕疵，不能直接予以适用，应当结合具体案件事实进行评价。在规章制度制定存在程序瑕疵之情形下，对于违反劳动纪律严重性的判断，应当比照公司合法制定的规章制度最类似条款，评价杨某的行为是否符合同一处罚标准。公司提交的《员工厂规手册》中，并未有类似"携带手机进入车间"等情况，则可以解除劳动合同的规定，因此公司所提交的《员工厂规手册》不足以证实解除劳动合同关系符合《劳动合同法》第39条第2项"严重违反用人单位的规章制度"情形。此外，公司根据《员工厂规手册》第5.11.6条第E项"罢工、怠工或鼓励他人怠工（予以开除）"，对杨某作开除处理。根据公司提供的证据，即使杨某在遭受"禁带手机"规章制度处罚中表现得情绪激动，也仍属于表达个人意见行为，适用"罢工、怠工或鼓励他人怠工"罚则明显不当。公司称因其与客户签订有保密协议，禁止员工携带手机进入车间是为了防范携带手机带来的技术外泄风险。即使公司"禁止员工携带手机进入车间"有其合理的理由，但动辄"予以开除"对员工是极为不公平的。随身携带手机已成为社会上普遍生活习惯，其行为意义主要系保障个人即时通讯，"携带"本身并不具有犯意，按照一般的社会观念，即便违反劳动纪律，但属于初犯者且没有造成实际损失的，不能直接得出"严重"的结论。而公司也未提供证据证明杨某的行为造成了实际损失，因此公司解除劳动合同情形不符合《劳动法》第25条第2项"严重违反劳动纪律"情形。综上所述，公司单方解除合同处罚不当，应属违法解除劳动合同情形，应当依法支付杨某赔偿金。

  公司不服上诉。二审期间双方都未提交新的证据。二审法院认为，本案的争议焦点为公司是否应支付杨某违法解除劳动合同经济赔偿金。法院认为，公司应客户的要求及保密的需要，规定员工不得携带手机进入车间系经营管理的需要，系行使正常的经营管理自主权。"禁止员工携带手机进入车间"，违者予以解除劳动合同关系并不违反法律、政策的禁止性规定，也不存在明显不合理的情形。杨某已在相关的通知下签名予以确认，应明知带手机入厂可能带来被辞退的后果。

杨某违反通知的要求带手机入厂,且未能提供证据证实当时具有须带手机入厂的特殊情况,公司根据"严重违反用人单位的规章制度"的规定,对杨某作辞退处理并无不当。判决用人单位无须支付杨某违法解除劳动合同的赔偿金。

  杨某向检察机关申诉。广东省人民检察院抗诉认为,二审判决适用法律错误,理由如下:①"禁止员工携带手机进入车间"否则"予以开除"的规定,程序上存在瑕疵,依法不能直接适用。本案中,公司关于"禁止员工携带手机进入车间"否则"予以开除"的规定,属于有关劳动纪律直接涉及劳动者切身利益的规章制度,公司未经与职工代表大会或者全体职工讨论、提出方案和意见、与工会或者职工代表平等协商等程序,因此,该项规章制度的制定存在程序瑕疵,不能直接适用,应当结合本案事实予以评价。②从公司"禁止员工携带手机进入车间"否则"予以开除"的规定本身看,具有明显不合理的情形。首先,随身携带手机已成为人们普遍的生活习惯,手机已成为现代社会生活必需品之一,其行为意义主要系保障个人即时通讯。禁止携带手机,对被禁者将带来极大不便和影响。其次,"禁止携带手机"否则"予以开除"的规定,不仅与公司《员工厂规手册》及双方劳动合同不一致,且其行为特征与后果不对等。比照公司合法制定的规章制度最类似条款,可评价杨某的行为是否符合同一处罚标准以及该规定是否合理。公司《员工厂规手册》对玩手机、泄密和携带违规物品等违规行为相关的处罚条款有三项,即"上班时间玩手机罚款20元""泄露机密轻微,未造成损失者"和"携带违禁品或危险物品进入生产区"均罚款200元,并未有类似"携带手机进入车间"则可以解除劳动合同的规定。从行为特征看,"携带"本身并不具有犯意,不会直接导致泄密后果和公司损失。公司"禁止携带手机"否则"予以开除"的规定,相当于把普通行为、日常行为列为解除劳动合同的原因,一定程度上滥用了用人单位规章制度的制定权。最后,公司作出"禁止携带手机进入车间"的严苛要求,即使有一定的管理需要,但因剥夺了劳动者即时通讯权,已经超出了常规意义上的保密要求和保密义务。公司既未给予相应补偿,亦未提供相应的保障措施,解决好员工通讯特别是重大、危急时刻应急通讯的需要,存在明显不合理之处。此外,公司以杨某"罢工、怠工或鼓励他人怠工"为由对杨某作辞退处理,缺乏证据证明。《开除通知书》载明公司依据《员工厂规手册》对"罢工、怠工或鼓励他人怠工"的规定对杨某作开除处理,但审查公司提交的事发现场视频光盘可知,杨某在公司的集中检查、处理过程中有辩解、说明的行为,但其行为没有超出合理程度,未影响公司的正常生产经营和车间管理，属于对处罚的合理申辩。因此，公司没有证据证明杨某存在罢工、怠工或鼓励他人怠工的行为，其以此为由辞退杨某，理由不成立。

  再审过程中，用人单位再次强调了一审提交的该公司与 SONOS 公司和 BOSE 公司签订的保密协议及其中文译本，拟证明公司按照客户的要求对所有的音箱开发生产过程进行保密。广东省高级人民法院认为，本案再审的争议焦点是公司是否应支付杨某违法解除劳动合同经济赔偿金。关于杨某携带手机进入车间的行为是否属于严重违反用人单位规章制度的情形，再审法院认为：首先，公司"禁止员工携带手机进入车间"的规定，涉及劳动者的通信自由权和用人单位的经营管理权之间的冲突。公民享有通信自由权，但并不意味着公民行使通信自由的个人权利时在特定时间、特定场合不受限制，否则将导致个人权利的滥用。用人单位享有经营管理自主权，但行使经营管理权时也应尊重劳动者的个人权利。用人单位基于生产经营的需要，对劳动者在一定岗位、一定场所使用手机的行为进行限制，如果对劳动者通信权利的限制降到最低程度或者适当程度，则是合理的。就本案而言，公司主张，为防止产品资料外漏，公司与客户签订了保密协议，所以制定了"禁止员工携带手机进入车间"的通知。公司提交的其与 SONOS 公司、BOSE 公司签订的保密协议可证明公司与客户之间的业务具有保密性，公司违反保密协议需承担相应的法律责任，也可能因此丧失客户订单。而公司的经营状况不仅影响到公司的经营，也直接影响到全体员工的利益。杨某所在车间生产的产品涉及客户要求保密的信息，员工如携带手机进入车间，则存在泄漏客户产品信息的风险。因而，公司仅禁止员工携带手机进入车间，但未限制员工在其他场所使用手机。公司对员工使用手机的时间和场所的限制是合理的，符合权利冲突时对权利进行均衡调整的原则。因此，认为"禁止员工携带手机进入车间"是"剥夺劳动者即时通讯权"的意见，过分强调员工的个人权利，忽略了公司应享有的经营管理自主权和员工在工作期间、工作场所使用手机可能对公司造成的不良后果，不予采纳。其次，用人单位与劳动者之间属于管理与被管理的关系，劳动者在工作期间，应遵守公司的规章制度和工作安排，用人单位在制定涉及员工切身利益的政策或者重大事项时，应通过民主程序决定。用人单位应急制定临时的经营管理措施与职工参与企业民主管理之间也存在程序和效率上的冲突。从效率的角度看，用人单位为了争取客户订单、按保密要求及时完成订单，时效要求高，因此对于涉及公司的生存和全体员工的利益的经营行为，应允许公司为此制定临时性的经营管理措施。本案中，公司基于客户的保密要求，分别于 2016 年 6 月 22

日、2016年9月6日两次下发通知，告知所有员工"禁止携带手机进入车间"，违规则"予以开除"。公司通知的内容未违反法律、行政法规及政策规定，不存在明显不合理的情形，且公司已经履行了告知的义务。杨某签名确认，可视为杨某对通知的规定没有异议。因此，公司的通知可作为解除劳动合同的依据。杨某在公司的集中检查、处理过程中有辩解、说明的行为，虽然存在激动的言行，但仍属于正常表达诉求的行为，公司主张杨某存在"罢工、怠工或者鼓励他人怠工"行为作为辞退的理由不当，检察机关认为该行为属于对处罚的合理申辩的理由成立，予以采纳。综上所述，公司主张杨某存在"罢工、怠工或者鼓励他人怠工"行为作为辞退的理由，依据不足，但公司以杨某在公司两次违反"严禁携带手机进入车间"否则"予以开除"的通知，以违反公司规定而对杨某予以辞退的理由成立，予以支持。二审判决认定事实基本清楚，适用法律正确，予以维持。

类似的新闻还有很多，如某中学禁止学生将手机带到学校，并对学生违规带到学校的手机予以集中销毁。再如，某大学考场规则规定，严禁携带手机等通信工具进入考场。考试过程中一旦发现学生身边有手机，即使处于关机状态，也将按照考试作弊处理。又如，某单位对所有中层干部配置了手机并承担话费。同时规定，该手机必须保持24小时开机，便于领导安排临时性工作。单位安排监察部人员进行抽查。除非乘飞机等特殊原因不能开机之外，关机时间超过2小时按照违规处理。

针对上述情况，作为法律专职人员，你如何评判这些制度？假设你是某单位的法律顾问，你将采取哪些措施以避免不利单位情况的发生？

【参考答案】

第一，制度内容要公平合理。违反法律规定的制度是无效的制度。例如《义务教育法》第2条第1、2款规定，"国家实行九年义务教育制度。义务教育是国家统一实施的所有适龄儿童、少年必须接受的教育，是国家必须予以保障的公益性事业。"第27条规定，"对违反学校管理制度的学生，学校应当予以批评教育，不得开除。"有些只考虑单位利益、体现长官意志的临时性制度或者做法需要慎重。根据《民法总则》《物权法》甚至《宪法》相关规定，手机是学生或者学生家长的合法财产，受法律保护。擅自销毁他人手机是侵权行为。情节较轻的，应当承担赔偿责任；情节严重的，可以追究故意毁坏财物罪的刑事责任。

第二，制定程序需要符合法律规定。《劳动合同法》第 4 条第 2 款规定："用人单位在制定、修改或者决定有关劳动报酬、工作时间、休息休假、劳动安全卫生、保险福利、职工培训、劳动纪律以及劳动定额管理等直接涉及劳动者切身利益的规章制度或者重大事项时，应当经职工代表大会或者全体职工讨论，提出方案和意见，与工会或者职工代表平等协商确定。"

第三，制度内容要公开，要传达到每个职工才有约束力。"你永远无法叫醒一个装睡的人。"有下列证据就不怕"装睡的人"：一是入职前的培训及考试等；二是宣传制度的签到或者网络学习记录；三是相关的公开征求意见、公示记录、个人自我总结、具结悔过书等。

第四，单位需要掌握充足的员工违法违纪证据，做到事实清楚，证据确实充分。在可能发生的劳动仲裁、人事争议仲裁、诉讼过程中，单位要承担举证责任。对于开除、终止劳动合同等重大处罚，不能仅凭长官意志，需要按照法律或者制度规定经过相关程序，即公示、听证、送达等程序都要合法。

在上述案例中，单位两度被要求"支付杨某违法解除劳动合同的赔偿金人民币 97 596 元"并被检察院抗诉的直接原因是依据"公司《员工厂规手册》第 5.11.6 条第 E 项'罢工、怠工或鼓励他人怠工（予以开除）'"的规定过于牵强附会。而且，这个制度很可能长期未修订，公平性和时效性存疑。单位最终胜诉的根本原因是：单位不是限制带手机到单位，而是限制带到特定的场所。这个禁止带手机的场所是生产经营或者管理的需要。单位给带手机到该场所的员工提供了"交于各班组长存在保安室储物柜以待下班领回"的合理措施。如果有紧急情况，员工也可以使用手机，并没有剥夺公民的通信权。现实中，不能携带或者使用手机或者其他通信工具的场所，除了案例中特殊要求的车间、考场以外，还有如下场所：不公开审判的法庭，各种评标、评审、表决现场，羁押人犯的看守所，根据《保密法》要求设置的保密室、保密会场等。现在有些国考或者大型考试的出题场所、试卷批阅场所，也禁止携带手机或者其他通信工具等。

第八章
律师代理诉讼及仲裁案件

【课前导读】

无论是公职律师、公司律师还是社会律师，代理单位或者他人（以下简称"委托人"。本章内容也包括指定代理和指定辩护）参与仲裁和诉讼，是最常规的工作，也是在老百姓心中最能体现律师职业特点的工作。如果律师不出庭，可能就像厨师不做饭一样让人无法接受。本章主要介绍律师代理参与诉讼与仲裁的基础知识和技能。考虑到仲裁和诉讼的区别在合同纠纷解决方式中已经阐明，本章不再分述代理诉讼和仲裁的细微区别。

本章建议授课2~3次课，4~6学时。

第一节 律师代理诉讼及仲裁案件的基础工作

一、律师代理诉讼及仲裁案件的前提条件

诉讼和仲裁是解决纠纷的最高级方式。这种"最高级"主要体现在：一是程序规范。我国有专门的三大诉讼法来规定诉讼程序。《仲裁法》对仲裁程序规定得相对简单，但每个仲裁委员会都有自己的仲裁规则。这个仲裁规则既是约束仲裁当事人的行为规范，也是约束仲裁员的行为规范。一旦诉讼和仲裁开启，立案、开庭、合议、判决都要严格按照法律相关规定执行。诉讼法既约束当事人，也约束诉讼参与人，还约束司法工作人员。在司法改革过程中，我们逐步克服"重实体轻程序"的历史顽疾，树立"程序违法就要发回重审"的程序公正理念。二是结果权威。由于诉讼及仲裁是解决纠纷的最后方案。在诉讼仲裁之前，当事人可以自行和解、调解来协商解决纠纷。但一旦形成了仲裁和诉讼的结果，这个结果就具有权威性和国家强制力。所谓的权威性是指只有根据相关法律进行再审以外，没有其他渠道改变这个结论，

— 291 —

也不能出现第二个其他结论。即使一个基层法院的判决，只要生效了，省政府也好，国务院也罢，也得认可其法律效力。如果当事人不主动履行，司法机关就可以强制执行，就是以国家的强制力予以强制执行。生效的诉讼和仲裁文书是记载最终结论的法律文书。

  律师代理诉讼和仲裁案件，最常见的前提是当事人的委托协议。除了个别表述略有变化以外，我国《民法典》基本维持了原民事法律关于"代理"的相关法律规定。《民法典》在第一编"总则"第七章"代理"中共用"一般规定""委托代理""代理终止"三节 15 条明确了我国民事中的代理制度，并继续将"委托合同"作为典型合同。《民法典》第 161 条规定："民事主体可以通过代理人实施民事法律行为。依照法律规定、当事人约定或者民事法律行为的性质，应当由本人亲自实施的民事法律行为，不得代理。"第 162 条规定："代理人在代理权限内，以被代理人名义实施的民事法律行为，对被代理人发生效力。"第 163 条规定："代理包括委托代理和法定代理。委托代理人按照被代理人的委托行使代理权。法定代理人依照法律的规定行使代理权。"在民事仲裁和诉讼中，委托律师属于委托代理。《民事诉讼法》第 49 条第 1 款规定："当事人有权委托代理人，提出回避申请，收集、提供证据，进行辩论，请求调解，提起上诉，申请执行。"第 58 条规定："当事人、法定代理人可以委托 1~2 人作为诉讼代理人。下列人员可以被委托为诉讼代理人：①律师、基层法律服务工作者；②当事人的近亲属或者工作人员；③当事人所在社区、单位以及有关社会团体推荐的公民。"我国《律师法》规定，律师可以从事的业务包括接受民事案件、行政案件当事人的委托，担任代理人，参加诉讼；接受刑事案件犯罪嫌疑人的聘请，为其提供法律咨询，代理申诉、控告，申请取保候审，接受犯罪嫌疑人、被告人的委托或者人民法院的指定，担任辩护人，接受自诉案件自诉人、公诉案件被害人或者其近亲属的委托，担任代理人，参加诉讼；代理各类诉讼案件的申诉。《仲裁法》第 29 条规定，当事人、法定代理人可以委托律师和其他代理人进行仲裁活动。委托律师和其他代理人进行仲裁活动的，应当向仲裁委员会提交授权委托书。

  律师代理诉讼及仲裁案件之前，必须与委托人签署委托代理协议。这个委托代理协议是律师从事代理业务的前提条件。这种委托代理协议，各个律师事务所都有格式范本，但实践中仍有需要注意的问题，尤其需要作为专业人士的代理律师向当事人说清楚的问题。如果只是简单的签字，有些当事人可能会产生一些误会，甚至影响律师及律师事务所的声誉。这些问题主要有：一是明确委托代理协议是委托人与律师所在的律师事务所之间签署的委托代理协议。也就是说，虽然律师是代理出庭的人员，但不是委托代理案件的当事人。律师是受律师事务所指派而担任代理人。这种模式是我国《律师法》对律师的管理要求。只有与律师事务所签署了委托代理协议，才是合法的委托代理。仅与律师本人签署的委托代理协议是不受法律保护的。只有这样做，才可能让律师归属于律师事务所；才可能让律师收费上交到律师事务所。当然，对委托人也不是毫无好处。因为律师事务所是委托代理协议的当事人，当律师出现流动或者意外时，律师事务所需要委派他人来履行受托职责，维护委托人合法权益。二是委托权限是一般授权还是特别授权。《民事诉讼法》第59条规定，"委托他人代为诉讼，必须向人民法院提交由委托人签名或者盖章的授权委托书。授权委托书必须记明委托事项和权限。诉讼代理人代为承认、放弃、变更诉讼请求，进行和解，提起反诉或者上诉，必须有委托人的特别授权。侨居在国外的中华人民共和国公民从国外寄交或者托交的授权委托书，必须经中华人民共和国驻该国的使领馆证明；没有使领馆的，由与中华人民共和国有外交关系的第三国驻该国的使领馆证明，再转由中华人民共和国驻该第三国使领馆证明，或者由当地的爱国华侨团体证明。"一般授权是指委托代理人行使调查取证、举证质证、发表法庭辩论意见、代收各种司法文书等维护委托人合法利益的授权。在一般授权中，律师只是参谋和助手。起诉书、调解书、撤诉申请书等当事人处分实体权利的文书，一般代理人签字无效，关键和重点问题的想法和主意由当事人自己定夺。所谓特别授权是指委托代理人行使变更或者放弃诉讼请求、承认或者反诉对方诉讼请求等涉及当事人纠纷实质处理结果的权利。《民事诉讼法》第59条规定，诉讼代理人代为承认、放弃、变更诉讼请求，进行和解，提起反诉或者上诉，必须有委托人的特别授权。特别授权中，代理人的权限非常大，所以也叫全权代理。在签署委托代理协议时，选择哪种授权取决于哪些条件呢？一般来说，重大诉讼、委托人与代理律师平时生活中接洽不多的诉讼，建议考虑一般代理。只有诉讼风险不大，代理律师与委托人除了本次代理之外还有其他多次合作，彼此有深厚的信任基础，才能考虑特别授权。作为代理律师，特别授权既是当事人的信任，也是一种更大的责任。三是委托授权期限。从律师角度来看，诉讼分为一审、二审、再审、执行等阶段。刑事案件有侦查阶段、审查起诉阶段、审判阶段，还有可能有死刑复核程序。如果不讲清楚委托授权期限，有些当事人会产生误解，认为一旦支付律师费，以后的事都是律师的。特别是有当事人认为已经给律师付钱了，如果再收费，就是律师乱收费。所以，律师有必要把委托授权期限向当事人解释清楚。一般委托授权期限为一个诉讼阶段，也可以是诉讼全程。如果是整个诉讼程序，当事人支付的律师费可能更高。同时由于后续诉讼程序可能发生，也可能不发生，关于诉讼费支付节点方面需要明确付款条件。否则，当事人委托律师去代理其打官司，但最终委托人与律师之间也需要打官司。如果发展到这一步，无论结果输赢，作为专业的律师应该扪心自问自己错在哪里！四是代理费用。代理费用是律师作为代理人向委托人收取的费用，包括代理费及其他直接费用。2006 年，国家发展改革委和司法部共同制定了《律师服务收费管理办法》，其第 9 条规定，实行市场调节的律师服务收费，由律师事务所与委托人协商确定。律师事务所与委托人协商律师服务收费应当考虑以下主要因素：①耗费的工作时间；②法律事务的难易程度；③委托人的承受能力；④律师可能承担的风险和责任；⑤律师的社会信誉和工作水平等。《律师服务收费管理办法》第 11 条规定，办理涉及财产关系的民事案件时，委托人被告知政府指导价后仍要求实行风险代理的，律师事务所可以实行风险代理收费，但下列情形除外：①婚姻、继承案件；②请求给予社会保险待遇或者最低生活保障待遇的；③请求给付赡养费、抚养费、扶养费、抚恤金、救济金、工伤赔偿的；④请求支付劳动报酬的等。《律师服务收费管理办法》第 12 条规定，禁止刑事诉讼案件、行政诉讼案件、国家赔偿案件以及群体性诉讼案件实行风险代理收费。《律师服务收费管理办法》第 13 条第 2 款规定，实行风险代理收费，最高收费金额不得高于收费合同约定标的额的 30%。

2014 年 12 月发布的《国家发展改革委关于放开部分服务价格意见的通知》(发改价格〔2014〕2755 号) 规定，除律师事务所和基层法律服务机构（包括乡镇、街道法律服务所）提供的下列律师服务收费实行政府指导价外，其他律师服务收费实行市场调节价：①担任刑事案件犯罪嫌疑人、被告人的辩护人以及刑事案件自诉人、被害人的代理人；②担任公民请求支付劳动报酬、工伤赔偿，请求给付赡养费、抚养费、扶养费，请求发给抚恤金、救济金，请求给予社会保险待遇或最低生活保障待遇的民事诉讼、行政诉讼的代理人，以及担任涉及安全事故、环境污染、征地拆迁赔偿（补偿）等公共利益的群体性诉讼案件代理人；③担任公民请求国家赔偿案件的代理人。根据国家发展改革委相关文件，各地逐步放开了律师收费。律师收费由各律师事务所自行制定收费标准和管理办法。委托代理协议中约定的律师费与代理律师应该承担的义务以及风险成正比。此外，需要由当事人另行支付的办案费用，如差旅费、复印费、查档费等费用，需要在代理协议中予以明确。应该由当事人承担的费用，如案件受理费、诉讼费、保全费、鉴定费等，要么由当事人自行支付，要么由当事人转账给律师由律师代缴。

律师参与诉讼的第二种途径是承担法律援助。由于法律的修改，律师被指定代理参与民事诉讼的情形消失。2003年9月生效的《法律援助条例》第10条第1款规定，公民对下列需要代理的事项，因经济困难没有委托代理人的，可以向法律援助机构申请法律援助：①依法请求国家赔偿的；②请求给予社会保险待遇或者最低生活保障待遇的；③请求发给抚恤金、救济金的；④请求给付赡养费、抚养费、扶养费的；⑤请求支付劳动报酬的；⑥主张因见义勇为行为产生的民事权益的。《法律援助条例》第11条规定，刑事诉讼中有下列情形之一的，公民可以向法律援助机构申请法律援助：①犯罪嫌疑人在被侦查机关第一次讯问后或者采取强制措施之日起，因经济困难没有聘请律师的；②公诉案件中的被害人及其法定代理人或者近亲属，自案件移送审查起诉之日起，因经济困难没有委托诉讼代理人的；③自诉案件的自诉人及其法定代理人，自案件被人民法院受理之日起，因经济困难没有委托诉讼代理人的。由此可见，律师参与民事诉讼及协助当事人处理相关法律事务的，仍然需要当事人的委托，只不过是不收取委托费用。在律师担任辩护人参与刑事诉讼时，不需要犯罪嫌疑人、被告人的委托，只需要他同意，或者不拒绝。这就是说，指定代理不存在，但指定辩护还常见。法律援助是律师扶弱济困、投身公益、回馈社会的表现。在承担法律援助过程中，代理律师是不能向当事人收取任何费用的。律师的直接费用支出等由法律援助机构从财政列支或者社会捐赠中予以补贴。各地律师协会对律师承担公益法律援助有相关要求。承担法律援助的情况将成为律师年度注册、评优评先的相关参考。

二、律师代理民事诉讼及仲裁

（一）代理原告（申请人）

无论是《民事诉讼法》还是《律师法》，法律只是规定了律师参与诉讼的权利义务，并没有规定作为原告或者被告的代理律师有哪些区别。实际上，作为原告的代理律师与作为被告的代理律师还是有很多工作要点的不同。虽然作为原告的律师也可能是在诉讼过程中才参与到诉讼中来，但大多数律师是在原告提起诉讼之前就接受了委托。

在协助原告提起诉讼之前，律师可能需要做大量的准备工作。我国《民事诉讼法》第119条规定，起诉必须符合下列条件：①原告是与本案有直接利害关系的公民、法人和其他组织；②有明确的被告；③有具体的诉讼请求和事实、理由；④属于人民法院受理民事诉讼的范围和受诉人民法院管辖。

根据上述规定，代理原告（申请人）的律师需要重点关注如下工作：

1. 证据收集

当事人有法律纠纷无法自行协商或者调解解决，律师在起诉前需要认真听取纠纷发生的前因后果，需要了解当事人所掌握的证据与陈述事实之间的一致性认定。如果证据不足，需要在起诉之前完成相关的证据收集工作。这种证据收集工作主要有：

（1）确认被告及收集被告的身份信息。"当事人适格"是教材上的表述，实际生活中称之为"原告和被告都符合法律规定"。原告是委托人，律师会很好判断，准备身份证、结婚证、护照等证件也很容易。"谁是被告"则可能是个难题。有的案件有明确的被告，有的案件被告身份不明。例如，交通肇事逃逸案件，如果有保险的，可以向保险公司索赔；如果没有保险，肇事司机和车辆都无法确认的，只能等交通警察破案，别无他法。再如，高空坠物侵权案件，侵权人不明确的，也可能起诉楼上所有的住户。又如，产品质量侵权案件，原告可以选择产品的生产者作为被告，也可以选择经营者作为被告。另外，环境污染致人损害的案件，可能需要多方调查。特别是在多因一果的情况下，选择准确的被告是胜诉的第一步。

确定被告之后还需要有被告的明确身份信息，即确定被告的唯一性。很多当事人只知道被告的名称或者称谓，并无具体的身份信息。法律要求起诉状应当记明原告的姓名、性别、年龄、民族、职业、工作单位、住所、联系方式，法人或者其他组织的名称、住所和法定代表人或者主要负责人的姓名、职务、联系方式；被告的姓名、性别、工作单位、住所等信息，法人或者其他组织的名称、住所等信息。起诉之所以要求明确被告身份信息，不仅是因为这些信息是识别被告的唯一性证据，也是确定管辖的依据。中国人同名同姓的很多，因此身份证号是基本识别依据，但不是充分的依据。如果被告身份信息、户籍等不明确的，律师可能要去做人口信息查询。被告是单位的，要提交单位全称、住址和社会机构代码等信息。总之，在起诉之前，原告需要保证被告的明确性和唯一性，便于人民法院送达传票及其他诉讼材料。

(2) 证明纠纷的主要证据。民事诉讼的证据主要包括：当事人的陈述、书证、物证、视听资料、电子数据、证人证言、鉴定意见及勘验笔录。从律师的角度而言，"打官司就是打证据。"没有证据的诉讼是无聊的诉讼。只有"证据确实充分"，胜诉才有把握。作为原告的律师，在起诉之前必须对诉讼的证据进行评判，即哪些证据是直接证据，哪些是间接证据？哪些是原始证据，哪些是传来证据？证据在举证质证中可能面临哪些问题？哪些证据需要在起诉之前收集？哪些证据需要在取得法院立案通知书之后才能查阅？这些都是考验律师诉讼能力的主要依据之一。特殊类型的诉讼、新领域的诉讼、科技发展带来的新证据等，如果代理律师把握不准的，可以进行必要的案件论证，请求同行专家结合现有证据提出意见和建议。

几种常见诉讼类型的证据如下：①合同纠纷需要提交合同。没有书面的合同或者没有合同原件的，需要提交缴费凭证或者其他证据。②买卖合同纠纷，需要提交出库单、提货单、托运单等交货证明，付款记录或者凭证及发票；有质量缺陷的，需要有质量缺陷的记录或者描述。③工程承包纠纷中招投标文件、承包合同、开工令、工程量清单、竣工验收证明等都是常规的证据。发包方起诉的，可能还会提供被告违法转包、分包的证据，被告拖延施工的证据，被告材料或者工程质量缺陷的证据；承包商起诉的，可能还会提供图纸变更、不具备施工条件、付款迟延、违法指定分包等证据。④起诉离婚的案件，原告必须提供结婚证。如果结婚证丢失或者撕毁的则需要去做档案查询；被告有重大过错的离婚案件，需要确认现有证据能否证明对方的重大过错。夫妻财产较多的案件，需要在诉前掌握夫妻共有财产的存在形式。

⑤医疗侵权案件，可能需要提前复印病历；人身伤害案件，可能需要提前去查询治安报警记录。⑥当事人证据不足的借款案件，可能需要律师指导当事人在诉前通过电话录音、微信聊天记录、录像等多种渠道去收集证据；可能超过诉讼时效的案件，律师必须协助完成诉讼时效的衔接。

（3）证明损害后果的证据。损害后果是原告提起诉讼请求的基础。原告的举证责任也包括对损害后果的证明。几种常见诉讼类型的证据如下：①合同纠纷案件，需要对方承担损失赔偿责任的，需要有损失的证明材料。②需要赔偿误工费的，必须准备务工证明和收入减少的证明。③可能影响劳动能力的侵权案件，原告在起诉之前也可以作劳动能力鉴定。④主张交通费的，需要提交飞机票、火车票、出租车、网约车、交通卡等支付交通费的证据；主张医疗费的，必须提交挂号费、处置费、医药费、手术费、抢救费、医用器具材料费等发票。⑤对于已经发生的实际损害，原告必须有合法的证据来证明；对于未来可能发生的费用，如二次整容费、假肢更换费用，没有直接证据的，不影响立案。⑥对于精神损害赔偿，原告无法提供直接证据的，获得法律支持的程度由法官酌定。

2. 诉讼（仲裁）方案论证

诉讼（仲裁）不是解决民事纠纷的唯一方式，也不是最好的方式。只有在协商、调解、举报等方式无法解决纠纷时才会选择诉讼和仲裁。诉讼（仲裁）方案论证是指在专业律师的指导下，根据具体案情和证据情况，就诉讼（仲裁）方案提出的最有利于原告的方案。诉讼（仲裁）方案论证中应该包括的内容有：

（1）提起诉讼（仲裁）的时间。在具体的纠纷中，并不是越早提起诉讼越好，也不是越晚提起诉讼越好。在提起诉讼（仲裁）的时间上，原告可以考虑如下因素来决定起诉时间：诉讼时效到期的时间，有利于自己出庭的时间，不放弃协商、调解的可能，诉讼（仲裁）的进程，诉讼（仲裁）对对方的不利影响等。

（2）提起诉讼（仲裁）的具体请求。诉讼（仲裁）请求应该合理。脱离实际的诉讼（仲裁）请求不仅得不到国家强制力的支持，还可能因此承担诉讼费等不必要的支出。当事人提起诉讼（仲裁）的目的是什么？可能是诉讼本身，也可能是诉讼之外的目的。前者如借款合同中除了主张本金之外，要

第八章　律师代理诉讼及仲裁案件

多少利息和滞纳金等；后者是通过诉讼，让被告成为失信被执行人，影响其职业晋升和工作调动等。只要不违反法律，通过诉讼达到诉讼之外的目的也无可厚非。

（3）提起诉讼（仲裁）案件的范围。原告可以就其与被告的全部纠纷提起诉讼，也可以就部分纠纷提起诉讼。例如，原告与被告之间有五个合同，原告可以就一个合同提起诉讼，也可以就四个或者全部提起诉讼。有多个被告的情形下，原告可以起诉全部被告，也可以起诉部分被告，特别是在有连带责任的情形下，起诉谁是个值得仔细推敲的问题。

（4）案件性质。案件性质在法院内部叫案由。不同的案由可能影响到承办人的分配和法律适用。在法院内部，如果没有工作岗位变动，法官大多只办理案由相同或者相近的案件。案件性质由法律规定，但实际理解却不相同，有时会出现一个案件多个案由竞合的情况。原告选择哪个角度去起诉对结果有深远的影响。例如，某顾客去商场购物买到了假冒伪劣产品，他可以以合同纠纷要求退货，也可以以侵权纠纷要求退货之外再请求损失的赔偿。当然，以经营者恶意欺诈损害消费者权益，获得3倍的赔偿也许更好。第一种情况属于合同法律纠纷，主要适用《民法典》中的第三编"合同"，第二种情况属于侵权纠纷，主要适用《民法典》第七编"侵权责任"，第三种情况属于消费者权益保护，适用《消费者权益保护法》。当然，适用不同的法律有不同的条件。再如，劳务合同与劳动合同、买卖合同与加工定作合同，案由不同，适用法律不一样，诉讼结果也不一样。

（5）案件受理机构。除了专属管辖和级别管辖以外，案件受理机构对原告来说有一定的选择余地。例如，合同纠纷案件，合同没有约定或者约定无效的，合同签订地、合同履行地、主要标的所在地、被告住所地等地的法院都有管辖权。即使是侵权案件，原告也可以选择侵权行为地、侵权结果发生地、被告所在地等几个法院提起诉讼。在可选择的前提下，原告当然选择最有利于自己的法院来管辖。一般情况下，原告选择自己住所地法院来行使管辖权，因为除了人的因素以外，随时可以出庭避免出差之苦、节约时间等都是节约诉讼成本的最好做法。

（6）是否采取证据保全或者财产保全。在证据可能灭失或者以后难以取得的情况下，当事人可以在诉讼过程中向人民法院申请保全证据。因情况紧

— 299 —

急，在证据可能灭失或者以后难以取得的情况下，利害关系人可以在提起诉讼或者申请仲裁前向证据所在地、被申请人住所地或者对案件有管辖权的人民法院申请保全证据。证据保全可以防止关键证据灭失或者取证困难。财产保全有利于判决结果的执行。作为原告的律师，在起诉前必须考虑是否提出证据保全和财产保全。对于可能出现逃匿、破产或者其他执行困难的案件，原告要考虑采取保全措施。只要查封、冻结了被告的银行资金或者其他财产，就不担心无法强制执行。虽然财产保全需要原告提交担保，做起来有一定的难度，但对于有充分胜诉把握的案件，强烈建议原告提起财产保全。采取了财产保全的诉讼，很多案件都能调解结案。

（7）是否提出先予执行。先予执行的好处是解决原告的燃眉之急。《民事诉讼法》第106条规定，人民法院对下列案件，根据当事人的申请，可以裁定先予执行：①追索赡养费、扶养费、抚育费、抚恤金、医疗费用的；②追索劳动报酬的；③因情况紧急需要先予执行的。原告代理律师需要向法院提交先予执行申请书，写明先予执行的金额、理由和依据。必要时提交相关证据，力争法院出具先予执行裁定，满足原告的合理要求。

3. 履行代理人责任，积极推进诉讼进程

在基本诉讼方案确定以后，原告代理律师需要按照既定方案完成立案、开庭直至法院出判决等各项活动。由于各地司法规范性水平不同，所以不同法院对立案、开庭及出判决的标准和时间进程把握程度也不一样。代理律师需要根据自己的时间判断去不断跟踪、督促人民法院的诉讼进程。《民事诉讼法》第123条规定："符合起诉条件的，应当在7日内立案，并通知当事人；不符合起诉条件的，应当在7日内作出裁定书，不予受理；原告对裁定不服的，可以提起上诉。"《民事诉讼法》第125条规定："人民法院应当在立案之日起5日内将起诉状副本发送被告，被告应当在收到之日起15日内提出答辩状。"《民事诉讼法》第149条规定："人民法院适用普通程序审理的案件，应当在立案之日起6个月内审结。有特殊情况需要延长的，由本院院长批准，可以延长6个月；还需要延长的，报请上级人民法院批准。"代理律师需要始终关注案件进程，如案件承办人是谁、大约安排在何时开庭、是否需要继续开庭、是否存在重大争议及大概在何时出判决，这些问题都需要代理人不断与承办人联系并予以确认。对于诉讼进程中的各种决定、裁定或者判决书，需要及时征求当事人的意见,协助当事人采取适当措施维护合法利益。只有代理期间结束,才意味着律师的代理任务完成,才能结束代理活动。

(二) 代理被告或者第三人

作为被告或者第三人之代理律师的时间,都是在原告的起诉书送达之后。所以,作为被告或者第三人的代理律师,在应诉过程中应该重点做好以下工作:

(1) 了解案件事实。研究原告的起诉书及证据材料,判断原告的诉讼请求和目的是被告律师的首要工作。被告找到律师以后,最关心的一个问题就是"这个官司我赢不赢得了",或者说"怎样做我才能赢"。律师在回答这个问题之前,需要研究原告的起诉书及证据材料,如原告陈述的事实经过是否清楚,证据是否充分、全面,原告提交的证据是否支持其诉讼主张。另外,纠纷是否属于人民法院主管范围,案件管辖是否符合法律规定,法院的诉讼程序是否合法等也是律师需要在当事人关心的问题之外一并予以考虑的内容。结合原告起诉书及相关材料,听取委托人(被告或者第三人、被申请人)的相关意见。大多数情况下,原告只陈述对自己有利的事实,提供对自己有利的证据。这就需要律师就案件发生的原因、过程、后果、过错等细节问题与当事人仔细沟通,包括当事人对纠纷事实有何意见,对证据有何反驳和补充,对原告提出的诉讼请求有何意见,对结果抱有什么希望。即使是被告委托的律师,也不能偏听偏信。

(2) 提出案件结果预测和建议措施。在掌握案件基本情况的前提下,结合原被告双方意见,律师要提出对纠纷案件处理结果的预测和建议。这是体现律师法律水平的硬核,也是律师赢得当事人尊重的专业水平的表现。律师在提出对纠纷案件处理结果的预测和建议时,不能为了赢得当事人的委托而大包大揽,也不能为了将来开脱责任而模棱两可。律师对纠纷案件处理结果的预测和建议要体现其专业性和职业道德要求,具体可以分为几大类:①原告证据充分、被告无法反驳的案件,必须告诉当事人败诉的可能,并结合败诉结果,提出一些建议和措施。对于当事人心存侥幸的败诉案件,建议面对现实,以平和心态接受,并寻求协商、调解等妥协方式结案;对于不甘心接受败诉结果并愿意"负隅顽抗"的当事人,可以给出符合法律规定的延长诉讼时间的措施。②对于原被告各执一词的纠纷案件,要向当事人提出积极应诉的建议。结合起诉书，建议被告应该从哪些方面收集有利于自己的证据，从哪个角度去批驳原告的证据，提出合情合理的答辩。③对于被告权利被侵犯的案件，建议当事人及时提出新的诉讼或者反诉，并采取保全措施。与本诉有牵连，能抵销本诉的，可以直接提起反诉。不能提起反诉、需要另行起诉的，建议当事人另行提起诉讼。④对于原告违法起诉、法院违法受理或者其他各种侵犯当事人合法权益的情况，要向当事人提出"管辖异议""申请回避""复议""控告"等不同维权措施。

（3）积极参加诉讼，维护当事人合法权益。即使在诉讼目标和途径非常清晰的情况下，开庭前律师也需要与当事人就开庭注意事项进行沟通。很多当事人只是在影视作品中看到过人民法院开庭的镜头，对真实的司法审理过程缺乏感性认识。开庭有哪些注意事项、律师与当事人庭审责任如何分工及出现特殊情况应该如何处理，都需要给当事人交底。特别是对于文化水平不高、思想负担重的当事人，律师要成为当事人的精神依靠。无论是一般代理还是特殊代理，负责任的律师都应该结合当事人的实际情况，把案件的前因后果、案件证据、适用法律熟记于心；对于法庭的询问，能够做到随问随答；对于庭审过程中出现的新情况，及时提出"延期举证""延期审理""重新鉴定"等建议。

（4）对各种判决书、裁定书、决定书等具有司法强制力的文书，与当事人交换意见，并协助当事人采取维权措施。

三、律师参与刑事诉讼

律师参与刑事诉讼只有两种身份：一是刑事被害人的代理人，在监督刑事诉讼过程中重点履行民事维权责任，即代理刑事附带民事诉讼。这种诉讼本质上是民事诉讼。由于有刑事案件的存在，证明被告侵权的工作已经由司法机关完成，代理难度及工作量比代理原告提起民事诉讼还要简单一些。在此不再赘述。另外一个更加普遍的身份是犯罪嫌疑人、被告人的辩护人。作为刑事案件的辩护律师，主要完成的工作如下：

（一）与犯罪嫌疑人、被告人或者其近亲属签署委托辩护协议和授权委托书

如同民事案件一样，律师所在事务所与犯罪嫌疑人、被告人或者其近亲属签署委托辩护协议和授权委托书是律师参与刑事诉讼的前提。委托辩护协

议内容比委托代理协议内容还要简单。律师事务所都有格式范本，我们只要把委托期限、收费、律师工作内容等关键信息向委托人说清楚即可。签协议时需要考虑委托人的身份，并根据这个身份收集相关证明资料。例如，委托人与犯罪嫌疑人、被告人是夫妻关系的，需要收集委托人的结婚证；父母子女同胞兄弟姐妹关系的，需要提交户口本或者其他证明材料。在委托辩护协议中，律师及律师事务所有义务将委托的阶段和收费情况向委托人讲清楚。公诉案件，委托律师参与诉讼的阶段可以分为侦查阶段、审查起诉阶段和一审、二审等阶段；自诉案件，可以分为一审和二审阶段。律师收费，可以分阶段收取，也可以一次性收取，全程负责，但刑事案件不许可风险代理。

承担法律援助义务的律师也可以参与到刑事诉讼中来。《刑事诉讼法》第35条规定："犯罪嫌疑人、被告人因经济困难或者其他原因没有委托辩护人的，本人及其近亲属可以向法律援助机构提出申请。对符合法律援助条件的，法律援助机构应当指派律师为其提供辩护。犯罪嫌疑人、被告人是盲、聋、哑人，或者是尚未完全丧失辨认或者控制自己行为能力的精神病人，没有委托辩护人的，人民法院、人民检察院和公安机关应当通知法律援助机构指派律师为其提供辩护。犯罪嫌疑人、被告人可能被判处无期徒刑、死刑，没有委托辩护人的，人民法院、人民检察院和公安机关应当通知法律援助机构指派律师为其提供辩护。"承担法律援助义务的律师，需要法律援助机构出具相关指定手续。

（二）联系办案机关并开展相关辩护工作

《刑事诉讼法》第34条第4款规定："辩护人接受犯罪嫌疑人、被告人委托后，应当及时告知办理案件的机关。"签署委托辩护协议和授权委托书之后，辩护律师携带律师执照原件和复印件、当事人签字的授权委托书和律师事务所出具的公函联系办案机关或者承办人，告知犯罪嫌疑人、被告人委托律师的情况。值得注意的是，我国《刑事诉讼法》规定，不同的诉讼阶段，辩护律师的权利义务不完全一样。《刑事诉讼法》第38条规定："辩护律师在侦查期间可以为犯罪嫌疑人提供法律帮助；代理申诉、控告；申请变更强制措施；向侦查机关了解犯罪嫌疑人涉嫌的罪名和案件有关情况，提出意见。"《刑事诉讼法》第40条规定："辩护律师自人民检察院对案件审查起诉之日起，可以查阅、摘抄、复制本案的案卷材料。"

查阅卷宗，简称阅卷，是诉讼律师最常见的工作。带上当事人出具的委托书、律师事务所的公函、律师证原件和复印件，律师就可以联系案件承办人要求阅卷。在侦查阶段，由于卷宗可能尚未形成，加之侦查工作需要，律师无权要求阅卷。律师从办案机关那里只能得到采取强制措施的决定书及鉴定文书。真正的阅卷是在审查起诉之后。阅卷的主要目的是通过查阅卷宗，了解整个案件的事实和证据情况、司法机关采取强制措施的情况，犯罪嫌疑人、被告人涉嫌的罪名等。阅卷中律师需要注意的问题有：

1. 注意卷宗的完整性和卷宗的交接过程

简单案件，可能只有1~2本卷宗；重大、复杂或者共同犯罪、多起犯罪事实的案件会有几本甚至几十本卷宗。各级司法机关为律师阅卷提供了专用阅卷室。个别条件好的地方，还配备了电脑、打印机、扫描仪等设备。律师需要注意卷宗的借出和返还。借出多少本，返还多少本。为了避免卷宗丢失或者毁损，律师在借出卷宗时要检查卷宗本数和完整性状态，不要将卷宗带出阅卷室。阅卷的主要方式是看，不允许在卷宗上标重点、折叠页码、突出显示等任何记号。

2. 阅卷的重点是证据的完整性和真实性，程序是否合法

犯罪嫌疑人、被告人的供述是否完整，是否存在翻供和多种版本的陈述；共同犯罪案件中口供是否完全一致；被害人陈述、证人证言、现场勘验笔录、鉴定意见等其他证据与犯罪嫌疑人、被告人供述和辩解是否矛盾。卷宗中的证据是否存在重大缺陷和遗漏。特别是证明犯罪嫌疑人、被告人无罪或罪轻的证据是否已经收集入卷。律师在阅卷时最好做阅卷笔录。阅卷的过程既是律师完成工作的表现，也是律师发现问题、确定工作重点和方向的基础性工作，因此阅卷必须耐心细致。

3. 保守案件信息和案件涉及的国家秘密、商业秘密

无论是摘抄还是复印卷宗，律师阅卷后一般都需要与犯罪嫌疑人、被告人家属进行沟通，就阅卷整体感受进行交流，完全不提阅卷情况的可能性不大。如何既要把阅卷情况告知委托人，又不泄露案件信息和案件所涉国家秘密、商业秘密，需要律师把控一个度。一般来说，有经验的律师会把控阅卷中的两条红线：第一条红线是不能把复印摘抄的卷宗材料完全交由委托人复制。要与委托人讲清楚不能复制和外泄的道理，争取委托人的理解和支持。

第八章　律师代理诉讼及仲裁案件

如果委托人持有复印卷宗中的资料去上访、上告或者制造网络舆情，律师难逃干系。第二条红线是不得泄露不利于犯罪嫌疑人、被告人的证人名称及住址。如果因为律师泄露案件信息导致出现威胁、打击、报复证人的，律师难辞其咎。

是否申请变更强制措施是律师阅卷后必须考虑的问题之一。我国《刑事诉讼法》对刑事拘留和逮捕有明确的实体条件和程序条件，哪些情况下可以适用取保候审和监视居住也有明文规定。但司法现实中，刑事拘留和逮捕的比例较高，这与立法司法体制有极大的关系。如果犯罪嫌疑人、被告人符合《刑事诉讼法》第67、74条取保候审和监视居住条件而被羁押的；或者有无罪证据证明犯罪嫌疑人、被告人可能无罪的；属于正当防卫及防卫过当、紧急避险及避险过当或者意外事件可能的；在法定期限内不能结案可能出现超期羁押的，在这些情况下，律师可以考虑提交变更强制措施的申请。

(三) 会见被告

会见犯罪嫌疑人、被告人是办理刑事案件律师的特有权利。在西方一些国家，只有能够办理刑事案件的律师才是大律师。《刑事诉讼法》第39条第2~4款规定，辩护律师持律师执业证书、律师事务所证明和委托书或者法律援助公函要求会见在押的犯罪嫌疑人、被告人的，看守所应当及时安排会见，至迟不得超过48小时。危害国家安全犯罪、恐怖活动犯罪案件，在侦查期间辩护律师会见在押的犯罪嫌疑人，应当经侦查机关许可。上述案件，侦查机关应当事先通知看守所。[1]辩护律师会见在押的犯罪嫌疑人、被告人，可以了解案件有关情况，提供法律咨询等；自案件移送审查起诉之日起，可以向犯罪嫌疑人、被告人核实有关证据。辩护律师会见犯罪嫌疑人、被告人时不被监听。

辩护律师需要在开庭之前保证最少会见一次被告人。会见的重点是就指控的犯罪事实和卷宗中的证据，向犯罪嫌疑人、被告人求证。会见一般采用问答的方式，通过律师与被会见人的对话来完成。会见时需要做会见笔录。

---

[1] 实践中，"会见难"是影响刑事辩护的主要问题之一。"会见难"有两种：一种情况是看守所会见条件有限，不能及时安排会见。这种情况好处理。只要律师多次联系，一般都能见得上。另一种是没有法定理由不让会见，但现实中就是不予安排。此类情况各地都有报道。但总体情况来看，普通刑事案件的会见基本上都能得到保障。反腐败案件、在本地区有特别影响的案件，可能会存在有关领导或者办案单位指示不让会见的情况。遇到这种情况，律师可以通过看守所和承办单位维权，不建议律师利用网络将矛盾公开化。律师应该把不能会见的情况向委托人讲清楚，争取他的理解和支持。

除了常规的格式以外,会见中的谈话应该按照如下步骤进行:首先要介绍律师身份和委托人委托的情况,询问犯罪嫌疑人、被告人是否同意本律师作为辩护人。如果不同意的,询问原因,签字确认后终止会见。同意家属委托辩护人的,需要会见结束后在授权委托书上签字。[1]其次要介绍辩护律师职责权限,告知犯罪嫌疑人、被告人要如实陈述。在得到犯罪嫌疑人、被告人的承诺之后就犯罪事实进行交流。在侦查阶段,特别是在侦查机关未取得犯罪嫌疑人、被告人的有罪供述之前,辩护律师与犯罪嫌疑人就犯罪事实部分的交流会受到限制和影响。在审查起诉之后,一般不会受到干涉。会见律师应该让犯罪嫌疑人、被告人采取陈述式进行案件叙述。涉及与卷宗记载及证据不一致的地方,律师可以插问。通过会见,律师一定要对指控的犯罪事实有全面的掌握。在陈述完犯罪事实之后,律师可以询问犯罪嫌疑人、被告人是否还有关心的法律问题、羁押期间的待遇和生活、身体情况及其他物质需求。律师还可以转告犯罪嫌疑人、被告人亲戚朋友的嘱托。在会见期间,律师不得私自转交给犯罪嫌疑人、被告人任何物品。犯罪嫌疑人、被告人亲属委托转交的食品、药品、书籍、金钱、书信、照片等物资都必须通过看守所转交。律师不得在会见期间将手机借给犯罪嫌疑人、被告人与他人通话。律师可以向犯罪嫌疑人、被告人交代开庭注意事项,但不得教唆犯罪嫌疑人、被告人翻供或者串供。

在开庭审判之前,律师可以多次办理会见;在判决之后生效之前也可以会见。征求被告人的意见,了解被告人的法律需求,传递家属的问候和安慰,这是只有刑事律师才能完成的使命。

(四) 进行必要的调查

刑事案件辩护律师的调查权在历次《刑事诉讼法》修改过程中备受关注。理论上承认律师的调查权,但法律予以较大的限制。[2]法律要求得到证人、

---

〔1〕 律师需要根据委托期限提前多准备一些授权委托书。因为审查起诉和审判阶段也需要提交授权委托书。律师阅卷也需要授权委托书。委托书上犯罪嫌疑人、被告人要亲自签名,不得复印。所以,侦查阶段参与诉讼的律师在会见时一般准备五份以上的授权委托书文本,会见律师包里一定要带上红色印泥。

〔2〕《刑事诉讼法》第43条规定,辩护律师经证人或者其他有关单位和个人同意,可以向他们收集与本案有关的材料,也可以申请人民检察院、人民法院收集、调取证据,或者申请人民法院通知证人出庭作证。辩护律师经人民检察院或者人民法院许可,并且经被害人或者其近亲属、被害人提供的证人同意,可以向他们收集与本案有关的材料。

被害人的同意才能收集证据，这意味着他们没有义务接受律师的调查。所以，刑事案件中进行调查的律师并不多见。这与法律的相关规定有直接的关系。在进行必要的调查时，律师需要把握几点：一是在侦查期间不得从事任何调查活动。我国法律只赋予了专门机关以侦查权。中国不欢迎福尔摩斯，律师也不例外。律师勘查现场，提取证据有可能被控犯罪。二是在刑事案件进入审判以后，律师调查取证需要两人以上才能进行，律师在调查之前必须表明自己的律师身份。最终形成的调查笔录，应该有调查人、记录人、被调查人、在场人等的亲笔签名；不能签名或者不愿意签名的，可以注明原因。绝对不可能私自伪造或者找人代签。三是慎重对待证人、被害人、未羁押的犯罪嫌疑人、被告人改变证词的调查笔录。如果上述人员作出与卷宗不一致的陈述，需要分析原因及对案件事实的影响。如果对罪与非罪、此罪彼罪、重罪轻罪有颠覆性影响的陈述，一般要提前与相关机关沟通。

（五）开庭审理和判决

无论是简易程序还是普通程序，律师必须参加庭审活动。通过庭审活动，关注被告人的权益，关注案件进程。一般情况下，律师应该在合议之前提交书面辩护意见，阐明律师的观点和理由。对于补充侦查、延期审理、中止审理、发回重审等特殊情况，律师需要对诉讼进程予以跟踪。

四、律师代理行政诉讼

代理行政诉讼也是律师的常规工作。由于行政诉讼案件的特殊性，律师代理行政诉讼时也会面临特殊的问题。作为被告一方的代理律师，只要把该收集的证据提交给法院、该表达的意见表达充分，基本上无败诉的压力。随着公职律师队伍的壮大，社会律师代理政府参与行政诉讼的概率在下降。相反，随着依法行政和国家法治建设进程的深化，律师代理原告参与行政诉讼的机会更多。作为原告的代理律师，需要在以下几个问题上谨慎行事：一是行政诉讼的立案。大多数行政诉讼都是群体性的，如拆迁、乱收费、行政不作为等。不是所有符合立案条件的行政诉讼都会立案。在中国某些地区存在怪现象，即政府希望上访户去法院打官司，但这些上访户却更钟情于上访。相反，有些纠纷政府是不希望当事人去法院打官司的，因为一旦司法列车启动，政府可能"哑口无言""无言以对"。遇到法院不予立案的行政诉讼案件，律师只需要把自己所做的工作让当事人看到即可，应在法律规定的范围内采取维权措施。特别不建议律师采取网络舆情或者组织原告给政府、法院施压等方式。个别别有用心的代理人将行政诉讼当成给自己做免费广告的机会，为了自己出名，恣意造势，颠倒黑白，其最终会受到法律的制裁。二是行政诉讼的代理程序必须严格规范。律师必须始终谨记自己的代理地位，不能把自己等同于当事人，特别是异地办案时，人身安全始终应该是第一位。

五、律师参与处理其他纠纷

随着法治建设进程的深入发展，老百姓对律师的依赖程度越来越高，下列业务将成为律师的常见业务：①个人法律顾问服务。随着机关、团体、事业单位、企业法律顾问的普及，法律顾问将向个人业务发展。如刘晓庆、范冰冰的涉税事件，孟晚舟涉嫌虚假高管陈述、刘强东涉嫌强奸和猥亵，这些个案给成功人士上了生动的法治课。"有法走遍天下，无法寸步难行。"不仅是影视、体育、科技等高收入人群需要法律顾问服务，企业高管、行业精英也需要法律解决日常生活中的问题。此外，个人投资、税收、婚姻、收养、遗嘱、赠与都会成为普通老百姓回避不了的问题。②更广泛的非诉业务。目前律师从事的非诉业务主要限定在尽职调查、公司上市、股权交易、知识产权保护、反倾销等专业性非常强的领域。随着老百姓财力的增加和政治地位的提高，更多的非诉业务也需要律师参与，如重大商事活动的见证、参与经济合同的谈判和纠纷协商、参与投标和评标活动、参与企业的清算和破产及参与遗赠扶养协议的监督及执行。

第二节 律师代理诉讼及仲裁案件中应该注意的问题

一、案件预期及承诺

律师在代理诉讼及仲裁过程中会与对方当事人及代理人、司法机关案件承办人等发生矛盾，其中最难处理的就是与委托人之间的矛盾。原有纠纷没有解决，又产生一个新矛盾。如果在代理初期，解除委托终止代理还好处理一些。一旦代理期限届满、代理事项完成，委托人对代理结果极度不满意，有的要求退费，有的要求赔偿损失，还有的要求律师事务所及律师协会对代理律师进行处罚。只要出现这种情况，律师名誉受损是大概率事件。为了避免这种情况，律师界有两种经验值得分享：一种是强调律师的履职尽责。代理律师要全心全意为委托人服务，要把各项代理工作做扎实，不出现任何失职渎职。即使案件处理结果低于当事人预期，只要让委托人看到律师的付出和努力，让委托人真实感知到结果不理想的直接原因是其他原因。只要委托人对律师的付出和努力表示认可，一般不会太为难律师。所以，加强与委托人的沟通，把代理工作内容及案件进展及时汇报给委托人，把困难和问题放在前面。另一种是代理初期加强对委托人的选择，不要饥不择食。有人总结五类案件不能接：当事人太自以为是的；当事人太计较的；只想索取不愿意付出的；有太高的诉讼预期的；涉嫌虚假诉讼和有其他非法目的的。例如，北京某李姓律师在网上公开自己的十类不接受委托案件：托人找关系、所托事项不道德、要求承诺结果、舍不得付律师费、表示要砸锅卖铁付律师费、反复讨价还价、没有礼貌、把律师当枪使、交通不便及犹犹豫豫。大多数律师还做不到对委托人挑三拣四，这也不符合律师职业道德。但是既然当事人可以选择律师，那么律师也有选择当事人的权利。对于刚入职的律师而言，如何练就识别"黄金顾客"的火眼金睛需要自己去努力。

在接受委托之前，律师需要有自己的价值规范和行为准则，这一点毋庸置疑，即律师不能仅为赚钱而活。律师不能协助当事人违法犯罪，这是红线和底线。所以，非法业务的委托，如虚假诉讼、协助当事人串供、介绍贿赂等，一定要当机立断，严词拒绝。现实中的选择远比这种大是大非更复杂。当事人在办理委托事项时，通过与律师的交流，当事人比较律师的知识、经验、服务质量、承诺、收费等事项之后再行定夺无可厚非。这是当事人的权利，律师必须尊重。为了取得当事人的信任，有经验的律师一定会在案件诉讼进程、案件处理时间进度、案件处理结果等方面作出基本的预测。这也是合法竞争。为了避免出现当事人与律师的争议，我们提倡在委托协议之外，律师与当事人之间保存谈话笔录。通过谈话笔录记载律师与当事人之间的谈话内容，包括当事人是如何介绍案情的，律师是如何分析和承诺的，都保留客观依据。有了这个谈话笔录，即使出现当事人的无理投诉，律师也很容易为自己辩解以说明情况。律师在承接案件时，需要重点注意：①不得对案件结果"打包票"。当事人是与案件处理结果有直接利害关系的人。律师只是代理人，协助当事人处理纠纷。无论是哪类案件，律师不得对诉讼结果作出"输"或者"赢"的保证。特别是刑事案件的有罪无罪、处罚轻重，与司法机关取得的证据有直接关系，也会受到被告人认罪态度、被害人是否谅解等多种因素的影响。即使水平很高的律师，也不能就具体案件的走向和结果作出绝对保证。通过保证"打赢官司"来取得当事人信任的律师绝对不是好律师。②不得宣称与办案机构或者办案人员有"同事""熟人""校友""战友""亲戚""朋友"等特殊关系去抬高自己的竞争力。一旦当事人提交了记载上述内容的书信、邮件、短信、微信、QQ等书面或者电子证据，不论案件结果如何，律师都会难辞其咎。律师能够给当事人承诺的，就是全心全意履行代理职责，维护当事人合法利益。

律师能够给当事人介绍什么内容来赢得信任，目前法律没有明确规定。在实际生活中，律师可以向当事人介绍如下几个方面的内容：一是自己的身份和受教育经历。这些大多印在名片上。二是所在律师事务所的规模和业务特点。这往往印在律师事务所的宣传资料里，也可能出现在律师事务所墙上的宣传栏里。三是自己的从业经历和有影响力的案件，简称业绩。四是关于争议案件相关的法律规定和司法判例，体现律师的丰富法律知识。五是对案件进展、难点、重点、风险、结果预测等，体现律师的经验。六是收费。律师的自我介绍必须真实，不得虚假和夸大宣传。

在这里还要谈谈"胜诉""败诉"标准问题。有个别律师对当事人吹牛，多少年代理的案件都是"胜诉"，从来就没有"败诉"过。这里实际上涉及如何看待案件的"胜诉"和"败诉"的问题。"胜诉"和"败诉"既有主观的感受，也有客观的标准；既有程序上的过程，也有实体上的结果。没有一个律师会将当事人的诉讼请求或者愿望全部达到"胜诉"状态。从执业律师的角度来看，维护当事人的合法权益，委托人合理合法的主张得到法律的支持，就是代理人尽到了代理职责，就是"胜诉"。赢了该赢的官司，输了该输的官司就是"胜诉"；相反，赢了不该赢的官司，输了不该输的官司就是"败诉"。作为专业的法律工作者，律师在承接案件时就应该有"胜诉"和"败诉"的评判标准。肯定打不赢的官司，建议当事人尽早妥协，把损失和代价降到最低就是"胜诉"；无端挑起纠纷最后两败俱伤，表面上好像得到了某些赔偿，最终耗时费力，对国家、对社会、对当事人本人都是有害无益，就是"败诉"。

二、正确处理与当事人、其他诉讼参与人、司法人员的关系

律师与自己的委托人在诉讼中的目标有一致性，也有差异性。一致性是指当事人的合法权益得到维护，律师尽到了代理职责；差异性就是案件的处理结果不会与律师代理后果有直接关系。这是法律界定案件"当事人""参与人"的主要标志。代理律师在诉讼中是独立行使职责，不是当事人的附庸。律师的观点要基于尊重客观事实和经过质证的证据基础之上，不能凭空妄想，更不得信口雌黄。无论是着装还是行为举止，律师要体现出高素质的专业水准，不能为了"赢得诉讼"不择手段。当律师意见与委托人意见不一致时，律师应该提前与委托人沟通，取得委托人的理解和支持。如果委托人坚持自己的观点，律师原则上应该尊重。例如，民事案件中，原告愿意放弃或者改变诉讼请求，律师只有提示义务，没有干涉的权利。再如，刑事案件中，即使律师认为无罪，被告人为了早日解除羁押而愿意认罪，律师也不得干涉。对于委托人的不理智甚至过激言论，律师有教育和引导义务。

代理律师与对方的当事人因为代理关系而产生利益冲突，是矛盾关系。执业过程中，律师需要与对方当事人洽商，原则上应该提前与自己的委托人沟通，取得许可或者授权。代理关系一旦建立，律师与对方当事人就不得发生其他业务上的合作。

律师与其他诉讼参与人及司法工作人员的关系，在律师职业道德规范中都有涉及。无论是在法庭上还是在其他业务交往过程中，无论自己的意见是否得到其他诉讼参与人的认可，大家都要相互尊重，语言文明，不得把案件中的针锋相对演变为生活中的恶言相向。我们应该是办一个案件，学习切磋一些法律知识，交一批法律上的朋友。律师在与司法工作人员交往过程中，要尊重对方的执业纪律和规范，有证据公开提交，有法律意见书面表达。不通过熟人、朋友打招呼，不私下打听案件审理信息，更不能通过吃请行贿等其他不正当手段影响其公正司法及执法。有亲属在从事律师业务的司法工作人员，要主动向组织进行登记，要主动回避相关案件。律师在承接业务时也需要回避，避免不必要的猜疑和投诉。

三、案件资料保管及收费

根据司法部和律师协会相关规定，各律师事务所都有档案管理相关规定，主要内容是划分律师业务档案的管理责任。在案件承办过程中，承办案件的律师负责自己承办案件的档案管理责任。案件办理终结后一定期限内（一般不超过3个月），承办律师将案卷材料按照卷宗装订相关规定整理好卷宗资料移交给律师事务所。无论是诉讼事务还是非诉事务，除了简易的法律咨询以外，其他都应该有律师的业务档案。档案资料除了封页、目录之外，一般包括委托（指定）手续、主要证据、记载律师办案过程的资料、反映律师意见的资料、主要诉讼文书等。在档案管理过程中，要注意对国家秘密、商业秘密、当事人隐私的保护，要注意卷宗资料的完整性。

整体上看，相对于公、检、法等其他司法机关，律师的档案管理要求是最低的。这也是很多没有经历过公检法等岗位历练的律师在档案管理上的通病。律师办理案件时应该注意案件资料保管。这不是简单的装订卷宗结案的问题。对每位律师而言，卷宗是劳动成果的记载，是个人奋斗的轨迹；对律师事务所而言，卷宗是历史的沉淀，是宝贵的精神财富；对于学者而言，有参考价值的卷宗资料是实证研究的原始标本。以下几点需要引起新入职律师的重视：

第一，谨慎收取当事人原件资料，特别是唯一性的资料。原件资料主要包括当事人的身份证件及其他证据资料。有个别法院规定受理案件时需要提交原告的身份证原件。在这种情况下，最好让委托人同行。提交立案资料时，我们只需要提交复印件即可，像结婚证、房产证、借条、合同、收据、发票等原件由当事人保管，开庭时出示质证即可。律师要养成收取和提交资料留下记录的好习惯。收到当事人哪些资料，是原件还是复印件，需要在谈话笔录或者相关记录中说明。同样，提交核心证据、关键证据的原件给法院时，要向对方索取收件凭证。只有这种程序上的严格要求，才能保证当事人证据资料之安全。随着办公设备的现代化，复印、扫描、照片等多种方法都能够保留证据痕迹，律师没有必要承担保留当事人原始资料的风险。

第二，妥善保管卷宗资料，不遗漏不丢失，信息不外泄。即使是复印资料或者不是唯一资料，律师也要养成分案成册、妥善保管的习惯。看似一个简单的卷宗复印资料，由于案件尚在审理过程中，受到法律的特殊保护。即使结案以后，卷宗中的国家秘密、商业秘密、个人隐私等属性也没有改变。加之传统观念的影响，即使没有个人隐私，很多当事人还是不愿意公开诉讼过程和结果。我们要研究或者引用某个案例资料时必须隐去能够反映当事人真实身份的相关信息，如姓名、身份证号码、家庭住址、联系电话、工作单位等。即使是网上能够公开检测和搜索的生效判决书，一般可以引用文书号或者案号，也不应直呼当事人姓名。

关于律师收费问题，在签署的代理协议中已经有所约定。当事人将代理费缴纳给律师事务所，律师事务所向当事人出具相关票据。笔者在此重点探讨代理协议之外的收费问题。除了公职律师和公司律师是单位发工资以外，社会律师都是自己创收，多劳多得，不劳不得。可以说，社会律师在经济待遇上与个体企业和私营企业无异。正是因为这一点，很多律师的经济压力比较大。也正是因为这一点，有些律师在经济上出了问题。社会律师的身份是否符合贪污罪、受贿罪的犯罪主体要求尚在讨论，但不影响相关个案判决的生效。律师收取当事人的案外费用，行贿司法人员的，构成行贿或者介绍贿赂；假借案件需要骗取当事人钱财，构成诈骗。个别律师原被告通吃，因小失大，悔不当初。

四、不做死磕律师，传递法治正能量

"死磕律师"来源于网络。死磕律师是社会上一些人对某类律师的贬义称谓。有律师将"死磕律师"定义为"叫板、较劲、不通融、不认输，不达目的不罢休的律师"。也有律师自豪地称自己为"死磕"律师。2013年7月，时任北京市司法局副局长吴庆宝在《环球时报》上发表的《死磕派律师更要维护法治社会》可能是最早见诸报端的文章。结合死磕律师的所作所为及社会上的一般看法，死磕律师一般具有如下特点：有崇高的法律信仰，有法律献身精神；具备一定的法律知识，能够敏锐抓住司法机关或者政府的某些违法行为或者线索；不愿意向现实低头，不为困难妥协；夸大或者放大司法阴暗面，让办案机关或者个人无法承受舆论压力而改变做法；思维方式和行为习惯不为当局者所认同。

不可否认，有些案件经过死磕律师的推动，给社会带来了积极的影响。

但是，死磕律师的最大风险就是稍有不慎，就可能走向政府或者当局者的对立面。一旦政府采取措施，无论死磕律师的观点对错，都会影响其执业律师生涯的发展，甚至出现吊销律师执照的结局。

社会鼓励律师通过丰富的法律知识和勤奋的实干精神来维护当事人的合法权益。通过参与各种法律公益活动（法律援助、公益诉讼）传导法治正能量。网络炒作、个案夸大、舆论造势等方法都不是成为"知名大律师"的便捷之门。

课后讨论题

结合所学知识，谈谈"胜诉""败诉"的判断标准。

第九章
法学研究方法与撰写法学论文

【课前导读】

　　现代大学教育的使命不仅要给学生传授知识，更要传授获取知识的方法和能力。从总体情况看，完全依靠大学所学专业知识为未来谋生手段的人并不多。在知识爆炸的今天，获取学习知识的能力更加重要。所以，掌握法学研究方法是法学专业学生的必备技能之一。从法学基础理论或者法学导论开始，我们一般把法学学习和研究的方法融入具体的专业课之中。与此同时，我们还开设了"形式逻辑""法律逻辑"等课程来培养学生的思维方法和解决问题的能力。法律是一门独特的社会科学，学习和研究法律，自然需要有独特的方法。除了死记硬背，法律思维方式、法律表达方式、解决法律问题的方式都是本章重点讲解内容。同学们得记住最基础的一点，无论哪种方式，都是"巧妇难为无米之炊"。只有多看书，多读别人的文章，多思考问题才能发现问题，才能有自己的观点。只要有了自己的观点，把理由说清楚，就是通行的研究方法。把理由有条理地说透彻，就是一篇好的法学科研成果。

　　本章建议课堂讲授2小时，课外撰写案例分析或者小论文2小时。

第一节　法学研究方法

一、法学研究方法概述

　　在非法律专业人士看来，对法律专业的误解主要有两种表现：一种是认为法律就是背法律条文。经常有人说，我不敢学法律，就是背不了那么多的法律条文。另一种就是学法律就是依葫芦画瓢，看看别人怎么判案，学着做就行了。近几年的网络舆情也反映出一个奇怪的现象值得我们深思，即经过法律专业的科班培训，具有多年法律实践经验的司法人员对案件的处理结果最终都经不起社会大众的检验。例如，2006年发生在南京的彭宇案，主审法官从"有无过错""公平责任""人身损害赔偿"等一系列民法基础理论出发作出判决，但无论是判决结果还是说理过程都不被网民所接受，最终是法官颜面扫地背负骂名。再如，2006年发生在广州的许霆案，法官"以事实为基础、以法律为准绳"，精心论证，准确适用法律，一审判处无期徒刑，这个结果让网民大跌眼镜。经过舆论干涉，二审改判为有期徒刑5年。类似的案件还有很多。造成这种低级错误的关键，不是法官贪赃枉法徇情枉法，也不是法官法律水平粗糙，而是法官缺乏社会知识和逻辑知识。"如果一个人只是个法律工匠，只知道审判程序之规程和精通实体法的专门规则，那么他的确不能成为一流的法律工作者。""一个法律工作者如果不研究经济学与社会学，那么他就极容易成为一个社会公敌（a public enemy）。""一个只懂法律的人，只是一个十足的傻汉而已。"[1]博登海默把法律工作者视为"社会医生"，法律教育的目的就是培养这些合格的"社会医生"。

　　作为社会科学之一的法律，当然需要用研究社会科学的方法去征服。改革开放四十多年来，我国的高等学校法学教育也出现了诸多变化。这四十多年，作者完全经历了从学生到老师的演变。"以教师为中心"变为"师生共同探讨"；"以教材为中心"变为"教材和课外读物并重"；"以课堂为中心"变为"课堂与课外并重"；"以传授知识为中心"变为"传授知识与培养能力并重"；"以考试成绩为中心"变为"考试成绩与科研成果并重"；"以学会为中心"变为"以会学为中心"。为此，学习和掌握法学研究方法，值得每个同学去付出。

　　关于中国当代的法学教育，有人认为成功，有人认为失败。中国的法科学生"大多数呈现一种奇怪的知识结构——一方面能对'前沿的'、深奥的东西如数家珍，滔滔雄辩；另一方面不屑于学习基础知识，对基本知识只有单薄的、贫乏的认识。""学生基本上不懂得如何发现法律问题，更谈不上妥当地解决问题。"他们"缺乏对社会、经济、政治的深入理解，更不能把这些角度的思考通过适当的切入点运用到解决法律问题的过程中"。有人认为，法学

---

[1]　[美] E. 博登海默：《法理学：法律哲学与法律方法》，邓正来译，中国政法大学出版社2004年版，第531~532页。

教育与职业教育脱节，读完四年本科、三年硕士、三年博士，还是考不过法律职业资格考试；也有人认为，法学教育培养了一堆"司法民工"，无法培养有思想的法官或者法学家。追根究底，不掌握法学研究方法可能是主要原因。

社会科学的研究方法有很多。传统的研究方法有学理研究、实证研究。学理研究中还可以细分为比较研究、分析推理、辩证推理等。实证研究还可以分为定性研究、定量研究。还有人将法律研究与其他社会科学研究相结合，出现了"法哲学""法社会学""法经济学""法人类学"等。现在也有人用自然科学的方法去研究法律，如沙盘推演、司法实验。互联网进入我们的生活以后，运用"大数据"去研究法律的人越来越多。中国知网、北大法宝等平台为我们收集前人研究成果提供了便利，最高人民法院裁判文书网等平台给我们提供了鲜活的司法案例，所以当下最重要的就是掌握正确的研究方法。

二、学理研究

学理研究也叫学理分析，也有人称之为理论研究。这是所有社会科学通用的研究方法。学理研究有几个前提：一是在同一个哲学体系之下才能作学理研究；二是必须有共同认可的基础概念、基本内涵和基本理论；三是学理研究的目的是推陈出新，古为今用，洋为中用。

法律的学理研究主要表现在：我们学习每一部法律，几乎都要从它产生、发展、演变的历史谈起，都要介绍公认的基本原则和理论，都要背诵基本的概念特征。这些概念构成了该部法律的基础和框架。早在20世纪80年代，法科学生中就流行背法学词典。在不同版本的法律词典中，除了收录的词条略有区别之外，基础的概念都形成了基本定式。例如，部门法、程序法、法人、过错、无罪推定、罪刑法定、国家职权主义、当事人主义、大陆法系、海洋法系。这些概念的内涵和外延基本一致。我们法学学习的过程就是法律基本概念不断积累和增长的过程。通过数年的学习，头脑里的法言法语越来越多，最终养成了法律的思维习惯和语言表达习惯，一个合格的法律人才会诞生。所以，我们的考试基本上是以法律基础概念为中心，名词解释成为考试的主要题型。考一个知识点，就是一道填空题或者判断题；不仅要掌握基础概念，还要回答特征或者构成要件，这就进化为问答题。法律条文与具体案件的结合和活学活用，就是案例分析题。就某一法律概念的来龙去脉讲清楚，基本内容及其演变、社会意义、适用范围、未来发展、注意事项等内容都需要回答的，就是论述题。由此可见，学理研究是法学研究的基础研究。所以，在大一、大二等掌握基础知识的阶段，必须打下坚实的理论基础，在理解的基础上多背概念，准确把握主要法言法语的基本内涵，为后续研究奠定基础。

比较研究是理论研究的一种。常见的比较有中外比较、古今比较，还有不同法律关系比较及不同学科比较。研究腐败，不仅要了解我国《刑法》等法律关于腐败的规定，还要了解我国古代是如何对待腐败的，国外一百多个国家和地区是如何对待腐败的。等我们把这些都掌握了，北欧国家为何清正廉洁，美国为何要出台《反海外腐败行为法》，非洲一些战乱国家为何始终是腐败缠身，《联合国反腐败公约》有何特点及不足，这些问题都会迎刃而解。比较研究的特点就是全方位多角度比较，明确各自的特点或者优缺点，从而相互借鉴和学习，加快世界法律界的融合。比较研究也有缺点和难点。由于各国的政治、经济、文化、宗教环境不完全一样，我们比较的对象可能不在同一个经纬度。标准不统一，经过比较得出的结论可能与实际情况不符。"橘生淮南则为橘，生于淮北则为枳。"收集真实、完整的资料也是比较研究的基础工作，需要脚踏实地同时还耗时费力。这些都在考验做学问的耐心。

分析推理（Analytical Reasoning）就是运用归纳法、演绎法和类推法来解决法律问题的研究方法。归纳法，也叫归纳推理（Inductive Reasoning），它是从许多个别实例中获得一个具有概括性的规则。这种方法主要从收集到的既有资料，加以抽丝剥茧的分析，最后得出一个概括性的结论。归纳法是从特殊到一般，优点是能够体现众多事物的根本规律，且能体现事物的共性；缺点是容易犯不完全归纳的毛病，现象与本质相混淆，或者把表象的东西看成了本质。演绎推理（Deductive Reasoning）是由一般到特殊的推理方法。演绎推理有三段论、假言推理、选言推理、关系推理等多种形式。运用演绎推理，首先要正确掌握作为指导思想或者依据的一般原理、原则；其次要全面了解所研究的问题的实际情况和特殊性；然后才能推导出一般原理适用于特定事物的结论。演绎法与归纳法的主要区别在于：①归纳是从个别的特殊的事物推出一般的原理和普遍的事物，演绎正好相反。②演绎法是一种必然性推理，其结论的正确性取决于前提的正确性。归纳法则不一定是必然性推理，而是一种或然性推理。前提正确，结论不一定正确。③归纳的结论超出了前提的范围，而演绎的结论则不会超出前提断定的范围。要解决一般思维无法解决的难题，可能需要不断交替运用归纳法和演绎法。为了提高归纳推理的可靠程度，需要运用已有的理论知识，对归纳推理的个别性前提进行分析，把握其中的因果性、必然性，这就需要用到演绎推理。归纳推理需要依靠演绎推理来验证自己的结论。与演绎推理一般到特殊的推理和归纳推理特殊到一般的推理不同，类推可以被描述为从一种特殊到另一种特殊的推理。类推法是指通过不同事物的某些相似性类推出其他的相似性，从而预测出它们在其他方面存在类似的可能性的方法。事物发展有各自的规律性，但其间又有许多相似之处。采用类推法，我们可以从已经发生的事物出发，预测未来发生事物的发展过程和特征。

辩证推理（Dialectical Reasoning）又称实质推理、实践推理，它是指当推理的前提为两个或者两个以上相互矛盾的法律命题时，运用科学的方法和规则，借助于辩证思维从中选择最佳方法去解决法律问题的方法。亚里士多德指出，我们在列举理由的时候既可以诉诸民众或者大多数人的一般意见，也可以倾向于依赖社会上最负盛名和知识最为渊博的人的观点。通过辩证筛选程序，就可以找到一个可被接受的结论。辩证推理主要适用于法律没有明文规定，或者虽有明文规定但该规定过于原则模糊，或者有两种以上的相互矛盾冲突的规定，或者是法律虽然有规定但出现了新的事物，适用这一规定明显不合理等情形。辩证推理的作用主要是为了解决法律规定的有限性、滞后性和客观世界的复杂性而引起的疑难问题。它必须建立在事物多重属性之间的辩证关系这样一个客观基础之上。辩证推理反映出推理者的哲学思维。

学理研究是传统的研究方法，也是每个法科学生都必须掌握的方法。"在图书资料基础上，注重对原始资料（如立法和案例法）和二手资料（如法律字典、教科书、学术文章、案例摘要和法律百科全书）的解读和分析的学理研究被视为最公认的研究范例。"[1]但这种从概念到概念、从理论到理论的研究，容易让学生产生一种错觉——"天下文章一大抄，看你会抄不会抄。"过分突出学理研究，削弱学生感知真实司法世界的兴趣，写出来的论文都是

---

[1] 麦高伟、崔永康主编：《法律研究的方法》，中国法制出版社2009年版，第43~44页。

"纸上谈兵",空留一堆文字垃圾。

三、实证研究

实证研究法是认识客观现象,向人们提供实在、有用、确定、精确的知识研究方法,其重点是研究现象本身"是什么"的问题。实证研究法试图超越或排斥价值判断,只揭示客观现象的内在构成因素及因素的普遍联系,归纳概括现象的本质及其运行规律。实证分析"就是往返法律的应然与实然之间的研究,就是典型和不典型法律现象的归纳过程,就是量化分析方法在法学中的应用"。[1]实证研究法的目的在于认识客观事实,研究现象自身的运动规律及内在逻辑。实证研究法对研究的现象所得出的结论具有客观性,并根据经验和事实进行检验。正因为这些"高大上",实证研究成为法学硕士、博士论述问题时最流行的一种方法。它不需要重大的理论知识和原理支撑,也不需要翻阅古籍引经据典,只需要收集我们生活中一个又一个故事,把它们转化为一个又一个数据。然后根据这些数据去分析,得出想要得出的结论。

实证研究法通常有四个步骤:首先,确定所要研究的对象,分析研究对象的构成因素、相互关系以及影响因素,搜集并分类相关的事实资料。其次,设定假设条件。运用实证研究法研究问题,必须正确设定假设条件。再次,提出理论假说。假说是对于现象进行客观研究所得出的暂时性结论,也就是未经过证明的结论。假说是对研究对象现象的经验性概括和总结,但还不能说明它是否能成为具有普遍意义的理论。最后,验证。在不同条件和不同时间对假说进行检验,用事实检验其正确与否。检验包括应用假说对现象的运动发展进行预测。随着研究方法的更新进步,越来越多的实证研究不再拘泥于这种固定程序,而是简化为选取样本收集信息,通过分析研究对象的共性和个性,找出规律。

实证研究的难点在于样本的代表性和假设的准确性。选取样本的范围越大,跨度时间越长,我们就越能发现其中的规律。不管是主观或者客观原因,只要样本不具有代表性,结论和假设的参考价值就不大。

在具体的案件中,法学研究的方法不会是单纯的学理研究或者实证研究。

---

[1] 白建军:《法律实证研究方法》,北京大学出版社2008年版,第14页。

大多数情况下，我们不仅要采用这两种方法，还要采取其他方法，特别是运用经济学、社会学、人类学的研究方法。在政治与法律密不可分的中国，政治学的研究方法同样适用于法律领域。

第二节 撰写法学论文

一、从"豆腐块"到"长篇大论"

受教育的表现不仅是知识丰富，而且还表现为"思维敏捷""出口成章""能说会道""温文尔雅"，等等。高等教育的目标就是培养社会主义事业的接班人。在实际生活中，哪个行业的接班人都需要具备发现问题、解决问题的能力。反思能力、思考能力、总结能力、表达能力等，这些都是高等教育中需要培养的能力。法学专业的本科生大多突出的是背诵和理解能力；到了研究生阶段，突出活学活用能力和自我研究、创新能力。随着学业程度的深入，考试成绩占综合考评的比例在下降，创新和科研成绩的比例在逐步上升。到了博士阶段，几乎很少有课程考试，更多的是个人科研成果和科研能力。

法律是一门实践性非常强的社会科学。我们从大二开始就要突出学生的创新和实践能力。任何人的科研都有一个从量变到质变、从低级到高级的过程。刚开始写一些回答"读者来信""案例分析""法学知识介绍"等"豆腐块"文章，慢慢地开始写专业论文，最终蜕变为行业大咖出版专著。中国人民大学法学教授、博士生导师何家弘在写专业论文的同时，创作了多部"犯罪悬疑小说"[1]，并被翻译为多种语言在国外出版，也不失为"墙内开花墙外香"的典范。法学专业的科研成就不应该仅包括专业论文。法律方面的诗歌、散文、小说、相声、小品、电影电视剧本等，凡是包含法律知识、能够起到教育、警示作用及普法作用的作品都应该是法学智力劳动的结晶，受法律保护。在具体培养方案中，明确了接触社会的司法实习，理解和掌握法律知识的学科研究。其中，"学科论文""学年论文""毕业论文"最为普遍。本章重点介绍如何撰写法学专业论文。

---

[1] 如《血之罪》《性之罪》《X之罪》《无罪贪官》《无罪谋杀》等。

尽管社会舆论对毕业论文的必要性提出了怀疑，但大多数高等学校的教学计划仍然把撰写毕业论文看成是专科、本科、硕士、博士等不同学位毕业生在课程设置上的必经环节，也是毕业生走出校门前的最后一项比较重要的教学活动。从作者从教二十余年的经历来看，虽然毕业论文把部分学生折磨得寝食难安，毕业论文对求职和在工作中的效果也不明显，但官方和教师从来就没有否认过撰写论文的必要性和重要性。相反，大多数人认为，撰写专业论文的技能应该是高等教育的标志之一。我们不应该等到大四快毕业了才关注写论文，而应该在每学年的教学中也尝试撰写学年论文和学科论文。撰写毕业论文是一次全面检阅毕业生学习成绩和进行学科训练的标志性作业，也是一个锻炼收集材料、分析材料和创作能力的过程。与一般学位课程相比，撰写毕业论文具有时间长、投入高、阶段性强、学分多等特点。对于把提高教学质量作为学校教学改革首选的学校来说，毕业论文水平高低成为检验毕业生水平高低的主要标志。在大多数高校和科研机构中，硕士、博士的毕业要以发表相关专业论文作为参与答辩的前提。为此，撰写专业论文是进入高等学府之后所有大学生面临的基本技能。也可以说，法学专业从事科学研究的主要表现形式就是撰写法学论文。

在开始撰写法学论文之前，我们需要检讨法学专业进行论文写作的必要性认识。有些人四年大学结束，除了毕业论文是"赶鸭子上架"之外，没有动手写过一篇完整的文章。个人思想上还有诸多理由：有的人认为写论文是"文字游戏"，"天下文章一大抄"；还有"写论文是开卷考试，容易过关""找工作不用看论文"等诸多借口。有这种思想的人，必然在行动上表现为消极对待，"不求优良，但求及格"。写出的文章也大多是文不对题、滥竽充数。另一种不良心态就是过于小看自己的能力，不敢动手写论文，情绪焦虑，思想负担过重。

写好专业论文的前提就是要解决认识上的问题，具体表现为：

第一，要明确写作目的。撰写专业论文是检验学生理论学习水平的掌握程度，特别是资料收集能力、材料处理和运用能力、文字表达能力、思维能力、分析问题和解决问题能力。好的论文一定具备如下几个标准：在内容上，能够综合运用所学理论与本专业知识，分析、解决实践中存在的问题；在文章的结构上，层次分明，结构严谨，中心突出；在行文表述上，语言通顺，文笔流畅；在材料运用上，真实可靠，对他人资料和意见能够进行客观鉴别、加工和整理。所以，尽管任何一篇专业论文不可能涉及本专业的全部知识，但通过文章，我们可以管中窥豹，了解学生的基本专业知识和综合素养。事实证明，撰写专业论文的能力，也是伴其终身的能力。好的文字功底和优美的书面表达能力，能够让人鹤立鸡群，使人刮目相看。

第二，要有严肃认真的态度。撰写论文的过程，既是一次专业知识的总复习，也是一次重要的综合训练。不仅毕业论文的成绩要记入个人成绩档案，而且论文和答辩过程记录也要存档。优秀的毕业论文还可以发表，供别人参考和学习。有独到见解的方案还可以为社会或者他人所借鉴。所以，写作态度一定要端正，如主动与指导教师联系，认真听取指导教师意见；引用他人资料，一定要标明资料来源；按时完成写作计划；按照要求打印和装订等。有些学生平时不抓紧，将别人资料简单堆积后交给老师就算完事，连标点符号都需要指导老师去校对和更正；格式不符，错别字多，语句表达不符合基本语言规范。像前面提及的这些问题都是作者本人不认真的表现。

第三，调整心态，确定合理目标。由于个人水平和选题的限制，不是所有的论文都能达到发表的程度，学校和指导老师也不会要求每篇文章都要填补理论上的空白或者给国家节约多少成本、产生多少利润。撰写论文是学习写作的一个环节。写作的过程本身就是学习的过程。这种学习的方法与以前的专业课都大不相同。通过论文写作，我们可以掌握收集和处理材料的方法，比较不同论点之间的区别，如何去说服读者同意自己的观点等。所以，写作中有困难是正常的，修改数次仍不满足要求也是在所难免。只要尽了自己的最大努力，写出了个人的最高水平，不管结果如何，都可以让人理解和接受。

二、撰写法学专业论文的几个步骤

撰写法律文章一般要经历确定题目和写作方向、收集资料（找根据和理由）、完成写作过程（运用资料，分析解决问题）、修改和定稿、推广应用等几个步骤。

（一）选择适合自己的题目

论文的题目是关系论文成败的第一关。看人先看眼，看文先看题。标题好，能激起读者阅读的渴望，不看是一种遗憾；标题好，犹如画龙点睛，与文章形成合力，达到宣传目的。在论文题目上，学生有较大的选择余地。正因为如此，有些同学在选题上左右为难，不知如何是好。出现这种现象的主要原因是学生平时学习积累和思考不够。如果平时缺乏对某个问题的关注程度，脑袋里是一片茫然，那就只好等待老师的命题作文。客观上说，题目没有好坏，但具体到不同的作者身上，就有斟酌的余地。恰当的论文题目离不开一定时代的社会需要和作者的具体条件。在选题上，要注意以下几个方面：

第一，所选题目应该符合社会发展需要，具有研究价值。严格地说，所有的学术课题都有可研究的价值。但是，由于学生研究能力的限制，要想在一些专家、学者已经取得重大进展的课题上有所突破创新，还是有一定的难度。只有选择具有现实意义的题目才能写出水平和特色。一般情况下，我们可以考虑对国计民生有重大影响的题目、社会热点题目、改革难点题目和亟须引起社会重视的题目。可以借古论今，也可以借外鉴内。我们不提倡学生选择一些刁钻古怪或者社会已经认同的题目。同学们在选题前一定要多看报纸、电视及专业杂志和著作，看政府工作的重点、社会关注的热点和专家讨论的难点。即使是研究历史或者文言文，也都有它的社会意义。选任何题目，都需要简要介绍选题背景和意义。

第二，所选题目、内容大小适中。题目的大小与作者思考问题的角度和分析水平有直接关系。选题太大，资料容易收集，但内容和结构难以把握，分析问题不可能深入。例如，有的同学将本科毕业论文题目定为"犯罪构成研究""论共同犯罪"等。这种题目下，经常是把论文写成了普法读物或者教材，文章没有深度。选题太小，资料难以收集，不仅不能满足毕业论文字数的要求，而且多半是闭门造车，完全是"另立新说"。写作的过程很痛苦，痛苦的结果还很难被别人接受和认同。这种状况下写出的论文基本上没有注释，没有参考资料。我们不反对作者独创一说，但任何观点和理论都应该以基础理论或者社会认同的知识为前提。

第三，选择自己熟悉或者感兴趣的题目。自己不熟悉或者不感兴趣的问题，虽然可以通过论文的写作过程达到熟悉的程度，但勉强的结果是不知道材料如何收集，论文结构布局不合理，写作容易走入歧途。作者费九牛二虎之力，也难以有自己的见解。选择题目时，作者一般应该了解所选题目当前的研究现状、出现问题的症结所在和解决矛盾的方法。只有经过深思熟虑，才能有自己独到的见解。建议同学们在选题时考虑自己将来从事的工作或者报考研究生的方向，收集资料和写作的过程，实际上也为以后的工作和考试做准备。一箭双雕，何乐而不为呢？在选题时，学生可以选择课本上没有的内容，也可以超出老师讲授的范围。法学文章，大多需要发现或者总结问题，"无问题则无文章。"

（二）全面收集、整理相关资料

材料是形成论点的基础，又是证明论点的论据，因而它是决定论文成败的第二关。有些平时注意积累资料的同学在选题时已经掌握了一定的材料；也有的同学是先定题，然后根据题目查阅资料。无论是哪一种情况，论文写作过程都离不开资料的收集和运用两个环节。只有收集了大量的写作资料，论文才能"论"起来。

从性质上分类，论文中运用的资料不外乎理论资料和事实资料两种。下面就这两种资料的收集作一些提示：理论资料是提升论文理论水平的主要依据。理论资料越多，文章可能越有深度。缺乏理论资料，论文可能变成"工作总结"。理论资料包括历史伟人的论述、历代政权的做法、当代主要观点及其根据等。简单地说，收集理论资料就是弄清楚论文中讨论的问题在古今中外是怎样的一种状态，包括历史沿革、主要观点、学术流派及当代思潮。除了极少数作者独创的理论以外，任何一种观点都或多或少地存在着相关的资料。如果不了解别人的观点、不掌握相关的资料，自己闭门造车、冥思苦想的结果可能是别人在几十年甚至几百年前说过的话。如果先看到别人的观点，就可以对比、反思，站在别人的"肩膀"上看问题，无论是结论还是理由都自然会上一个层次。事实资料是论文主题现实生活的载体，也是客观论证、客观验证主观的证据。在实用主义盛行的今天，事实资料的说服力胜过任何理论。再好的理论也需要由事实来检验。我们所说的"实践是检验真理的唯一标准"就是这个意思。事实资料可以反映群众意见、问题严重程度、作用大小、存在的实质意义等。事实资料可以是数字，也可以是具体案例或者统计分析等。在好的论文中，一般都要理论资料和事实资料相互印证、相互补充。所以，收集资料是写作论文的必要过程和环节。有良好学习习惯的同学，可能在大一就已经做了相关的工作，平时看书读报中做的读书卡片在关键时刻就能发挥作用。我们在收集资料时要尽可能全面，切忌"以偏概全""一叶障目,不见泰山"。对收集的资料一定要考证其可信度和真实性,不加甄别的"以讹传讹"定会闹出许多笑话。学校所强调的在写作论文之前要完成文献综述就是要求指导教师检查学生收集资料的全面性和准确性。只有充分了解了他人的观点,掌握了基本数据和资料,我们的文章才能"有骨有肉,活灵活现"。

在收集资料时有一个问题必须要明确,即如何利用网络和如何尊重他人知识产权的问题。现在网络比较普及,所以"足不出户"就可以"网罗天下"。利用网络收集资料时要注意资料的来源和真实性。很多小网站的文章"事实虚构""过程离奇""结论荒谬",连作者的名字都是"人猿泰山"。即使是有水平的文章,也切忌大段抄袭。作品侵权不是水平问题而是人品问题。确实需要引用他人观点或者材料的,应该通过注释等方式声明。对别人引用的资料,最好求证原文或者原件,不要以讹传讹。

经常有学生问一篇好的文章到底应该引用别人的多少资料才合适。这个问题很难用数字来回答。即使对专家而言,也不可能不引用别人的资料。但引用资料的多少历来就没有定论。从形式上说,引用他人资料在文章中不超过10%~30%为宜。引用他人资料,读懂原著,了解作者观点,不能断章取义;注明资料来源,尊重他人成果;案例真实,数据准确,忌主观臆断、闭门造车;收集有影响力和说服力的资料,慎用无出处、无作者的资料;准确记录资料来源;鉴别资料真伪,避免以讹传讹。任何论文,都不能出现别人观点多多、作者观点寥寥的情况。别人的资料是为我们服务的,而不是推销别人的理论。

运用所收集的资料完成"文献综述"是结束第二阶段任务的标志。从字面上理解,"文献综述"就是要把收集到的资料消化吸收后进行总体概括,完成"国内外研究现状"的撰写工作。通过介绍国内外研究现状,给读者一个相关知识的起点平台。

(三) 合理布局,精心设计

专业论文的类型大体可以分为立论和驳论两种。所谓立论,就是作者先提出自己的观点,然后运用各种材料和证据,论证自己观点的正确性。有些作者把自己的观点放在文章之后,也是立论的一种。驳论是指出一种观点然后逐层批驳和论证,指出其危害和错误的根源,最后达到论证自己观点正确的结果。从古至今，运用这两种方法的文章不胜枚举，大多数同学在高中课文中就已经见识过。在实际写作过程中，立论和驳论两种方式可以同时出现，关键是文章的结构和布局。这就是我们经常谈到的写作提纲。

写作提纲大多数在选题时已经决定了，但写作过程中也可适当调整。在确定写作提纲时，我觉得有几个问题需要注意：首先，多少个小题目合适？这个问题的答案，取决于文章的长短和选题的角度。一般情况下，一个本科毕业论文题目中应该包含3~5个小问题，不宜太多或者太少。如果文章的小题目太多，每个问题都是"蜻蜓点水"，则论述没有深度；小题目太少，那么文章的层次和结构就不明显。其次，要注意各小题目之间的逻辑关系。为了表明文章的层次性，我们一般用"一二三四"来表示。在每个"一二三四"里，又有若干个"（一）（二）（三）（四）"和"1234"。毛泽东同志带头反对按照"党八股"方式写文章，批评所有老式的文章都是"甲乙丙丁，开中药铺"，但并不反对文章的层次和结构。这些小题目并不是散兵游勇各不相干，而是围绕一个大主题或者总论点组成一个体系。各小题目之间，可以是并列关系、递进关系或者其他关系，但切忌交叉、重复或者彼此之间缺乏关联。我们不求作者把涉及论文主题的每个问题都论述透，但既然选择作为文章的二级小题目，就应该能够成为小论文。研究生的毕业论文就可以拆成数篇论文。最后，要保证行文过程中各小题目的协调和比例，不要写成"大头小尾"或者其他畸形的文章。由于内容和资料的不同，我们很难做到每个小题目论述的字数绝对相等，但从文章的整体结构而言，应该保持总体的平衡。对于一篇一万多字的本科论文，每个小问题的论述保证在2000~3000字比较合适。绝对不能出现论述一个问题用了1500字，论述另一个同层次的问题用了5000字。如果出现这种情况，说明我们确定的提纲有问题，应该重新调整论文的结构。

写专业论文是个蜕变和升华的过程。我们今后的任何一种工作，都可能涉及论文写作技巧。起诉书、代理词、辩护词、判决书、上诉状，哪个法律文书都是一篇活学活用的法律论文。

（四）修改和定稿

修改论文不是写作过程的必经环节。有些小论文，作者有感而发而一气呵成，最原始的状态也许是最好的。但对于大多数论文而言，完成初稿后我们需要回头看看，是否与当初的想法相同或者接近，该表达的是否都表达出来了，主要观点和理由是否还有遗漏。这就需要我们多次修改论文。通过一次或者几次修改，一篇好的论文必然要具有以下几个判断标准：一是观点是否明确和突出。批驳别人的观点也好，立自己的观点也罢，作者想说什么必须非常明确。不能让读者从头看到尾之后，对于作者想表达什么依然不知所云。作者观点可以标新立异，可以别出心裁，但必须符合法学的基本原理和公认理论。违反基础知识的"语不惊人死不休"不值得提倡。二是文章的结构和层次必须清晰。文章总共写了几个问题及各个问题之间是什么关系，都必须非常清楚。解决现实问题的论文，应该是提出问题，总结危害，找出原因，提出对策。这个顺序不能颠倒。至于作者是把问题、危害、原因、对策分章论述还是问题、危害、原因、对策放在一章中，没有固定的模式。三是论证必须充分。论证充分就是说理要透彻，要让读者心服口服。问题、危害及表现形式找得要准，原因分析和措施要切中要害。不能因小失大，一叶障目不见泰山。四是资料翔实。长篇大论的论文，必须有参考资料和注释。参考资料的时效性和水平决定了作者论文的水平。引用他人的资料，必须有完整的出处；文章的数据，必须有可信的来源。一般来说，有纸质来源的，不要写网络来源；有官方数据的，不要用民间数据；有一手资料的，不要用传来资料；引用他人资料，一定要读懂作者原意，绝对不能以讹传讹。

文章定稿以后，我们可以按照写作意图或者根据文章的篇幅、内容和质量来进行投稿和使用。为了提高命中率，笔者在这里有几条建议供参考：

写论文的目的不一定就是为了发表，但对于大多数人而言，看到自己劳动成果变成了铅字刊印在报纸、杂志、网络上，内心的小激动还是避免不了的。成就感油然而生。如果引起读者共鸣、被他人引用，自豪感会再一次爆棚。如果再有一点稿费，任何辛苦和付出都忘却在脑后。对于一个法学入门不久的学生而言，后两者不能强求。但作为各类评优评奖的核心材料，作为求职的自我光环，专业科研给作者带来名利双收的效果是肯定的。所以，大学四年也好，研究生三年也好，对每个同学的时间是一样的。越早开始专业科研，出成果的概率就越高。

为了提高文章的投稿命中率，也有捷径可走。首先，可以在阅读相关报纸杂志的基础上去选题。我国现有各类期刊近万种，学术理论期刊 5000 种左右，分为一般期刊、核心期刊和权威期刊。大部分是一般刊物，核心期刊各个学校划分不一样，大约有二百多种，权威期刊最少，约有几十种。公认的法学核心期刊有《中国社会科学》《新华文摘》《中国法学》《中外法学》《法学研究》《法商研究》《法学家》《现代法学》《清华法学》《法律科学》《政法论坛》《行政法学研究》《知识产权》《法制与社会发展》《政法论丛》《法学》《政治与法律》《法学评论》《法学杂志》等。对于法学而言，其他专业期刊也可能有相关专业法律的栏目，如体育期刊有体育法律法规解读，教育报有教育法、义务教育法、高等教育法、继续教育法等诸多内容。各地还有不同发行范围的法制报。各类早报、晚报也会报道法治相关新闻和案例。我们可以在阅读这些报纸、杂志的时候，重点关注该报纸杂志以往刊发的文章、正在收集和谈论的文章。结合这个主题进行相关创作，稿件极具时效性和针对性，被采用的概率就很大，特别是日报类的报纸，对稿件需求量大。经常周末加班赶的稿子，周一、周二就能见报。

从文章长短篇幅来看，报纸一般稿件为 2000 字左右。只有《人民日报》《光明日报》《法制日报》的理论版，才可能用 5000 多字的论文。杂志上发表的专业论文大多数都是这个篇幅。

附件一　网络查询相关法理资料的网站汇总

1. 北大法宝（http://www.pkulaw.com/）

"北大法宝"是由北京大学法制信息中心与北大英华科技有限公司联合推出的检索平台，具有高校背景。北大法宝是中国最早的法律数据库。特点如下：①应该是国内运营历史最久的综合法律数据库之一；②内容版块种类庞杂，除了法律法规，还有视频、英文、培训、行政处罚、法律考试、银行专题、检察文书、刑事法宝、IP 法宝，等等。

2. 法信（http://www.faxin.cn）

法信是最高人民法院下属人民法院出版社运营的平台，由人民法院出版社建设运营，具有最高法院官方背景，2016 年先在法院内网上线，2017 年才对社会公开，目前绝大多数法院都在配置使用这个平台。特点如下：①汇聚了大量在其他法律数据库很难检索到的最高法院裁判规则、司法观点、法条理解适用和审判指导参考图书，很明显重点是针对法官办案提供知识服务。

②有一套被称作"中国钥匙码"系统的庞大法律知识体系——法信大纲，利用这个大纲可以从海量法律文献中进行专业检索导航。法信的"案例要旨库"几乎囊括了最高法院和法院系统各个渠道发布、出版的案例要旨和裁判规则，可以用各种维度筛选检索。法信"法条释义功能"把全国人大法工委对法律条文的立法释义、最高法院对法律条文的理解适用还有权威专家学者的理论著述，都拆解到具体条文并和法条超链在一起，可以对照使用，但是这个功能藏得比较深，有时会注意不到。法信"类案检索"包含民事、刑事、行政，案由的各种大数据分析维度做得很专业。在检索类案时会先推送最高法院指导案例、公报案例、审判参考案例、人民法院案例等案例；类案检索的维度会通过法信码和具体的法律条文、法律观点、法学论文相互关联。

3. 威科先行（http://law.wkinfo.com.cn/）

威科先行法规数据库是荷兰威科集团旗下专为中国市场打造的一款专业的法律信息查询工具。威科集团1836年起源于荷兰，在法律、商业、税务、会计、金融、审计等领域提供法律内容和技术服务。特点如下：①威科先行法律法规库的分类筛选标签和检索做得不错；②威科先行针对律师的实务模块比较有特色，把问答、案例、实务、指引打包提供服务：包括境外投资、反垄断合规、反商业贿赂、劳动法实务、网络安全合规、税法合规、金融合规实务等，借鉴了很多国外数据库的做法。

4. 律商网（http://hk.lexiscn.com/）

律商网也是由一家国际知名的法律内容和技术服务商LexisNexis©（律商联讯）集团建设运营的法律数据库。特点如下：①律商网和威科先行有近似之处，都有外商背景，服务群体都比较偏向专业领域的律所律师，在劳动法、公司法、合规、并购、财税方面推出了很多实践指引工具；②双语法律数据库是为中国法律市场度身定做的实务性中英双语法律数据库，英文法律翻译版本有中英文对照功能，法律翻译的质量有一定口碑。在线图书馆中有较多的英文法律图书，费用不菲。

5. 无讼网（https://www.itslaw.com/hainan）

无讼网是北京天同律师事务所孵化的一个无讼科技公司所开发的，创始人为蒋勇。特点如下：①大部分资源是免费的，知识版块收录了一些法律资讯网站的新闻和微信公众号的文章；②律师名片功能是无讼的一个亮点。

6. 理脉（http://www.legalminer.com/）

由北京公富信息技术公司开发的法律科技网站，和无讼相似，也是律师事务所孵化出的涉足法律科技的公司，创始人为涂能谋。特点如下：除了基本的法律和案例检索，理脉最明显的特点是对中国裁判文书网的公开数据作了深度挖掘和加工，如机构、法院、法官、律师、律所板块等。

7. Alpha 法律智能操作系统（https://alphalawyer.cn）

Alpha 是北京新橙科技公司 iCourt 旗下的一款律师 OA 系统，此系统内的数据库支持部分案例、法律的检索。iCourt 是一家主要做律师执业培训的企业。特点如下：Alpha 法规数据库是伴生在 Alpha 的 OA 系统中，主要提供案例和法规的检索，可以检索到威科先行的法律数据库，亮点是可以检索微信中的文章。

8. 中国知网（http://law.cnki.net/）

中国知网，由同方知网（北京）技术有限公司开发，是一家主要做期刊文献数字化服务的公司。特点如下：①知网最大的优势是法律类的期刊收录得比较全面，更新及时；②知网也提供法律、案例的检索，但是与北大法宝、法信这类专业数据库相比，在资源规模、分类容量和检索功能方面还有不小差距。

9. 法律家（http://www.fae.cn/fg）

法律家是由法律家科技（北京）有限公司研发的网站。特点如下：法律家法律法规库的检索功能很单一，主要是对案例进行标准化格式的编写，提炼案例规则后，提供给高校、法学院，为其提供在线教学案例库。

10. 法律之星（http://law1.law-star.com/）

法律之星是由北京中天诺士达（法律之星）科技有限责任公司开发，也是国内一个历史比较久的法律检索系统。特点如下：主要以法律法规检索服务为主，中外经济和科技协定数据库算是一个特色。

11. 中国裁判文书网（http://wenshu.court.gov.cn/）

中国裁判文书网是最高人民法院开发的专门的裁判文书公开的网站。优点是作为官方网站，数据应该是最全的；不足就是速度很慢，下载或者查阅的篇数多了还要输入验证码，比较麻烦。

12. OpenLaw（http://openlaw.cn/）

OpenLaw 裁判文书检索除了智能检索框外，还提供三种检索方式：按分类检索、按当事人检索、按法院检索。

附件二　常用法律类官网

1. 最高人民法院官网（http://www.court.gov.cn/）

功能亮点：①最高人民法院官网不仅可以查询一些最新资讯，还可以查询司法文件、司法解释、指导案例等；②关键还有许多实用的涉诉信息查询窗口，如裁判文书网、执行信息公开网、最高人民法院数字图书馆、最高人民法院公报数据、企业破产重整案件信息网等，资源非常丰富，多使用、多探索、多挖掘一定会大有收获。

2. 中国法院网（https://www.chinacourt.org/index.shtml）

功能亮点：中国法院网是官方网站，其信息权威自不必说，关键是要查诉讼、执行、破产清算、拍卖的法院公告在这个网站上都有链接。

3. 人民法院报官网（http://rmfyb.chinacourt.org/）

功能亮点：查每一期的人民法院报，人民法院报官网还有公告查询入口。

4. 中国人大网（http://www.npc.gov.cn）

功能亮点：全国人大的官网可以帮助法律人查到历年全国人大的公报和重要法律的释义。

5. 人民检察院案件信息公开网（http://www.ajxxgk.jcy.gov.cn/html/index.html）

功能亮点：在人民检察院案件信息公开网上可以查询到检察院公开的法律文书，包括起诉书、抗诉书、不起诉决定书、刑事申诉复查决定书等。

课后思考题

结合法律文书写作和本章内容，谈谈法律文书与科研论文的主要区别。

后 记

　　选择《法律实务专题研究》作为申报学校优质研究生课程建设题目，是因为有许多话想说。可是，真正完稿写后记的时候又不知道该从哪里下笔。当本书即将交付出版社的时候，正是我主讲的研究生课程——《刑法与刑事诉讼法原理及实务》《电力企业法律实务》两门课程结业之时。同时也正在指导大三的法学本科生开展"刑事审判观摩和模拟法庭"实践环节。本书交稿，首先是一种精神上的解脱。两年前不顾个人时间、精力、能力限制，不顾与年轻人争"口粮"的指责，义无反顾地申报了这个题目。当时的真实想法是给自己找个压力，把多年想说的想写的变成文字。签完协议以后才发现，有限的几万元资助经费对拖延症毫无作用。电脑里有 N 篇法学论文和时政文章还躺在那里。有的刚刚起了个头，有的已经搭好了骨架，就是没有动力去完成。我上大学的时候，对那些"学富五车""著作等身"的大家很是仰慕，幻想自己也成为那样受人尊敬的人。选择了高校教师这个职业以后，刚开始还能笔耕不辍，每年都能有些文章发表。但解决完职称以后，写作的动机"灰飞烟灭"。夜深人静的时候，我也反思自己。唯一觉得对不起的，可能就是没有让我的学生沾到我名气的光。事实上，除了在本校以外，我可能根本就没有名气。

　　一个人是否有名气，可能是上天注定的。它首先取决于你生活的年代。当下有些网红，为了出名不择手段。要是早生四十年，某些网红可能淹死在老百姓的唾沫星子里。出生在 20 世纪 60 年代的处女座，天生就不希望自己成为社会关注的焦点，特别是不愿意被八竿子打不着的网友关注。2016 年的某个时候，某个刚刚走出校门第一次参加工作的博士用了我的头像在课堂上开了一个玩笑。第一道考试题就是让学生从给定的四个照片中选择主讲老师。

选错了扣 50 分，选对了不加分。本来是一个让学生认识上课老师而开玩笑的事，被学生发到微信朋友圈之后，由于真假难辨导致网上疯传。这些消息真的假的我不知道，但至少找我本人求证的亲朋好友确实很多。那位开玩笑的博士也多少受到了一些影响，好在现在几乎都平息了。回想自己的经历，在三十多年的司法实务中，还是经历过稍加炒作就可以扬名的案件，如发生在 20 世纪八九十年代的国际列车抢劫案，共抓获犯罪嫌疑人近百人，最终判处死刑的也有两位数。我参与辩护的案件，其作案过程和侦破审判细节还历历在目，静等退休后变成文字。再比如某律师碎尸杀人案，由于我们辩护律师的努力，改变了当时主流媒体的一片"喊杀"之声。某报纸最终开辟专栏，讨论关注心理健康。我也有被记者堵门的时候，也有报纸专栏的专访。当时婉言谢绝的唯一理由是要为当事人保守秘密。放弃了写作成名，也不完全是因为懒惰。没有一个人觉得我行为怪异或者精神有问题。但与其他教授相比，我可能真是一个异类。三十多年来，我很少参加各种学术年会。这也可能是我至今没有成为大腕的原因。参加次数多了，慢慢感悟到参加这种年会是浪费时间。这种年会与其说是"学术交流"，不如说是"泰斗吹牛""晚辈乞讨"的地方。[1]写论文和著书立说也少了，主要原因有二：一个原因是发表文章的世界变了。我在上大学的时候就能以稿费改善生活。1985 年我发表第一篇法学文章得了 15 元稿费。两个人去武汉长江大桥上看了雪景，还去餐馆点了两荤一素和一瓶红酒打了牙祭，花了不到一半。即使给《武汉法制报》写点豆腐块也能挣个 5 元、8 元补贴生活。当时一个大学生的基本生活费在 25 元左右。每学期发表 3~5 篇文章就能小康。不知道从什么时候开始，写文章就没有稿费了，再到后来需要作者向杂志社支付版面费。不挣钱我写它干甚？另一个原因是写完的东西与主流观点不符，没有杂志敢发表。1986 年我本科还没有毕业就写了第一篇法学专业论文《论辩护人参加辩护的适当阶段》，并于 1987 年发表在国内核心期刊上，在该文章中我提出了律师参与辩护应该在审查起诉阶段。1988 年我写了《论律师的诉讼地位》；1994 年我写了一篇《我国知识产权犯罪立法现状及其完善》；1995 年我又写了一篇《论

---

[1] 相关文章和观点可以参见张建伟《何以封"泰斗"：近年来中国学术研讨之怪现状》。我的想法都闷在心里，从来就没有见诸文字，只能说我和张教授对学术研讨会的观点有相近之处。

后 记

刑法中的立功制度》的文章。1997年我发表了《刑诉法与沉默权》，应该是国内较早关注沉默权问题的文章。后来又发表了犯罪嫌疑人、被告人权利、未成年被告人权利、我国刑罚体系与刑罚改革等方面的文章。这些文章的主张在后来的立法中都有体现。虽然没有证据证明上述法律的修改就是因为我的文章，但至少可以说是我的想法与法律修改大方向不谋而合。没有稿费是次要的，关键是有些法律修改完全超出我的预料。比如，预防刑讯逼供，我的研究结论是赋予犯罪嫌疑人、被告人沉默权。即使当下有难度，也可以赋予讯问时的律师在场权。没有想到的是，立法上只是采取录像制度。就凭中国人的"聪明"，录音录像能预防刑讯逼供吗？还有一个就是治理"超期羁押"的问题。有的犯罪嫌疑人被羁押几年甚至几十年，最终证据不足不了了之。为何出现这种现象？我在课堂上总结，我国三大诉讼法存在的最大问题是"法律责任"缺失。如果给诉讼法增加一章"法律责任"，司法文明程度估计要进步五个台阶。为什么没有"法律责任"？我的答案是司法工作人员不希望有这个内容。诉讼参与人、诉讼当事人不遵守诉讼法，结果可想而知，如"原告不到庭按撤诉处理"，"被告不到庭缺席判决"，"咆哮公堂"可以被训诫或者逐出法庭，不来领取诉讼文书可以"公告送达""邮寄送达"或者"留置送达"。律师让当事人知道一些案情，可能构成"泄露不应公开的案件信息罪"；律师给当事人出"馊"主意，可能构成"辩护人、诉讼代理人帮助毁灭证据罪"；律师不服法庭指挥可能构成"扰乱法庭秩序罪"。一个又一个紧箍咒在律师还没有接受委托之前就已经预备着。该立案的案件不给立案，该开庭的不开庭。司法人员违反诉讼法了，律师和当事人能怎么办？除了忍，合法的办法只有一个，向该工作人员的领导反映，就是我们所说的"投诉"。姑且不说人家是一个战壕、彼此有一致的利益关系，即使人家"非法"办案，你又能怎样？所有的司法场所都不让当事人私自录音录像。开庭时未经允许的录音录像是非法的，不能作为证据使用。法律规定应该在6个月内审结的案件，左等半年不开庭，右等半年不出判决。问急了就给你挂电话。2019年是全国法院的执行年，但执行难问题尚未完全解决。债权人花钱请律师费时费力费钱打赢官司，申请法院强制执行后，执行法官电脑前动动鼠标就下"终结本次执行"裁定。被执行人不来法院报告财产，被执行人不来法院说明不能执行的原因照样过自己的生活。电视中播出的"拘留""拒不执行判决裁

— 335 —

定罪",那都是极其个别的特例。再比如造成冤假错案,谁的责任大?公安、检察院说是法院判的,当然是法院责任大。法院说材料证据都是你们提供的,你们责任大。我个人观点,在目前体制下,重大冤假错案90%的责任在侦查机关。在侦查阶段把被告人的口供和证据搞定,把他寻求公正和清白的自信心消灭掉,让他不敢翻供或者翻供也没有人相信。最终连被告人自己都怀疑是不是自己干的。就目前平反的冤假错案,要么是"真凶现身",要么是"具有坚定的翻案意志"。对于预防腐败,我的研究成果是政治体制改革是唯一出路。我们可以研究"司法腐败""教育腐败""学术腐败",但很少有人去研究"政治腐败"。哪个腐败不与"集权"有直接关系?如果因为研究而丢掉饭碗,我尚不具备这个勇气。找不到快乐的写作就是浪费生命,这么一想,为自己不去科研和申请课题找到了一个冠冕堂皇的理由。加之还能赚些小钱,课余时间大多数交给了当事人和司法机关。自然就积累了一些课本上找不到的所谓经验。今天能把这些想说的话写出来,把自以为能让学生少走弯路的做法写出来,这就是解脱。余下的课余时间,完全可以由着性子,想写什么就写什么,至于发表不发表,就没有任何压力了。

在每个大学中,不同专业在领导心中的定位是不一样的,有的是大牌子的"主流专业",如我校的"电气""能动"等进入国家A类名录。工科院校的"法学"专业,说得好听一点就是"支撑"专业。在"僧多粥少"的年代,别人吃肉,连汤都不给我们剩一口。回想专业初创时期,六七个老师挑起一个专业三十多门课程,维持基础课和理论课已属不易。得益于国家教育经费的投入,我们的教师队伍发展到四十多人。两个模拟法庭建设也有模有样。总体来说,硬件建设可以立竿见影,但提升"动手能力""创新能力""解决问题能力"非一日之功。缺乏合适的教材和资料,缺少胜任的授课教师,都是主观上对实践环节的不够重视的反映。医学院的教授,"门诊"是必修课。走下讲台,走向手术台。知识既传授给学生,也服务于社会。个人和学生,都在服务社会中成长。法学教育却是另外一片景象,包括现在的法律职业资格考试,出题人都是躲在象牙塔中去猜测真实的司法世界。案例漏洞百出,模拟近乎演戏。去年某连续举办十多年的模拟法庭辩论大赛,考官在"放火罪"与"故意杀人罪"考点上出了一道案例题。从出题到模拟过程反映出法律实务课程的状况。案例是这样的:某拆迁黑社会霸主马某雇请被告

后 记

人王某用放火的方法去驱赶"钉子户"。王某去加油站加了五升汽油趁黑夜摸到"钉子户"家门口，拉掉"钉子户"门外的电闸，把汽油从"钉子户"门缝里灌进去。"钉子户"的妈妈闻到汽油味下床查看。由于电灯不亮，在划火柴点蜡烛过程中引燃汽油，烧死了自己和两个孩子。丈夫因外出讨债幸免于难。第二天，王某去现场搜寻到两具烧焦的尸体，装到汽车上运往黑社会霸主马某指定地点交差。路途中因交通违法被警察处罚，交通警察明察秋毫而案发。题目要求将被告人王某起诉到法院审判。这个奇葩案例只能出现在课本上或者试卷中，没有人知道真实的司法世界是个什么样子。参加比赛的学生也只在"故意杀人罪"和"放火罪"上纠结。在城乡接合部，一栋房子烧毁了，没有人去报警；烧死了三个人的案件，消防没有火灾责任认定；侦查终结了，没有现场勘查资料，黑社会霸主马某至今逍遥法外。三个鲜活的生命没有了，现在只按照"致使被害人二人死亡"起诉。为了自圆其说，卷宗中充斥着大量的"办案说明"。经过公诉人和辩护人的法庭辩论，最终合议庭判决"事实不清，证据不足，被告人无罪，当庭释放"。案例中本应涉及的"共同犯罪问题""因果关系问题""事实清楚、证据确实充分问题"都很少涉及。每每想起这些，我都难以掩饰悲凉和无助。

本书能够付印，感谢国家高等教育的发展需求和华北电力大学"双一流"建设。作为人文社科的重点专业，法学老师始终"不忘初心"。没有任何稿费还要作者掏出版费的亏本买卖，在市场经济条件下，无人能干。当然，用国家的钱去印一堆"言之无物"的纸也不符合市场经济要求。从作者本身来看，还是希望本书能让学生受益、个人获利、学校发展。如果这本书能让更多的法学教师从单纯的讲台走上法庭、走进机关企业、走上社会，从"一栖"到"多栖"，那就是意外收获了。

托中国政法大学出版社的福，未来吉祥。

方仲炳
2020 年元月